TRAITÉ

THÉORIQUE ET PRATIQUE

DE LA

CONTREFAÇON

PAR

Alcide DARRAS

DOCTEUR EN DROIT

PRIX : 7 fr. 50

Extrait du Répertoire général alphabétique du droit français

PARIS

LIBRAIRIE

DE LA SOCIÉTÉ DU RECUEIL Gᵃˡ DES LOIS & DES ARRÊTS & DU Jᵃˡ DU PALAIS

(ANCIENNE MAISON LAROSE & FORCEL)

22, RUE SOUFFLOT, 22

L. LAROSE, Directeur de la Librairie

1895

TRAITÉ

THÉORIQUE ET PRATIQUE

DE LA

CONTREFAÇON

IMPRIMERIE
CONTANT-LAGUERRE

BAR-LE-DUC

TRAITÉ

THÉORIQUE ET PRATIQUE

DE LA

CONTREFAÇON

PAR

Alcide **DARRAS**

DOCTEUR EN DROIT

Extrait du *Répertoire général alphabétique du droit français*

PARIS

LIBRAIRIE

DE LA SOCIÉTÉ DU RECUEIL G^al DES LOIS & DES ARRÈTS & DU J^al DU PALAIS

(ANCIENNE MAISON LAROSE & FORCEL)

22, RUE SOUFFLOT, 22

L. LAROSE, Directeur de la Librairie

1895

TRAITÉ

THÉORIQUE ET PRATIQUE

DE LA

CONTREFAÇON.

LÉGISLATION.

C. pén., art. 425 et s.

Décr. 19-24 juill. 1793 (*relatif aux droits de propriété des auteurs d'écrits en tout genre, des compositeurs de musique, des peintres et des dessinateurs*); — Décr. 25 prair. an III (*interprétatif de celui du 19 juill. 1793, qui assure aux auteurs et artistes la propriété de leurs ouvrages*); — L. 18 mars 1806 (*portant établissement d'un conseil de prud'hommes à Lyon*); — Décr. 20 févr. 1809 (*concernant les manuscrits des archives des bibliothèques et autres établissements publics*); — Décr. 5 févr. 1810 (*contenant règlement sur l'imprimerie et la librairie*), art. 41-7°, 42, 43, 45, 47; — L. 28 juill.-4 août 1824 (*relative aux altérations ou suppositions de noms dans les produits fabriqués*); — Ord. 17 août 1825 (*portant règlement sur le dépôt des dessins de fabrique*); — L. 6 mai 1841 (*relative aux douanes*), art. 8; — Ord. 13 déc. 1842 (*relative à l'importation et au transit de la librairie*), art. 8; — L. 5 juill. 1844 (*sur les brevets d'invention*), tit. 5; — Arr. 21 oct. 1848 (*qui règle l'application, dans les colonies, de la loi du 5 juill. 1844, sur les brevets d'invention*); — Décr. 28-30 mars 1852 (*relatif à la propriété des ouvrages littéraires et artistiques publiés à l'étranger*); — L. 23 juin 1857 (*sur les marques de fabrique et de commerce*); — L. 16 mai 1866 (*relative aux instruments de musique mécaniques*); — L. 26 nov. 1873 (*relative à l'établissement d'un timbre ou signe spécial destiné à être apposé sur les marques commerciales et de fabrique*); — Conv. 20 mars 1883 (*constituant une Union internationale pour la protection de la propriété industrielle*), art. 4, 6, 8, 9, 10; — L. 28 mai 1887 (*contenant approbation de la convention signée à Berne, le 9 sept. 1886, concernant la création d'une Union internationale pour la protection des œuvres littéraires et artistiques*); — L. 3 mai 1890 (*portant modification à l'art. 2, L. 23 juin 1857, sur les marques de fabrique et de commerce*).

BIBLIOGRAPHIE.

Bioche, *Dictionnaire de procédure civile et commerciale*, 1884, 6° édit., 6 vol. in-8°, v° *Invention*, § 2. — Blanche, *Dictionnaire général de l'administration*, 1891, 2° édit., 2 vol. gr. in-8°, v° *Contrefaçon*. — Blanche et Dutruc, *Études pratiques sur le Code pénal*, 1889, 2° édit., 6 vol. in-8°, t. 6, n. 428 et s. — Block, *Dictionnaire de l'administration française*, 1891, 3° édit., 1 vol. gr. in-8°, v° *Brevet d'invention*, n. 81 et s., *Propriété industrielle*, *Propriété littéraire*. — Chauveau, F. Hélie et Villey. *Théorie du Code pénal*, 1887-1888, 6° édit., 6 vol. in-8°, t. 2, n. 625 et s.; t. 6, n. 2461 et s. — Devilleneuve, Massé et Dutruc, *Dictionnaire du contentieux commercial et industriel*, 1875, 6° édit., 2 vol. in-8°, v^ls *Brevet d'invention*, n. 105 et s., *Dessin de fabrique*, n. 42 et s., *Enseigne*, n. 13 et s., *Marque de fabrique*, n. 62 et s., 83 et s., *Propriété industrielle*,

n. 6 et s.; *Propriété littéraire et artistique*, n. 171 et s. — Ducrocq, *Cours de droit administratif*, 1881-1886, 6° édit., 2 vol. in-8°, t. 2, n. 892 et 901. — Faustin Hélie, *Traité de l'instruction criminelle*, 1866-1867, 2° édit., 8 vol. in-8°, t. 2, n. 820 et s.; — *Pratique criminelle des cours et tribunaux*, 1877, 2 vol. in-8°, t. 2, n. 884 et s. — Favard de Langlade, *Répertoire de la nouvelle législation civile, commerciale et administrative*, 1823, 5 vol. in-4°, v^ls *Brevet d'invention, Propriété littéraire*. — Garraud, *Traité théorique et pratique du droit pénal français*, 1894, 5 vol. in-8°, t. 5, n. 509 et s. — Lautour, *Code usuel d'audience*, 1887-1890, 2° édit., 2 vol. in-8°, t. 1, sur les art. 425 et s., C. pén.; t. 2, v^ls *Brevet d'invention, Marques et dessins de fabrique, Propriété littéraire et artistique*. — Lyon-Caen et Renault, *Précis de droit commercial*, 2 vol. in-8°, t. 2, n. 3313 et s., 3335 et s. — Massé, *Le droit commercial dans ses rapports avec le droit des gens et le droit civil*, 1874, 3° édit., 4 vol. in-8°, t. 2, n. 1425 et s. — Merlin, *Recueil alphabétique des questions de droit*, 4° édit., 8 vol. in-4°, v^ls *Contrefaçon, Marques de fabrique*; — *Répertoire universel et raisonné de jurisprudence*, 1827-1828, 5° édit., 18 vol. in-4°, v^ls *Contrefaçon, Marques de fabrique*. — Morin, *Répertoire général et raisonné du droit criminel*, 1851, 2 vol. in-8°, v° *Contrefaçon*. — Pardessus et de Rozière, *Cours de droit commercial*, 1856-1857, 6° édit., 4 vol. in-8°, t. 1, n. 163 et s., t. 4, n. 1435 et 1437. — Rousseau et Laisney, *Dictionnaire théorique et pratique de procédure civile*, 1883, 2° édit., 9 vol. in-8°, v° *Contrefaçon industrielle, littéraire et artistique*. — Ruben de Couder, *Dictionnaire de droit commercial*, 1877-1881, 3° édit., 6 vol. in-8°, v° *Contrefaçon*.

Accollas, *De la propriété littéraire*, 1888, in-18, p. 84 et s. — Allart, *De la contrefaçon*, 1889, in-8°. — Allezard, *Considérations économiques et juridiques sur la propriété intellectuelle*, 1881, broch. in-8°. — Amar, *Dei diritti degli artisti in Italia ed all' estero*, Turin, 1880, broch. in-8°. — *Dei nomi, dei marchi et degli altri segni, e delle concorrenze nell' industria e nel commercio*, Turin, 1893, in-8°, n. 187 et s., 336 et s. — D'Anterroches, *De la contrefaçon des inventions brevetées*, 1878, in-8°. — Assi et Genès, *Note sur la convention internationale du 20 mars 1883*, 1886, in-8°. — Barclay et Dainville, *Les fraudes dans les marques commerciales*, 1889, in-8°. — Barrault, *Marques de fabrique et noms commerciaux*, 1859, in-12. — Bastide, *L'Union de Berne de 1886 et la protection internationale*, 1890, in-8°, n. 123 et s. — Beaume et Dumont, *Code pratique de l'inventeur breveté*, 1895, 1 vol. in-8°. — Bédarride, *Commentaire des lois sur les brevets d'invention, sur les noms des fabricants et sur les marques de fabrique*, 1869, 3 vol. in-8°, t. 2, n. 523 et s., 720 et s.; t. 3, n. 899 et s. — Bigeon, *La photographie devant la loi et la jurisprudence*, 1892, in-12. — Blanc, *L'inventeur breveté*, 1852, 3° édit. in-8°; — *Traité de la contrefaçon*, 1855, 4° édit., in-8°. — Blanc et Beaume, *Code général de la*

1

propriété industrielle, littéraire et artistique, 1854, in-8°. — Borchgrave (J. de), *Des conditions du délit de contrefaçon dans les œuvres musicales*, Bruxelles, 1894, in-8°. — Boullée, *De la propriété littéraire et du plagiat*, Bourg, 1833, in-8°. — Bozérian, *La convention internationale du 20 mars 1883, pour la protection de la propriété industrielle*, 1883, in-8°. — Bozio (Edoardo), *Le privative industriali nel diritto italiano*, Turin, 1891, in-8°, n. 231 et s. — Braun, *Nouveau traité des marques de fabrique et de commerce*, 1880, in-8°, p. 402 et s. — Breulier, *Du droit de perpétuité de la propriété intellectuelle*, 1855, in-8°. — Bricon, *Des droits d'auteur dans les rapports internationaux*, 1888, in-8°, p. 17 et s. — Brun, *Les marques de fabrique et de commerce en droit français, droit comparé et droit international*, 1895, in-8°, n. 23 et s. — Bry, *Cours élémentaire de législation industrielle*, 1895, in-8°, p. 405 et s., 462 et s., 605 et s., 601 et s. — Bulloz et Darras, *La propriété photographique et la loi française*, 1890, broch. in-8°. — Cahen et Lyon-Caen (A.), *De la convention internationale pour la protection de la propriété industrielle*, 1885, gr. in-8°. — Calmels, *Des noms et marques de fabrique et de commerce, et de la concurrence déloyale*, 1858, in-8°, n. 60 et s.; — *De la propriété et de la contrefaçon des œuvres de l'intelligence*, 1856, in-8°, n. 481 et s. — Cattreux, *Étude sur le droit et la propriété des œuvres dramatiques et musicales*, Bruxelles, 1883, in-8°; — *De la suppression de la caution judicatum solvi en matière littéraire et artistique*, 1889, broch. in-8°. — Chenu, *Thèse sur la propriété littéraire*, 1881, in-8°. — Carlo Clausetti, *De la reproduction du motif musical par rapport à la théorie de la nouvelle œuvre d'art*, 1892, broch. in-12. — Clément, *Étude sur le droit des auteurs*, 1867, in-8°. — Clunet, *Étude sur la convention d'Union internationale*, 1887, in-8°. — Collet et Lesenne, *Étude sur la propriété des œuvres posthumes*, 1879, in-8°. — Constant (Ch.), *Protection de la propriété industrielle*, 1892, in-8°. — Coré, *Propriété industrielle; inventions; nom commercial*, 1890, in-8°. — Cottarelli (F.), *Le privative industriali*, Crémone, 1888, in-8°, p. 293 et s. — Couvreux, *Propriété du nom commercial*, 1887, in-8°. — Darras, *Nouveau traité des marques de fabrique et de commerce*, 1885, in-8°, n. 177 et s.; — *Du droit des auteurs et des artistes dans les rapports internationaux*, 1887, in-8°, n. 229 et s., 367 et s., 507 et s. — Delalain et Lyon-Caen, *La propriété littéraire et artistique*, 1889, 2 vol. in-8°. — Delaunde, *Étude sur la propriété littéraire et artistique*, 1880, in-8°, p. 113 et s., 218 et s. — Deshayes de Merville, *Du nom commercial*, 1883, in-8°. — Didot, *Note sur la propriété littéraire et sur la répression des contrefaçons faites à l'étranger, particulièrement en Belgique*, 1836, in-8°. — Donzel, *Convention internationale pour la protection de la propriété industrielle*, 1891, in-8°. — Dufourmantelle, *Des brevets d'invention et de la contrefaçon*, 1893, in-18, p. 131 et s.; — *Marques de fabriques dessins et modèles, nom commercial, concurrence déloyale*, 1894, in-18, p. 47 et s., 93 et s., 130 et s. — Dunant, *Du droit des compositeurs de musique*, Genève, 1893, in-8°, p. 127 et s. — Fauchille (Auguste), *Traité des dessins et modèles industriels*, 1882, in-8°, p. 195 et s. — Fix, *De la contrefaçon des livres en Belgique*, 1836, in-8°. — Fliniaux, *Essai sur les droits des auteurs étrangers en France*, 1879, broch. in-8°; — *La propriété industrielle et la propriété littéraire et artistique en France et à l'étranger*, 1879, in-12. — Fonscolombe (de), *Essai sur la propriété littéraire*, in-8°. — Gastambide, *Histoire et théorie de la propriété des auteurs*, 1862, in-8°; — *Traité théorique et pratique de la contrefaçon en tous genres*, 1837, in-8°. — Gay, *De la propriété littéraire*, 1876, in-8°; — *De la répression de la contrefaçon en matière de propriété littéraire*, 1877, in-8°. — Germond de Lavigne, *Les conventions internationales pour la protection de la propriété littéraire et artistique et les droits d'auteur*, 1891, in-8°. — Giraud, *De la propriété littéraire et artistique*, 1878, in-8°. — Giuseppe Giuliozzi et Rodolfo Bruscagli, *Il diritto di privativa industriale*, Macerata, 1889, in-8°, n. 63 et s. — Guay, *De la répression de la contrefaçon en matière de propriété littéraire d'après la science rationnelle et les législations positives*, 1877, broch. in-8°. — Havem, *Rapport sur les réformes apportées aux lois sur la protection des marques de fabrique en France et à l'étranger*, 1884, in-8°. — Hottot, *La contrefaçon des objets d'art en Amérique*, 1888, broch. in-8°. — Huard, *Étude comparative des législations française et étrangères en matière de propriété industrielle, littéraire et artistique*, 1863, in-18, p. 102 et s., 198 et s.; — *Répertoire de législation, de doctrine et de jurisprudence en matière de marques de fabrique, noms, enseignes, etc.*, 1885, in-12. —

Huard et Pelletier, *Répertoire de législation, de doctrine et de jurisprudence en matière de brevets d'invention*, 1883, 2° édit., gr. in-18, n. 421 et s., 1239 et s. — Humblet, *Traité des noms, des prénoms et des pseudonymes*, 1892, in-8°, n. 338 et s., 453 et s. — Jeanlet, *De la protection des œuvres de la pensée*, 1887-1889, Bruxelles, 2 vol. in-8°, t. 2, passim. — Jobart, *De la propriété de la pensée et de la contrefaçon considérée comme droit d'aubaine et de détraction*, Versailles, 1837, in-8°. — Joubert, *De la concurrence déloyale ou de l'apposition frauduleuse d'une marque ou d'un nom français sur des produits fabriqués à l'étranger*, 1890, in-12. — Lallier, *De la propriété des noms et des titres*, 1891, in-8°, n. 189 et s. — Lebret, *Du droit des auteurs et des artistes sur leurs œuvres*, 1878, in-8°. — Le Senne, *Brevets d'invention et droits d'auteur*, 1849, in-8°, n. 143 et s.; — *Traité des droits d'auteur et d'inventeur*, 1849, in-8°. — Levêque, *Contrefaçon artistique; copie de partitions*, 1889. — Loiseau et Vergé, *Loi sur les brevets d'invention*, 1843, in-18. — Loison, *Noms commerciaux et médailles et récompenses industrielles honorifiques*, 1880, in-8°. — Luthereau, *Opinion d'un voleur artistique et littéraire sur la contrefaçon; moyens de l'abolir*, Bruxelles, 1852, broch. in-8°. — Mack, *De la convention internationale du 20 mars 1883 au point de vue des marques de fabrique*, 1883, in-8°. — De Muillard de Marafy, *Grand dictionnaire international de la propriété industrielle au point de vue du nom commercial, des marques de fabrique et de commerce et de la concurrence déloyale*, 1889-1892, 6 vol. gr. in-8°, passim. — Malaperl et Forni, *Nouveau commentaire des lois sur les brevets d'invention*, 1879, in-8°, n. 844 et s. — Maunoury, *Du nom commercial*, 1894, in-8°, p. 353 et s. — Mayer, *De la concurrence déloyale et de la contrefaçon en matière de noms et de marques*, 1879, in-8°. — Méncau, *Idées nouvelles sur les marques de fabrique et de commerce*, 1879, in-12. — Mesnil, *Des marques de fabrique et de commerce et du nom commercial dans les rapports internationaux*, 1887, in-8°. — Monzilli, *La législation italienne et la convention internationale pour la protection de la propriété industrielle*, 1886, in-8°. — Morillot, *De la personnalité du droit de copie*, 1872, broch. in-8°; — *De la protection accordée aux œuvres d'art en Allemagne*, 1878, in-8°. — Nicolas et Pelletier, *Manuel de la propriété industrielle*, 1888, in-8°. — Nion, *Droits civils des auteurs, artistes et inventeurs*, 1846, in-8°. — Nodier, *Questions de littérature légale: Du plagiat, De la supposition d'auteur, Des supercheries qui ont rapport aux livres*. — Nouguier, *Des brevets d'invention et de la contrefaçon*, 1858, 2° édit., in-8°, p. 273 et s. — D'Orelli, *La conférence internationale pour la protection des droits d'auteur*, 1884, broch. in-8°. — Paquy, *Des droits des auteurs et des artistes au point de vue international*, 1884, in-8°. — Pataille et Huguet, *Code international de la propriété industrielle, artistique et littéraire*, 1865, 2° édit., in-8°. — Pelletier, *La conférence internationale tenue à Rome en 1886 en vue de reviser la convention du 20 mars 1883* (Extrait du Bulletin du syndicat des ingénieurs-conseils en matière de propriété industrielle). — Pelletier et Defert, *Procédure en matière de contrefaçon industrielle, littéraire et artistique*, 1879, in-12. — Pérot, *Précis sur les dessins de fabrique et sur leur contrefaçon*, Reims, 1861, in-18. — Philipon, *Des dessins et modèles de fabrique*, 1880, in-8°, p. 162 et s. — Picard et Olin, *Traité des brevets d'invention et de la contrefaçon industrielle*, Bruxelles, 1869, in-8°, n. 522 et s. — Pitte, *Guide manuel des brevets d'invention et de la contrefaçon, des marques de fabrique et de commerce, des dessins de fabrique et des enseignes*, 1875, in-32. — Ponsonailhe, *De la propriété littéraire et artistique*, 1879, in-8°, p. 262 et s. — Pouillet, *Traité des marques de fabrique et de la concurrence déloyale en tous genres*, 1892, 3° édit., in-8°, p. 170 et s., 453 et s.; — *Traité théorique et pratique des brevets d'invention et de la contrefaçon*, 1889, 3° édit., in-8°, p. 593 et s.; — *Traité théorique et pratique des dessins et modèles de fabrique*, 1884, 2° édit., in-8°, p. 144 et s.; — *Traité théorique et pratique de la propriété littéraire et artistique et du droit de représentation*, 1888, in-8°, p. 451 et s. — Pouillet, Martin Saint-Léon et Pataille, *Dictionnaire de la propriété industrielle, artistique et littéraire*, 1887, 2 vol. in-8°, vis *Contrefaçon artistique, Contrefaçon industrielle, Contrefaçon littéraire*. — Renault, *De la propriété littéraire et artistique au point de vue international*, 1879, in-8°. — Rendu (A.), *Contrefaçon des inventions brevetées*, 1880, in-18; — *Marques de fabrique et de commerce*, 1881, in-18, n. 98 et s.; — *Traité pratique des marques de fabrique et de commerce et de la concurrence déloyale*, 1858, in-8°, n. 126

et s., 425 et s. — Rendu et Delorme, *Traité pratique du droit industriel*, 1855, in-8°. — Renouard, *Traité des brevets d'invention, de perfectionnement et d'importation*, 1865, 3° édit , in-8°, n. 217 et s.; — *Traité des droits d'auteur*, 1838, 2 vol. in-8°, t. 2, p. 9 et s. — Romberg , *Etudes sur la propriété artistique et littéraire*, 1892, in-8°. — Sautier, *Mémoire relatif aux réformes urgentes à apporter à la pratique du régime actuel de la propriété industrielle en France*, 1887, broch. in-8°. — Sauvel, *Des œuvres photographiques et de leur protection légale*, 1880, in-18; — *La propriété industrielle dans les colonies*, 1885, in-8°; — *La propriété littéraire et artistique dans les colonies françaises*, 1882, in-18. — Schalbacher, *Untersuchung der Frage : Ist der Nachdruck eines in einem fremden Staate gedruckten Werkes nach Recht und Moral zulasslich oder nicht? (Examen de la question de savoir si la contrefaçon d'un ouvrage imprimé dans un Etat étranger est admissible en droit et en morale. Si elle est admissible, l'est-elle d'une manière absolue ou seulement sous certaines restrictions?)* Vienne, 1815, broch. in-8°. — Schmoll , *Traité pratique des brevets d'invention, dessins, etc.*, 1867, in-8°, p. 41 et s., 91 et s., 123 et s. — Soldan, *L'Union internationale pour la protection des œuvres littéraires et artistiques (Commentaire de la convention de Berne)*, 1888, in-8°. — Thirion, *Dessins et modèles de fabrique en France et à l'étranger*, 1877, in-8°. — Thulliez, *Etude sur la propriété littéraire*, 1876, in-8°. — Tillière, *Traité théorique et pratique des brevets d'invention*, 1858, in-8°. — Vaunois, *De la propriété artistique en droit français*, 1884, in-8°. — Villefort, *De la propriété littéraire et artistique au point de vue international*, 1854, in-8°. — Wauwermans, *La propriété littéraire et artistique aux Etats-Unis*, Bruxelles, 1894, broch. in-8°. — Worms (Fernand), *Etude sur la propriété littéraire*, 1878, 2 vol. in-18. — X.. , *Note sur l'act du 3 mars 1891 présentée par le syndicat français pour la protection de la propriété littéraire et artistique au congrès des auteurs à Chicago*.

Annales de la propriété industrielle (Pataille) : 1855 et années suivantes, 40 vol. in-8°, passim., et notamment les articles suivants : *L'excuse de bonne foi est-elle opposable en matière de contrefaçon?* Ann. propr. ind., année 1857, p. 297 et s. — *De la confiscation en matière de contrefaçon littéraire et artistique* (Pataille) : Ann. propr. ind., année 1868, p. 305. — *Du dépôt légal des œuvres littéraires et artistiques* (Pataille) : Ann. propr. ind., année 1869, p. 385. — *De la saisie en matière de contrefaçon d'œuvres littéraires et artistiques* (Pataille) : Ann. propr. ind., année 1877, p. 161. — *De la confiscation en cas d'usage personnel d'un objet contrefait* (G. Plé) : Ann. propr. ind., 1888, p. 193. — *De ce qu'il faut entendre par des industries ou des commerces similaires en matière de marques de fabrique* (Fauchille) : Ann. de dr. comm., année 1890, 2° part.., p. 267. — *Le droit industriel* (Bert) : 1886 et années suivantes, passim. — *Bulletin de l'Association littéraire et artistique internationale* : 1878 et années suivantes, passim. — *Bulletin officiel de la propriété industrielle* (publication du ministère du Commerce), passim. — *Le Droit d'auteur* (organe officiel du bureau de l'Union internationale pour la protection des œuvres littéraires et artistiques) : 1888 et années suivantes, Berne, in-4°. — *Questions de propriété littéraire* (des titres d'ouvrages) : J. Le Droit, 20 janv. 1839. — *Propriété artistique ; monuments, reproduction, contrefaçon* (Le Senne) : J. Le Droit, 18 avr. 1855. — *De la contrefaçon* (Bertin) : J. Le Droit, 18-20 avr. 1859. — *Contrefaçon de la saisie pratiquée en vertu de la loi de 1844* (E. Blanc) : J. Le Droit, 14 juill. 1869. — *De la propriété des noms de théâtre et de roman* (Chenu) : J. Le Droit, 29-30 janv. 1883. — *De la contrefaçon en matière de propriété industrielle* (Ach. Morin) : J. du dr. crim., année 1853, p. 73. — *1° Quelle est l'influence du civil sur le criminel dans les procès en contrefaçon régis par la loi du 5 juill. 1844? 2° Lorsque la contrefaçon a continué pendant plusieurs années, le juge peut-il y voir un délit successif, dont les premiers actes échapperaient comme les derniers à la prescription et devraient entrer dans le calcul des dommages-intérêts* (Ach. Morin) : J. du dr. crim., année 1857, p. 273. — *Les lettres de grande naturalisation des œuvres photographiques* (E. Sauvel) : J. du dr. crim., année 1883, p. 33. — *Des droits intellectuels dans les rapports internationaux* (Raynald Petiet) : Fr. jud., année 1887, 1°° part., p. 97 et s. — *Aperçu juridique sur l'exercice du droit d'auteur* (Allezard) : Fr. jud., année 1888, 1°° part., p. 50 et s., 112 et s., 277 et s., 307 et s., 343 et s. — *L'Union internationale pour la protection de la propriété industrielle* (Ch.

Constans) : Fr. jud., année 1892, 1°° part., p. 260 et s. — *Peut-on, en France, reproduire licitement, dans le corps d'un journal, sans l'autorisation de l'auteur, des gravures ou dessins extraits d'une publication allemande, par application du droit de citation?* J. du dr. int. pr., année 1893, p. 1128 et s. — *La propriété intellectuelle, législations et conventions européennes* (Boutarel) : Le Ménestrel des 16, 23 et 30 août, 6, 13, 20 et 27 sept., 4, 18 et 25 oct. 1885. — *La propriété industrielle*, de 1857 à 1866 — *La propriété industrielle, littéraire et artistique*, de 1880 à 1882. — *La propriété industrielle* (organe officiel du bureau international de l'Union pour la protection de la propriété industrielle) : 1885 et années suivantes, Berne, in-4°. — *De la garantie des marques de fabrique au moyen d'un timbre apposé par l'Etat* (Wolowski) : Rev. crit., année 1873, p. 20 et s. — *Du projet de loi sur la propriété littéraire et la contrefaçon* (Coclut) : Rev. des Deux-Mondes, année 1816, p. 976 et s. — *De la contrefaçon belge devant la cour d'appel de Paris* (de Mars) : Rev. des Deux-Mondes, 1°° juill. 1852. — *Revue de législation* (Laboulaye) : année 1852, p. 290. — *Revue de droit français et étranger* (Teyssier-Desforges) : année 1846, p. 388 et s. — *De la propriété littéraire et de la contrefaçon* (V. Foucher) : Rev. étr. et franç., t. 4. — *Un mot sur la contrefaçon littéraire* (Fœlix) : Rev. Fœlix, t. 4, p. 49 et s. — *Les fabricants étrangers ont-ils une action pour se plaindre en France de l'apposition de leur nom sur des produits français vendus par des Français?* (Ballot) : Rev. Fœlix, t. 12, p. 561 et s. — *Propriété littéraire et artistique; saisie des contrefaçons :* Rev. gén. d'adm., année 1888, t. 1, p. 115. — *De l'usurpation des marques étrangères* (Massé) : Rev. Wolowski, t. 21, p. 285 et s.

INDEX ALPHABÉTIQUE.

DIVISION.

TITRE IV. — RÉPRESSION DE LA CONTREFAÇON.

TITRE I.

GÉNÉRALITÉS.

1. — Toute atteinte portée au droit de reproduction en matière de propriété littéraire, artistique ou industrielle constitue une *contrefaçon*. On a depuis longtemps remarqué que cette expression n'est point toujours d'une exactitude parfaite, puisqu'il peut y avoir contrefaçon sans qu'il y ait fabrication ou *façon contraire* à une façon ou fabrication légitime. — V. Renouard, *Tr. des dr. d'auteurs*, t. 2, n. 4. — C'est ce qui se produit, par exemple, au cas de publication illicite du cours d'un professeur.

2. — Quoi qu'il en soit, nous entendons ici le mot contrefaçon avec son ampleur ordinaire, tout en faisant observer qu'en traitant précédemment de la concurrence déloyale, nous avons déjà été amenés à fournir certaines indications sur des faits qui, à supposer remplies certaines formalités, sont de véritables contrefaçons. — V. *Rép. alph. du dr fr.*, v° *Concurrence déloyale*, n. 31 et 32, n. 416 à 533. — Sur les différences qui séparent l'action en contrefaçon et l'action en concurrence déloyale, V. *Rép. alph. du dr. fr.*, v° *Concurrence déloyale*, n. 33 et s.

3. — Si général que soit d'ailleurs le sens du terme contrefaçon, il serait exagéré de penser que toute atteinte, de quelque nature qu'elle soit, portée aux prérogatives des auteurs, des artistes, des inventeurs, etc., s'analyse en une contrefaçon ; pour qu'il en soit ainsi, il faut, ainsi que nous l'avons déjà dit, une violation du droit de reproduction ; il en résulte, d'abord, que nous ne nous occuperons pas en ce moment des représentations ou exécutions d'œuvres dramatiques ou musicales faites sans l'autorisation préalable des intéressés.

4. — Il en résulte encore que notre étude actuelle laissera à l'écart tout ce qui constitue une violation du droit moral reconnu aux auteurs, aux artistes, etc., indépendamment et en outre du droit pécuniaire consacré à leur profit par les lois spéciales. C'est ainsi, par exemple, qu'il ne rentre pas, dans notre sujet, de commenter la loi précitée du 12 févr. 1895 qui a eu pour objet de réprimer les fraudes en matière artistique, de rechercher si un éditeur devenu propriétaire d'une œuvre littéraire ou artistique peut, sans l'assentiment de l'auteur ou de l'artiste, apporter à cette œuvre un changement, si minime qu'il soit, etc.

5. — Ces réserves faites, nous allons nous occuper de la contrefaçon, quelle que soit d'ailleurs la nature de l'objet illicitement reproduit. Nous arriverons ainsi à poser des règles communes aux brevets d'invention, aux marques, au nom commercial, etc., mais nous découvrirons aussi que la contrefaçon n'est pas toujours soumise aux mêmes principes dans chacune de ses manifestations ; certaines de ces différences que nous relèverons se justifient par la nature différente de l'objet reproduit ; mais nous verrons aussi que certaines autres différences ne peuvent s'expliquer que par le hasard des discussions parlementaires et par la date où les lois qui les établissent ont été élaborées.

TITRE II.

DE LA PROCÉDURE EN MATIÈRE DE CONTREFAÇON.

CHAPITRE I.

DE LA CONSTATATION DES FAITS DE CONTREFAÇON AVANT QUE L'ACTION SOIT INTENTÉE.

6. — Avant de s'engager dans les risques d'un procès en contrefaçon, tout titulaire d'un droit intellectuel prend soin de recueillir les preuves de nature à établir que son adversaire est un contrefacteur ; cette précaution n'est pas nécessaire mais on peut dire qu'il n'arrive pour ainsi dire jamais que l'intéressé manque de la prendre ; différents moyens lui sont offerts pour se procurer ces preuves avant d'intenter l'action ; l'un des moyens le plus souvent employés consiste à acheter le produit incriminé et à se faire délivrer une facture qui constate son origine. — Pouillet, *Brev. d'inv.*, n. 763 ; *Marq. de fabr.*, n. 223 ; Allart, n. 303 ; Blanc, p. 645 ; Darras, *Marq. de fabr.*, n. 219.

7. — Cette façon de procéder n'est pas sans présenter parfois quelques inconvénients : l'achat d'un produit argué de contrefaçon peut, sous certaines conditions, être considéré, d'après certains auteurs, comme une provocation à commettre le délit même de contrefaçon, ce qui fait que la preuve ainsi acquise peut devenir inutile au moment opportun. — V. aussi sur un autre inconvénient de ce mode d'agir, Blanc, p. 645, note 2.

8. — On a parfois pensé que la facture, délivrée à la suite de l'achat et comme preuve d'origine des marchandises, pouvait être utilement remplacée par un simple constat d'huissier ; cette manière de procéder a été condamnée par un arrêt d'où il résulte qu'aux termes de l'art. 17, L. 23 juin 1857, le propriétaire de la marque usurpée ne peut faire procéder à la description des produits qu'il prétend marqués à son préjudice qu'en vertu d'une ordonnance du président du tribunal ou du juge de paix du canton ; il découle des expressions de la loi que cette ordonnance est indispensable, même au cas où le requérant se borne à une simple description sans saisie, et on doit admettre que cette formalité est prescrite à peine de nullité. — Orléans, 19 juin 1883, Robert, [D. 85.2.189] — *Contrà*, Pouillet, *Marq. de fabr.*, n. 223.

9. — Il n'est pas toujours suffisant d'obtenir par un achat l'objet incriminé ; il en est ainsi notamment en matière de brevet d'invention au cas où la contrefaçon porterait sur un procédé de fabrication ; il ne suffirait pas alors de se procurer l'objet fabriqué, même avec facture à l'appui. En de telles hypothèses, et, au surplus, dans les autres hypothèses le titulaire de droits intellectuels fera bien de recourir, soit à la description, soit à la saisie, du produit ou de l'objet qu'il prétend contrefait.

10. — Le législateur a réglementé l'une et l'autre de ces institutions juridiques ; les règles posées ne sont pas toujours les mêmes pour chacune d'elles, suivant qu'il s'agit de brevet d'invention, de marques ou de propriété littéraire et artistique, mais, il est un principe commun à tous les droits intellectuels, c'est que la description comme la saisie sont purement facultatives et que l'intéressé peut toujours intenter une action en contrefaçon sans avoir préalablement recouru à l'un ou à l'autre de ces modes de procéder. — Pelletier et Defert, n. 39 et s. ; Darras, *Marq. de fabr.*, n. 220.

11. — La saisie autorisée par l'art. 47, L. 5 juill. 1844, n'est en effet qu'un mode de preuve mis à la disposition du breveté ; à défaut de la preuve résultant de la saisie, toutes les preuves de droit, telles que celles provenant de témoignages ou de rapports d'experts, peuvent être invoquées par les parties. — Cass., 22 janv. 1884, Dame Delong Tuyssuzian, [*Ann. propr. ind.*, 81.5]

12. — Mais, il est bon d'observer cependant, d'après un jugement assez ancien, que si la saisie n'est qu'un moyen de prouver le délit de contrefaçon, et que la poursuite en contrefaçon peut être indépendante de la saisie, néanmoins la poursuite ne peut plus connaître de la poursuite lorsque, d'après le libellé de la citation, la poursuite n'est pas fondée sur une autre base que le procès-verbal de saisie annulé par un jugement. — Trib. Seine, 3 mai 1855, Sax, [*Ann. propr. ind.*, 56.46] — *Contrà*, Huguet, [*Ann. propr. ind.*, *loc. cit.*]

13. — Il résulte comme un corollaire, du principe général qui vient d'être dégagé, que la nullité de la saisie ne fait pas obstacle à l'exercice de l'action, soit civile, soit correctionnelle en contrefaçon. — Cass., 27 mars 1835, Hacquart, [S. 35.1.749, P. chr.] — Paris, 20 mars 1872, Bulia, [*Ann. propr. ind.*, 72. 265] — Chambéry, 9 mai 1881, Franckfeld, [*Ann. propr. ind.*, 81.268; *J. trib. comm.*, 81.687] — Trib. corr. Seine, 13 janv. 1862, Mane, [*Ann. propr. ind.*, 62.97] — Sic, Pouillet, *Brev. d'inv.*, n. 810; *Marq. de fabr.*, n. 237.

14. — La saisie n'est, en effet, qu'un mode de constatation du délit, lequel peut être établi par toute autre voie, notamment par l'audition de témoins, par l'aveu du prévenu ou par l'examen de papiers, registres et correspondances. — Paris, 20 mars 1872, précité. — V. Pouillet, *Brev. d'inv.*, n. 764, 765 et 810; Allart, n. 503 et 545.

15. — Ainsi, il a été jugé, en matière littéraire et artistique, que le défaut de saisie préalable de l'ouvrage contrefait, n'est pas un obstacle à l'exercice de l'action en contrefaçon. — Cass., 27 mars 1835. — Sic, Renouard, *Droits d'auteurs*, t. 2, p. 394; Pouillet, *Propr. litt.*, n. 664; *Dessin de fabr.*, n. 168; Blanc, p. 191; Philipon, n. 200 et 209. — V. dans le même sens, en matière de dessins de fabrique, Nîmes, 28 juin 1843, Joyeux, [cité par Blanc, p. 325]

16. — ... En matière de brevet d'invention, que le délit de contrefaçon peut, en l'absence de saisie, être établi par tous autres documents et surtout par le relevé de mentions portées sur un livre de vente et indiquant la vente d'objets semblables à ceux brevetés. — Paris, 15 juin 1860, Sax, [*Ann. propr. ind.*, 60.241]

17. — ... Que la saisie n'étant pas nécessaire pour établir les faits de contrefaçon ou d'usage de moyens brevetés, l'exception de nullité de saisie n'a pas d'intérêt lorsque les faits délictueux sont établis en dehors de la saisie et résultent notamment de l'aveu des coupables. — Cass., 22 nov. 1872, Doisseau et autres, [D. 72.1.477]

18. — ... Spécialement, que la nullité de la description et de la saisie d'objets contrefaits, faute par le breveté d'avoir intenté son action en contrefaçon dans le délai de huitaine, n'entraîne pas prescription ou déchéance de l'action en contrefaçon; que le breveté peut remplacer le procès-verbal de description par la preuve testimoniale ou par tout autre mode de preuve admis par les juges. — Douai, 5 août 1851, Jérosme, [S. 52.2.316, P. 53. 2.412, D. 54.2.72] — Trib. corr. Amiens, ... 1850, Même partie, [S. 51.2.107, P. 52.2.217, D. 51.2.76] — Sic, Blanc, p. 662; Allart, n. 545.

19. — ... Plus spécialement, que la saisie-description faite chez un détenteur d'objets contrefaits, lorsqu'elle n'a pas été suivie de l'assignation dans la huitaine, doit être déclarée nulle au regard de ce détenteur; mais que la preuve de la détention d'objets contrefaits n'en reste pas moins faite à son égard s'il reconnaît que les objets existant chez lui proviennent du contrefacteur et si, vis-à-vis de celui-ci, la saisie-description est valable. — Trib. Seine, 6 juill. 1887, [*J. La Loi*, 25 août]

20. — Il a même été jugé, mais la solution peut être sérieusement critiquée, que la nullité pour inobservation des formalités spéciales prévues par l'art. 47 de la loi de 1844 ne s'applique qu'à la saisie proprement dite et que, par suite, les tribunaux peuvent ordonner que les objets saisis qui ont été déposés au greffe y restent à la disposition des tribunaux. — Trib. corr. Seine, 15 janv. 1862, Massé, [*Ann. propr. ind.*, 64.97]

21. — Il a été aussi décidé que la nullité du procès-verbal de description, résultant de ce que ce procès-verbal n'a pas été précédé d'une ordonnance du juge et suivi d'une citation dans la quinzaine, n'emporte pas déchéance de l'action; qu'il peut être suppléé à ce procès-verbal par tous les moyens de preuve que le droit commun autorise. — Trib. Rouen, 27 févr. 1882, Hamelle et Fleutelot, [*Ann. propr. ind.*, 83.30] — Sic, Pouillet, *Marques de fabr.*, n. 237.

22. — En tous cas, on doit admettre que l'action en contrefaçon intentée par le breveté doit être rejetée comme étant dénuée de fondement, quand, à défaut d'autres preuves, d'une part, la destruction des objets saisis, par suite de l'incendie du greffe, a rendu toute comparaison avec les objets revendiqués impossible, et que, d'autre part, le procès-verbal de description dressé par l'huissier n'offre pas assez de précision pour suppléer à la représentation des objets. — Trib. Seine, 5 déc. 1872, Lion et Cie, [*Ann. propr. ind.*, 73.246] — V. Trib. corr. Seine, 27 mai 1873, Garnier, [*Ann. propr. ind.*, 73.132]

23. — Il a été aussi décidé, en matière de marque de fabrique,

que si, aux termes de l'art. 18, L. 23 juin 1857, la saisie est nulle de plein droit, à défaut de poursuite dans le délai de quinzaine à partir de la saisie, il ne s'ensuit pas que la poursuite doive être annulée quand il existe pour le tribunal d'autres preuves du fait qui lui est déféré, que la saisie elle-même. — Paris, 2 mai 1883, Calvayrac, [*Ann. prop. ind.*, 83.201]

24. — Signalons, comme étant de nature à s'appliquer à toutes les contrefaçons, la règle d'après laquelle les différentes parties du palais d'une exposition ouverte en France ne cessent pas d'être soumises aux lois françaises parce qu'elles seraient affectées à des produits étrangers; toute contestation relative à un fait considéré en France comme délictueux y est valable, et notamment une saisie-description faite en vue de constater des contrefaçons. — Trib. corr. Seine, 19 août 1868, Ledot, [*Ann. propr. ind.*, 68.401] — Sic, Pouillet, *Brev. d'inv.*, n. 194; *Propr. litt.*, n. 662; Allart, *Brev. d'inv.*, n. 511; Rendu et Delorme, *ibid.*, n. 544; Blanc, n. 639; Pelletier et Defert, n. 55. — V. Clunet, *De la saisie des objets appartenant aux exposants*, n.42; Malapert et Forni, n. 1070.

25. — Il faudrait, de même, décider que les personnes compétentes en la matière, pour procéder valablement à une saisie ou à une description pourraient pénétrer quelle que soit la nature de la contrefaçon, pour faire les constatations nécessaires, même dans les établissements militaires, sans qu'on puisse leur opposer les termes du décret du 24 déc. 1811. — Pouillet , *Brev. d'inv.*, n. 795; Allart, *loc. cit.* — *Contra*, Picard et Olin, n. 666; Ruben de Couder, v° *Brev. d'inv.*, n. 223; Malapert et Forni, n. 1071.

26. — De même, une saisie peut être faite sur des objets déposés au greffe, mais, en vue de sauvegarder le principe de la chose jugée, il a été décidé, dans un cas où, faute de preuves, le saisi avait été renvoyé des fins de la poursuite, que tout en reconnaissant en principe qu'une saisie déclarée nulle ne peut être un obstacle à ce qu'une nouvelle saisie soit régulièrement pratiquée sur le même objet, alors même qu'il est déposé au greffe, il faut cependant admettre que cette seconde saisie faite par le premier saisissant, ne peut être validée et ne peut servir de base à de nouvelles poursuites qu'autant qu'elle a été motivée par un fait nouveau et n'ayant pas été l'objet d'une décision judiciaire antérieure. — Paris, 10 juin 1864, Beckers, [*Ann. propr. ind.*, 65.51] — Sic, Pouillet, *Brev. d'inv.*, n. 812 et 813; Ruben de Couder, v° *Brev. d'inv.*, n. 229; Rendu, t. 2, n. 137; Allart, n. 547; Pelletier et Defert, n. 85.

27. — Nous avons dit (*supra*, n. 10), que la saisie et la description qui, en nos matières, sont toujours facultatives, ne sont pas soumises aux mêmes règles dans chacune des branches des droits intellectuels. Nous allons successivement rechercher quelles sont ces règles en matière de brevet d'invention, de marque de fabrique, de nom commercial, de propriété littéraire et artistique et de dessins industriels.

SECTION I.

De la saisie et de la description en matière d'inventions brevetées.

28. — Nous ferons préalablement observer que, comme la contrefaçon constitue un délit, le breveté peut espérer, en théorie, qu'à la suite d'une plainte par lui déposée, le ministère public fera les diligences nécessaires pour arriver à la constatation de la vérité; mais comme il n'existe pour ainsi dire pas d'exemple où le ministère public ait cru de son devoir d'agir, les brevetés recourent fréquemment à la saisie ou à la description qu'organise en ces matières l'art. 47 de la loi de 1844. — Malapert et Forni, n. 1037 et 1038, n. 1097 et s.; Blanc, p. 651; Pouillet, *Brev. d'inv.*, n. 767; Darras, *Marq. de fabr.*, n. 216. — V. *Rép. alph. du dr. fr.*, v° *Commissaire de police*, n. 108 et 109.

29. — Ce texte est ainsi conçu : « Les propriétaires de brevet pourront, en vertu d'une ordonnance du président du tribunal de première instance , faire procéder, par tous huissiers, à la désignation et description détaillée, avec ou sans saisie, des objets prétendus contrefaits. L'ordonnance sera rendue sur simple requête, et sur la représentation du brevet ; elle contiendra, s'il y a lieu, la nomination d'un expert pour aider l'huissier dans sa description. Lorsqu'il y aura lieu à la saisie, ladite ordonnance pourra imposer au requérant un cautionnement qu'il sera tenu de consigner avant d'y faire procéder. Le cautionnement sera toujours imposé à l'étranger breveté qui requerra la saisie.

Il sera laissé copie au détenteur des objets décrits ou saisis, tant de l'ordonnance que de l'acte constatant le dépôt du cautionnement, le cas échéant, le tout à peine de nullité et de dommages-intérêts contre l'huissier. »

30. — Qu'il s'agisse de procéder à une saisie ou à une simple description, une ordonnance du président du tribunal de première instance est toujours nécessaire. Sur ce point, le texte ne laisse aucun doute. — V. Allart, n. 506; Blanc, n. 643; Darras, *Marq. de fabr.*, n. 223; Dufourmantelle, *Brev. d'inv.*, p. 153. — V. sur l'état de choses antérieur à la loi de 1844, Paris, 30 nov. 1842, Bissomet, [P. 43.1.369]

31. — Cette compétence ainsi reconnue au président du tribunal civil se trouve cependant parfois modifiée par les règles générales de procédure. Ainsi, il a été jugé que l'art. 47 ne donne au tribunal le pouvoir d'autoriser, soit la description avec ou sans saisie, soit l'apposition des scellés que dans le commencement de la procédure en contrefaçon, pour arriver à la constatation du fait allégué par le demandeur et à la charge d'intenter une demande dans un bref délai; par suite, on ne peut s'appuyer sur ce texte pour demander au président du tribunal d'autoriser des mesures conservatoires, dans le cas où la juridiction ordinaire a prononcé entre les parties, et où la Cour de cassation est saisie d'un pourvoi contre les décisions intervenues; en pareille hypothèse, la procédure étant terminée, les pouvoirs du président sont épuisés et l'ordonnance qui pourrait être rendue ne tendrait pas à faire constater le fait de contrefaçon, mais à assurer l'exécution d'un arrêt dont l'effet est suspendu par un pourvoi en cassation, pourvoi dont l'efficacité légale ne peut être ainsi paralysée, sous le prétexte de mesures conservatoires. — Paris, 5 févr. 1856, de Cavaillon, [*Ann. propr. ind.*, 56.78] — V. Pouillet, *Brev. d'inv.*, n. 791.

32. — Est recevable, d'après ce même arrêt, l'appel formé contre une ordonnance rendue par un président du tribunal, en vue d'autoriser des mesures conservatoires, alors d'ailleurs que la Cour de cassation est saisie d'un pourvoi dirigé contre les arrêts intervenus entre les parties.

33. — La limitation ainsi apportée aux pouvoirs des présidents de tribunaux n'a d'ailleurs de raison d'être qu'autant que la nouvelle intervention du président du tribunal serait sollicitée, au cours d'une instance, pour constater les mêmes faits que ceux précédemment recherchés, en vue de la même action et de la même répression, mais on doit penser que l'appel contre un jugement qui prononce une condamnation pour contrefaçon, n'empêche pas le président du tribunal d'autoriser de nouvelles saisies sur les mêmes prévenus, quand il s'agit d'autres produits que ceux qui ont fait l'objet des premières constatations, et que cette seconde saisie est appelée à être la base d'une nouvelle action. — Trib. corr. Seine, 12 févr. 1856, Hutchinson et consorts, [*Ann. propr. ind.*, 56.222] — *Sic*, Pelletier et Defert, n. 43.

34. — Le breveté peut donc, en vertu d'une ordonnance du président, pratiquer de nouvelles saisies et introduire de nouvelles actions devant la juridiction correctionnelle; même si un tribunal civil a rendu un jugement d'avant faire droit sur une poursuite en contrefaçon, il n'appartient à celui-ci ni d'empêcher l'exercice de ce droit, ni de dessaisir le tribunal correctionnel. — Lyon, 13 juin 1866, Raffard et Cie, [*Ann. propr. ind.*, 72.184]

35. — Vainement on alléguerait qu'une saisie antérieure, pratiquée à la requête du même demandeur, avait frappé les objets argués de contrefaçon, et rendait inutile la seconde saisie, si l'une et l'autre avaient un objet et une cause distincts. — Cass., 31 mai 1886, Boussod, Valadon et Cie, [S. 89.1.372, P. 89.1. 913, D. 87.1.597]

36. — On n'est pas d'accord sur la nature de l'ordonnance rendue par le président du tribunal civil à fin de saisie ou de description. On admet généralement à l'heure actuelle qu'elle constitue une ordonnance rendue en matière gracieuse, ce qui fait qu'elle n'est pas susceptible d'appel de la part de la personne contre laquelle la description ou la saisie a été ordonnée. — Pouillet, *Brev. d'inv.*, n. 800, *Marq. de fabr.*, n. 234; Nouguier, n. 845; Renouard, *Brev. d'inv.*, n. 236; Bioche, *Dict. de proc.*, v° *Brev. d'inv.*, n. 20; Rendu et Delorme, n. 543; Calmels, n. 623; Allart, n. 532; Malapert et Forni, n. 1062. — *Contrà*. Blanc, p. 647. — V. cep. *Rép. alph. du dr. fr.*, v° *Appel* (mat. civ.), n. 1264 et s.; *Chose jugée*, n. 170 et s.

37. — Jugé, en ce sens, que les pouvoirs conférés au président du tribunal civil par l'art. 47, L. 5 juill. 1844, en matière de saisie d'objets contrefaits, constituent, comme ceux conférés

par l'art. 558, C. proc. civ., une juridiction non contentieuse qu'en conséquence l'ordonnance rendue par ce magistrat n'est sujette ni à appel, ni à aucun recours. — Paris, 11 févr. 1846, Penzold, [P. 46.1.675, D. 46.4.45] — V. aussi Bruxelles, 22 janv. 1855, [*Belg. jud.*, t. 13, p. 438]

38. — En d'autres termes, l'ordonnance rendue par le président aux termes de l'art. 47 émane du pouvoir discrétionnaire confié à ce magistrat par la loi organique des brevets d'invention et ne rentre pas dans la juridiction contentieuse; elle n'est susceptible d'aucun recours. — Lyon, 13 juin 1866, précité.

39. — La faculté accordée au président de mettre sous la main de justice les objets argués de contrefaçon et de subordonner cette saisie au dépôt préalable d'un cautionnement, rentre dans l'exercice de son pouvoir discrétionnaire et donne naissance à des actes de juridiction gracieuse qui ne peuvent donner lieu à aucun recours. — Rouen, 7 mai 1883 (2 arrêts), Lessive Phœnix, [*Ann. propr. ind.*, 85.363; *Gaz. Pal.*, 83.2.334]

40. — Toutefois, il n'en peut être ainsi qu'autant que la juridiction gracieuse du président n'est pas épuisée, c'est-à-dire qu'autant que les difficultés qu'il est appelé à trancher naissent au moment même de la saisie ou avant sa terminaison; quand la saisie est accomplie, que ses résultats ont été acceptés, l'ère de la juridiction gracieuse est close et l'intervention ultérieure du président, chargé de décider entre les prétentions rivales, et de trancher un véritable litige, ne peut plus s'exercer que dans les conditions, et avec les voies de recours prévues par l'art. 809, C. proc. civ. — Mêmes arrêts.

41. — Si l'ordonnance du président autorisant une saisie ou une description n'est point susceptible d'être attaquée par la voie de l'appel, on admet, au contraire, qu'elle peut faire l'objet d'un référé porté devant la juridiction de qui elle émane, alors surtout que la possibilité du recours a été réservée dans l'ordonnance elle-même. — Pouillet, *Brev. d'inv.*, n. 779 et s., n. 802; Allart, n. 523; Rendu, t. 2, n. 115; Pelletier et Defert, n. 58; Malapert et Forni, n. 1062; Dufourmantelle, *Brev. d'inv.*, p. 153.

42. — Jugé, même, qu'on ne saurait soutenir que la juridiction du juge des référés s'est trouvée épuisée par ce fait qu'aucune difficulté n'aurait été soulevée au moment de la saisie, lorsque cette saisie ayant été pratiquée en l'absence du prétendu contrefacteur, dans une usine à peu près déserte, le lendemain d'un jour de fête, celui-ci en a référé au président du tribunal, aussitôt qu'il a eu connaissance de la saisie. — Paris, 10 août 1889, Société française d'accumulateurs électriques, [S. 90.2.31, P. 90.1.213, D. 91.2.23]

43. — On décide, d'ailleurs, généralement que l'ordonnance sur référé doit être traitée différemment que l'ordonnance primitive, à raison du caractère contentieux qu'on lui reconnaît. Jugé, à cet égard, que l'ordonnance par laquelle le président du tribunal civil, statuant en référé, après débats contradictoires, rétracte l'ordonnance par laquelle il avait autorisé la saisie d'objets argués de contrefaçon, est susceptible d'appel. — Cass., 16 mai 1860, Torrilhon, [S. 61.1.181, P. 60.1148, D. 60.1.432] — Paris, 22 juin 1883, sous Cass., 31 mai 1886, précité. — *Sic*, Picard et Olin, n. 656; Pouillet, *Propr. ind.*, n. 267; *Brev. d'inv.*, n. 803; Bertin, *Ordonn. sur requête*, n. 124 et s.; Allart, n. 246 et 533; Rendu, *Contrefaçon des inventions brevetées*, n. 130; Pelletier et Defert, n. 62; Ruben de Couder, v° *Contrefaçon*, n. 237 et s.; Observ. de M. le conseiller Lardenois, sous Cass., 31 mai 1886, précité. — V. encore Douai, 9 avr. 1856, Villard, [*Jurispr. Douai*, 56.256]

44. — Jugé, spécialement, à cet égard, que la cour d'appel est compétente pour statuer, en état de référé, sur l'opposition mise à l'exécution d'une ordonnance sur requête autorisant une saisie-contrefaçon. — Paris, 22 juill. 1884, Languereau, [*Ann. propr. ind.*, 85.361] — Dutruc, *Suppl. aux lois de procédure*, v° *Référé*, n. 173.

45. — ... Et qu'une telle ordonnance ne peut, lorsqu'elle a été exécutée sans les intéressés sans recours ni réclamation, être de leur part l'objet d'un pourvoi en cassation pour excès de pouvoirs. — Cass., 16 mai 1860, précité. — Aix, 22 nov. 1894, Joie, [S. et P. 95.2.81] — V. *Rép. alph. du dr. fr.*, v° *Cassation* (mat. civ.), n. 531 et s., particulièrement n. 537.

46. — Mais décidé cependant que l'ordonnance du président du tribunal civil, qui, statuant en référé sur l'opposition formée à l'exécution d'une première ordonnance autorisant la saisie d'objets prétendus contrefaits, par suite de la réserve contenue dans cette ordonnance, subordonne l'autorisation au dépôt préalable d'un cautionnement, n'est pas plus susceptible d'appel que la première ordonnance avec laquelle elle se confond, et dont elle est le complément. — Cass., 31 mars 1862, Masse, [S. 62.1.929, P. 63.58] — Sic, Malapert et Forni, n. 1062; Nouguier, n. 859 in fine.

47. — ... Qu'il en est ainsi, alors même qu'avant de rendre la seconde ordonnance, le président aurait entendu les parties dans leurs explications contradictoires. — Même arrêt.

48. — Autrement dit, l'ordonnance de référé, qui complète ou rectifie l'ordonnance sur requête, ayant autorisé une saisie-contrefaçon, émane du même pouvoir que celle-ci et n'est pas plus qu'elle susceptible d'appel. — Rouen, 7 mai 1885 (2 arrêts), Lessive Phœnix, [Ann. propr. ind., 85.363; Gaz. Pal., 85.2.334]

49. — A l'appui de cette opinion, on fait remarquer qu'il importe peu que les mesures prescrites fassent l'objet d'une seule ordonnance ou de deux ordonnances distinctes; que le président peut évidemment faire en deux fois ce qu'il pourrait en une; et que la nature de ces pouvoirs ne change pas lorsque, mieux éclairé, il complète ou rectifie sa décision première.

50. — Il en est particulièrement ainsi, d'après l'un de ces arrêts, lorsque, la saisie ayant été opérée sans aucune opposition, l'assignation devant le tribunal correctionnel était déjà délivrée, et que, par suite, la juridiction contentieuse avait seule qualité pour statuer. — Rouen, 7 mai 1885 (2e espèce), précité.

51. — Le président du tribunal ne peut d'ailleurs trouver dans les dispositions de l'art. 47, L. 5 juill. 1844, le pouvoir de mettre à néant une saisie-contrefaçon dont les effets ont été, par l'assignation en contrefaçon donnée au contrefacteur, soumis au tribunal seul compétent pour y statuer. — Cass., 31 mai 1886, Boussod, Valadon et Cie, [S. 89.1.372, P. 89.1.913, D. 87.1.59]

52. — Il importe peu que, dans la première ordonnance autorisant la description et saisie, le président ait inséré la réserve qu'il lui serait référé en cas de difficulté. — Même arrêt.

53. — Mais le président du tribunal civil, qui a autorisé la saisie réelle avec description d'objets argués de contrefaçon, avec réserve qu'il lui en serait référé en cas de difficultés, peut, sur le référé introduit par la partie saisie avant que l'assignation en contrefaçon lui ait été notifiée, restreindre l'étendue de la saisie par lui autorisée. — Paris, 17 août 1889, Société française d'accumulateurs électriques, [S. 90.2.31, P. 90.1.213, D. 91.2.23] — Sic, Nouguier, n. 853; Rendu, t. 2, n. 115; Allart, n. 524.

54. — Il en est ainsi, surtout alors que le président, ayant, par l'ordonnance rendue sur référé, prescrit la description des appareils argués de contrefaçon et la saisie réelle de l'un des appareils prétendus contrefaits, les droits du saisissant sont sauvegardés. — Même arrêt.

55. — Il importe peu qu'au moment où le président est appelé à statuer sur le référé introduit par la partie saisie, celle-ci ait été citée en contrefaçon devant le tribunal compétent, alors du moins que l'assignation en référé est antérieure à la citation. — Même arrêt.

56. — La faculté ainsi reconnue au président de modifier sur référé son ordonnance primitive ne va pas jusqu'à lui permettre de rétracter cette ordonnance. — Jugé, en conséquence, que le président du tribunal, statuant en référé, ne peut, sans excès de pouvoirs, rétracter l'ordonnance par laquelle il avait donné la permission de décrire et saisir les objets argués de contrefaçon, et, en annulant ainsi, par voie de conséquence, le procès-verbal de saisie, priver le demandeur du bénéfice des constatations qu'il a obtenues, et enlever à la poursuite en contrefaçon l'un de ses éléments essentiels. — Cass., 31 mai 1886, précité. — V. Allart, n. 523.

57. — Cette solution, juste en soi, a été appuyée par la Cour suprême sur un motif erroné; il est en effet, exagéré de prétendre que la saisie avec description d'objets argués de contrefaçon pratiquée dans les formes et délais prescrits par les art. 47 et 48, L. 5 juill. 1844, en vertu d'une ordonnance du président, et suivie dans la huitaine d'une assignation devant le tribunal civil, devient l'accessoire légal et nécessaire de la poursuite en contrefaçon, avec laquelle elle forme un tout indivisible. — Même arrêt. — V. supra, n. 10 et s.

58. — Il y a controverse sur le point de savoir dans quelles limites s'exerce le pouvoir conféré au président par l'art. 47 de la loi de 1844; on se demande si le président peut refuser ou non, sur la demande qui lui en est faite, d'autoriser la saisie des objets argués de contrefaçon; la question est vivement controversée.

59. — D'après une première opinion, le président a un pouvoir absolument discrétionnaire pour apprécier la demande qui lui est faite, et il peut, en conséquence, refuser d'autoriser la saisie. — V. en ce sens, Nouguier, Brev. d'inv., n. 844; Renouard, Brev. d'inv., n. 236; Picard et Olin, Brev. d'inv., n. 647; Pouillet, n. 773, Marq. de fabr., n. 228; Pelletier et Defert, n. 53; Ch. Lyon-Caen, Rev. crit., 1886, p. 354 et s.; Allart, n. 508 et 514; Ruben de Couder, vo Brev. d'inv., n. 199; Malapert et Forni, n. 1065; Dufourmantelle, Brev. d'inv., p. 154. — V. aussi Rendu, Contrefaçon des inventions, n. 104. — Dans cette opinion, on fait observer que la saisie est une mesure grave, qui peut causer un préjudice irréparable à celui sur lequel elle est pratiquée, et de l'opportunité de laquelle on ne comprendrait pas que le breveté fût laissé seul appréciateur. On ajoute que l'on ne concevrait pas que l'autorisation du président fût nécessaire pour pratiquer la saisie, si ce magistrat n'avait pas le droit de refuser au breveté l'autorisation qu'il sollicite. On peut, enfin, à l'appui de cette solution, invoquer l'autorité des arrêts dans lesquels la Cour de cassation a qualifié de discrétionnaire le pouvoir conféré au président du tribunal civil par l'art. 47 de la loi de 1844. — V. Cass., 13 août 1862 (motifs), Masse, [S. 62.1.929, P. 63.58, D. 62.1.347]; — 15 juin 1866 (2 espèces), Nachures et autres et Ramser et l'étré, [S. 67.1.186, P. 67.422]

60. — D'après une seconde opinion, le président ne peut se refuser à autoriser la saisie. — V. en ce sens, Blanc, Tr. de la contrefaçon, p. 648 et s.; Bédarride, Des brev d'inv., t. 2, n. 624 et s.; Prache, Ann. propr. ind., année 1885, p. 357; Darras, Marq. de fabr., n. 224; Parmentier, Compte-rendu du Congrès de la propriété industrielle de 1878. — Dans ce système, on se fonde sur les travaux préparatoires de la loi de 5 juill. 1844. On lit, en effet, dans l'exposé des motifs à la Chambre des pairs : « La partie lésée a le choix de procéder par voie de saisie ou de simple description »; et de ces expressions on conclut que, du moment où le breveté exerçant l'option qui lui est ainsi accordée, réclame l'autorisation de pratiquer la saisie, cette autorisation ne peut lui être refusée. On ajoute que le breveté, responsable des suites de son action, doit être laissé seul juge de l'opportunité d'une mesure ayant pour objet de mettre sous la main de justice les objets dont la représentation constituera la preuve du bien fondé de sa réclamation.

61. — Jugé, en conséquence, que le président du tribunal civil, auquel est demandée, dans les termes de l'art. 47, L. 5 juill. 1844, l'autorisation de saisir avec description des objets argués de contrefaçon n'a pas le pouvoir discrétionnaire pour refuser d'autoriser, soit la saisie avec description, soit même, à défaut de saisie, la description des objets réputés contrefaits. — Paris, 22 juin 1885, sous Cass., 31 mai 1886, précité.

62. — Si l'on admet, avec le premier système, que le président peut refuser d'autoriser la saisie, ne faut-il pas au moins reconnaître que, dans le cas où il refuse au breveté l'autorisation de pratiquer la saisie, il doit ordonner la description? Renouard (op. cit., n. 237, p. 452) se prononce pour la négative. Mais Picard et Olin, op. et loc. cit.; Pouillet, 2e édit., op. cit., p. 723, note 2; Rendu, Pelletier et Defert, loc. cit.; Ch. Lyon-Caen, op. cit, p. 355; Allart, n. 508 et 514; Dufourmantelle, loc. cit., admettent le système contraire, et décident que le président du tribunal ne peut se refuser à autoriser tout au moins la description. On invoque à l'appui de cette opinion le texte même de l'art. 47 : « Les propriétaires de brevets pourront, en vertu d'une ordonnance, faire procéder à la désignation et description détaillées, etc. », d'où il semble bien résulter que le législateur a entendu reconnaître au breveté le droit de faire procéder à la description, et n'exige l'intervention du président qu'à raison des garanties à imposer au breveté dans l'intérêt du prétendu contrefacteur. On ajoute qu'à la différence de la saisie, la description est une mesure qui ne présente pas d'inconvénients graves pour le prétendu contrefacteur, mais dont l'absence pourrait compromettre le succès irréparable de la poursuite. Enfin on peut écarter l'autorité des arrêts qui ont qualifié de discrétionnaire le pouvoir du président saisi d'une requête tendant à description avec ou sans saisie d'objets argués de contrefaçon (Cass., 13 août 1862 et 15 juin 1866, précités), en faisant observer que ces arrêts ont affirmé le pouvoir discrétionnaire du président quant à l'étendue de la saisie qu'il peut ordonner, et quant aux garanties dont il peut l'entourer dans l'intérêt du saisi, mais qu'ils n'ont nullement préjugé la question de savoir si le président pouvait refuser au breveté l'autorisation de faire procéder à la description des objets argués de contrefaçon.

63. — Jugé que le président du tribunal jugeant en référé peut ordonner la simple description des objets incriminés de contrefaçon sans saisie, lorsqu'il n'y a pas péril pour la disparition des objets ; qu'il peut aussi autoriser la continuation de la fabrication de la part du prétendu contrefacteur, le tout sous réserve de dommages-intérêts. — Paris, 8 mars 1845, Parisot. — Huard et Pelletier, n. 27.

64. — D'après la Cour suprême, les ordonnances générales à fin de saisie ou description sont valables, alors même qu'elles ne contiennent aucune indication de nature à préciser le lieu ou l'époque où la saisie-description doit être faite. Décidé, en ce sens, que le pouvoir que l'art. 47, L. 5 juill. 1844, confère au président du tribunal civil d'ordonner la saisie des objets prétendus contrefaits, est entièrement discrétionnaire dans son exercice ; qu'il n'est donc pas nécessaire que l'ordonnance de saisie spécifie les lieux où les perquisitions pourront être faites, non plus que les personnes qui pourront en être l'objet. — Cass., 15 juin 1866 (2 arrêts), précité. — Sic, Bozérian, *Propr. ind.*, n. 447; Allart, n. 310; Nouguier, n. 851; Blanc, p. 645 et 655; Rendu, t. 2, n. 406; Ruben de Couder, v° *Brev. d'inv.*, n. 213. — V. aussi Malapert et Forni, n. 1078 et s.

65. — Cette autorisation générale ne fait pas, dit-on, revivre le système (aujourd'hui abandonné) de l'art. 12, L. 7 janv. 1791, autorisant la saisie en vertu du brevet seul et sur une simple réquisition, puisque l'art. 47 de la loi de 1844 a eu précisément pour objet de soumettre cette saisie à l'autorisation du magistrat, donnée sur la représentation du brevet, et, d'ailleurs, l'examen du brevet par le juge, et la détermination des objets qui pourront être saisis aux risques et périls de la partie civile écartent suffisamment la crainte de poursuites abusives et vexatoires.

66. — Puis on ajoute que la disposition de la loi, relative au cautionnement à fournir par le saisissant, laisse au magistrat la plus grande latitude dans l'appréciation du cautionnement à imposer eu égard à la moralité du plaignant, à sa solvabilité, à la nature même de son brevet, et est loin d'être inconciliable avec une autorisation générale du saisi, puisque la responsabilité civile du breveté peut ainsi être étendue éventuellement à tous les cas d'abus et de poursuites légères et vexatoires.

67. — On dit enfin que l'obligation de désigner dans l'ordonnance les noms et l'adresse des contrefacteurs équivaudrait au refus indirect de saisie et rendrait impossible, dans la plupart des cas, la constatation de la contrefaçon, le breveté se trouvant ainsi assujetti à des lenteurs qui permettraient au contrefacteur de faire disparaître les preuves du délit avant toute constatation légale.

68. — Nous ne pouvons nous ranger à l'avis de la Cour suprême et nous pensons que la faculté accordée par l'art. 47, de faire procéder à la désignation et description des objets prétendus contrefaits, en vertu d'une ordonnance rendue par le président du tribunal, ne peut s'entendre que d'une ordonnance spéciale à la contrefaçon dénoncée dans la requête. — Paris, 13 août 1853, Duchesne, [D. *Rép.*, *Suppl.*, v° *Brev. d'inv.*, n. 330] — Sic, Pouillet, *Brev. d'inv.*, n. 790; Darras, *Marq. de fabr.*, n. 233.

69. — S'il en était autrement, cette mesure, destinée à protéger les intérêts des brevetés, pourrait devenir dans leurs mains un moyen de persécution contre ceux de leurs concurrents qu'il leur conviendrait de gêner dans l'exercice de leur industrie. N'est-ce pas d'ailleurs dans cet esprit que l'art. 47 prévoit le cas où le juge peut, selon les circonstances et le degré de moralité ou de responsabilité relative, soit du breveté, soit du prétendu contrefacteur, subordonner à une caution préalable l'autorisation de saisir ou décrire les objets argués de contrefaçon ? S'il en est ainsi, n'est-il pas évident que cette disposition deviendrait superflue, si, au moyen d'une autorisation générale que le breveté pourrait obtenir dès la prise du brevet, il pouvait, pendant toute sa durée, opérer discrétionnairement des saisies chez tous ses concurrents ?

70. — Sans aller aussi loin que la Cour suprême, on a quelquefois pensé que, bien qu'en principe les ordonnances de saisie ou de description ne doivent être considérées comme valables que si elles sont particulières à une espèce nettement déterminée, on

doit néanmoins regarder comme telles les ordonnances qui, en dehors d'une désignation spéciale de tel ou tel individu présumé contrefacteur, comprennent à la fois, sous une formule générale, tous ceux qui peuvent éventuellement être découverts comme coauteurs ou complices de cette même infraction. — Pouillet, *loc. cit.* — V. Nouguier, n. 851; Blanc, p. 645.

71. — On a parfois apporté à la règle de la nullité des ordonnances générales une exception de même nature; on a pensé qu'une ordonnance pouvait être rendue de manière à servir de fondement à toutes les saisies opérées pour des faits de contrefaçon antérieurs à la date même de l'ordonnance. — Allart, n. 312. — *Contrà*, Pouillet, *Brev. d'inv.*, n. 798.

72. — A la question qui vient d'être examinée se rattache celle de savoir s'il est permis de saisir ou de décrire, en vertu d'une ordonnance qui précédemment a déjà été invoquée pour légitimer une autre saisie ou une autre description; la négative s'impose comme conséquence de l'opinion que nous avons adoptée à l'égard des ordonnances générales ; une nouvelle ordonnance est, selon nous, nécessaire toutes les fois qu'il s'agit de procéder à de nouvelles constatations. — Pouillet, n. 797 et s.; Nouguier, n. 841; Rendu et Delorme, n. 549. — *Contrà*, Blanc, p. 655.

73. — La Cour de cassation s'est encore montrée, à un autre point de vue, plus large dans l'attribution des prérogatives accordées aux brevetés que ne le comportait le texte même de la loi de 1844 ; il a été, en effet, décidé que l'art. 47, pris dans ses termes rigoureux, ne parle que de la saisie des objets réputés contrefaits, mais que cette disposition doit être rationnellement et utilement interprétée; et que, comme le but et l'esprit de la loi ont certainement été, en autorisant la saisie, qu'on pût obtenir non seulement l'indemnité que procure la saisie des marchandises contrefaites, mais encore des pièces à conviction pour la poursuite du délit de contrefaçon, la saisie des correspondances doit être autorisée puisque, bien souvent, elle constitue le seul moyen d'arriver à connaître ceux qui, sans fabriquer des matières brevetées, servent d'intermédiaires aux contrefacteurs pour le placement de leurs produits. — Cass., 15 juin 1866 (2 espèces), Nachures et autres et Hamser et Pétré, [S. 67.1.186, P. 67.422] — Sic, Berlin, 2° édit., p. 545; Bozérian, *Propr. ind.*, n. 447; Nouguier, n. 852. — *Contrà*, Pouillet, *Brev. d'inv.*, n. 770 et 792; Picard et Olin, n. 648. — V. Allart, n. 513; Malapert et Forni, n. 1084; Darras, *Marq. de fabr.*, n. 234 *bis*.

74. — Jugé de même, que si, par une interprétation nécessaire, on admet que le droit de description et de saisie implique celui de faire des visites et des perquisitions domiciliaires, on doit reconnaître que, par une conséquence de même nature, il implique également celui des livres, correspondances et papiers, et d'opérer la saisie de ceux qui contiendraient la preuve du délit recherché. — Cass., 15 juin 1866 (1re espèce), Nachures et autres, précité.

75. — Mais les recherches que le breveté est autorisé à faire ne doivent pas s'étendre jusque sur les personnes, surtout lorsque les objets présumés contrefaits (des ceintures orthopédiques), concernent l'art de guérir. Dès lors le breveté commettrait une violence morale qui le rendrait passible de dommages-intérêts s'il contraignait le porteur de l'objet poursuivi (une jeune fille), et l'en dépouillait. Peu importerait que la saisie eût été pratiquée par un huissier et avec l'assistance du commissaire de police. — Angers, 18 févr. 1841, Perrier, [D.41.2.80] — Renouard, n. 238.

76. — Au lieu de solliciter la saisie des registres et papiers de commerce du prétendu contrefacteur, l'intéressé se borne parfois à demander la saisie de quelques-uns seulement des objets argués de contrefaçon. C'est, dans une telle hypothèse, qu'a été rendu un arrêt aux termes duquel une saisie partielle implique pas pour le détenteur, le droit de se servir des objets non saisis, sauf les dommages qui pourraient être dus à l'inventeur; tout au contraire, la personne saisie ne peut, qu'à ses risques et périls, continuer à se servir des objets argués de contrefaçon ; elle engage ainsi, à la fois, et sa responsabilité civile et sa responsabilité pénale par l'effet l'art. 40 de notre loi ne distinguant pas entre l'emploi antérieur et l'emploi postérieur à l'ouverture de l'instance en contrefaçon, l'atteinte aux droits du breveté étant la même dans les deux cas et procédant de faits de même nature. — Cass., 6 déc. 1861, de Bergue, [*Ann. propr. ind.*, 62.209] — Sic, Pouillet, *Brev. d'inv.*, n. 771.

77. — On a prétendu que, lorsque l'intéressé s'était contenté de faire procéder à la description des objets argués de contrefaçon, son adversaire conservait le droit de disposer librement de ces objets. — Pouillet, *Brev. d'inv.*, n. 768, *Marq. de fabr.*, n. 224; Allart, n. 505; Pelletier et Defert, n. 44; Rendu, t. 2, n. 101; Ruben de Couder, n. 194; Blanc, p. 653, Malapert et Forni, n. 1107; Darras, *Marq. de fabr.*, n. 234.

78. — Il a été soutenu, dans un sens diamétralement opposé, que la description se confondait dans ses effets avec la saisie proprement dite, et que, par conséquent, le droit de disposition était enlevé au propriétaire des objets argués de contrefaçon, dans le cas de description comme dans celui de saisie. — Nouguier, n. 808.

79. — Cette dernière opinion ne nous parait pas tenir un compte suffisant de la différence de nature qui sépare la description de la saisie elle-même; mais il semble cependant qu'en définitive, le propriétaire d'objets simplement décrits doit s'abstenir d'en disposer, non pas parce que ces objets ont été décrits, mais parce qu'en en disposant, il s'expose à être poursuivi, si ultérieurement la contrefaçon est établie, pour vente ou mise en vente d'objets contrefaits.

80. — Reprenant l'étude du texte même de l'art. 47, nous remarquons que ce texte n'attache pas la sanction de nullité au défaut de mention de la représentation du brevet, dans l'ordonnance du président. — Douai, 10 juin 1872, Dumont, [*Ann. propr. ind.*, 74.148] — *Sic*, Pouillet, *Brev. d'inv.*, n. 772.

81. — Remarquons même qu'il parait juste de décider que l'inventeur ne peut, avant d'être breveté, faire des actes conservatoires et, sur le vu d'un procès-verbal constatant le dépôt de sa demande, obtenir du président du tribunal une ordonnance l'autorisant, tout au moins, à faire saisir les objets contrefaits. — Amiens, 8 mars 1880, Barreau-Pinchon, [*Ann. propr. ind.*, 85.258] — *Sic*, Allart, n. 307; Blanc, p. 642 et 638; Pelletier et Defert, n. 52. — *Contrà*, Malapert et Forni, n. 1041.

82. — Mais il est bien évident que la déchéance d'un brevet d'invention entraîne la nullité des saisies et constatations qui ont été faites postérieurement à l'époque où elle a été encourue et qui n'avaient été autorisées qu'en présence d'un titre en apparence viable. — Trib. corr. Sables d'Olonne, 8 juin 1870, Gentil, [*Ann. propr. ind.*, 72.209] — Sur le point de savoir si une saisie peut être ordonnée, en vertu d'un brevet expiré, pour constater des faits qui seraient passés alors que durait encore le droit privatif, V. *Rép. alph. du dr. fr.*, v° *Brevet d'invention*, n. 1308 et 1309. — V. dans le sens de l'impossibilité de recourir à ces modes d'investigation : Pelletier et Defert, n. 57; Malapert et Forni, n. 1044. — V. dans le sens contraire : Nouguier, n. 841; Blanc, p. 659; Darras, *Marq. de fabr.*, n. 224. — Pour la description, il semble que la doctrine soit unanime à permettre aux présidents de l'autoriser même après l'expiration du brevet. — V. notamment Pouillet, *loc. cit.*

83. — Tout au contraire, une saisie qui a été opérée peu de temps après l'expiration du brevet possède la force probante ordinaire lorsqu'il n'est pas douteux que les objets qui ont été trouvés chez la personne saisie avaient été fabriqués à une époque antérieure, au mépris des droits du breveté. — Lyon, 28 févr. 1870, Gougy, [*Ann. propr. ind.*, 72.377]

84. — Quant à l'expert que le président du tribunal peut désigner pour assister l'huissier dans ses constatations, il faut bien remarquer que ses pouvoirs ne se confondent pas avec ceux des experts qui peuvent être nommés en cours d'instance, et qu'il se sépare encore de ceux-ci en ce qu'il n'a pas à prêter serment. Jugé à cet égard que, si le paragraphe 2 de l'art. 47, L. 5 juill. 1844, confère au président du tribunal la faculté de nommer un expert pour aider l'huissier dans la description des objets argués de contrefaçon, cette disposition de la loi n'autorise pas ce magistrat à ordonner que ledit expert aura pour mission de déclarer que cet objet offre assez d'analogie avec celui porté au brevet pour faire l'objet d'une saisie-contrefaçon. — Paris, 22 juill. 1885, Languereau, [*Ann. propr. ind.*, 85.361] — *Sic*, Pouillet, *Brev. d'inv.*, n. 788; Allart, n. 519; Blanc, p. 650; Malapert et Forni, n. 1076; Darras, *Marq. de fabr.*, n.231.

85. — Une telle disposition, étant de nature à préjudicier au principal et à préjuger dans une mesure quelconque le fond même de la contestation élevée entre les parties, excède les droits du président et constitue par suite un excès de pouvoir qui doit en entraîner l'annulation. — Même arrêt.

86. — Sous le prétexte qu'à raison de ses connaissances particulières le breveté est mieux à même que personne de diriger dans ses recherches l'huissier chargé de la saisie, on a parfois

prétendu que sa présence pouvait être autorisée dans l'ordonnance du président du tribunal civil. — V. Pouillet, *Brev. d'inv.*, n. 784; *Dessins de fabr.*, n. 173; Allart, n. 521; Blanc, p. 651; Pelletier et Defert, n. 67; Philipon, n. 203.

87. — Cette opinion nous parait critiquable : la présence du breveté dans les ateliers et usines de son adversaire peut, en effet, être pour celui-ci la source de très-graves préjudices; d'autre part, il est hors de conteste que, dans les saisies autres que celle de la loi de 1844, le saisissant n'assiste jamais et ne pourrait pas d'ailleurs assister à la saisie dont son débiteur est l'objet; s'il en est ainsi, il semble difficile d'admettre, dans le silence de la loi de 1844, que le prétendu contrefacteur puisse être forcé, par autorité de justice, de recevoir dans ses ateliers et usines un rival industriel qui a peut-être imaginé le subterfuge de la saisie pour essayer de découvrir les secrets de fabrication de son concurrent. — Malapert et Forni, n. 1077. — V. art. 585, C. proc. civ.

88. — Il arrive parfois que les ordonnances qui autorisent une saisie ou une description contiennent la désignation d'un huissier commis; dans le silence de l'art. 47, il est incontestable qu'en insérant cette mention dans son ordonnance, le président du tribunal civil outrepasse les pouvoirs qui lui sont reconnus par la loi; cette indication n'est légitime que quand elle est sollicitée par le breveté lui-même, parfois empêché à raison de la notoriété de son adversaire, de trouver un officier ministériel qui consente de bonne grâce à faire les opérations que comporte la saisie ou la description. — Pouillet, *Brev. d'inv.*, n. 789; *Marq. de fabr.*, n. 230; Blanc, p. 650; Renouard, *Brev. d'inv.*, n. 237; Allart, n. 520; Pelletier et Defert, n. 57; Darras, *Marq. de fabr.*, n. 230. — *Contrà*, Nouguier, n. 848. — V. Malapert et Forni, n. 1075.

89. — L'art. 47 consacre dans ses derniers alinéas entre la saisie et la description une différence, facile d'ailleurs à justifier; lorsque le président du tribunal autorise la première manière de procéder, il peut imposer au breveté la nécessité de fournir une caution, alors que cette obligation ne peut jamais être mise à la charge du breveté qui se borne à faire faire une simple description des objets argués de contrefaçon. Cela étant, il devient important de savoir dans quels cas il y a saisie et dans quels cas il y a contrefaçon. Jugé, à cet égard, que l'art. 47, L. 5 juill. 1844, qui permet au président du tribunal, en accueillant une demande de saisie d'objets contrefaits, d'imposer au requérant un cautionnement, étant conçu en termes généraux, le président peut prescrire le dépôt d'un cautionnement, alors même que la saisie qu'il autorise, en même temps que la description, ne doit porter que sur de simples échantillons. — Cass., 14 mars 1888, Gravitz, [S. 90.1.505, P. 90.1.1230, D. 88.1.428] — V. Pouillet, *Brev. d'inv.*, n. 774; Plé, *Revue industrielle*, 26 mai 1888; Allart, n. 515 et 516.

90. — ... Qu'en matière de contrefaçon de brevets d'invention, la saisie réelle, pour laquelle le cautionnement peut être demandé au saisissant, existe, en effet, chaque fois qu'un industriel s'est vu enlever, contre son gré et par suite de la mesure ordonnée, une fraction quelconque de sa propriété, et notamment de simples échantillons. — Trib. Seine, 18 janv. 1890, Gravitz, [S. 90.2.248, P. 90.1.1354]

91. — Cette jurisprudence doit être approuvée; elle est, en tous points, conforme au texte de la loi de 1844 qui, sans aucune spécification, parle de saisie en général; on a cependant soutenu l'opinion contraire; le cautionnement, a-t-on dit, se comprend quand la saisie doit porter sur les objets contrefaits eux-mêmes, puisqu'il va y avoir une confiscation, tout au moins provisoire, de marchandises appartenant au prétendu contrefacteur, et dont il ne pourra plus quant à présent disposer. Cette saisie interrompant le commerce du défendeur, le privant des produits qu'il allait écouler, peut être, ajoute-t-on, la cause d'un préjudice considérable et actuel, et il est naturel qu'un cautionnement soit déposé pour couvrir, le cas échéant, ce préjudice. Mais, quand le breveté se borne à solliciter du juge l'autorisation de faire procéder à un procès-verbal de description, avec un prélèvement d'échantillons, pour permettre un examen plus approfondi, le même genre de préjudice ne se produit plus, car, sauf les échantillons saisis, dont l'importance est insignifiante, le défendeur reste nanti de la possession de ses marchandises, de ses objets fabriqués, et, par conséquent, il n'éprouve dans le cours de l'instance, aucune suspension pour son activité commerciale. Il semblerait donc que la mesure du cautionnement n'a pas dû, pour ce cas, rentrer dans les prévisions et les intentions du législateur.

92. — Le chiffre du cautionnement est le plus souvent indiqué dans l'ordonnance de saisie, mais au cas de silence, l'intéressé peut demander en référé que cette lacune soit comblée. Le législateur n'a à cet égard imposé aucun délai au saisi pour former une telle demande. — Trib. Seine, 7 août 1889, Doulton et Cie, [*Ann. propr. ind.*, 93.104]

93. — Il faut même observer que la loi de 1844, en attribuant au président le droit d'accorder le cautionnement ne prévoit qu'une mesure provisoire et ne statue que sur le *plerumque fit*; le tribunal est compétent pour ordonner le dépôt du cautionnement par le breveté, soit au cas de silence, sur ce point, de l'ordonnance du président autorisant la saisie, soit même au cas où l'ordonnance déciderait qu'il n'y a pas lieu à cautionnement. — Trib. Seine, 18 janv. 1890, précité [*Ann. propr. ind.*, 93.106] — V. Pouillet, *Propr. ind.* (de Berne), 1890, p. 103.

94. — Si le président du tribunal civil a omis de statuer sur le cautionnement, le droit de l'accorder incombe au tribunal, dont le président est l'émanation, qui a plénitude de juridiction et qui est seul compétent à partir de l'assignation au principal; cette faculté résulte de ce qu'aucun délai pour demander le cautionnement n'est imparti au saisi et de ce qu'une instance principale hâtive ne saurait lui enlever son droit au cautionnement. — Même jugement.

95. — Si, en effet, l'art. 47, L. 5 juill. 1844, en permettant aux brevetés de faire saisir par description ou réellement les objets prétendus contrefaits, dispose que, lorsqu'il y a lieu à saisie, l'ordonnance du président pourra imposer au saisissant le dépôt d'un cautionnement, il ne s'ensuit pas que ce dépôt ne puisse être ordonné qu'en référé et avant la saisie. — Trib. Seine, 7 août 1889, précité.

96. — Quoi qu'il en soit, il résulte des termes mêmes de notre article que, dans le cas où le cautionnement a été ordonné par le tribunal civil, l'huissier ne peut sous sa responsabilité procéder à la saisie que si préalablement le breveté a consigné le montant du cautionnement. — Pouillet, *Brev. d'inv.*, n. 778; *Marq. de fabr.*, n. 229; Darras, *Marq. de fabr.*, n. 227.

97. — On doit admettre, dans le silence de la loi, que le montant du cautionnement peut, même lorsqu'il est fourni en argent, être déposé ailleurs qu'à la Caisse des dépôts et consignations. — Pouillet, *Brev. d'inv.*, n. 777; Allart, n. 516 *bis*; Ruben de Couder, v° *Brev. d'inv.*, n. 202. — V. Malapert et Forni, n. 1087.

98. — La loi de 1844 n'indique pas de quels éléments le juge doit tenir compte lorsqu'il est appelé à déterminer l'importance du cautionnement à fournir par le breveté. Décidé, dans un premier système, que le cautionnement doit représenter au moins approximativement et provisoirement le préjudice entier que peut causer la saisie si elle a été indûment faite, l'entrave et le discrédit imposés au commerce du défendeur et non la valeur seule de l'objet saisi, laquelle peut être insignifiante. — Trib. Seine, 7 août 1889, précité.

99. — On est même allé jusqu'à dire dans cette opinion que le cautionnement devait éventuellement servir à couvrir le préjudice pouvant naître de la divulgation de secrets de fabrique qui arriverait à la suite et comme conséquence d'une saisie indue. — Lyon, 24 mars 1887, sous Cass., 14 mars 1888, Grawitz, [S. 90.1.105, P. 90.1.1230, D. 88.1.428] — Allart, *loc. cit.*

100. — Mais il a été décidé, dans un second système, que le cautionnement n'a été institué que pour garantir le saisi du dommage résultant directement du fait de la saisie; que, dès lors, la valeur et la privation de l'objet saisi peuvent seuls servir de base à l'appréciation du cautionnement, sans qu'il y ait lieu de faire état du discrédit commercial et de la divulgation possible de l'invention qui peuvent résulter de la saisie. — Trib. Seine, 18 janv. 1890, Grawitz, [S. 90.2.248, P. 90.1.1354] — Sic, Pouillet, *Propr. ind.* (de Berne), 1890, p. 103.

101. — La doctrine de ce jugement doit, a-t-on dit, être approuvée puisque le dommage pouvant éventuellement résulter du discrédit commercial et de la divulgation des secrets de fabrique résulte non pas de la saisie, mais du procès en contrefaçon et ne saurait en être séparé; ce double dommage peut être d'ailleurs d'autant moins prévu avant le procès qu'il a un caractère peu défini comme importance.

102. — Il est difficile, à raison même du silence de l'art. 47, de prendre parti sur cette controverse; le mieux paraît être de

penser que, sur ce point, les juges du fonds jouissent du pouvoir discrétionnaire le plus large; c'est ce qui semble résulter d'un arrêt de cassation qu'on a, à tort selon nous, invoqué à l'appui du premier système; si, en effet, il se trouve que cet arrêt a eu, en fait, pour résultat de maintenir l'arrêt de la cour de Lyon du 24 mars 1887, précité, lorsqu'il a décidé qu'en imposant au saisissant l'obligation de verser un cautionnement déterminé, le président ne fait qu'user de la faculté à lui conférée par l'art. 47, et dont l'exercice ne saurait constituer une violation de la loi, il est certain que la même théorie aurait dans des circonstances contraires abouti à des conséquences diamétralement opposées. — Cass., 14 mars 1888, précité. — Malapert et Forni, n. 1090. — V. Pouillet, n. 774.

103. — En nous prononçant en faveur du système consacré, selon nous, par la Cour de cassation, nous nous conformons à l'esprit de l'art. 47; il est naturel, en effet, d'admettre que le juge jouit de pouvoirs discrétionnaires pour la détermination des éléments dont il faut tenir compte pour la fixation du montant de la caution, alors que, d'après cet art. 47, le président du tribunal civil est seul juge du point de savoir s'il y a lieu ou non d'imposer au breveté la prestation d'un cautionnement.

104. — Nous remarquerons toutefois, sur le dernier point, que l'art. 47 impose au juge la nécessité d'exiger la prestation d'un cautionnement lorsque l'autorisation de saisir est sollicitée par un breveté étranger. — V. Pouillet, *Brev. d'inv.*, n. 775; Allart, n. 517; Blanc, p. 646; Malapert et Forni, n. 1088. — V. Clunet, *De la saisie-arrêt pratiquée en France par un étranger sur un Français : J. du dr. int. pr.*, année 1882, p. 59.

105. — On admet d'ailleurs, bien que l'art. 47 ne distingue pas, que le juge recouvre l'exercice de son pouvoir discrétionnaire, lorsque le breveté étranger est admis à domicile en France. — Pouillet, *Brev. d'inv.*, n. 776; Nouguier, n. 858; Picard et Olin, n. 651; Allart, *loc. cit.* — V. Malapert et Forni, n. 1089; Renouard, *Brev. d'inv.*, n. 38.

106. — Il semble juste d'admettre une exception de même nature au profit des étrangers qui ressortissent à des pays qui, dans leurs rapports avec la France, ont stipulé la clause du libre accès ou celle de la nation la plus favorisée; en ce cas, par application de l'une ou de l'autre de ces clauses, ces étrangers sont assimilés à des Français, soit au point de vue des lois de procédure seulement, soit d'une manière beaucoup plus générale; en ce cas aussi, ils doivent pouvoir, comme les Français, être dispensés de fournir la caution de l'art. 47. — V. Pouillet, *loc. cit.*; Allart, *loc. cit.* — V. *Rép. alph. du dr. fr.*, v° *Caution* judicatum solvi, n. 188 et s.

107. — On sait que les étrangers non admis à domicile sont obligés de fournir une caution appelée caution *judicatum solvi* (V. *suprà*, ce mot), lorsqu'ils sont demandeurs dans un procès et que d'ailleurs les citoyens du pays auquel ils appartiennent sont eux-mêmes pas dispensés par traité de la prestation de cette sûreté. On a prétendu que l'étranger qui avait satisfait aux exigences de l'art. 47 n'avait plus à fournir la caution *judicatum solvi*; il a été décidé, en effet, qu'il n'y a pas de raison d'exiger le cumul du cautionnement de l'art. 47 et de la caution de l'art. 16, C. civ., qui sont une seule et même chose placée à deux périodes différentes de la procédure, le cautionnement de l'art. 47 pouvant être exigé avant l'audience, au premier acte même de la procédure préalablement autorisée par le juge, alors que la caution *judicatum solvi* doit être demandée alors que l'instance est déjà engagée. — Trib. corr. Seine, 24 juin 1890, Pratt, [*Ann. propr. ind.*, 93.112] — Sic, Calmels, n. 418; Renouard, n. 98.

108. — Pour notre compte, il nous paraît impossible d'admettre cette opinion; chacune des cautions dont nous nous occupons a un but particulier et répond à un besoin spécial, ce qui fait que, dans le silence des textes relatifs à la caution *judicatum solvi*, celle-ci doit être fournie alors même que le breveté a déjà dû fournir la caution de l'art. 47. — Pouillet, n. 939; *Propr. ind.* (de Berne), 1888, p. 60; Allart, n. 318; Blanc, p. 669; Massé, t. 2, n. 730; Huard, *Propr. ind.*, n. 320; Dufourmantelle, *Brev. d'invent.*, p. 156; Lyon-Caen et Renault, t. 1, n. 437 *bis*; Weiss, *Tr. élém. de dr. int.*, p. 765; Pouillet, *Propr. ind.* (de Berne), 1890, p. 103. — V. aussi *Rép. alph. du dr. fr.*, v° *Caution judicatum solvi*, n. 160 et s. — Sur le point de savoir si la convention de 1883 a dispensé du cautionnement l'art. 47 les étrangers appartenant aux États de l'Union, V. Lyon-Caen, note sous Cass. Belg., 5 avr. 1888, Société du Téléphone, Bell, [S. 88.4.17, P. 88. 2.17, *in fine*]

109. — Quand une saisie n'a pas été précédée du dépôt de cautionnement prescrit par l'art. 47, de la loi de 1844, elle est nulle, si elle est faite par un étranger breveté en France, mais non admis à la jouissance des droits civils. — Paris, 15 juin 1860, Sax, [*Ann. propr. ind.*, 60.241]; — 22 janv. 1864, Beckers, [*Ann. propr. ind.*, 64.99] — *Sic*, Pouillet, *Brev. d'inv.*, n. 775; Allart, n. 517. — V. Pelletier et Defert, n. 69.

110. — Le dernier paragraphe de l'art. 47 impose à l'huissier, sous peine de dommages-intérêts et de nullité de l'acte, la nécessité de *laisser* copie au détenteur des objets décrits et saisis, tant de l'ordonnance que de l'acte constatant le dépôt du cautionnement quand il a été décidé qu'il en serait fourni un; il résulte des termes employés que l'huissier ne peut clôturer une opération de saisie sans avoir préalablement remis à l'intéressé les pièces dont il vient d'être question, et que, de plus, si plusieurs vacations sont nécessaires, c'est à la fin de la première que cette remise doit avoir lieu. — Pouillet, *Brev. d'inv.*, n. 785; Allart, n. 530 et 531; Darras. *Marq. de fabr.*, n. 232.

111. — Il a été décidé contrairement à cette opinion, sans que d'ailleurs le jugement contienne aucun essai de justification, que l'art. 47 ne prescrit pas, à peine de nullité, que la signification de l'ordonnance soit faite et que la copie de la saisie soit laissée avant l'assignation; il suffit que les significations aient lieu au plus tard le jour de l'assignation. — Trib. Seine, 23 avr. 1881, Cie de Terre-Noire, [*Ann. propr. ind.*, 87.319]

112. — Malgré le silence de la loi de 1844 à cet égard, on est d'accord pour admettre que l'huissier doit, par application des principes de droit commun, laisser à l'intéressé copie du procès-verbal de saisie. — Renouard, n. 236; Nouguier, n. 861; Pouillet, *Brev. d'inv.*, n. 785; Allart, n. 529; Darras, *Marq. de fabr.*, n. 232.

113. — La saisie ou la description faite en vertu de la loi de 1844 est nulle, dans les termes du droit commun, lorsque l'huissier n'a pas observé les formalités qui lui sont imposées par la loi dans la rédaction de ses actes; l'examen de ces points nous entraînerait trop loin et ferait double emploi avec les renseignements que nous comptons fournir, d'une manière complète, sur cette difficulté d'ordre général. — Allart, n. 536; Pelletier et Defert, n. 78. — V. *Rép. alph. du dr. fr.*, vis *Exploit, Saisie*.

114. — Indépendamment de ces nullités, la saisie ou la description en matière de brevets d'invention peut être frappée de nullités d'ordre spécial; il en est notamment ainsi lorsque les procédures n'ont pas été précédées d'une ordonnance du président du tribunal civil, lorsque le cautionnement requis des brevetés français ou étrangers n'a pas été fourni dans les délais indiqués par l'ordonnance, lorsque le cautionnement n'a pas été exigé du breveté étranger, lorsque l'huissier n'a pas laissé copie des pièces indiquées dans l'art. 47. — Allart, *loc. cit.*

115. — L'art. 48 de la loi de 1844 établit une nouvelle nullité lorsqu'il dispose qu' « à défaut, par le requérant, de s'être pourvu, soit par la voie civile, soit par la voie correctionnelle, dans le délai de huitaine, outre un jour par trois myriamètres de distance entre le lieu où se trouvent les objets saisis ou décrits et le domicile du contrefacteur, receleur, introducteur ou débitant, la saisie ou description sera nulle de plein droit, sans préjudice des dommages-intérêts qui pourront être réclamés, s'il y a lieu, dans la forme prescrite par l'art. 36 », c'est-à-dire dans la forme prescrite pour les affaires sommaires.

116. — Le délai de huitaine dont il est question dans l'art. 48 est un délai de huit jours francs. — Pelletier et Defert, n. 89; Allart, n. 538; Pouillet, *Brev. d'inv.*, n. 806; Malapert et Forni, n. 1111; Darras, *Marq. de fabr.*, n. 236; Dufourmantelle, *Brev. d'inv.*, p. 158.

117. — Lorsqu'il est procédé, en vertu d'une même ordonnance, à plusieurs saisies ou descriptions chez diverses personnes et ce à des dates différentes, le délai de huitaine commence à courir au profit de chacune de ces personnes à partir du moment où, en ce qui la concerne, l'ordonnance du président se trouve avoir été exécutée. — Allart, n. 539; Pouillet, *Brev. d'inv.*, n. 808; Malapert et Forni, n. 1114; Darras, *Marq. de fabr.*, n. 237. — *Contrà*, Blanc, *Propr. ind.*, n. 454, et *Contrefaçon*, p. 654.

118. — On admet généralement que la nullité établie par notre texte ne pourrait être prononcée si l'abstention du breveté pouvait s'expliquer à raison de la survenance d'un événement de force majeure; il est bien évident, d'ailleurs, qu'en ce cas, la charge de la preuve pèserait sur le breveté. — Pouillet, *Brev.*

d'inv., n. 807; Allart, n. 538; Malapert et Forni, n. 1117; Darras, *Marq. de fabr.*, n. 237; Dufourmantelle, *Brev. d'inv.*, p. 158. — *Contrà*, Picard et Olin, n. 670.

119. — Quoi qu'il en soit de cette hypothèse d'un ordre tout particulier, le breveté devant, à la suite d'une saisie, se pourvoir dans un délai de huitaine, soit au civil, soit au correctionnel, les tribunaux ne peuvent maintenir une telle saisie lorsque l'intéressé s'est contenté d'assigner les parties saisies devant le tribunal correctionnel pour y être entendues, sous la foi du serment, à titre de témoins; il convient alors de déclarer la nullité de ces brevets, sauf à apprécier le préjudice causé lors de l'allocation des dommages-intérêts. — Cass., 26 juin 1863, Gougy, [*Ann. propr. ind.*, 63.271]

120. — De même, une saisie doit être déclarée nulle lorsque faite sur un non propriétaire, elle n'est pas, dans la huitaine, suivie d'une assignation donnée aux propriétaires de la chose prétendue contrefaite; d'ailleurs, la nullité de la saisie n'entraîne pas celle de l'instance principale en contrefaçon. — Paris, 15 déc. 1865, Ronquié, [*Ann. propr. ind.*, 68.7]

121. — Mais, les nullités étant de droit étroit et ne pouvant être étendues hors des cas et des limites précisés par la loi, il importe peu que l'ordonnance qui a autorisé la saisie ait prescrit au breveté un délai de trois jours dans lequel il devait former la demande principale; il suffit, pour que la demande soit valable, que le plaignant se soit pourvu dans le délai de huitaine. — Trib. Seine, 30 juin 1868, Clifton, [*Ann. propr. ind.*, 68.392] — *Sic*, Allart, n. 537.

122. — Il n'est pas nécessaire, au surplus, de faire suivre d'une assignation nouvelle les saisies d'objets contrefaits, pratiquées au cours d'une instance en contrefaçon régulièrement engagée. — Cass., 4 juin 1877, Bruère et Cie, [S. 77.1.444, P. 77.1190, D. 78.1.23] — Paris, 8 mars 1860, Brossette, [*Propr. ind.*, n. 144] — *Sic*, Allart, n. 340; Picard et Olin, n. 674; Pouillet, *Brev. d'inv.*, n. 809; Dufourmantelle, *Brev. d'inv.*, p. 159. — *Contrà*, Malapert et Forni, n. 1115.

123. — Ainsi qu'on l'a vu précédemment, la nullité de la saisie réelle ou descriptive d'un objet argué de contrefaçon, qui n'a pas été suivie, dans la huitaine, d'une instance civile ou correctionnelle régulière, n'enlève pas au breveté le droit de poursuivre la contrefaçon et, en particulier, d'intenter une action civile en dommages-intérêts; mais cette demande constitue par elle-même une action principale, et ne saurait être introduite par voie de simples conclusions reconventionnelles pour repousser une action en dommages-intérêts introduite par le saisi contre le saisissant. — Paris, 9 nov. 1872, Cabourg, [*Ann. propr. ind.*, 73.42]

124. — Si l'on suppose que la saisie pratiquée au nom du breveté soit valable, en ce sens que toutes les formalités requises ont été observées, le saisi, gêné par là même dans l'exploitation de son industrie, peut prendre les devants et demander la mainlevée de la saisie. C'est dans une telle hypothèse qu'il a été jugé que celui qui s'adresse à la justice pour obtenir la mainlevée d'une saisie pratiquée entre ses mains agissant en qualité de demandeur, doit fournir, dans le cas où il est étranger, la caution *judicatum solvi*; qu'il ne saurait prétendre qu'en cette hypothèse, il joue le rôle de défendeur. — Trib. Lyon, 25 janv. 1868, Oehler, [*Ann. propr. ind.*, 69.133] — *Sic*, Allart, n. 543; Pelletier et Defert, n. 83; Rendu, t. 2, p. 135; Darras, *Marq. de fabr.*, n. 238. — *Contrà*, Pouillet, *Brev. d'inv.*, n. 816; Malapert et Forni, n. 1118. — V. *Rép. alph. du dr. fr.*, vo *Caution judicatum solvi*, n. 35 et s.

125. — L'action en mainlevée de saisie doit être portée devant la juridiction civile; on ne pourrait agir valablement devant les tribunaux correctionnels dont la compétence n'existe que dans les cas spécialement indiqués par la loi; on ne saurait songer non plus à s'adresser au président du tribunal qui a émis l'ordonnance à fin de saisie ou de description, lorsqu'à supposer qu'il puisse modifier son ordonnance, il ne peut certainement pas la rétracter. — Allart, n. 541; Pouillet, *Brev. d'inv.*, n. 815; *Marq. de fabr.*, n. 239; Nouguier, n. 871 et 872; Pelletier et Defert, n. 79 et s.

126. — L'art. 48 réserve à l'industriel intéressé le droit à des dommages-intérêts pour le cas où, soit la saisie, soit la description, n'a pas été suivie d'assignation dans la huitaine; ce n'est là d'ailleurs qu'une application particulière d'une théorie du droit commun; aussi, des dommages-intérêts peuvent-ils être mis à la charge du saisissant toutes les fois que, pour un motif quelconque, la saisie ou la description est frappée de nullité et qu'il est possible d'établir la mauvaise foi ou la négligence du saisissant. Décidé que l'inventeur breveté qui, après avoir obtenu du président du tribunal une ordonnance à fin de saisie, se transporte, accompagné d'un huissier, chez un de ses concurrents, et n'y découvre aucun fait constitutif de la contrefaçon, ne peut être poursuivi pour violation de domicile, alors même que son concurrent se serait opposé à son entrée dans la cour intérieure de sa fabrique, mais qu'il est tenu de dommages-intérêts au profit de celui-ci à raison du préjudice qu'il lui a occasionné. — Paris, 12 nov. 1836, Tivier, [Ann. propr. ind., 57.23]

127. — De même, le vendeur d'objets argués de contrefaçon qui est appelé en garantie par son acheteur, poursuivi en contrefaçon, peut faire condamner le saisissant à des dommages-intérêts lorsque la saisie vient à être déclarée nulle pour défaut de versement du cautionnement dans le délai prescrit par l'ordonnance du président. — Douai, 26 août 1865, Raffard, [Ann. propr. ind., 69.323]

128. — Quelle que soit d'ailleurs la cause pour laquelle la saisie ou la description d'objets argués de contrefaçon est déclarée nulle, des dommages-intérêts ne peuvent être prononcés à la charge du breveté que si son adversaire a éprouvé un préjudice; c'est ce qui existera pour ainsi dire toujours au cas de saisie, mais ce qui peut ne pas être au cas où il n'a été procédé qu'à une simple description. — V. Trib. Lyon, 29 avr. 1871, Dame Bouvier, [Ann. propr. ind., 72.23]

129. — Les tribunaux de commerce sont incompétents pour allouer des dommages-intérêts au prétendu contrefacteur lorsque le breveté n'a pas suivi dans le délai de huitaine de la saisie-contrefaçon, soit devant les tribunaux civils, soit devant les tribunaux correctionnels, — Trib. comm. Seine, 7 févr. 1891, Pinson, [Gaz. des Trib., 20 févr.]

130. — Remarquons, en terminant, que des dommages-intérêts peuvent même être prononcés parfois, bien qu'il n'ait été procédé à aucune saisie ou description, lorsque le breveté, abusant des prérogatives que le brevet lui accorde, annonce, par des circulaires ou autres moyens de publicité, qu'il va faire constater les faits de contrefaçon dont se rendrait coupable tel ou tel de ses concurrents. — Pouillet, Brev. d'inv., n. 818; Allart, n. 544; Darras, Marq. de fabr., n. 239. — V. Rép. alph. du dr. fr., v° Concurrence déloyale, n. 714.

SECTION II.
De la saisie et de la description en matière de marques de fabrique et de commerce.

131. — Les art. 17 et 18, L. 23 juin 1857, sur les marques de fabrique et de commerce sont, sauf sur quelques points de détail, la reproduction textuelle des art. 47 et 48 de la loi de 1844 sur les brevets d'invention; nous n'avons donc pas à revenir sur les renseignements précédemment fournis (V. suprà, n. 29 et s.); nous nous contenterons de mentionner ici les décisions judiciaires intervenues en matière de marques de fabrique sur les questions déjà étudiées, puis nous ferons connaître les points sur lesquels la saisie ou description des marques, faite suivant les termes des art. 17 et 18 de la loi de 1857, diffère de la saisie ou description opérée en vertu des art. 47 et 48 de la loi de 1844, et enfin nous étudierons une forme particulière de saisie qui est pratiquée au cas où les marques contrefaites viennent de l'étranger.

132. — Nous plaçant, pour le moment, dans le cas de l'application des art. 17 et 18 de la loi de 1857, nous remarquerons que comme, selon nous, les ordonnances générales émises par les autorités judiciaires en vue de permettre des saisies ou des descriptions ne sont pas valables, nous ne pouvons qu'approuver la doctrine d'un arrêt aux termes duquel une saisie est nulle lorsqu'elle est faite en vertu d'une ordonnance rendue depuis longtemps, alors que, des désignations précises qui y sont contenues, il résulte que, dans la pensée du juge comme dans celle de l'intéressé, la saisie devait avoir lieu dans un avenir assez prochain. — Paris, 21 déc. 1871, Garnier, [Ann. propr. ind., 72.173] — Sic, Pouillet, Marq. de fabr., n. 233. — V. suprà, n. 64 et s.

133. — Bien qu'en principe, l'huissier chargé de la saisie ou de la description doive, en matière de marque comme en matière

de brevet d'invention, remettre à l'intéressé certaines pièces avant d'avoir mis fin à ses opérations, les circonstances particulières de la cause expliquent que, pour une hypothèse qui se rapprochait du cas de force majeure, il ait été décidé que lorsque la saisie des objets revêtus de marques contrefaites a eu lieu hors de la présence du saisi, à qui, par suite, copie n'a pu être laissée dans un local distinct de son domicile et qui a dû être ouvert par un serrurier avec l'assistance du commissaire de police, il suffit, pour satisfaire au vœu de la loi, que la signification de la saisie soit faite dès le lendemain. — Paris, 23 janv. 1884, Société des Eaux de Vals, [Ann. propr. ind., 85.19; Gaz. Pal., 84, 1re sem., suppl. p. 112] — Sic, Pouillet, Marq. de fabr., n. 225; Darras, Marq. de fabr., n. 232. — V. Douai, 19 mars 1888, Frémy, [J. La Loi du 27 mars] — V. aussi suprà, n. 110 et s.

134. — En matière de marque comme en matière de brevets d'invention, le titulaire du droit privatif qui fait procéder à une saisie ou à une description, s'expose à être condamné à des dommages-intérêts lorsqu'il vient à ne pas agir en contrefaçon ou qu'il ne peut établir qu'il y avait contrefaçon; toutefois, il a pu être décidé, conformément, d'ailleurs, aux données du droit commun applicables à toutes les actions en dommages-intérêts, que lorsqu'à raison de la nullité de la saisie et de la disparition des objets saisis déposés au greffe, il est impossible au demandeur d'établir que ces objets portaient des marques contrefaites, le fabricant ainsi poursuivi ne peut réclamer des dommages-intérêts alors que son adversaire a agi de bonne foi et que lui-même ne justifie d'aucun préjudice. — Trib. corr. Seine, 27 mai 1873, Garnier, [Ann. propr. ind., 73.132] — V. suprà, n. 128.

135. — Malgré les nombreuses ressemblances que présentent les art. 17 et 18 de la loi de 1857 avec les dispositions correspondantes de la loi de 1844, il existe cependant certains points sur lesquels le législateur de 1857 s'est séparé de celui de 1844; c'est ainsi que, pour autoriser les saisies ou descriptions de marques prétendues contrefaites, les pouvoirs suffisants ont été concédés à cet effet « au président du tribunal civil ou au juge de paix du canton à défaut de tribunal dans le lieu où se trouvent les produits à décrire ou à saisir ». — V. suprà, n. 30 et s.

136. — La compétence du juge de paix est exceptionnelle : elle n'existe que pour les objets situés ailleurs que dans une ville où siège un tribunal de première instance; aussi doit-on déclarer nulle et inefficace une ordonnance rendue par un juge de paix qui devrait être exécutée dans une ville qui possède un tribunal de première instance, alors même d'ailleurs que le juge de paix duquel émanerait l'ordonnance serait celui du chef-lieu d'arrondissement. — Darras, Marq. de fabr., n. 223.

137. — Malgré les pouvoirs reconnus aux juges de paix, les présidents des tribunaux civils pourraient valablement rendre des ordonnances exécutoires en dehors de la ville où siège le tribunal; la compétence des juges de paix n'est pas exclusive de celle de ces magistrats. Le recours possible au juge de paix a été introduit dans la loi de 1857 dans le but de favoriser les recherches de l'intéressé : il ne peut pas qu'une disposition légale se retourne contre celui-là même à qui on a voulu venir en aide. Les pouvoirs du juge de paix n'ont pu avoir pour effet de restreindre ceux des présidents : rien ne s'oppose à ce qu'ils coexistent les uns à côté des autres. Le texte de l'art. 19 est d'ailleurs général; il ne s'attache au lieu de situation des objets que pour délimiter la compétence des juges de paix. — Pouillet, Marq. de fabr., n. 227; Darras, Marq. de fabr., n. 223; Pelletier et Defert, n. 508.

138. — Les ordonnances rendues par les juges de paix sont susceptibles d'être attaquées par la voie du référé, et, par application d'une théorie du droit commun, c'est devant le président du tribunal civil que l'affaire doit être portée. — Pouillet, Marq. de fabr., n. 228.

139. — L'industriel ou le commerçant qui demande l'autorisation de saisir ou de décrire une marque prétendue contrefaite, doit produire, à peine de nullité, l'acte de dépôt de sa marque. — Blanc, p. 778; Pouillet, Marq. de fabr., n. 225; Dufourmantelle, Marq. de fabr., p. 105. — V. suprà, n. 80 et s.

140. — A la différence de ce qui se passe au cas de saisie faite en vertu de la loi de 1844, le président ou le juge de paix ne sont jamais forcés d'exiger du requérant la prestation d'un cautionnement; il en est ainsi alors même que le requérant est étranger, en toute hypothèse, le magistrat ne doit examiner que les circonstances mêmes de la cause. — Pouillet, Marq. de fabr., n. 229; Bédarride, n. 981; Darras, Marq. de fabr., n. 226; Pel-

letier et Defert, n. 511; Dufourmantelle, *loc. cit.* — V. *suprà*,
n. 95 et s.

141. — Cette solution découle de la comparaison même qu'il
est possible de faire entre le texte de la loi de 1844 et celui de
la loi de 1857. On a cependant prétendu parfois que la différence
qui vient d'être signalée n'existait réellement pas; à cet effet,
on a tiré argument de l'inconséquence qu'il y aurait à consacrer
dans notre matière un système plus favorable que dans celle des
brevets d'invention. On a fait observer que lorsqu'un étranger
jouit, par rapport à une découverte. de droits privatifs en France,
c'est qu'il l'a mise en œuvre dans notre pays (art. 32-2°, L. de
1844; V. *Rép. alph. du dr. fr.*, v° *Brevet d'invention*, n. 1443 et
s., 1972 et 1973). Il y possède donc forcément un atelier, un établissement, capables de répondre des condamnations auxquelles
une poursuite intempestive pourrait l'exposer; mais pour ce qui
est des marques, il n'est pas nécessaire que leur titulaire exploite
en France des maisons de commerce ou d'industrie (art. 6, L. de
1857 et art. 9, L. 26 nov. 1873). N'est-ce donc point alors par *a
fortiori* que l'on aurait dû prendre contre celui-ci d'énergiques
mesures préventives? — Rendu, n. 344.

142. — Comme en matière de brevets d'invention, les procès-verbaux de description ou de saisies de marques prétendues
contrefaites, ne peuvent servir de preuve que si, dans un certain
délai, ils sont suivis d'une assignation, soit devant un tribunal
civil, soit devant un tribunal correctionnel; la loi de 1857 a cependant modifié la durée du délai dans lequel le requérant doit
agir. On sait que, d'après la loi sur les brevets, l'action doit être
intentée dans la huitaine augmentée d'autant de jours qu'il y a
de fois trois myriamètres entre le lieu où se trouvent les objets
saisis ou décrits et le domicile de la partie défenderesse. On s'é-
tait plaint de la brièveté du délai : on l'a augmenté dans une
certaine limite; on s'est souvenu d'ailleurs qu'il ne fallait pas
l'étendre outre mesure : la suspicion, dans laquelle les mesures
conservatoires ont plongé le prévenu, est toujours une chose
dommageable. On n'a pas oublié non plus que la saisie mettait
une sorte d'interdit sur les usines et sur les magasins de celui
qui en était l'objet. On doit donc agir, en principe, dans la quinzaine : celle-ci est augmentée, à raison des distances, d'un jour
par cinq myriamètres (art. 18). — Darras, *Marques de fabrique*,
n. 235; Pouillet, *Marq. de fabr.*, n. 236. — V. *suprà*, n. 115
et s.

143. — Les règles qui viennent d'être rappelées ou exposées
ne s'appliquent que si les poursuites sont engagées à la requête
de la partie civile; dans le cas où le ministère public agirait directement, il y aurait lieu de se conformer aux prescriptions des
art. 47 et 49, C. instr. crim. — Pelletier et Defert, n. 511;
Pouillet, *Marq. de fabr.*, n. 226. — V. *suprà*, n. 28.

144. — L'art. 19 de la loi de 1857, qui prévoit l'introduction
en France de produits étrangers portant, soit la marque, soit le
nom d'un fabricant résidant en France, soit l'indication du nom
ou du lieu d'une fabrique française, dispose que ces produits
« peuvent être saisis en quelque lieu que ce soit, soit à la diligence de l'administration des douanes, soit à la requête du ministère public ou de la partie lésée. Dans le cas où la saisie est
faite à la diligence de l'administration des douanes, le procès-
verbal de saisie est immédiatement adressé au ministère public.
Le délai dans lequel l'action prévue par l'art. 18 devra être intentée, sous peine de nullité de la saisie, soit par la partie lésée,
soit par le ministère public est porté à deux mois ». — V. Conv.
d'Union du 20 mars 1883 pour la protection de la propriété industrielle (art. 9 et 10); arrangement du 14 avr. 1891 concernant
la répression des fausses indications de provenance sur les marchandises (art. 1 et 2).

145. — Le droit d'agir reconnu aux agents des douanes constitue une heureuse innovation de la loi de 1857. Par leur position même, ces agents sont les mieux en situation pour découvrir les usurpations frauduleuses. En veillant à l'observation des
lois fiscales, ils sont appelés à examiner chacun des objets qui
passent à la frontière; rien ne s'oppose à ce qu'en même temps
ils remplissent la fonction que leur assigne la loi de 1857. Les
négociants n'ont pas à craindre de côté des perquisitions plus
nombreuses et une perte de temps plus considérable. Il y a donc
lieu de se féliciter à tous les points de vue de cette utile et indispensable mesure. — Darras, *Marq. de fabr.*, n. 222; Dufourmantelle, *Marq. de fabr.*, p. 122.

146. — Les agents des douanes ne sont que les instruments
du parquet. Par suite, le procès-verbal doit être libellé à la re-

quête du ministère public; il doit lui être immédiatement envoyé.
Ajoutons qu'il ne fait foi que jusqu'à preuve contraire. Aussi le
directeur général des douanes, dans sa circulaire du 6 août 1857,
rappelle-t-il à ses subordonnés qu'il n'est pas nécessaire de remplir
toutes les formalités prescrites par la loi du 9 flor. an VII. Mais
il est indispensable que l'acte de saisie soit enregistré dans un
bref délai (4 jours : art. 20, L. 22 frim. an VII). — Darras, *Marq.
de fabr.*, n. 229; Pouillet, *Marq. de fabr.*, n. 319; Pelletier et
Defert, n. 512.

147. — Dans l'hypothèse de l'art. 19, il suffit, pour que le
procès-verbal conserve sa valeur, que l'action soit intentée dans
les deux mois. Le rapporteur a justifié cette dérogation à la manière suivante : « Il a paru juste de prolonger le délai pour former la demande en condamnation. La partie lésée peut avoir un
domicile éloigné et même ignorer la saisie, si ce n'est pas elle
qui l'a fait pratiquer. »

148. — Aussi s'est-on quelquefois emparé de cette déclaration du rapporteur pour prétendre que l'extension de délai accordée par l'art. 19 ne devait s'appliquer qu'au cas où la saisie a eu
lieu par l'entremise des agents des douanes, alors que le délai
ordinaire de quinzaine restait opposable au négociant qui, au cas
d'introduction de marques contrefaites, avait fait procéder lui-
même à leur saisie. « Si, dit M. Bédarride, la partie lésée a fait
procéder à la saisie, si elle ne peut par conséquent exciper ni de
son éloignement, ni de son ignorance, la promulgation du délai
ne serait plus qu'un effet sans cause et l'en faire profiter serait
méconnaître les justes considérations qui ont motivé l'art. 18 »
(n. 987).

149. — Nous pensons néanmoins, à raison de la généralité
des termes de l'art. 19, que l'extension de la durée établie par
ce texte concerne toutes les hypothèses où il y a introduction en
France de marques frauduleuses. — Darras, *Marq. de fabr.*,
n. 235; Pouillet, *Marq. de fabr.*, n. 324.

150. — On doit faire observer, au surplus, que le délai de l'art.
19 constitue une sorte de forfait, ce qui fait qu'il ne doit pas être
augmenté à raison des distances. — Darras, *Marq. de fabr.*,
n. 236.

151. — Comme l'art. 15 de la loi de douanes du 11 janv. 1892
prohibe à l'entrée tous produits étrangers portant, soit sur eux-
mêmes, soit sur des emballages, caisses, ballots, etc., une marque de fabrique ou de commerce, un nom, un signe ou une
indication quelconque de nature à faire croire qu'ils ont été fabriqués en France ou qu'ils sont d'origine française (V. *Rép. alph.
du dr. fr.*, v° *Douanes*) et que l'art. 17 de cette même loi déclare
abrogées toutes les lois antérieures dans leurs dispositions contraires, l'administration des douanes a émis dernièrement la prétention qu'elle avait dorénavant, dans les cas visés par la loi de
1892, le droit de saisir et de procéder en vertu de la loi du 28 avr.
1816 concernant les marchandises prohibées, et que par conséquent, à son égard, la loi du 23 juin 1857 était abrogée, en ce sens
notamment : 1° qu'elle n'était plus tenue d'envoyer le procès-verbal
de saisie au ministère public et de laisser la poursuite de l'action
à ce dernier; 2° que la saisie ne serait pas nulle si l'action n'é-
tait pas formée dans les deux mois; cette opinion a été condamnée
par un jugement du tribunal correctionnel de Bayonne, du 27 nov.
1893, Administration des douanes et Sommier frères, [Clunet,
1894, p. 140; *Ann. propr. ind.*, 94.313]

152. — La question ne pouvait réellement faire difficulté
dans l'espèce où est intervenu le jugement de Bayonne, puisqu'il s'agissait de marchandises qui, venant d'Autriche et étant
destinées à l'Espagne, avaient été saisies en gare de Bayonne
c'est-à-dire en dehors du rayon douanier, étant donné leur lieu
d'origine; or il est bien évident qu'en une telle hypothèse les
agents des douanes n'avaient eu compétence pour saisir qu'à
raison des pouvoirs spéciaux que leur confère l'art. 19 de la loi
de 1857; dans ces circonstances, on ne comprend pas comment
on aurait pu ne pas appliquer dans cet ordre d'idées cet article.

153. — Mais la difficulté est, au contraire, réellement délicate
si l'on suppose que la saisie a été opérée par les agents des
douanes sans qu'il leur soit nécessaire de se prévaloir de l'art.
19 de la loi de 1857, dans un cas où ils sont compétents par
application des lois douanières ordinaires; on a soutenu qu'en
ce cas l'administration des douanes n'avait plus à transmettre au
ministère public le procès-verbal de saisie et que, si elle agissait
directement, elle n'avait pas à s'inquiéter du délai particulier de
l'art. 19 de la loi de 1857, étant bien entendu d'ailleurs que ce

texte reprenait tout son empire si l'action était intentée soit par le ministère public, soit par la partie lésée. — Maillard, *Ann. propr. ind.*, année 1894, p. 307, note. — V. *infrà*, v° *Douanes*.

154. — Avant u'ême que les contrefaçons étrangères aient pénétré en France, il se peut que leur caractère délictueux ait été officiellement établi à l'aide de pièces formant preuve devant les juridictions françaises; l'art. 3, L. 26 nov. 1873, relative à l'établissement d'un timbre ou signe spécial pour marques de fabrique ou de commerce, dispose, en effet, que « les consuls de France à l'étranger auront qualité pour dresser les procès-verbaux des usurpations de marque et les transmettre à l'autorité compétente. »

155. — Ce texte est appelé à recevoir surtout application lorsque, le propriétaire de la marque ayant, pour plus de sûreté, fait apposer sur ses marchandises l'estampille officielle prévue par la loi de 1873, le contrefacteur a imité à la fois et la marque et, soit le poinçon, soit le timbre de l'État, et a ainsi commis un crime (V. *Rép. alph. du dr. fr.*, v° *Contrefaçon des sceaux de l'Etat*); mais le texte de l'art. 3 étant général, les intéressés peuvent s'adresser aux consuls, alors même que la marque seule a été contrefaite, dans les cas bien rares d'ailleurs où ce simple délit, commis à l'étranger, est punissable en France. — Darras, *Marq. de fabr.*, n. 228. — V. *Rép. alph. du dr. fr.*, v° *Compétence criminelle*, n. 731 et s., 741 et s.

Section III.

De la saisie et de la description en matière de nom commercial.

156. — La loi du 28 juill. 1824 ne contient aucune disposition sur la procédure à suivre pour constater, avant l'introduction de l'instance, les faits d'usurpation de noms commerciaux; aussi admet-on généralement, à raison du caractère exceptionnel de la saisie, que les autorités judiciaires n'ont pas compétence pour permettre une mesure si grave. — Rendu, n. 461; Dufourmantelle, *Marq. de fabr.*, p. 133; Pelletier et Defert, n. 554. — V. aussi Pouillet, *Marq. de fabr.*, n. 441.

157. — Mais ces mêmes motifs n'existent plus lorsqu'il s'agit d'une simple description; et l'on reconnaît au président du tribunal civil le droit d'autoriser l'intéressé à y faire procéder par un huissier de son choix. — Pouillet, *loc. cit.*; Pelletier et Defert, *loc. cit.* — V. d'ailleurs l'art. 54, Décr. 30 mars 1808.

158. — On sait au surplus que, pour un cas particulier, l'art. 19 de la loi de 1857 permet, au cas d'usurpation de nom, de recourir aux mêmes constatations que s'il s'agissait de contrefaçon de marque. — V. *suprà*, n. 131 et s.

Section IV.

De la saisie et de la description en matière de propriété littéraire et artistique.

159. — Les textes qu'il y a lieu de consulter ne fournissent que quelques indications sur la marche à suivre pour arriver à la saisie ou à la description des œuvres littéraires ou artistiques arguées de contrefaçon; ces renseignements sont, en effet, compris dans l'art. 3, L. 19 juill. 1793, complété sur un point particulier par l'art. 1, L. 25 prair. an III (13 juin 1795); d'après le premier de ces textes, « les officiers de paix seront tenus de faire confisquer (lisez faire saisir), à la réquisition et au profit des auteurs, compositeurs, peintres ou dessinateurs et autres, leurs héritiers ou cessionnaires, tous les exemplaires des éditions imprimées ou gravées, sans la permission formelle et par écrit des auteurs »; d'après l'autre, « les fonctions attribuées aux officiers de paix par l'art. 3, L. 19 juill. 1793, seront, à l'avenir, exercées par le commissaire de police et par les juges de paix dans les lieux où il n'y aura pas de commissaires de police. »

160. — Les différences entre le système imaginé en 1793 et celui appliqué en 1844 et en 1857 en matière de brevets d'invention et de marques de fabrique sont tellement nombreuses qu'à vrai dire ces procédures n'ont pour ainsi dire de commun que le nom. — V. *suprà*, n. 28 et s., 131 et s.

161. — C'est ainsi, par exemple, que le propriétaire des œuvres prétendues contrefaites n'a pas besoin de s'adresser à l'autorité judiciaire pour obtenir une ordonnance à fin de saisie ou de description. En d'autres termes, il n'est pas nécessaire en ces matières qu'une visite domiciliaire soit précédée d'une

ordonnance qui en détermine l'objet. — Cass., 5 flor. an XIII; Buisson, [S. et P. chr.] — *Sic*, Pouillet, *Propr. litt.*, n. 646. — V. aussi Trib. corr. Joigny, 9 mars 1861, Lanotte, [*Ann. propr. ind.*, 61.165]

162. — ... Que, dans le silence des textes, aucun cautionnement préalable ne peut être mis à la charge du saisissant. — V. *suprà*, n. 89 et s., 140 et 141.

163. — ... Que le commissaire de police ou le juge de paix qui procède à la saisie ou à la description n'est tenu de laisser copie d'aucun acte à celui dont les biens sont saisis ou décrits. — V. Pouillet, *Propr. litt.*, n. 659. — V. *suprà*, n. 110 et s.

164. — Cette solution s'explique aisément à raison du silence de la loi de 1793, mais les principes du droit commun ont fait décider que les tribunaux peuvent déclarer qu'un procès-verbal de saisie de livres contrefaits ne mérite aucune foi, lorsqu'il a été rédigé et que la vente qu'il constate a été faite, sans que le prévenu ait été appelé pour reconnaître les objets trouvés et en constater l'identité. — Cass., 5 flor. an XIII, précité. — V. Pouillet, *Propr. litt.*, t. 2, p. 394; Pataille, *Ann. propr. ind.*, 1877, p. 165.

165. — Quoi qu'il en soit, il est encore possible de signaler entre la saisie ou description des œuvres littéraires et artistiques et celle qui a lieu en matière de brevet d'invention et de marque, cette autre différence que le procès-verbal de saisie ou de description conserve toute sa valeur, alors même que l'intéressé n'a pas intenté d'action dans la huitaine ou dans la quinzaine de la rédaction. — Pouillet, *Propr. litt.*, n. 672. — V. *suprà*, n. 115 et s., 142.

166. — Spécialement, l'assignation en matière de contrefaçon d'œuvres littéraires ou artistiques n'a pas besoin d'être donnée, sous peine de déchéance, dans la huitaine de la saisie des objets contrefaits : à ce cas ne peut être étendue la disposition de l'art. 48, L. 5 juill. 1844, sur les brevets d'invention. — Orléans, 1er avr. 1857, Fontana, [S. 57.2.443, P. 57.723]

167. — Le négociant dont les marchandises ont été l'objet d'une saisie ou d'une description ainsi sous la menace d'une poursuite engagée en vertu d'un tel procès-verbal, jusqu'au moment où le bénéfice de la prescription lui est acquis; aussi peut-il prendre les devants et demander aux tribunaux civils la mainlevée de la mesure qui pèse sur lui. — Pouillet, *Propr. litt.*, n. 672; Pataille, *Ann. propr. ind.*, 1877, n. 169.

168. — Si, des différences signalées, on aborde l'examen de la loi de 1793, on doit constater qu'en nos matières la compétence n'appartient en principe qu'aux commissaires de police ou aux juges de paix, ce qui fait que le procès-verbal d'un agent de police est insuffisant pour constater une saisie d'objets contrefaits. — Cass., 9 mess. an XIII, Bidault, [S. et P. chr.] — *Sic*, Pouillet, *Propr. litt.*, n. 645; Pataille, *Ann. propr. ind.*, 1877, p. 161; Blanc, p. 192.

169. — De même, on doit considérer comme nul le procès-verbal dressé par un garde champêtre; pourvu d'ailleurs que cette nullité ait été invoquée en temps utile. — Cass., 4 déc. 1875, Robineau, [S. 77.1.281, P. 77.1.702, D. 77.1.96] — *Sic*, Pelletier et Defert, n. 616.

170. — Les lois spéciales ont ainsi attribué aux commissaires de police et aux juges de paix le droit de procéder à toutes descriptions, perquisitions ou saisies, à l'exclusion de toutes autres personnes et notamment des huissiers. — Trib. Seine, 8 juill. 1886, Richardin, [*Ann. propr. ind.*, 89.294]

171. — Mais il ne faudrait pas donner à la règle qui vient d'être posée un sens trop absolu; si le procès-verbal dressé par une personne incompétente ne peut pas être admis en justice avec la force que sa nature comporterait, rien ne s'oppose à ce qu'il soit reçu à titre de document. Ainsi, il a pu être décidé que la production d'un procès-verbal incomplètement dressé par un garde champêtre, en matière de contrefaçon littéraire ou artistique, ne saurait entraîner la nullité d'une condamnation prononcée de ce chef, alors que ce procès-verbal, qui n'avait d'ailleurs pour objet ni de rechercher, ni de saisir les œuvres contrefaites, mais uniquement de constater leur acquisition et leur origine, n'a été produit aux débats que comme simple document, et que le titre de l'action a été un procès-verbal de perquisition émané d'une autorité compétente, spécialement du commissaire de police, inspecteur de l'imprimerie et de la librairie de Paris. — Cass., 4 déc. 1875, précité.

172. — Bien plus, il faut aller jusqu'à admettre qu'en vertu des droits qu'il tient de l'art. 54, Décr. 30 mars 1808, le président du tribunal civil peut autoriser d'urgence un huissier à faire la description détaillée des objets argués de contrefaçon. — Trib. Niort, 17 févr. 1891, Héritiers d'Autichamp, [*Ann. propr. ind.*, 92.205] — Sic, Pouillet, *Propr. litt.*, n. 655 et 656; Pataille, *Ann. propr. ind*, 1877, p. 163. — V. *suprà*, n. 8, et 157.

173. — On est même allé jusqu'à décider, ce qui nous paraît très-contestable, que le président pouvait, en vertu de ses pouvoirs généraux, autoriser la saisie par huissier de ces mêmes objets. — Trib. Seine, 3 avr. 1878, Société des auteurs, compositeurs et éditeurs de musique, [*Ann. propr. ind.*, 92.233 et la note Martin Saint-Léon] — *Contrà*, Pouillet, *loc. cit.*

174. — Observons de plus qu'en vertu de l'art. 48, Décr. 5 févr. 1810, portant règlement sur l'imprimerie et la librairie, les agents des douanes ont reçu pouvoir de saisir les livres contrefaits venant de l'étranger. — Pouillet, *Propr. litt.*, n. 647; Blanc, n. 192; Pelletier et Defert, n. 655 et 656. — V. *suprà*, n. 144 et s. — Sur le point de savoir si les parties intéressées peuvent contraindre les agents des douanes à saisir, V. Renouard, *Droits d'auteurs*, t. 2, p. 391.

175. — Quoi qu'il en soit de ces atténuations que les principes généraux de notre législation ou que le décret de 1810 permettent d'apporter à la règle spéciale de la loi de 1793, il est incontestable que c'est le plus souvent aux commissaires de police que les intéressés s'adressent pour faire constater les contrefaçons dont ils se prétendent les victimes; le concours des juges de paix est beaucoup plus rarement sollicité; c'est qu'en effet ces magistrats ne sont compétents que pour les lieux où il n'y a pas de commissaires de police. — Pataille, *Ann. propr. ind.*, 1877, p. 161 et 162.

176. — On a cependant voulu parfois étendre la sphère de leur activité en soutenant qu'au cas d'empêchement ou de refus des commissaires de police, ils pouvaient valablement procéder aux constatations nécessaires. — V. Gastambide, p. 180; Pouillet, *Propr. litt.*, n. 654.

177. — Les termes mêmes du décret du 25 prair. an III condamnent cette solution. — Pataille, *Ann. propr. ind.*, 1877, p. 162; Pelletier et Defert, n. 617.

178. — Quant à l'hypothèse supposée où les commissaires de police, requis par les parties, se refuseraient à saisir ou à décrire des objets argués de contrefaçon, elle ne doit se réaliser que très-exceptionnellement puisque la loi de 1793 fait aux commissaires de police une obligation de se conformer aux réquisitions des intéressés, et que leur résistance peut être levée par un ordre formel venu du ministère public. — Pataille, *Ann. propr. ind.*, 1877, p. 163; Pelletier et Defert, n. 620. — V. *Rép. alph. du dr. fr.*, v° *Commissaire de police*, n. 110. — V. aussi, *Ann. propr. ind.*, année 1889, p. 293, note.

179. — Elle ne se comprend normalement que si l'intéressé ne fournit pas au commissaire de police les justifications de son droit que celui-ci a pu exiger dans une pensée de prudence; sur ce point, d'ailleurs, le silence de la loi de 1793 laisse au commissaire de police un large pouvoir d'appréciation dont il peut user pour faire qu'il ne soit pas procédé à des saisies ou à des descriptions pour le compte de personnes qui ne seraient pas titulaires de droit privatif. — V. Pouillet, *Propr. litt.*, n. 648 et s.; Pataille, *Ann. propr. ind.*, 1877, p. 164; Pelletier et Defert, n. 621. — *Contrà*, Blanc, p. 193.

180. — On est même allé parfois jusqu'à reconnaître aux commissaires de police la faculté de s'abstenir lorsque les requérants ne peuvent pas justifier du dépôt de l'œuvre fait conformément à l'art. 6 de la loi de 1793. — Pataille, *loc. cit.*; Pelletier et Defert, n. 623. — V. *suprà*, n. 80 et s., et 139.

181. — Cette opinion ne peut être défendue; il résulte, en effet, des termes mêmes de l'art. 6, que le défaut de dépôt a seulement pour effet de rendre impossible l'action en justice; or, si la saisie et la description sont les préliminaires ordinaires de l'action en justice, ces mesures ne se confondent pas avec l'action en justice; dans l'intervalle où il a été procédé à des constatations extrajudiciaires de la contrefaçon et où l'affaire est portée devant les tribunaux, l'intéressé peut valablement et utilement faire le dépôt de son œuvre; les commissaires de police ne peuvent subordonner leur intervention à la preuve d'un dépôt antérieurement fait. — Pouillet, *Propr. litt.*, n. 649.

182. — Observons d'ailleurs qu'il dépend de la volonté seule du propriétaire de l'œuvre contrefaite d'atténuer, dans l'intérêt de son adversaire, les rigueurs de la loi de 1793; le commissaire de police, obligé d'obtempérer aux injonctions du requérant, ne

pourrait prendre sur lui d'adoucir, dans l'application, les dispositions de l'art. 3. — Pouillet, *loc. cit.* — *Contrà*, Pataille, *Ann. propr. ind.*, 1877, p. 165.

183. — Si l'on voulait appliquer strictement les termes de l'art. 3 de la loi de 1793, le commissaire de police (ou, suivant les cas, le juge de paix) aurait l'obligation de saisir *tous* les exemplaires contrefaits qu'il parviendrait à découvrir; mais ce n'est là qu'un droit auquel le propriétaire de l'œuvre peut renoncer; il peut se contenter de faire saisir seulement quelques exemplaires, ou même de les faire décrire. Mais il a été décidé, avec juste raison, que lorsque, dans l'intérêt du saisi, le commissaire de police chargé de faire la saisie s'est borné à décrire, dans son procès-verbal, les objets argués de contrefaçon et à les placer sous la garde même du saisi, l'obligation de les représenter incombe à celui-ci, et, jusqu'à cette représentation, la similitude entre les objets saisis et ceux appartenant au demandeur doit être regardée comme constante. — Trib. corr. Seine, 19 août 1868, Ledot, [*Ann. propr. ind.*, 68.401] — Sic, Pouillet, *Propr. litt.*, n. 651.

184. — En sens contraire, on a voulu parfois reconnaître aux propriétaires d'œuvres littéraires ou artistiques le droit de faire porter la saisie sur d'autres objets que des exemplaires contrefaits; la loi de 1793 est cependant muette à cet égard; l'intéressé ne peut donc, selon nous, faire saisir les lettres, registres, livres de commerce, etc. — Pouillet, *Propr. litt.*, n. 653. — *Contrà*, Renouard, *Droits d'auteur*, t. 2, p. 396.

185. — ... Ni même les instruments (planches, moules, clichés, etc.), qui serviraient exclusivement à la reproduction incriminée; il importe peu d'ailleurs que ces objets soient sujets à confiscation (art. 427, C. pén.); l'existence d'un texte spécial pour autoriser cette mesure, qui, d'ailleurs, n'intervient, à la différence de la saisie, qu'à la fin du procès, c'est-à-dire à un moment où les prétentions du demandeur ont été vérifiées. — *Contrà*, Blanc, p. 194 (qui va jusqu'à permettre la saisie des caractères mobiles momentanément réunis pour servir à l'impression de l'ouvrage litigieux). — Pouillet, *Propr. litt.*, n. 652.

186. — Au surplus, si le commissaire de police ne peut, à la demande de l'intéressé, procéder à la saisie des livres de commerce, registres, instruments de contrefaçon, etc., cette saisie n'est pas, par là même, rendue absolument impossible; elle peut avoir lieu dans les termes des art. 35 et s., C. instr. crim., aussitôt que le ministère public est saisi de l'affaire. — V. Pouillet, *Propr. litt.*, n. 668; Blanc, p. 192.

187. — Faisons observer, en terminant, que lorsque la saisie opérée par le plaignant en contrefaçon excède évidemment les limites de la légitime protection due à ses intérêts, des dommages-intérêts peuvent être alloués au prévenu à raison du préjudice que lui a causé cette saisie, quand même il ne serait relaxé de la poursuite en contrefaçon qu'à raison des circonstances particulières de l'espèce. — Cass., 24 mai 1855, Thoisnier-Desplaces, [S. 55.1.392, P. 55.2.271]

Section V.

De la saisie et de la description en matière de dessins et de modèles de fabrique.

188. — En traitant dans la section précédente de la saisie et de la description en matière de propriété littéraire et artistique, nous avons, selon nous, traité de ces mêmes constatations extrajudiciaires en matière de dessins et de modèles de fabrique; nous considérons, en effet, avec la presqu'unanimité de la doctrine, comme essentiellement fâcheuse la distinction que la jurisprudence de nos cours et de nos tribunaux a prétendu établir entre les œuvres des beaux-arts et les œuvres des arts industriels; pour nous, toute manifestation de l'art a droit à la même protection légale, alors même qu'elle serait employée à un usage industriel. — Pouillet, *Dess. de fabr.*, n. 171; Calmels, n. 619; Philipon, n. 202.

189. — Il serait d'ailleurs déplacé d'entrer actuellement dans la discussion de cette controverse que nous devions néanmoins indiquer pour justifier notre opinion sur le point spécial que nous avons à examiner; pour nous, les formes à suivre dans la saisie et dans la description des dessins et modèles industriels sont absolument les mêmes que celles qui viennent d'être indiquées pour les œuvres littéraires et artistiques; sans doute, une loi du 18 mars 1806, portant établissement d'un conseil de prud'hommes à Lyon, s'est, dans certaines de ses dispositions, spécialement occupée des dessins de fabrique, et une ordonnance du 17 août 1825 a généralisé sur ce point les données de la loi de 1806 ; mais ces textes, principalement relatifs à la formalité du dépôt des dessins de fabrique, n'ont pu avoir pour effet d'enlever à ces dessins leur caractère d'œuvres artistiques c'est-à-dire d'œuvres protégées par la loi du 19 juill. 1793.

190. — Mais la jurisprudence semble être définitivement fixée en sens contraire de notre opinion. Aussi a-t-il été décidé que comme la loi de 1793 ne s'applique pas aux dessins de fabrique, on doit considérer comme nulle la saisie faite en cette matière conformément aux dispositions de cette loi, c'est-à-dire par le commissaire de police. — Trib. corr. Seine, 3 déc. 1891, Durbec et fils, [*Ann. propr. ind.*, 92.223 ; *Bull. offic. propr. ind.*, 9 juin 1892] — V. *Moniteur*, 1846, p. 446.

191. — Quel est donc le système de nos tribunaux ? On a parfois pensé que dans les localités où il existe des prud'hommes, l'intéressé devait adresser requête, verbalement ou par écrit, au conseil des prud'hommes qui devait charger un fabricant et un chef d'atelier de procéder à la constatation ; à l'appui de cette opinion, on a invoqué le texte des art. 10 et 12, L. 18 mars 1806, qui sont ainsi conçus : « Le conseil des prud'hommes sera spécialement chargé de constater, d'après les plaintes qui pourraient lui être adressées, les contraventions aux lois et règlements nouveaux ou remis en vigueur » (art. 10). « Les prud'hommes, dans les cas ci-dessus, et sur la réquisition verbale ou écrite des parties, pourront, au nombre de deux au moins, assistés d'un officier public dont un fabricant et un chef d'atelier, faire des visites chez les fabricants, chefs d'ateliers, ouvriers et compagnons » (art. 12). — Mollot, *Code de l'ouvrier*, p. 285. — V. Pouillet, *loc. cit.*

192. — Il a été décidé, en ce sens, que les prud'hommes sont autorisés à procéder aux toutes saisies rendues nécessaires pour l'observation de la loi de 1806 ; mais que les déclarations ainsi faites ne sauraient être qualifiées de jugements, alors qu'elles ne constituent que des certificats ou procès-verbaux. — Lyon, 25 mars 1863, Juricot, [*Ann. propr. ind.*, 63.245] — V. aussi Trib. comm. Seine, 20 mars 1851, Brichard, [cité par Blanc, p. 362]

193. — Ce système a été assez longtemps suivi en pratique, surtout à Lyon et à Saint-Étienne. Mais la jurisprudence a fini par le condamner ; il a été décidé, en effet, que si, aux termes de la sect. 2, L. 18 mars 1806, les prud'hommes ont qualité, comme officiers de police, pour rechercher et constater par des procès-verbaux les délits et contraventions qui se commettent dans les ateliers et les manufactures, aucune disposition de loi n'autorise le président des compagnies à ordonner des saisies en cas de contestation entre fabricants sur la propriété des dessins de fabrique ; qu'ordonner une saisie dans de telles conditions, c'est faire un acte de juridiction, que la loi ne leur permet pas, pour une instruction sur un procès qui n'est pas de leur compétence. — Lyon, 4 mars 1869, Faure, [*Ann. propr. ind.*, 74.228] — Trib. Seine, 27 août 1879, Gay et Morgan, [*Ann. propr. ind.*, 80.110] — *Sic*, Mollot, *Code de l'ouvrier*, p. 288.

194. — En d'autres termes, si la loi du 18 mars 1806 confère au conseil des prud'hommes [là où il en existe] le soin de constater les contraventions aux lois et règlements nouveaux mis en vigueur, elle ne les charge nullement des mesures d'exécution et de constatation relatives aux différends pouvant naître entre deux commerçants à propos d'atteintes que celui qui se prétend propriétaire d'un dessin industriel pourrait avoir intérêt à faire constater d'abord, et réprimer ensuite, chez un autre commerçant. — Trib. Lille, 26 août 1884, Niézette, [*Ann. propr. ind.*, 88.21]

195. — ... Alors surtout qu'il est procédé à la saisie par ministère d'huissier. — Lyon, 4 mars 1869, précité.

196. — On a parfois proposé dans un troisième système de reconnaître au président du tribunal de commerce les pouvoirs suffisants pour autoriser les saisies ou descriptions des dessins et des modèles de fabrique. Si le propriétaire d'un brevet d'invention adresse sa requête en saisie au président du tribunal civil, quand il veut poursuivre un contrefacteur, parce que c'est devant le tribunal civil qu'il doit revendiquer la propriété de son brevet, il faut dire que, par réciprocité, fait-on observer dans ce système, le propriétaire d'un dessin de fabrique, déposé aux archives des prud'hommes, doit adresser sa requête en sai-

sie au président du tribunal de commerce, parce que c'est devant le tribunal de commerce qu'il doit revendiquer la propriété de son dessin. — Lyon, 4 mars 1869, précité. — *Contra*, Pouillet, n. 172 *bis*, p. 176, note 2.

197. — Quoi qu'il en soit, la jurisprudence paraît se fixer en ce sens que c'est le président du tribunal civil qui a la capacité nécessaire pour faire constater les infractions qui se commettent en nos matières. Il a été, en effet, jugé qu'à défaut d'une disposition expresse, qui attribue exclusivement à une autre autorité le pouvoir d'ordonner la saisie en matière de contrefaçon de dessin de fabrique, il faut reconnaître que c'est au président du tribunal civil que ce pouvoir appartient en vertu de l'art. 54, Décr. 30 mars 1808, qui lui confère le droit d'autoriser les mesures d'urgence aux risques et périls des requérants, toutes les fois qu'il est saisi d'une plainte en violation d'un droit en apparence justifiée. — Trib. Lille, 26 août 1884, précité. — *Sic*, de Belleyme, t. 1, p. 10 et 34 ; t. 2, p. 341. — V. aussi Trib. Seine, 27 août 1879, précité ; — 3 déc. 1891, précité.

198. — ... Que la saisie de dessin de fabrique est valable lorsqu'elle est opérée en vertu d'une ordonnance du président du tribunal civil ; il en est ainsi, en ce cas, non pas en vertu ni par extension des lois spéciales de 1844 et de 1857, mais par suite des règles du droit commun et en vertu de l'art. 54, Décr. 30 mars 1808. — Paris, 27 juill. 1876, Deneubourg et Gaillard, [*Ann. propr. ind.*, 76.206]

199. — D'après ces décisions, la compétence du président du tribunal civil serait exclusive ; elle existerait concurremment avec celle du conseil des prud'hommes, d'après un jugement aux termes duquel s'il est vrai que les art. 10 et s., L. 18 mars 1806, règlent les pouvoirs des conseils de prud'hommes en cas de contravention aux lois et règlements sur la propriété des dessins de fabrique, et si l'art. 13 de cette même loi règle d'une manière spéciale les formalités qu'ils doivent suivre pour les visites qu'ils feront chez les fabricants, chefs d'ateliers, ouvriers ou compagnons, cet article ne prononce pas la nullité des procès-verbaux, dressés en une autre forme, qui constateraient des contraventions aux lois et règlements relatifs aux dessins de fabrique, alors surtout que ces procès-verbaux ont été accompagnés des garanties spéciales édictées par la loi dans les lois, entièrement analogues, des brevets d'invention et des marques de fabrique. — Trib. Seine, 13 déc. 1883, Bohn, [*Ann. propr. ind.*, 90.7]

200. — Il a été décidé qu'une saisie faite pour constater une contrefaçon de dessin de fabrique est valable, alors même que, dans la requête adressée au président du tribunal civil, on aurait par mégarde invoqué la loi de 1844 sur les brevets au lieu de celle de 1806 sur les dessins. — Paris, 11 févr. 1875, Charles, [*Ann. propr. ind.*, 75.273]

201. — Quoi qu'il en soit de ces divergences quant à la forme de la saisie et de la description, on doit admettre dans chacun des systèmes qui viennent d'être exposés qu'aucun délai n'est imparti au propriétaire d'un dessin de fabrique qui a fait procéder à la saisie pour intenter l'action en contrefaçon. — Trib. corr. Seine, 3 déc. 1891, précité. — *Sic*, Pouillet, *Dess. de fabr.*, n. 174 ; Philipon, n. 210.

CHAPITRE II.

DES TRIBUNAUX COMPÉTENTS EN MATIÈRE DE CONTREFAÇON.

SECTION I.

Règles communes à toutes les actions en contrefaçon.

202. — Quelle que soit la nature de l'objet contrefait, que celui-ci constitue une invention nouvelle, une marque de fabrique, une œuvre littéraire ou artistique, etc., celui qui se plaint d'une contrefaçon peut prendre à son gré la voie correctionnelle ou la voie civile, pour arriver à la réparation du préjudice qui lui est causé. Remarquons d'ailleurs que la juridiction à saisir par la voie civile varie suivant la nature du droit ; tandis, en effet, que ce sont, par exemple, les tribunaux civils qui sont compétents en matière de brevets d'invention et de marques de fabrique ou de commerce, ce sont, au contraire, les tribunaux de commerce qui sont compétents en matière de dessins de fabrique. — V. *Rép. alph. du dr. fr.*, v° Action civile, n. 326 et s.

203. — Il va de soi, d'ailleurs, que lorsque l'action est engagée par le ministère public, la seule juridiction compétente est celle des tribunaux correctionnels; c'est, qu'en effet, le ministère public « n'agit que dans l'intérêt de la loi, c'est-à-dire pour la répression du délit, et qu'il ne peut s'adresser qu'aux juges compétents pour appliquer la peine au délinquant ». — Blanc, p. 662.

204. — Sous le bénéfice de cette réserve, il est incontestable qu'en principe l'action en contrefaçon peut être portée devant la juridiction civile ou devant la juridiction criminelle. Jugé, en matière de brevets d'invention, avant la promulgation de la loi de 1844, que l'action civile pour la réparation du dommage causé par un délit de contrefaçon, peut être portée directement devant les tribunaux civils : l'art. 20, L. 25 mai 1838, qui attribue aux tribunaux correctionnels la connaissance des actions concernant les brevets d'invention, lorsqu'il s'agit de contrefaçon, ne déroge pas au principe général de l'art. 3, C. instr. crim. Toutefois, les tribunaux civils sont incompétents pour appliquer l'amende portée par la loi contre le délit de contrefaçon. — Angers, 4 juin 1842, Briou, [S. 42.2.493, P. 43.1.101] — Cette question ne pourrait plus naître actuellement en présence des termes de l'art. 48, L. 5 juill. 1844.

205. — Dans les cas où la poursuite a été précédée d'une saisie, le prétendu contrefacteur ne peut pas porter atteinte au droit de l'intéressé de recourir à la juridiction correctionnelle, en demandant devant les tribunaux de l'ordre civil la mainlevée de la saisie qui a frappé ses marchandises. Même en ce cas, le titulaire du droit privatif peut encore, à son gré, agir devant les tribunaux correctionnels. — Pouillet, Brev. d'inv., n. 820; Nouguier, n. 886; Blanc, p. 662. — V. Rép. alph. du dr. fr., v° Brevet d'invention, n. 1545.

206. — En raison de la dualité des juridictions compétentes pour connaître des actions en contrefaçon, un prévenu, renvoyé des fins de la poursuite à raison de ce qu'il n'est pas établi qu'il ait agi de mauvaise foi, peut encore, à raison du même fait, être actionné devant la juridiction civile. — Trib. Seine, 14 mars 1862, de Gonet, [Ann. propr. ind., 62.226] — V. Renouard, Droits d'auteurs, t. 2, p. 405.

207. — Mais en portant successivement ses prétentions devant la juridiction civile, l'intéressé doit violer les principes de la chose jugée. Ainsi, il a pu être décidé que la maxime electâ unâ viâ non datur recursus ad alteram ne peut recevoir application qu'autant qu'il y a identité de cause et d'objet entre les deux actions et identité de parties en cause. — Bordeaux, 13 nov. 1888, Glimot, [S. 89.2.239, P. 89.1.1246] — V. Rép. alph. du dr. fr., v° Action civile, n. 382 et s.

208. — Spécialement, il n'y a pas violation de cette maxime de la part du breveté qui, après avoir intenté contre un contrefacteur un procès civil terminé par un arrêt d'appel, poursuit devant le tribunal correctionnel la répression de faits de contrefaçon postérieurs à cet arrêt. — Même arrêt. — V. Rép. alph. du dr. fr., v° Action civile, n. 404.

209. — Spécialement encore, le breveté lésé peut, en contrefaçon peut, après avoir formé devant le tribunal civil une demande en dommages-intérêts, actionner le contrefacteur devant la juridiction correctionnelle, à raison d'un fait distinct et nouveau, tel que celui d'une participation à la mise en vente, par une autre personne également poursuivie, d'objets contrefaits. — Cass., 23 mai 1868, Marris, [S. 68.1.370, P. 68.948]

210. — C'est, qu'en effet, la maxime und viâ electâ non datur recursus ad alteram n'est opposable à l'action nouvelle, fondée sur les mêmes faits et les mêmes causes, qu'autant qu'elle tend au même but que l'action ancienne, et qu'il y a identité des parties en cause. — Cass., 16 nov. 1861, de Grimaldi, [S. 62.1.636, P. 62.1182, D. 62.1.253]; — 3 mai 1868, précité. — V. F. Hélie, Instr. crim., t. 4, n. 1716 et s.

211. — Mais, le législateur, en ouvrant la double voie correctionnelle et civile au breveté pour la conservation de ses droits, n'a pu refuser au juge saisi de la plainte le pouvoir d'apprécier si, en portant, postérieurement à cette plainte, l'affaire devant les tribunaux civils, le contrevenant, en réclamant un sursis, n'avait pas pour but un moyen dilatoire contraire aux véritables intérêts des parties et à la bonne administration de la justice. — Cass., 28 févr. 1862, Genetier, [D. 62.5.43]

212. — En tous cas, il est hors de doute que l'éditeur, propriétaire d'une œuvre littéraire, qui avait primitivement porté son action en contrefaçon devant un tribunal de commerce in-

compétent et qui a été renvoyé à se pourvoir devant les juges compétents, peut alors agir, à son gré, soit devant la juridiction civile, soit devant la juridiction correctionnelle. — Paris, 9 janv. 1869, Thunot-Duvotenay, [Ann. propr. ind., 69.138] — Sic, Pelletier et Defert, n. 29.

213. — Bien qu'en principe l'intéressé puisse prendre à son gré la voie répressive ou la voie civile, les règles spéciales de l'action civile, intentée devant les tribunaux correctionnels, peuvent faire que celui-ci soit obligé de recourir à la voie civile. Ainsi, on ne peut poursuivre devant les tribunaux de répression que des êtres réels sur lesquels peut porter une peine; une société commerciale est un être moral et ne saurait répondre pénalement d'un délit. — Cass., 10 mars 1877, Garrigue-Lalande et Cie, [S. 77.1.336, P. 77.832] — Besançon, 6 mai 1882, Société des lunetiers, [Ann. propr. ind., 83.58] — Sic, Pouillet, Brev. d'inv., n. 858; Nouguier, n. 984; Dutruc, Mémor. du Min. publ., v° Action publ., n. 27.

214. — Cette nullité entache de nullité toute la procédure. — Mêmes arrêts.

215. — Un associé, en déclarant, en première instance, accepter le débat au nom de la société, ne peut changer la situation juridique du débat. — Mêmes arrêts.

216. — Cette nullité peut être produite pour la première fois en appel. — Besançon 6 mai 1882, précité. — ... Et même pour la première fois devant la Cour de cassation. — Cass., 10 mars 1877, précité.

217. — Mais s'il n'est pas possible qu'une société commerciale soit poursuivie pour contrefaçon devant la juridiction correctionnelle, la nullité de la procédure disparaît quand les membres de cette société sont réassignés individuellement comme auteurs directs de la contrefaçon. — Cass., 4 août 1876, Berthoud et Trottier, [Ann. propr. ind., 77.201]

218. — Les tribunaux correctionnels peuvent d'ailleurs, en condamnant comme contrefacteurs certains membres ou employés d'une société commerciale qui ont agi en cette qualité, déclarer la société elle-même civilement responsable pour le montant des dommages-intérêts, mais non pour le montant des amendes. — Paris, 12 avr. 1878, Fargue, [Ann. propr. ind., 78.311] — Paris, 9 mai 1883, Paquelin, [Ann. propr. ind., 83. 334] — Alger, 29 mai 1879, Félix Prat et Cie, [Ann. propr. ind., 79.345] — V. Darras, Marq. de fabr., n. 140.

219. — Décidé encore que, lorsqu'une clause du traité qui accorde à un tiers une licence de fabrication attribue compétence au tribunal de commerce pour toutes les difficultés résultant de l'application du traité, la juridiction correctionnelle justifie suffisamment sa compétence en déclarant qu'il y a délit de contrefaçon. — Cass., 24 nov. 1883, Découflé et Abadie, [Ann. propr. ind., 88.266, Propr. ind. (de Berne), 89.99]

220. — On doit admettre aussi que le fabricant qui a sciemment recélé ou réparé des objets contrefaits peut être poursuivi directement par le breveté devant la juridiction correctionnelle, même si le contrefacteur originaire n'est pas ou ne peut plus être poursuivi ou que ces objets appartiennent à des tiers de bonne foi auxquels ils ont été restitués avec le consentement du plaignant dans le cours de l'instance. — Paris, 11 juill. 1861, Sax, [Ann. propr. ind., 61.230]

221. — Le tribunal correctionnel n'est compétent pour connaître de l'action civile qu'accessoirement à l'action publique (V. suprà, v° Action civile, n. 432 et s.); la conséquence de ce principe est qu'il ne peut plus statuer sur les réparations civiles réclamées par la partie plaignante lorsqu'il a renvoyé le prévenu de la plainte. — Cass., 10 août 1860, Cie chem. de fer de Lyon, [D. 60.1.513] — V. Paris, 28 janv. 1860, Même aff., [Ann. propr. ind., 60.457]

222. — L'irrégularité à laquelle a donné lieu le renvoi du prévenu ne peut être couverte et réparée par la mise en cause d'un autre prévenu devant la juridiction correctionnelle restée saisie du litige; la cause n'est plus entière dès qu'il a été statué sur la validité des brevets en présence du prévenu, et les errements de la procédure ne pourraient être opposés à un prévenu différent, pour qui la chose jugée serait res inter alios acta. — Cass., 10 août 1860, précité.

223. — Mais comme l'action civile est recevable contre les héritiers du délinquant, il a pu être jugé que si un prévenu de contrefaçon renvoyé des fins de la poursuite est décédé pendant l'instance d'appel, la juridiction correctionnelle, saisie de cet appel, demeure compétente pour en connaître et aussi pour statuer sur les réparations civiles réclamées aux héritiers par le plaignant. — Cass., 24 août 1854, Villard, [D. 54.1.293] — V. *Rép. alph. du dr. fr.*, v° *Action civile*, n. 298 et s.

224. — Lorsque l'affaire est portée devant la juridiction civile, le tribunal compétent est, dans les termes du droit commun, celui du domicile du défendeur ou, en cas de connexité, celui du domicile de l'un des défendeurs; il serait superflu de revenir sur les indications précédemment fournies (V. *Rép. alph. du dr. fr.*, v° *Compétence civile et commerciale*, n. 208 et s.). — V. Pouillet, *Brev. d'inv.*, n. 822; *Marq. de fabr.*, n. 243; *Propr. litt.*, n. 674; Allart, n. 596 et 597; Philipon, *Dess. de fabr.*, n. 188.

225. — D'autre part, le juge répressif compétent en matière de contrefaçon est, comme en toute matière correctionnelle, celui de la résidence du prévenu, celui du lieu du délit, ou, enfin, celui du lieu où le prévenu est arrêté. — Lyon, 30 janv. 1893, Valette, [*Ann. propr. ind.*, 93.52] — Sic, Allart, n. 562; Blanc, p. 663; Pouillet, *Marq. de fabr.*, n. 243; *Propr. litt.*, n. 674; *Dess. de fabr.*, n. 163; Philipon, n 191. — V. *Rép. alph. du dr., fr.*, v° *Compétence criminelle*, n. 199 et s.

226. — En conséquence, l'industriel qui a chargé un tiers de le représenter sur une place où il n'a ni son domicile, ni sa fabrique, et qui lui a remis des échantillons de ses produits, en vue de les exhiber au public et de provoquer des achats, est justiciable, à raison du prétendu délit de contrefaçon résultant de cette mise en vente, du tribunal du lieu où elle a été faite. — Paris, 15 mai 1888, [*France judic.*, 88.2.281] — Sic, Allart, n. 564.

227. — De même, le tribunal du lieu où les produits contrefaits ont été exposés est compétent, et en supposant que cette exhibition soit le fait du représentant d'un fabricant, celui-ci peut être cité devant le tribunal, alors qu'il aurait son domicile en un autre endroit. — Cass., 23 nov. 1888, Pascal, [*Ann. propr. ind.*, 94.144] — Sic, Pouillet, *Brev. d'inv.*, n. 823. — V. aussi Cass., 29 août 1851, Cailly, [*Bull. crim.*, n. 362]

228. — Lorsque la contrefaçon se commet à l'aide d'une reproduction dans un journal, on doit admettre comme compétents les tribunaux de chacun des lieux où le journal est adressé et distribué par la poste. — Paris, 20 août 1841, *Echo du Nord*, [cité par Blanc, p. 202] — Sic, Pouillet, *Propr. litt.*, n. 676.

229. — Comme, aux termes de l'art. 1583, C. civ., le contrat de vente est parfait dès qu'il y a accord sur la chose et sur le prix, et que la livraison n'ajoute rien à la vente, c'est le tribunal du lieu de la vente des objets contrefaits qui est compétent pour connaître des faits reprochés au vendeur. — Paris, 28 mars 1835, Fondeur, [*Ann. propr. ind.*, 35.26] — Sic, Pataille, *Ann. propr. ind.*, *loc. cit.*; Pouillet, *Brev. d'inv.*, n. 826; Allart, n. 565; Pelletier et Defert, n. 53. — *Contrà*, Malapert et Forni, n. 1133. — V. aussi Trib. corr. Seine, 28 juin 1842, Jaguel, [*Gaz. des Trib.*, 29 juin]

230. — En présence de cette multiplicité de juridictions compétentes, on comprend qu'un fabricant poursuivi devant le tribunal de son domicile, sous la prévention de vente et de réparation d'instruments contrefaits, puisse, sans que l'exception de litispendance soit recevable, être poursuivi, alors que dure encore le premier procès, devant un autre tribunal comme coauteur ou complice de faits distincts de contrefaçon et de débits d'objets contrefaits imputés à un autre prévenu. — Paris, 15 févr. 1867, Sax, [*Ann. propr. ind.*, 69.301]

231. — Il se peut que, même en matière correctionnelle, l'instance puisse être engagée devant des tribunaux autres que ceux qui viennent d'être indiqués; pour cela, il suffit de supposer qu'au délit de contrefaçon ont participé plusieurs personnes; en ce cas, l'affaire peut être portée pour le tout devant le tribunal du domicile de l'une d'elles, conformément au principe général (V. *Rép. alph. du dr. fr.*, v° *Compétence criminelle*, n. 278 et s.). Ainsi le débitant chez lequel on a trouvé des objets contrefaits peut être valablement assigné devant le tribunal du domicile de son vendeur, alors que ce dernier est appelé lui-même en cause comme auteur principal. — Paris, 25 févr. 1873, Casciani et Nau, [*Ann. propr. ind.*, 75.130] — Sic, Allart, n. 566; Malapert et Forni, n. 1134; Pelletier et Defert, n. 53; Philipon, n. 192. — V. Pouillet, *Brev. d'inv.*, n. 822. — V. aussi Huard et Mack, n. 688 et les arrêts cités.

232. — Il a même été jugé, avec juste raison d'ailleurs, que comme la compétence s'apprécie d'après la spécification de la demande et non par la vérification du fond, un tribunal demeure compétent à l'égard de personnes domiciliées en dehors de son ressort, du moment où l'un des défendeurs était domicilié dans ce ressort et bien que celui-ci ne puisse être condamné à aucune peine à raison d'une précédente condamnation intervenue sur des faits postérieurs. — Cass., 6 juill. 1861, Sax, [*Ann. propr. ind.*, 61.291] — Sic, Allart, *loc. cit.*; Malapert et Forni, n. 1136; Pelletier et Defert, n. 1136; Blanc, p. 663. — V. aussi Pouillet, *Brev. d'inv.*, n. 824.

233. — Mais on doit faire observer que la règle de la connexité, établie en vue de prévenir le fractionnement des juridictions et d'empêcher qu'une même poursuite ne soit scindée et dévolue à des juges différents, ne fait point obstacle à ce que le juge saisi de la poursuite d'un délit, auquel ont concouru plusieurs agents, ne disjoigne les causes et ne renvoie quelques-uns d'eux devant les juges de leur domicile, alors que la disjonction ne préjudicie à aucun des prévenus, et que, à raison de l'état des procédures, les prévenus ne peuvent plus figurer dans le même débat. — Cass., 19 déc. 1884, Lessive Phœnix, [*Ann. propr. ind.*, 86.173] — V. *Rép. alph. du dr. fr.*, v° *Compétence criminelle*, n. 350 et s.

234. — Il en résulte qu'un tribunal devant lequel sont portées deux actions en contrefaçon, l'une contre le fabricant, l'autre contre le débitant du produit contrefait, peut, sans violer la loi, retenir la connaissance de l'action dirigée contre le débitant, domicilié dans son ressort, et renvoyer le fabricant, domicilié dans un autre ressort. — Même arrêt.

235. — Tels sont les tribunaux devant lesquels l'affaire peut être portée par le titulaire de droits privatifs qui préfère à la voie civile la voie répressive; aucun autre n'est compétent. Ainsi, la saisie, en matière de contrefaçon, n'est pas par elle-même attributive de juridiction; conséquemment, le tribunal du lieu où la saisie d'un objet contrefait a été pratiquée, est incompétent pour statuer sur la plainte du breveté contre le contrefacteur qui a son domicile dans un autre ressort, à moins que le lieu de la saisie ne soit aussi celui où, par le fait de la fabrication ou de la vente, le délit a été commis; il en est encore de même dans le cas où le détenteur est personnellement compris dans l'instance comme ayant, en connaissance de cause, recelé, vendu ou exposé un objet contrefait. — Paris, 28 mars 1855, précité. — Sic, Pataille, *Ann. propr. ind.*, *loc. cit.*; Pouillet, *Brev. d'inv.*, n. 825; *Dess. de fabr.*, n. 164; Allart, n. 563; Blanc, p. 664; Renouard, *Droits d'auteurs*, t. 2, p. 412; Philipon, n. 193. — *Contrà*, Malapert et Forni, n. 1131.

236. — Spécialement, le lieu de la saisie ne peut être considéré comme attributif de juridiction, lorsqu'il est prouvé que les objets contrefaits n'ont été saisis qu'en cours d'expédition. — Cass., 22 mai 1835, Chapsal, [S. 35.1.750, P. chr.] — Sic, Blanc, *loc. cit.* — V. aussi Paris, 29 nov. 1834, Delalain, [*Gaz. des trib.*, 1er déc.]

237. — ... Ou dans l'enceinte d'une Exposition, alors que les objets n'étaient que fictivement mis en vente. — Trib. corr. Seine, 9 janv. 1868, Desouches, [*Ann. propr. ind.*, 68.53] — Sic, Pelletier et Defert, n. 33. — *Contrà*, Malapert et Forni, n. 1132. — V. aussi Blanc, p. 663.

Section II.

Règles spéciales à certaines actions en contrefaçon.

§ 1. *Action en contrefaçon d'inventions brevetées.*

238. — Si le breveté recourt à la voie civile, il peut être délicat de déterminer à quel ordre de juridiction doit appartenir le tribunal devant lequel il doit porter sa demande; étant donné que le débat naît le plus souvent entre commerçants, il faudrait décider, en l'absence d'un texte spécial, que l'affaire concerne la juridiction consulaire, si l'on pense, ce qui est généralement admis à l'heure actuelle, que les tribunaux de commerce sont compétents pour connaître au civil des délits ou quasi-délits que les commerçants peuvent commettre dans l'exercice de leur commerce. — V. *Rép. alph. du dr. fr.*, v° *Acte de commerce*, n. 1306 et s.; *Concurrence déloyale*, n. 737 et s.

239. — Mais un tel système doit être considéré comme définitivement écarté par nos tribunaux qui ont cru pouvoir induire du texte de l'art. 48 de la loi de 1844, ou, plus justement, du texte de l'art. 34 de la même loi une dérogation aux règles générales de procédure. Ainsi, il a été décidé que les tribunaux civils sont seuls compétents, à l'exclusion des tribunaux de commerce, pour connaître de l'action civile en contrefaçon, alors même qu'elle est dirigée par un commerçant contre un autre commerçant, à raison de produits rentrant dans leur commerce. — Bordeaux, 10 nov. 1869, Neyrat, [S. 70.2.100, P. 70.444, D. 71.2.21] — Lyon, 12 déc. 1871, Train et Cie, [Ann. propr. ind., 73.298] — Sic, Blanc, p. 664; Nouguier, n. 664 et s.; Pouillet, Brev. d'inv., n. 827; Allart, n. 549; Ruben de Couder, vo Brev. d'inv., n. 244; Malapert et Forni, n. 1142; Dufourmantelle, Brev. d'inv., n. 132; Pelletier et Defert, n. 28 et 29; Picard et Olin, id., n. 638. — Contrà, Rendu, Dr. industr., p. 269; Calmels, n. 593; Rendu et Delorme, n. 514. — V. aussi Renouard, Brev. d'inv., n. 218 et s.; Pataille, Ann. propr. ind., 1865, p. 54.

240. — C'est qu'en effet des conclusions, tendant à faire déclarer certains individus contrefacteurs, détenteurs ou recéleurs, pour faire prononcer en conséquence la confiscation des objets saisis et condamner les coupables à des dommages-intérêts, impliquent l'appréciation de la validité ou de la propriété d'un brevet d'invention; par suite, les tribunaux civils, saisis de cette action, doivent repousser l'exception d'incompétence soulevée par les défendeurs, alors même que ceux-ci seraient revêtus de la qualité de commerçants. — Lyon, 12 déc. 1871, précité.

241. — C'est là une contestation qui, aux termes de l'art. 34 de la loi de 1844, est exclusivement dévolue à la juridiction du tribunal civil. — Bordeaux, 10 nov. 1869, précité. — Trib. Lyon, 9 juill. 1870, Vallet et Guttins, [D. 71.3.34]

242. — Jugé même que, comme les tribunaux civils connaissent tant de l'action en nullité et de l'action en déchéance que de toutes les contestations relatives à la propriété du brevet, une demande en dommages-intérêts formée par le breveté est de la compétence exclusive des tribunaux de première instance, bien qu'il y ait chose jugée entre les parties sur la propriété du brevet; le débat, ainsi restreint à l'appréciation d'une simple demande en dommages-intérêts, n'est point pour cela de la compétence de la juridiction commerciale; il ne se peut pas que l'accessoire soit soumis à une juridiction différente de celle du principal. — Rouen, 14 févr. 1870, Joly, [D. 72.2.151] — V. cependant Paris, 23 janv. 1890, Lamouche, dit Stinville fils, [D. 90. 2.275]

243. — Décidé encore qu'un tribunal de commerce ne peut connaître de cette action en dommages-intérêts basée sur la contrefaçon d'un objet dont le demandeur se prétend inventeur, même si, au lieu de prendre un brevet d'invention, il s'est borné à en faire le dépôt au conseil des prud'hommes. — Trib. comm. Seine, 8 avr. 1870, Delasalle, [Ann. propr. ind., 70-71. 176]

244. — La connaissance des actions relatives aux brevets n'appartenant pas à la juridiction consulaire, les tribunaux de commerce ne peuvent connaître d'une poursuite en concurrence déloyale lorsqu'ils ne sauraient condamner ou absoudre les agissements incriminés sans juger en même temps du mérite et de la validité d'un brevet. — Trib. comm. Seine, 7 févr. 1891, Pinson, [Gaz. des Trib., 20 févr. 1891] — V. Rép. alph. du dr. fr., vo Concurrence déloyale, n. 755.

245. — Spécialement, ils sont incompétents pour apprécier une demande en dommages-intérêts formée par un fabricant contre un de ses concurrents qui, titulaire d'un brevet d'invention, l'aurait accusé de contrefaçon et menacé de faire saisir tous les objets fabriqués par lui. — Même jugement.

246. — L'incompétence des tribunaux de commerce est d'ordre public et peut dès lors être soulevée en appel, même d'office. — Rouen, 26 juill. 1864, Levavasseur, [Ann. propr. ind., 65.53] — Sic, Allart, loc. cit.

247. — Mais, lorsque la cause est en état de recevoir solution, la cour peut évoquer et statuer au fond, en vertu de l'art. 473, C. proc. civ. — Même arrêt.

248. — Lorsqu'une demande en contrefaçon ayant été portée devant un tribunal de commerce, aucune des parties n'a soulevé l'exception d'incompétence du tribunal ni en première instance ni en appel, comme d'ailleurs la cour d'appel, ayant plénitude de juridiction, n'a pu, en statuant sur le litige, violer aucune loi de compétence, le moyen tiré de ce qu'une action de cette nature a été déférée devant la juridiction consulaire ne peut être proposée pour la première fois devant la Cour de cassation. — Cass., 20 juin 1870, Dide et fils, [D. 71.1.385] — Sic, Allart, loc. cit.; Malapert et Forni, n. 1143.

249. — Dernièrement, on a soulevé d'office devant la chambre des requêtes un moyen qui ne tendait à rien moins qu'à enlever aux tribunaux civils la connaissance des procès en contrefaçon lorsque l'action introduite par le propriétaire du brevet était dirigée contre l'État.

250. — Mais, dans cette même affaire, le moyen n'ayant plus été soulevé devant la chambre civile, ni par l'État, ni par le rapporteur, ni par le ministère public, et l'incompétence alléguée des tribunaux civils ayant dû être, si elle avait existé, une incompétence ratione materiæ, on peut considérer comme ayant été implicitement décidé que la chambre civile qu'il appartient aux tribunaux civils de statuer sur les procès en contrefaçon, et d'allouer au propriétaire du brevet des dommages-intérêts, même lorsque l'action est dirigée contre l'État, qu'on soutient avoir été contrefacteur. — Cass., 1er févr., 1892 (sol. implic.), Sourbé, [S. et P. 92.1.137]

251. — Pour soutenir la thèse de l'incompétence des tribunaux civils, on s'appuyait sur ce que, d'après une jurisprudence constante, la responsabilité qui peut incomber à l'État pour les dommages causés aux particuliers par le fait des personnes qu'il emploie dans les divers services publics n'est pas régie par les principes établis dans les art. 1382 et s., C. civ., pour les rapports de particulier à particulier. Cette responsabilité, qui n'est ni générale ni absolue, a ses règles spéciales qui varient suivant les besoins du service et la nécessité de concilier les droits de l'État avec les droits privés, et dès lors, c'est à l'autorité administrative qu'il appartient de l'apprécier. — V. Rép. alph. du dr. fr., vo Compétence administrative, n. 1304 et s.

252. — On a fait observer, pour combattre cette opinion que les décisions invoquées sont toutes intervenues à l'occasion de mort, de blessures, d'accidents causés par le fait d'un agent de l'État et qu'elles ne peuvent servir à établir l'incompétence des tribunaux civils en matière de contrefaçons commises par les agents de l'État. Différentes sont, en effet, les situations, les causes et les conséquences des actions; dans notre espèce, l'État ne joue plus le rôle de puissance publique, mais de personne civile et de propriétaire. Or, a-t-on ajouté, il est de principe que l'autorité judiciaire connaît seule des actions en responsabilité formées contre l'État, considéré, non comme exerçant la puissance publique, mais comme personne civile ou propriétaire dans les termes du droit commun. — Darras, note sous Cass., 1er févr., 1892, précité, [Ann. dr. comm., 92.1.64]

253. — On ne saurait soutenir d'ailleurs que les tribunaux civils sont juges, même inclusivement, de la question de propriété, d'existence du brevet, mais que, cette propriété, cette existence reconnues et consacrées et la contrefaçon déclarée, leurs pouvoirs seraient épuisés et ne pourraient aller jusqu'à l'allocation de dommages-intérêts prononcée contre l'État, ce droit étant réservé à la jurisprudence administrative. Ce singulier partage de juridiction ne saurait se comprendre. Les dommages-intérêts alloués comme réparation du dommage causé par la contrefaçon ne sont que la conséquence de cette contrefaçon, de l'action elle-même, au sort de laquelle ils sont intimement liés qu'on ne peut songer à séparer la conséquence de son principe.

254. — Lorsque l'intéressé décide à suivre la voie répressive, il est bien rare que l'affaire ne doive pas être portée devant les tribunaux correctionnels. Cependant il faut tenir compte, en ce cas, des règles spéciales de compétence que la qualité des prévenus peut rendre applicables. Ainsi, lorsque l'un des prévenus jouit d'un privilège de juridiction, on doit tenir compte des règles exposées, Rép. alph. du dr. fr., vo Compétence criminelle, n. 65 et s. Lorsque, par exemple, parmi les prévenus figure un membre de la Cour des comptes, la cour d'appel chambre civile est seule compétente pour connaître de l'action dirigée contre lui (L. 20 avr. 1810, art. 10); le déclinatoire d'incompétence fondé sur cette cause peut être soulevé en tout état de cause, et par le ministère public, alors même que l'intéressé ne s'est pas prévalu de cette exception. — Amiens, 21 févr. 1856, Marchal, [J. dr. crim., 56.206] — Sic, Pouillet, Brev. d'inv., n. 830; Blanc, p. 664; Rendu et Delorme, n. 514; Allart, n. 549 ter; Malapert et Forni, n. 1138; Pelletier et Defert, n. 31. — V. Rép. alph. du dr. fr., vo Compétence criminelle, n. 169 et s.

255. — Il suffit que parmi les prévenus se trouve une personne revêtue de cette qualité, pour que l'affaire doive être soumise à cette juridiction particulière; il importe peu que, pour éviter ce déplacement de juridiction, le breveté ait renoncé à son action contre le membre de la Cour des comptes. — Même arrêt. — Sic, Malapert et Forni, n. 1139; Pouillet, loc. cit.; Allart, loc. cit.

256. — De même, le délit de contrefaçon commis par un

militaire en activité de service, est, comme tout autre délit commis par les militaires, de la compétence des tribunaux militaires. — Cass., 9 févr. 1827, Durfort. [S. et P. chr.] — Sic, Pouillet, loc. cit.; Propr. litt., n. 680; Allart, loc. cit.; Malapert et Forni, n. 1138; Renouard, Droits d'auteurs, t. 2, p. 412. — V. Rép. alph. du dr. fr., v° Justice militaire.

257. — Les tribunaux correctionnels devant lesquels est soulevée, à titre d'exception, la question de validité d'un brevet d'invention peuvent rechercher si le brevet est véritablement valable et, dans le cas de la négative, s'abstenir de condamner la personne poursuivie; mais il ne leur appartient pas de prononcer la nullité du brevet entrepris. — V. Rép. alph. du dr. fr., v° Brevet d'invention, n. 1515 et s. — V. Cass., 22 frim. an X, Dugney, [S. et P. chr.]; — 29 mess. an XI, Toussaint, [S. et P. chr.]; — 3 avr. 1841, Brillet et Rancy, [S. 41.1.459, P. 41.2.361]; — 24 mars 1842, Roweliffe, [S. 42.1.773, P. 42.2.373]; — 4 mai 1844, Pelisson, [S. 44.1.515, P. 44.1.784] — Paris, 10 août 1833, Breton, [P. chr.] — Bordeaux, 16 janv. 1840, Evquem, [S. 40.2.221, P. 44.1.785] — Rouen, 4 mars 1841, Roweliffe, [S. 41.2.365, P. 42.2.323] — Montpellier, 29 déc. 1841, Crémieux, [S. 41.2.324] — Paris, 18 mai 1842, Péthion, [S. 43.2.216]

258. — Il résulte des règles de compétence qui ont été précédemment exposées, mais plus encore des principes admis par le Code d'instruction criminelle en matière de délits commis à l'étranger par des étrangers (art. 5 et s.), que l'étranger qui ne fabrique les objets argués de contrefaçon qu'en dehors du territoire français ne peut pas être valablement traduit pour ce fait devant les tribunaux répressifs français. — Trib. corr. Seine, 13 mai 1863, Briançon, [Ann. propr. ind., 63.275] — Sic, Pouillet, Brev. d'inv., n. 832; Allart, n. 567; Malapert et Forni, n. 1146; Pelletier et Defert, n. 38.

259. — Si, au contraire, les faits incriminés se sont passés en France, les tribunaux français soit civils, soit correctionnels sont compétents, bien que d'ailleurs le défendeur soit étranger; ou peut même faire observer, à cet égard, que nos magistrats, abandonnant leur jurisprudence en matière de procès civils entre étrangers, se reconnaissent compétents pour statuer sur une action en contrefaçon pendante entre étrangers. Jugé, à ce sujet, que le principe que les tribunaux français ne sont pas, en matière personnelle et mobilière, tenus de juger les contestations entre étrangers (V. Rép. alph. du dr. fr., v° Etranger), ne s'applique pas lorsque le litige porte sur des intérêts de droit public et sur des actes émanant de l'autorité souveraine. Ainsi, les brevets d'invention constituant des lois d'ordre public, un étranger peut demander aux tribunaux français l'annulation d'un brevet pris en France par un autre étranger. — Trib. Seine, 26 juill. 1879, The Paris Skating rink, [S. 80.2.218, P. 80.993, D. 80.3.39]

260. — La compétence de la juridiction française en pareille matière résulte d'ailleurs de l'élection de domicile faite dans la demande de brevet. — Même jugement.

261. — On a parfois produit une autre considération pour justifier, en pareille hypothèse, la compétence des tribunaux français; on a dit, mais le motif invoqué nous paraît sans valeur, que la disposition de l'art. 34, qui statue sur la compétence, étant générale, il en résulte que les tribunaux français sont compétents pour connaître d'une action en contrefaçon intentée par un étranger, titulaire d'un brevet français contre un autre étranger. — Trib. Seine, 16 déc. 1874, Boxer et Gévelot, [Ann. propr. ind., 76.85]

262. — Quoi qu'il en soit, la décision en elle-même nous semble excellente, si on prend soin de la faire reposer sur un motif d'ordre public tiré de la nécessité pour les juges français d'être seuls à connaître d'un acte émané d'une autorité française. Aussi ne comprenons-nous pas qu'il ait pu être décidé, dans le silence du traité franco-suisse du 15 juin 1869 sur ce point spécial, que son art. 2, aux termes duquel les tribunaux français ne sont compétents pour statuer entre deux ou plusieurs Suisses que si toutes les parties sont domiciliées en France ou y ont un établissement commercial, est applicable, alors même qu'il s'agit d'une contestation sur la propriété d'un brevet d'invention pris en France. — Paris, 8 juill. 1870, Alder, [D. 71.211] — V. Pouillet, Brev. d'inv., n. 832.

263. — En tous cas, à supposer que l'on étende à l'action en contrefaçon des inventions brevetées, la jurisprudence des tribunaux français en matière de procès entre étrangers, il faudrait admettre que l'étranger, qui, actionné par un autre étranger à l'occasion d'un brevet d'invention pris en France, a opposé l'exception judicatum solvi, n'est plus recevable à opposer l'incompétence. — Trib. Seine, 31 mars 1875, Johnson, [Ann. propr. ind., 76.182]

§ 2. Action en contrefaçon de marques de fabrique ou de commerce.

264. — Il a été jugé, avant la promulgation de la loi de 1857, que les tribunaux de commerce étaient compétents pour connaître de l'action civile en contrefaçon de la marque d'un fabricant, formée par ce commerçant contre un autre commerçant : l'art. 631, C. comm., portant que les tribunaux de commerce connaîtront des engagements entre négociants, s'applique aussi bien aux engagements nés sans convention qu'à ceux qui dérivent d'une convention. — Aix, 5 août 1842, Tillmans, [S. 43.2.138]

265. — Mais, actuellement, la question de compétence ne comporte plus la même solution en présence de l'art. 16 de la loi de 1857 qui attribue expressément aux tribunaux civils la connaissance des actions en contrefaçon des marques de fabrique ou de commerce. — Pouillet, Marq. de fabr., n. 241; Pelletier et Defert, n. 502 et 503. — Sur le mérite des considérations qui ont poussé le législateur a rejeter le système proposé par le Conseil d'Etat (compétence des tribunaux consulaires), V. Ch. Lyon-Caen, De la nécessité de l'uniformité des lois sur les marques de fabrique ou de commerce emblématiques et sur le nom commercial (Compte-rendu du Congrès de la propriété industrielle de 1878, annexe 32, p. 396); Darras, Marq. de fabr., n. 242.

266. — Ainsi, la revendication du droit exclusif à la propriété d'une dénomination commerciale et la réparation du préjudice causé par l'usurpation de cette dénomination, sont de la compétence des tribunaux civils, à l'exclusion des tribunaux de commerce. — Cass., 22 mars 1864 Charpentier, [S. 64.1.345, P. 64.917, D. 64.1.334] — Paris, 20 févr. 1862, Bruzon, [Le Hir, 65.523]

267. — Les tribunaux de commerce, étant incompétents ratione materiæ, doivent d'office renvoyer les parties à se pourvoir devant qui de droit lorsque, par mégarde, une action en contrefaçon de marque a été portée devant eux. — Trib. comm. Nantes, 10 mai 1876, [Jurispr. de Nantes, 76.1.233] — Sic, Darras, Marq. de fabr., n. 243.

268. — Il est bien évident, d'ailleurs, que la compétence exclusive des tribunaux civils, telle qu'elle résulte de l'art. 16 de la loi de 1857, ne s'applique que si la contrefaçon a porté sur des marques garanties par cette même loi de 1857, c'est-à-dire sur des marques qui ont fait l'objet d'un dépôt. Pour les autres marques, la contrefaçon ne constitue qu'une concurrence déloyale et les règles ordinaires de compétence reprennent tout leur empire. — Il a pu être décidé, en conséquence, qu'une contestation entre commerçants relative à l'emploi indû d'une marque de fabrique est de la compétence du tribunal de commerce si la marque n'a pas été déposée par le demandeur qui agit alors en vertu de l'art. 1382, C. civ. — Douai, 18 janv. 1888, Vaissier frères, [Ann. de dr. comm., 88.1.129] — Sic, Pouillet, Marq. de fabr., n. 241 et 671; Darras, Marq. de fabr., n. 243; Mayer, n. 70 et 73. — V. Rép. alph. du dr. fr., v° Concurrence déloyale, n. 737 et s.

269. — Il a été ainsi décidé, dans un cas où il ne paraît pas qu'il y ait eu dépôt du signe distinctif, que les tribunaux de commerce sont compétents pour connaître d'un débat entre commerçants à raison de l'usurpation, comme marque, d'un portrait ou d'un nom (celui de Mme Sarah Bernhardt), dans l'espèce), alors même que le demandeur invoquerait la loi du 19 juill. 1793 et celle du 28 juill. 1824. — Trib. comm. Seine, 8 juin 1886, Reverchon, [Ann. propr. ind., 94.349] — V. Darras, Marq. de fabr., n. 244. — On doit remarquer, d'ailleurs, que le tribunal de commerce n'a pas pris soin de relever dans son jugement, qui manque réellement de motifs, cette circonstance de l'absence de dépôt.

270. — Ainsi qu'on l'a vu précédemment (V. suprà, n. 258), il n'y a possibilité d'agir au correctionnel contre les contrefacteurs étrangers d'inventions brevetées que si on peut leur imputer un fait qui se serait passé en France. Etant donné les motifs produits à l'appui de cette solution on comprend qu'il en soit de même en matière de marques de fabrique; c'est ce qu'a décidé un jugement du tribunal correctionnel d'Epernay du 30 avr. 1872, de Milly, [Ann. propr. ind., 72.338] — Sic, Pouillet, Marq. de fabr., n. 157 et 245.

271. — Mais l'individu qui a contrefait à l'étranger la marque d'un fabricant français, peut être actionné devant les tribunaux français, lorsque le délit s'est prolongé ou achevé sur territoire français, les objets contrefaits ayant été expédiés en transit par la voie de ce territoire. — Trib. corr. Hàvre, 14 janv. 1860, Mumm et Cie, [*Ann. propr. ind.*, 60.303] — Sic, Pouillet, *loc. cit.*

272. — On a pensé que les règles suivies en matière répressive n'étaient plus vraies devant la juridiction civile et que les intéressés pouvaient attraire devant les tribunaux français de l'ordre civil, ceux qui ne s'étaient livrés qu'à l'étranger à la contrefaçon de marques françaises. Cette solution est très-criticable (V. *Rép. alph. du dr. fr.*, v° *Concurrence déloyale*, n. 806 et s.). Quoi qu'il en soit, il a été décidé que l'action en dommages-intérêts est à bon droit portée devant un tribunal français bien que l'appropriation irrégulière de la marque ait été faite à l'étranger et que le défendeur soit lui-même étranger. — Douai, 18 janv. 1888, précité.

§ 3. *Action en contrefaçon de noms commerciaux.*

273. — La loi de 1824 ne contient aucune disposition relative à la compétence; il y a donc lieu de recourir aux principes généraux pour déterminer quels tribunaux sont compétents pour connaître des infractions commises en pareille matière; on n'a jamais contesté qu'en principe, c'était le tribunal correctionnel qui était compétent, lorsque l'intéressé agissait par la voie répressive; mais il n'a pas toujours été possible d'observer un pareil accord lorsque l'instance est purement civile; en ce cas, on a parfois pensé que, par extension des règles posées en matière de contrefaçon de marques (V. *Rép. alph. du dr. fr.*, n. 263 et s.), l'affaire devait être nécessairement portée devant les tribunaux civils. — Pouillet, *Marq. de fabr.*, 2° édit., n. 442.

274. — Cette solution, qui peut être exacte lorsque l'affaire ne concerne pas de commerçants, cesse d'être vraie dans le cas contraire; il suffit de se rappeler, en effet, que, d'une part, d'après la jurisprudence et la doctrine, la règle de l'art. 16 de la loi de 1857 reçoit exception lorsque la marque contrefaite n'a pas fait l'objet d'un dépôt (V. *suprà*, n. 268 et s.), et que, d'autre part, le nom commercial n'est pas soumis à la nécessité d'un dépôt. — Rendu, n. 460; Pouillet, 3° édit., n. 442; Maunoury, n. 85; Pelletier et Defert, n. 552.

275. — Il a donc pu être décidé, avec juste raison, que l'emploi d'une désignation fausse de localité constitue une infraction de la compétence des tribunaux de commerce, lorsqu'elle n'a pas été déférée à la juridiction correctionnelle. — Trib. Chalon-sur-Saône, 6 août 1882, de Montebello et Cie, [*Ann. propr. ind.*, 83.218] — V. *Rép. alph. du dr. fr.*, v° *Concurrence déloyale*, n. 740.

§ 4. *Action en contrefaçon des œuvres littéraires et artistiques.*

276. — L'auteur, l'artiste ou leurs ayants-cause peuvent, à leur gré, porter leurs réclamations, soit devant un tribunal de l'ordre civil, soit devant un tribunal correctionnel, peu importe, à cet égard, que l'action ait été précédée d'une saisie opérée par un commissaire de police, et non par un huissier. — Cass., 10 janv. 1837, Leclerc, [S. 37.1.654] — Sic, Pouillet, *Prop. litt.*, n. 673.

277. — Cette circonstance n'est pas nécessairement attributive de juridiction au tribunal correctionnel.

278. — Avant le Code pénal, comme sous ce Code, la contrefaçon d'un ouvrage de librairie était qualifiée délit par la loi et passible de confiscation (peine correctionnelle était justiciable des tribunaux correctionnels). — Cass., 27 vent. an IX, Min. pub., [S. chr.]; — 12 prair. an XI, Buffon, [S. et P. chr.] — Sic, Merlin, *Quest. de dr.*, v° *Contrefaçon*, § 1.

279. — Les lois spéciales relatives à la propriété littéraire et artistique étant muettes sur la question de compétence, le même conflit a surgi entre la juridiction civile et la juridiction consulaire que celui qui nous venons de signaler en matière de contrefaçon de noms commerciaux; il est même possible de citer, en notre espèce, certaines décisions judiciaires d'après lesquelles les tribunaux de commerce seraient toujours incompétents au cas de contrefaçon d'œuvres littéraires et artistiques. — V. Trib. comm. Seine, 16 mai 1868, Michaud, [*Ann. propr. ind.*, 68.189]; — 11 sept. 1868, Lévy, [*Ann. propr. ind.*, 69.375]; — 6 janv. 1872, [J. Le Droit, 8 janvier] — Trib. Limoges, 1er mai 1884, [*Ann. propr. ind.*, 86.138] — Trib. comm. Seine, 24 nov. 1892, Journal Auteuil-Lonchamps, [*Paris-Courses du 26*] — Sic, Blanc, p. 200.

280. — Il est facile de constater que la plupart des jugements qui attribuent compétence exclusive aux tribunaux civils ne sont

guère motivés; toutefois, il faute connaître que le jugement de Limoges contient un essai de justification de la théorie émise; d'après ce document judiciaire, les questions de propriété relèveraient uniquement de la juridiction civile, et, par suite, les tribunaux de commerce ne pourraient statuer sur une demande en dommages-intérêts basée sur des faits de contrefaçon.

281. — Dire que les tribunaux de commerce ne peuvent s'occuper de questions de propriété, c'est là une formule commode qui malheureusement est parfois acceptée sans contrôle par les meilleurs esprits (V. Pouillet, *Marq. de fabr.*, n. 747); mais on peut dire qu'aucun principe juridique, qu'aucun texte de loi ne consacre cette prétendue règle; les tribunaux de commerce ne connaissent pas, il est vrai, des questions de propriété qui peuvent surgir en matière de brevets d'invention ou de marques de fabrique, mais il y a lieu de remarquer qu'il n'en est ainsi qu'en vertu de textes formels dont l'un, tout au moins, n'a été édicté que pour déroger à une théorie générale. — Darras, *Droit d'auteur* (de Berne), 1892, p. 151; 1893, p. 108; 1894, p. 90.

282. — Aussi la doctrine et une partie de la jurisprudence se prononcent-ils pour la compétence nécessaire des tribunaux de commerce lorsque les deux parties sont des commerçants, ou pour la compétence facultative, au gré du demandeur, lorsque le défendeur est commerçant. Ainsi, il a été jugé que les tribunaux de commerce sont compétents pour déterminer le *quantum* des dommages-intérêts lorsque le défendeur est commerçant, ce qui est le cas d'un directeur de journal qui se livre à la reproduction non autorisée d'un roman. — Trib. comm. Seine, 14 avr. 1894, [*Gaz. des Trib.*, 17 mai; J. La Loi, 19 mai; *Gaz. Pal.*, 24 mai] — Sic, Pouillet, *Propr. litt.*, n. 677; Rendu et Delorme, n. 830; Renouard, *Droits d'auteurs*, t. 2, p. 411.

283. — Parfois l'affaire concerne deux commerçants et la juridiction consulaire peut seule connaître de l'action en contrefaçon. C'est ce qui se produit lorsqu'un éditeur, pour augmenter son exploitation de librairie, fait dresser le plan d'une ville qui n'est que le calque servile, ou du moins déguisé, d'un autre plan édité par un de ses concurrents. — Pau, 31 mai 1878, Latour, [D. 80.2.80] — V. aussi Paris, 8 nov. 1869, Lévy fils, [*Ann. propr. ind.*, 69.375]

284. — Peu importe, en ce cas, que le défendeur ait soulevé la question de propriété du plan, le juge de l'action étant, en cette matière, le juge de l'exception. — Pau, 31 mai 1878, précité.

285. — Faisons remarquer, en terminant, que la connaissance de l'exécution d'un arrêt correctionnel rendu en matière de contrefaçon peut être portée, suivant la volonté des parties, soit devant la juridiction correctionnelle, soit devant la juridiction civile. Ainsi, lorsqu'après un arrêt qui déclare la contrefaçon d'un livre, et ordonne la confiscation de tous les exemplaires contrefaits ou une saisie est faite d'objets servant à la reproduction du livre contrefait (de clichés), la demande en validité de la saisie peut être portée devant le tribunal civil, qui est alors juge de la question de savoir si l'arrêt correctionnel autorise la saisie de ces objets. — Cass., 10 janv. 1837, précité.

§ 5. *Action en contrefaçon des dessins et modèles de fabrique.*

286. — La contrefaçon des dessins de fabrique, lorsqu'ils ont été déposés conformément à la loi, est un délit; en conséquence, la répression de cette contravention peut être poursuivie devant les tribunaux correctionnels, bien que la loi du 18 mars 1806 ait attribué à la juridiction commerciale la connaissance des contestations qui peuvent s'élever sur la propriété de ces dessins. — Paris, 19 févr. 1833, Rondeau, [S. 33.2.161, P. chr.] — Riom, 18 mai 1833, Seguin, [S. 33.2.650, P. 35.2.426] — Sic, Renouard, *Droits d'auteurs*, t. 2, p. 405.

287. — L'art. 15, L. 18 mars 1806, attribue, en effet, expressément compétence aux tribunaux de commerce pour connaître des usurpations de modèles ou de dessins de fabrique. — Paris, 12 juin 1891, Jolly, [*Ann. propr. ind.*, 92.100]

288. — Comme la compétence se détermine, non par le bien fondé de la demande, mais par la prétention du demandeur, les tribunaux de commerce sont compétents pour statuer sur la prétention de celui qui agit en contrefaçon de ce qu'il considère comme un dessin de fabrique, alors que son adversaire prétend que le litige porte en réalité sur une mention brevetable dont la connaissance est de la compétence des tribunaux civils. — Lyon, 9 mai 1873, Graissot, [*Ann. propr. ind.*, 73.325] — Sic, Philippon, n. 187.

289. — Pour nous, étant donnée la généralité des termes de l'art. 15, la compétence des tribunaux de commerce est absolue, elle est indépendante de la qualité des personnes; elle existe alors même que le débat s'agiterait entre non-commerçants. — V. Philipon, n. 183 et s.; Dufourmantelle, *Dess. de fab.*, p. 53.

290. — Mais la disposition de l'art. 15 n'est pas toujours entendue avec cette ampleur; on en restreint l'application aux cas où il s'agit de statuer sur des différends nés entre commerçants à l'occasion d'affaires concernant leur commerce (Pouillet, *Dess. de fabr.*, n. 161); il nous paraît difficile d'admettre cette opinion; dans le cas de doute, il est de bonne interprétation d'entendre un texte législatif plutôt dans le sens où il est susceptible de produire quelque effet que dans celui où il se bornerait à n'être que purement confirmatif d'une théorie de droit commun.

291. — Il a été décidé, sans que d'ailleurs il ait été statué sur l'étendue d'application de l'art. 15 de la loi de 1806, que les tribunaux de commerce sont compétents à l'effet de connaître de l'action civile formée entre fabricants pour contrefaçon de dessins industriels. — Paris, 21 mai 1884, Vᵉ Fabre et fils, [*Ann. propr. ind.*, 86.91]

292. — Selon nous, le tribunal de commerce est donc toujours compétent pour connaître d'une demande en dommages-intérêts pour contrefaçon d'un dessin de fabrique. — Cass., 17 mai 1843, Delon, [S. 43.1.702, P. 43.2.497]

293. — Au surplus, comme les tribunaux civils peuvent connaître des affaires commerciales en vertu de la plénitude de leur juridiction (V. *Rép. alph du dr. fr.*, vᵒ *Compétence civile et commerciale*, n. 156 et s.), le défendeur ne peut plus opposer l'incompétence d'un tribunal civil devant lequel a été portée une action en contrefaçon, lorsqu'il s'est défendu au fond devant cette juridiction, et, à plus forte raison, lorsqu'il a formé une demande reconventionnelle. — Aix, 23 janv. 1867, Rochette, [*Ann. propr. ind.*, 68.107] — *Contrà*, Philipon, n. 186.

294. — Il va de soi que le tribunal de commerce, compétent pour connaître entre négociants d'une action en dommages-intérêts à raison d'une contrefaçon de dessins, cesse d'être compétent si, outre la réparation du tort par lui éprouvé, le demandeur réclame la saisie et la destruction des objets contrefaits et des planches qui ont servi à leur fabrication. — Colmar, 30 juin 1828, Mœglin, [S. et P. chr.]

295. — En ce cas, l'action a le caractère d'action publique, et, dès lors, elle est hors de la compétence du tribunal de commerce. — Même arrêt.

296. — Quelle que soit l'opinion que l'on adopte sur le conflit de compétence pouvant naître entre les tribunaux civils et les tribunaux de commerce, on doit admettre, nonobstant les dispositions des art. 23, décr. 11 juin 1809 et 1ᵉʳ, décr. 3 août 1810, que les conseils de prud'hommes sont incompétents à l'effet de connaître des poursuites en contrefaçon pour violation de la propriété des dessins de fabrique. — Lyon, 4 mars 1869, Faure, [*Ann. prop. ind.*, 74.228] — *Sic*, Pouillet, *Dess. de fabr.*, n. 162; Dufourmantelle, *Dess. de fabr.*, p. 53; Philipon, n. 183; Mollot, *De la compétence des conseils de prud'hommes*, édit. 1842, n. 365 et 508; Th. Sarrazin, *Code pratique des prud'hommes*, édit. 1876, n. 61.

297. — Observons que si les tribunaux correctionnels français sont incompétents pour statuer sur les contrefaçons commises à l'étranger, ils deviennent cependant compétents si les dessins contrefaits à l'étranger viennent à être introduits sur le territoire français. — Trib. corr. Seine, 6 janv. 1877, Dencubourg-Ligier, [*Ann. prop. ind.*, 78.207]

CHAPITRE III.

CONDITIONS REQUISES POUR QU'UNE ACTION EN CONTREFAÇON SOIT RECEVABLE.

Section I.

Action du ministère public.

298. — La contrefaçon étant un délit, le ministère public a le droit d'en poursuivre d'office les auteurs. — Cass., 7 prair. an XI, Bossange, [S. et P. chr.]

299. — Cette règle ne reçoit exception qu'en matière de brevet d'invention; en ce cas, aux termes mêmes de l'art. 45 de la loi de 1844, l'action correctionnelle ne peut être exercée par le mi-

nistère public que sur la plainte de la partie lésée. — Pouillet, *Brev. d'inv.*, n. 746; Blanc, p. 635; Allart, n. 497.

300. — Cette dérogation, apportée aux règles ordinaires du droit criminel, est généralement approuvée. On fait observer, à cet effet, que la contrefaçon, dans cette matière particulière, est un délit en quelque sorte d'ordre privé, qui, par cela même, ne trouble pas directement l'ordre public. « Tant que le breveté ne réclame pas contre l'usurpation dont il est victime, tant qu'il ne revendique pas ses droits, pourquoi le ministère public agirait-il? Pourquoi la société se montrerait-elle plus vigilante que l'inventeur? » — Pouillet, *loc. cit.*; Blanc, p. 635; Allart, *loc. cit.*; Dufourmantelle, p. 149 — V. aussi Malapert et Forni, n. 985 et 986.

301. — Une plainte régulière ou une citation devant un tribunal correctionnel peut mettre en mouvement l'action publique. Mais en est-il de même par cela seul que le breveté agit au civil contre les contrefacteurs de son invention? La question est controversée; étant donné les motifs mis en avant pour justifier l'œuvre législative, on pourrait croire que cette initiative, de nature à bien faire connaître les intentions de l'intéressé, devrait équivaloir à une plainte régulière. Bien que quelques auteurs se soient prononcés en ce sens (V. Nouguier, n. 815; Dufourmantelle, *Brev. d'inv.*, p. 149), nous pensons que cette circonstance est indifférente et que l'action publique ne peut être exercée. — Pouillet, *Brev. d'inv.*, n. 747; Allart, n. 498; Rendu, t. 2, n. 81; Malapert et Forni, n. 991.

302. — Comme les contrefacteurs sont compris au nombre des tiers qui peuvent arguer de la nullité des cessions des brevets d'invention lorsque les formes légales n'ont pas été observées (V. *suprà*, vᵒ *Brev. d'inv.*, n. 1125), il faut en conclure que la plainte déposée par un cessionnaire dont le titre est irrégulier, ne satisfait pas aux exigences de l'art. 45 de la loi de 1844. — Pouillet, *Brev. d'inv.*, n. 753. — V. Paris, 11 août 1853, Tragit, [cité par Blanc, p. 636] — *Contrà* Blanc, *loc. cit.*

303. — De même, aucune condamnation ne peut être prononcée sur la réquisition du ministère public lorsque la plainte du demandeur a été rejetée, comme se fondant sur un fait qu'il avait lui-même dolosivement provoqué. — Cass., 3 avr. 1858, Popart, [*Ann. prop. ind.*, 58.373]

304. — Sauf cette dérogation, expressément consacrée par la loi de 1844, le ministère public peut agir d'office toutes les fois où il estime qu'il y a contrefaçon. — Jugé, à cet égard, qu'avant comme depuis le Code pénal, la contrefaçon d'un ouvrage littéraire était un délit et que le ministère public avait dès lors le droit d'en poursuivre d'office les auteurs. — Cass., 7 prair. an XI, précité; — 27 vent. an IX, Louvet, [S. chr.] — *Sic*, Pouillet, *Prop. litt.*, n. 625, *Dess. de fabr.*, n. 157, *Marq. de fabr.*, n. 213 et 440; Calmels, n. 105; Maunoury, n. 75 in fine; Dufourmantelle, *Marq. de fabr.*, n. 52, p. 103; Renouard, *Droits d'auteurs*, t. 2, p. 400 et s.; Pelletier et Defert, n. 500; Darras, *Marq. de fabr.*, n. 213.

305. — Cette poursuite peut avoir lieu d'office, lors même que la propriété littéraire contrefaite appartient à l'État, et sans qu'il soit besoin que l'action soit exercée en son nom par l'agent du trésor public. — Cass., 7 prair. an XI, précité. — *Sic*, Blanc, p. 190.

306. — Le ministère public ne peut d'ailleurs agir d'office contre les contrefacteurs que si les faits répréhensibles se sont passés en France. L'art. 5, C. instr. crim., qui exige la plainte préalable de la partie offensée au cas d'un délit commis à l'étranger reçoit en effet application en nos matières; il en est différemment dans l'hypothèse où l'infraction constitue un crime, ce qui se produit, au cas de contrefaçon de marque, lorsqu'il y a imitation ou reproduction du timbre ou du poinçon de l'État français (V. *infrà*, vᵒ *Contrefaçon des sceaux de l'État*). — V. Cass., 27 févr. 1880, Crocius, [*Ann. propr. ind.*, 80.179] — Pouillet, n. 213 bis; Darras, *Marq. de fabr.*, n. 215.

306 bis. — Remarquons, à cet égard, que, d'après le second paragraphe de l'art. 7, L. 26 nov. 1873, « à défaut par l'État de poursuivre en France ou à l'étranger la contrefaçon ou la falsification dudit timbre ou poinçon, la poursuite pourra être exercée par le propriétaire de la marque ». La contrefaçon du sceau de l'État, appliqué pour garantir la sincérité d'une marque étant un véritable crime, cet art. 7 ne conduit-il pas à dire qu'un simple particulier va pouvoir saisir lui-même la cour d'assises? Nous ne pouvons l'admettre; une pareille dérogation aux principes reçus ne nous paraît possible que si on l'appuie sur un texte formel (V. par exemple, l'art. 47, L. 29 juill. 1881, sur la liberté de la presse); pour nous, le législateur a voulu simplement dire qu'en ce cas, le silence observé par les représentants de l'État laissait à l'intéressé le droit d'agir contre le contrefacteur, conformément aux dispositions du droit commun, devant les tribunaux correctionnels. — Darras, *Marq. de fabr.*, n. 217; Pouillet, *Marq. de fabr.*, n. 351.

307. — Bien que le ministère public ne puisse poursuivre le délit de contrefaçon en matière de brevets d'invention que sur la plainte de la partie lésée, il ne s'ensuit pas que, cette plainte une fois portée, le désistement du plaignant ait pour effet d'éteindre l'action publique. — Cass., 2 juill. 1853, Morel, [S. 54. 2.153, P. 54.2.236, D. 54.1.366] — Paris, 20 janv. 1832, N..., [S. 52.2.191, P. 52.1.479, D. 52.2.207]; — 20 janv. 1833, Laminy, [J. *Le Droit* du 26]; — 3 avr. 1875, de Trassy, [S. 77. 2.13, P. 77.98, D. 76.2.191] — *Sic*, Nouguier, n. 814; Bédarrides, n. 590; Gastambide, n. 153; Rendu et Delorme, n. 516; Calmels, n. 613; Schmoll, *Brev. d'inv.*, n. 112; Pouillet, *Brev. d'inv.*, n. 748; Allart, n. 499; Dufourmantelle, *Brev. d'inv.*, p. 149. — *Contrà*, Renouard, *Brev. d'inv.*, n. 233; Lesenne, *Brev. d'inv.*, n. 339; Blanc, p. 636; Malapert et Forni, n. 904 et s. — V. aussi dans le même sens, pour l'époque antérieure à la loi de 1844, Amiens, 2 mai 1842, Beauvais, [S. 42.2.217, P. 42.2.638]

308. — ... Et cela, même alors que ce désistement est donné avant la mise en prévention du contrefacteur prétendu. — Paris, 20 janv. 1832, précité. — V. Malapert et Forni, p. 993.

309. — De même, en matière de contrefaçon comme en toute autre, lorsque la juridiction correctionnelle a été saisie par une plainte régulière, l'action publique ne saurait être paralysée par cette circonstance que la partie civile serait devenue sans qualité et sans action; en pareil cas, dès lors, il n'y a pas moins lieu, même en l'absence des parties civiles, de statuer sur le fond de la prévention. — Rouen, 27 août 1857, Jackson frères, [*Ann. propr. ind.*, 57.334]

310. — Observons toutefois en passant que lorsque, par suite de la fusion de deux sociétés dont l'une agissait comme demanderesse et l'autre était défenderesse dans une action en contrefaçon, il y a eu extinction de l'action civile, mais que néanmoins les représentants de la demanderesse continuent à agir contre les membres de l'ancienne société défenderesse, les tribunaux saisis du litige n'ont pas à statuer dans le cas où le ministère public n'a déposé ni en première instance, ni en appel, aucune conclusion pour mettre en mouvement l'action publique. — Rouen, 26 août 1858, Fontaine et Cie, [*Ann. propr. ind.*, 58.382]

311. — Décidé encore que si le décès de l'inculpé, survenu avant toute décision sur le fond, éteint l'action publique et s'oppose à ce qu'il soit prononcé sur les intérêts civils (V. *supra*, v° *Action publique*, n. 448 et s.), il n'en est pas de même lorsque le décès ne survient qu'après un jugement rendu sur l'action civile et pendant l'instance d'appel; en ce cas, l'appel ne faisant que suspendre l'exécution du jugement de première instance, il y a nécessité de statuer sur les dispositions de ce jugement qui règlent les intérêts civils, et la juridiction correctionnelle supérieure est la seule compétente pour statuer sur cet appel. — Paris, 6 mars 1860, Sylvain Dupuis et Dumery, [*Ann. propr. ind.*, 60.263]

312. — Si, en toutes matières autres que celles de contrefaçon de brevet, le ministère public peut agir d'office, rien ne s'oppose à ce que les propriétaires de marques, d'œuvres littéraires et artistiques, etc., déposent des plaintes et à ce que le ministère public, ainsi averti, poursuive correctionnellement les contrefacteurs; mais il est évident qu'en ce cas, par *à fortiori* de raison de ce qui se passe à l'égard des inventions brevetées, l'intéressé ne peut pas, en retirant sa plainte, arrêter l'action publique. — Pouillet, *Propr. litt.*, n. 625; *Dess. de fabr.*, n. 157; Dufourmantelle, *Marq. de fabr.*, p. 134; Pelletier et Defert, n. 600

313. — Jugé, en matière de marques de fabrique et de propriété littéraire et artistique, que le désistement de la partie civile n'éteint pas l'action publique. Par suite, la cour, sur l'appel des prévenus, peut maintenir la peine prononcée malgré ce désistement. — Paris, 2 déc. 1859, Merlieux, [*Ann. propr. ind.*, 60. 64]; — 5 févr. 1870, L. Garnier, [*Ann. propr. ind.*, 70.209]

314. — Elle peut même en prononcer une plus grave que celle comminée par les premiers juges. — Rouen, 24 juin 1869, Nickers et fils, [*Ann. propr. ind.*, 70.188]

315. — La renonciation à l'action civile, même faite sous forme de transaction, ne peut arrêter ni suspendre l'exercice de

l'action publique. — Cass., 3 mai 1867, Lagarde, [*Ann. propr. ind.*, 67.293] — Paris, 18 nov. 1831, Goupil, [cité par Blanc, p. 189] — *Sic*, Blanc, p. 188.

316. — Si le titulaire de droits privatifs ne peut arrêter l'action publique, une fois qu'il a déposé une plainte, il ne peut pas non plus, par un acte de sa volonté, en suspendre l'exercice. Ainsi donc, en matière de contrefaçon ou d'usurpation de marques de fabrique, comme en toute autre matière correctionnelle, l'instruction commencée sur la plainte de la partie lésée ne peut être arrêtée par une citation directe donnée ultérieurement par cette partie au prévenu devant le tribunal de police correctionnelle. — Paris, 29 nov. 1850, Jouvin, [S. 52.2.345, P. 52.1.310, D. 51.2.15]

317. — De même, la cour, saisie de l'appel d'un jugement correctionnel rendu sur une poursuite en contrefaçon, n'est pas tenue, au cas où la partie civile a intenté depuis, devant le tribunal correctionnel, une seconde action en contrefaçon relativement à des objets autres que ceux auxquels s'appliquait la première poursuite, de surseoir à statuer jusqu'au jugement de la seconde action : il ne résulte de cette nouvelle poursuite ni une litispendance, laquelle d'ailleurs ne peut exister qu'en matière civile, ni une exception préjudicielle. — Cass., 16 août 1860, Besson, [S. 61.1.302, P. 61.656]

Section II.

Action des particuliers.

318. — Le droit d'agir, au civil ou au correctionnel, appartient à toutes personnes qui se trouvent être titulaires de droits intellectuels; au premier rang de celles-ci, il y a incontestablement lieu de comprendre l'auteur de l'invention, de l'œuvre littéraire ou artistique, du dessin de fabrique, etc., sauf peut-être toutefois le cas où il a aliéné, au profit d'un tiers, tous les avantages pécuniaires pouvant naître de l'exploitation même de l'œuvre.

319. — Sur ce dernier point, la controverse est très-vive, tout au moins en ce qui concerne le créateur d'œuvres littéraires et artistiques. Pour prétendre qu'en ce cas le droit d'agir appartient encore à l'auteur ou à l'artiste, on fait observer à juste titre que les avantages matériels ne sont pas les seuls que procure à un auteur ou à un artiste la mise au jour d'une œuvre intellectuelle; à côté du droit pécuniaire, il existe un droit moral qui, de sa nature, est incessible et que l'intéressé doit avoir la faculté de faire respecter alors même que le droit pécuniaire ne repose plus sur sa tête; il ne faut pas qu'un tiers puisse, par une publication intempestive, porter atteinte à l'honneur et à la réputation d'un auteur ou d'un artiste; il faut donc que celui-ci puisse agir, alors même qu'il se serait dépouillé de ses droits pécuniaires; puis d'ailleurs une telle reproduction peut avoir un contre-coup fâcheux sur son propre objet; pour cela, il suffit de supposer que le prix de la cession n'est pas un prix ferme, mais, ce qui arrive souvent, qu'il est calculé, par exemple, sur le nombre des exemplaires vendus par le cessionnaire. — Pouillet, *Propr. litt.*, n. 633; Huard fils, *Des contrats entre les auteurs et les éditeurs*, n. 83; Darras, *Droit d'auteur* (de Berne), 1891, p. 41. — V. Trib. corr. Seine, 5 janv. 1850, Clesinger, [D. 50.3.14]

320. — Décidé, en sens contraire, que l'auteur qui a disposé de la propriété entière de son œuvre, a, par suite de cette aliénation, perdu tous ses droits; qu'en ce cas, la propriété a été transférée au cessionnaire qui, seul, a qualité pour se plaindre des contrefaçons et pour en demander la répression. — Paris, 5 avr. 1830, Clesinger, [D. 52.2.159] — Trib. corr. Seine, 5 févr. 1891, Sergent, [*Ann. propr. ind.*, 92.202] — *Sic*, Philipon, n. 171.

321. — Nous verrons plus tard (V. *Rép. alph. du dr. fr.*, v° *Propriété littéraire et artistique*) en vertu d'une jurisprudence critiquable, l'artiste qui aliène l'objet matériel qui synthétise son œuvre est censé avoir aliéné en même temps son droit de reproduction, ce qui fait que, d'après les décisions qui viennent d'être rapportées, il perd le droit de poursuivre ceux qui, par la suite, viennent à reproduire son tableau, sa statue, etc. — Aussi est-il important de remarquer que l'artiste qui, en vendant un produit de sa composition, s'est réservé le droit de reproduction peut encore poursuivre les contrefacteurs de son œuvre. — Paris, 29 juin 1878, Lepec, [D. 80.2.71] — *Contrà*, Blanc, p. 97.

322. — C'est une question très-controversée que celle de savoir quels sont, au cas de portraits ou de bustes, les droits respectifs du peintre, du photographe et du statuaire d'une part, et ceux de la personne représentée d'autre part. Pour nous, en acceptant même comme fondée la jurisprudence qui vient d'être rappelée, nous pensons, réserve faite des cas particuliers, que l'artiste peut toujours valablement saisir les tribunaux de sa demande, parce que s'il s'agit de photographie, le cliché lui appartient (V. *Rép. alph. du dr. fr.*, v° *Propriété littéraire et artistique*) et parce que, dans les autres hypothèses, où nos tribunaux présument qu'il s'est dépouillé de tous ses droits pécuniaires, le souci de sa dignité et de sa réputation lui donne pouvoir suffisant pour agir. — Darras, *Droit d'auteur* (de Berne), 1894, p. 138. — V. Pouillet, *Propr. litt.*, n. 638.

323. — Selon nous, le droit pour les artistes d'agir en contrefaçon est sinon exclusif, au moins principal; pour la jurisprudence, au contraire, il est purement subsidiaire et il n'apparaît qu'au cas d'inaction des personnes représentées ou de leurs ayants-cause. — Décidé, en ce sens, que si la vente, sans aucune réserve, d'une œuvre d'art, emporte, au profit de l'acquéreur, le droit exclusif de reproduction, le prévenu de contrefaçon poursuivi par l'artiste ne peut, toutefois, en l'absence de réclamation de l'acquéreur, se prévaloir du droit de ce dernier comme fin de non-recevoir contre la poursuite, le silence de l'acquéreur faisant présumer que, tout en s'assurant la propriété de l'œuvre primitive, il a entendu laisser dans le domaine de l'auteur le droit de reproduction. — Cass., 12 juin 1868, Mathias, [S. 68. 1.372, P. 68.951, D. 69.5.39]

324. — De même, si le principe d'après lequel la propriété des œuvres d'art et le droit exclusif de les reproduire appartiennent à leurs auteurs fléchit à l'égard des portraits, qui sont la propriété des personnes dont l'artiste a reproduit l'image et non la propriété de celui-ci, le prévenu de contrefaçon, poursuivi par l'artiste, ne peut toutefois, en l'absence de réclamation de ces personnes, se prévaloir de leur droit comme fin de non-recevoir contre la poursuite, leur silence faisant présumer une renonciation de leur part à la propriété des portraits. — Cass., 15 janv. 1864, Ledot, [S. 64.1.303, P. 64.890, D. 65.5.317]

325. — Est d'ailleurs souveraine la déclaration contenue dans la décision des juges du fait, que l'auteur d'un portrait en est le propriétaire. — Même arrêt.

326. — Beaucoup plus satisfaisante nous paraît être la doctrine contenue dans un jugement du tribunal de la Seine du 5 mai 1894, aux termes duquel le cliché demeure, sauf convention contraire, la propriété du photographe qui, en conséquence, peut seul se prévaloir des dispositions de la loi du 19 juill. 1793. — Trib. Seine, 5 mai 1894, V° Poulet, [*Gaz. Pal.*, 94.2.123]

327. — Dans notre opinion, la personne représentée ne manque pas d'ailleurs de protection; elle peut s'opposer à toutes reproductions, même à celles que l'artiste ferait sans son autorisation; pour cela il lui suffit d'invoquer le principe général du droit à la personnalité humaine. — V. notamment Paris, 8 juill. 1887, Romain, [*Ann. propr. ind.*, 88.286] — Trib. Seine, 5 déc. 1877, [*Ann. propr. ind.*, 78.92]; — 4 avr. 1884, de Lesseps, [*Gaz. des Trib.*, 6 avr.] — Ord. référé, 10 mai 1884, Frédéric Lemaître, [*Gaz. des Trib.*, 11 mai] — Trib. corr. Seine, 13 juin 1892, Dᵉˡˡᵉ Bonnet. [*Ann. propr. ind.*, 93.246]

328. — Logiquement, la solution qui vient d'être indiquée devrait être étendue à tous les cas où l'intéressé conserve nécessairement, malgré l'aliénation du droit pécuniaire, un droit d'une nature particulière que les commentateurs désignent sous le nom de droit moral, c'est-à-dire à tous les cas où la violation du droit pécuniaire est susceptible par elle-même de porter atteinte à la réputation de l'intéressé; c'est ce qui se produit, par exemple, au cas d'usurpation d'une invention brevetée ou d'un dessin de fabrique, c'est ce qui se produit pas, au contraire, au cas de contrefaçon ou d'imitation de marques. Nous verrons bientôt cependant si, au cas de cession du droit à la marque, le cédant ne conserve pas, pour un motif autre que celui qui vient d'être exposé, la possibilité d'agir en contrefaçon. — V. *infrà*, n. 330.

329. — Cependant il faut reconnaître que ceux-là mêmes qui, au cas d'atteinte portée à la propriété littéraire ou artistique, conservent à l'auteur ou à l'artiste le droit d'agir, malgré la cession par lui consentie de tous ses droits, refusent, dans les mêmes circonstances, ce même avantage à l'inventeur et au dessinateur de fabrique; à l'appui de cette différence de traitement, on fait remarquer que si l'œuvre artistique ou littéraire a un caractère accusé de personnalité et si l'auteur ou l'artiste conserve, malgré

la cession, le droit d'empêcher qu'on ne travestisse ou qu'on ne défigure son œuvre, la situation n'est pas la même dans les autres hypothèses où l'intérêt pécuniaire est pour ainsi dire le seul que l'on aperçoive. — V. Pouillet, *Dess. de fabr.*, n. 156; *Brev. d'inv.*, n. 754; *Marq. de fabr.*, n. 210; Bédarride, n. 596; Rendu et Delorme, n. 590; Blanc, n. 640; Nouguier, n. 726; Malapert et Forni, n. 1046.

330. — Celui qui a aliéné son droit exclusif sur sa marque ne peut, en invoquant un prétendu droit moral retenu, agir contre les contrefacteurs; mais à défaut de ce moyen, il peut, pour légitimer son action, s'appuyer sur ce qu'en sa qualité de cédant, il est tenu d'assurer à ses concessionnaires la jouissance paisible des marques cédées; c'est pour ce motif qu'il a été déclaré recevable à agir par un jugement du tribunal du Hâvre, du 31 mai 1879, Coppey et Abonnel, [*Ann. propr. ind.*, 79.223]

331. — La jurisprudence a tenu un plus grand compte du droit moral de l'auteur lorsque, nonobstant les dispositions de l'art. 443, C. comm., une faillite de l'auteur d'une œuvre d'art a décidé que la faillite de l'auteur d'une œuvre d'art ne saurait le priver du droit de poursuivre une usurpation qui l'atteint dans son honneur artistique. — Paris, 25 janv. 1887, Lapayre, [D. 87. 2.132] — Sic, Pouillet, *Propr. litt.*, n. 635. — *Contrà*, Renouard, *Droits d'auteurs*, t. 2, p. 216. — V. Trib. corr. Seine, 4 mai 1853, Dumas, [*Gaz. des Trib.*, 5 mai]

332. — Il a encore été décidé, dans le même ordre d'idées, que par cela même que la demande en dommages-intérêts se rattache à une poursuite en contrefaçon en même temps qu'à un fait qui constitue un délit (dans l'espèce, le demandeur se plaignait du préjudice que lui avait causé la publication d'un jugement qui le déclarait contrefacteur), elle est de celles qui doivent être considérées « comme attachées à la personne, et qui sont à bon droit regardées par la jurisprudence comme exceptées de la disposition de l'art. 443, C. comm.; en conséquence, il n'y a pas lieu par les juges d'appel d'accueillir la fin de non-recevoir tirée de ce que le demandeur, étant tombé en faillite depuis le jugement, serait sans qualité pour suivre en son nom l'instance d'appel. — Lyon, 13 juin 1866, Raffard et Cⁱᵉ, [*Ann. propr. ind.*, 72.184] — Sic, Pouillet, *Brev. d'inv.*, n. 758; Rendu, t. 2, n. 85; Ruben de Couder, v° *Contrefaçon*, n. 166. — *Contrà*, Nouguier, n. 832; Blanc, p. 637; Picard et Olin, n. 631; Pelletier et Defert, n. 100; Allart, n. 496. — V. Pouillet, *Marq. de fabr.*, n. 216; Malapert et Forni, n. 1053 et 1054. — V. aussi Trib. Seine, 5 sept. 1817, [cité par Blanc, p. 637]

333. — Sauf cette dérogation apportée par la jurisprudence, en matière de faillite, aux règles ordinaires de capacité, il est unanimement admis que l'action en contrefaçon est soumise aux principes du droit commun et que notamment les actions concernant les mineurs, les femmes mariées, etc., ne peuvent être intentées que dans les conditions où doivent être intentées toutes les autres actions mobilières et personnelles qui appartiennent à ces incapables. — Pouillet, *Brev. d'inv.*, n. 756 et s.; *Marq. de fabr.*, n. 216; Malapert et Forni, n. 1052; Allart, n. 495.

334. — Sur le droit pour les membres d'une communauté religieuse non autorisée d'agir en contrefaçon de brevet, de marques, etc., V. *Rép. alph. du dr. fr.*, v° *Communauté religieuse*, n. 919 et s. — V. aussi, Trib. corr. Seine, 29 janv. 1879, Grézier, [*Ann. propr. ind.*, 79.313, J. *Le Droit*, 2 avr.] — Trib. Marseille, 12 août 1879, Même partie, [*Ann. propr. ind.*, 79.339] — Pouillet, *Marq. de fabr.*, n. 219.

335. — Quoi qu'il en soit, il doit être bien entendu que la discussion précédemment exposée (V. *suprà*, n. 319 et s.) suppose, de la part de l'intéressé, une aliénation totale de ses droits; on admet, en effet, sans conteste que le droit d'agir appartient toujours à l'inventeur, à l'auteur, etc., alors qu'il n'a consenti qu'une cession partielle de ses droits. Ainsi, le propriétaire d'un dessin de dentelle et d'une marque de fabrique, qui a cédé, pour un temps limité et moyennant une redevance déterminée sur toutes les ventes, le droit de fabriquer et d'exploiter ce dessin en imitation de sa marque, conserve le droit de poursuivre les contrefacteurs de l'imitation, à raison du double préjudice que lui cause la contrefaçon des dessins d'imitation, en diminuant d'autant la redevance qui lui est due sur les ventes effectuées, et en diminuant aussi la fabrication des dentelles vraies dont il est resté seul propriétaire. — Cass., 3 janv. 1878, William, [S. 78.1.438, P. 78.1117, D. 79.1.43] — Sic, Pouillet, *Marq. de fabr.*, n. 211; *Propr. litt.*, n. 626 et 633; *Dess. de fabr.*,

n. 156; Darras, *Marq. de fabr.*, n. 163 et 164; Philipon, n. 173.

336. — De même, le négociant qui concède à un tiers le droit de se servir de sa marque à l'exclusion de tous autres et qui s'en réserve l'usage à lui-même conserve le droit de poursuivre personnellement les faits qui pourraient lui être préjudiciables. — Trib. Seine, 7 févr. 1874, Thomas de la Rue, [*Ann. propr. ind.*, 76.321]

337. — L'inventeur qui, en cédant son brevet, a permis au cessionnaire de se servir jusqu'à l'expiration du brevet de la dénomination sous laquelle se vend le produit nouveau, conserve le droit d'agir en contrefaçon contre les tiers qui, alors que dure encore le droit privatif du cessionnaire, viennent à usurper la marque de fabrique, régulièrement déposée. — Paris, 21 mars 1861, Clertan et Lavalle, [*Ann. propr. ind.*, 61.161]

338. — De même, le breveté qui, ayant cédé son brevet à des tiers, s'est réservé un intérêt de tant pour cent dans les bénéfices nets de l'exploitation du son brevet, peut encore agir en contrefaçon. — Paris, 9 févr. 1865, Poitevin, [*Ann. propr. ind.*, 65.190]

339. — Il est bien évident, sans qu'il soit nécessaire d'insister à cet égard, que celui qui n'est pas l'auteur d'un ouvrage et n'a fait que le copier, n'est pas recevable à exercer l'action en contrefaçon. — Cass., 5 brum. an XIII, Létourmy, [S. et P. chr.]

340. — De même, les corrections et changements qu'un éditeur a faits à l'ouvrage qu'il publie ne lui donnent pas un droit de propriété dans cet ouvrage, surtout s'il l'a publié sous le nom de l'auteur. Dès lors, il est non recevable à exercer, en qualité de coauteur, des poursuites en contrefaçon. — Paris, 7 août 1837, Raissac, [S. 38.2.268, P. 38.1.279]

341. — Mais on doit admettre que le défendeur à une action en contrefaçon ne peut prétendre que les dessins par lui reproduits ne sont pas l'œuvre exclusive de celui qui les a signés, alors que celui-ci a revu et signé ces dessins exécutés sous sa direction. — Trib. corr. Seine, 12 déc. 1867, Garnier frères, [*Ann. propr. ind.*, 67.409]

342. — En matière de brevets, les règles particulières qui concernent les perfectionnements réalisés par des tiers à l'œuvre d'autrui font que le droit d'agir peut appartenir à un inventeur qui ne peut se prétendre lésé dans ses intérêts matériels, puisqu'il lui est interdit d'exploiter lui-même son invention. Décidé à ce sujet que l'inventeur d'un perfectionnement apporté à un objet breveté a le droit de poursuivre directement les contrefacteurs, bien qu'aux termes de l'art. 19, il ne puisse pas exploiter ce perfectionnement sans avoir obtenu le consentement du breveté principal. — Lyon, 5 juin 1861, Frémon, [*Ann. propr. ind.*, 61. 378]

343. — Lorsque l'usurpation porte sur un nom commercial, le droit d'agir appartient à tous ceux qui se trouvent lésés dans leurs intérêts par un tel usage illicite. — Pouillet, *Marq. de fabr.*, n. 436; Maunoury, n. 75.

344. — Si l'usurpation est celle d'un nom de localité, il faut reconnaître le droit de saisir la justice à chacun de ceux qui, dans la ville dont le nom a été frauduleusement employé, se livrent au même genre de commerce ou d'industrie que le contrefacteur. — Blanc, p. 777; Pouillet, *Marq. de fabr.*, n. 438; Maunoury, *loc. cit.*

345. — Cette opinion peut être considérée comme ayant pour ainsi dire reçu une sanction législative puisque, d'après un texte, qui d'ailleurs n'a force obligatoire que dans les rapports internationaux, c'est-à-dire d'après l'art. 9 de la convention d'union de 1883, on doit, à notre point de vue, réputer partie intéressée tout fabricant ou commerçant qui, engagé dans la fabrication ou le commerce du produit frauduleusement marqué, est établi dans la localité faussement indiquée comme provenance.

346. — En ce cas, le droit de poursuite est individuel et si un certain nombre de négociants peuvent se réunir pour intenter l'action en contrefaçon, ils ne peuvent prétendre agir au nom de la ville ou des autres communes ou industriels. — Pouillet, *Marq. de fabr.*, n. 438; Pelletier et Defert, n. 549. — *Contra*, Blanc, p. 777.

347. — Ainsi donc, l'usurpation du nom d'un lieu ou pays renommé de fabrication peut motiver une action en dommages-intérêts de la part des fabricants de ce pays auxquels cette usurpation a porté préjudice. — Cass., 12 juill. 1845, Besnard, [S. 45.1.842, P. 45.2.653, D. 45.1.327]

348. — Mais le droit d'agir ne peut être reconnu aux né-

gociants qui, établis en dehors de la localité dont le nom a été usurpé, ne souffrent pas de cette appropriation frauduleuse. Jugé, en ce sens, que le ministère public et les négociants établis dans la ville dont le nom a été illicitement reproduit sont seuls à pouvoir agir en contrefaçon; cette faculté n'existe pas au profit de ceux qui sont établis en dehors de cette localité. — Paris, 13 juill. 1847, Colas, [*Gaz. des Trib.*, 14 juill.] — Trib. comm. Seine, 28 mai 1846, Colas, [cité par Blanc, p. 735] — Sic, Pouillet, *Marq. de fabr.*, n. 437; Maunoury, *loc. cit.*

349. — Avant de rechercher quelles personnes peuvent éventuellement exercer l'action en contrefaçon comme ayants-cause des inventeurs, auteurs, artistes, etc., il est essentiel de faire observer que certaines de ces lois spéciales que nous avons à examiner ne protègent pas tous ceux qui, en raison pure, devraient être garantis contre les reproductions ou les imitations qu'elles n'ont pas autorisées. Nous voulons parler des mesures restrictives contre les étrangers ou contre l'industrie étrangère, que le législateur a prises, ou que, dans le silence de la loi, la jurisprudence a considérées comme découlant des principes généraux du droit français.

350. — Il ne nous appartient pas, d'ailleurs, d'entrer dès maintenant dans le détail des conditions particulières que les étrangers ou, suivant les espèces, les personnes établies à l'étranger doivent remplir pour avoir droit à la protection des lois françaises; nous sortirions ainsi de notre sujet actuel, puisque ces conditions particulières sont utiles à connaître sous beaucoup d'autres rapports que celui de l'action en contrefaçon. — V. *infrà*, v^{is} *Dessin de fabrique*, *Marque de fabrique*, *Nom commercial*, *Propriété littéraire et artistique*.

351. — Nous rappellerons simplement qu'au point de vue de la propriété littéraire et artistique, les étrangers sont assimilés aux Français, mais que les inventeurs, soit étrangers, soit nationaux, doivent, sous peine de déchéance, exploiter leur invention en France dans un délai de deux ans à partir de la délivrance du brevet (V. *suprà*, v° *Brevet d'invention*, n. 1380 et s.); que les marques étrangères, qu'elles appartiennent à des Français ou à des étrangers, ne sont protégées en France que si le pays dans lequel elles sont employées garantit les marques françaises par application du principe de réciprocité soit diplomatique, soit légale; que les noms commerciaux des étrangers, employés en France, ne sont garantis que si leur pays d'origine use à l'égard des Français d'une réciprocité soit diplomatique, soit légale; qu'enfin, pour les dessins de fabrique, le système est le même que celui qui vient d'être indiqué pour les marques, et que, de plus, l'exportation à l'étranger d'un dessin déposé en France est peut-être une cause de déchéance pour le droit privatif qui y a été obtenu.

352. — Il va de soi que les héritiers des inventeurs, auteurs, artistes, etc., peuvent exercer l'action en contrefaçon tant que durent les droits privatifs qu'ils ont recueillis dans la succession du *de cujus*; on sait que les lois spéciales relatives à la propriété littéraire et à la propriété artistique attribuent sur les œuvre-du prémourant un droit de jouissance à l'époux survivant; on admet que, tant que dure ce droit de jouissance, le conjoint survivant peut exercer l'action en contrefaçon, puisque c'est précisément lui qui souffre le plus des empiétements des tiers et qu'il ne se peut pas que le législateur lui ait accordé un droit qu'il ne puisse défendre contre les attaques des tiers. — Pouillet, *Propr. litt.*, n. 631; Pelletier et Defert, n. 600.

353. — On a parfois pensé qu'au cas d'inaction du conjoint survivant, les héritiers proprement dits du prémourant pourraient poursuivre les contrefacteurs; on reconnaît que peut-être ces héritiers ne jouiront jamais, en fait, de cette sorte de droit de nue-propriété que leur accorde la loi de 1866 (ce qui arrive si l'époux survit pendant 50 ans à l'auteur ou à l'artiste), mais on pense qu'ils doivent pouvoir agir en contrefaçon, parce qu'ils sont les gardiens du mérite littéraire et de la réputation de l'auteur. — Pouillet, *Propr. litt.*, n. 632.

354. — Indépendamment des titulaires primitifs des droits de propriété intellectuelle et de leurs héritiers, le droit d'agir appartient encore aux cessionnaires de ces mêmes droits. Ainsi donc, le cessionnaire du droit de publier une édition d'un ouvrage a qualité pour en poursuivre les contrefacteurs en son nom. — Cass., 7 prair. an XI, Bossange, [S. et P. chr.] — Paris, 20 mars 1872, Cavaillon, [*Ann. propr. ind.*, 72.270] — *Sic*, Blanc, p. 188.

355. — De même, celui qui tient à bail l'exploitation de forges a droit, comme le propriétaire lui-même, de poursuivre en contrefaçon tous ceux qui imiteraient, pour leur propre compte, les marques distinctes des fers fabriqués dans ses forges. — Liège, 9 mess. an XI, Stobr, [S. chr.]

356. — On a vu précédemment que la loi de 1844 avait prescrit, dans son art. 20, certaines formes particulières pour la validité de la cession des brevets d'invention; il nous a paru convenable de décider que les contrefacteurs étaient au nombre des tiers qui peuvent se prévaloir du défaut d'accomplissement de ces formalités. — V. *Rép. alph. du dr. fr.*, v° *Brevet d'invention*, n. 1125, et s. — V. Trib. Seine, 21 août 1879, Tellier, [*Ann. propr. ind.*, 83.5] — Amiens, 25 avr. 1856, Mères et autres, [S. 56.2.535, P. 57.51, D. 57.2.91] — V. aussi Paris, 15 déc. 1894, Fournier, [*Gaz. Pal.*, 20 mars]

357. — Les termes de l'art. 20 de la loi de 1844 nous ont paru de nature à imposer cette solution, mais en dehors des cas rentrant dans les prévisions de ce texte, les principes reprennent leur empire; en conséquence, par analogie de ce qui se passe au cas de revendication d'un objet mobilier où le défendeur ne peut repousser l'action du demandeur en prétendant que les droits d'un tiers sont préférables à ceux sur lesquels celui-ci appuie son action, nous déciderons que le prévenu de contrefaçon, poursuivi par le porteur d'un brevet d'invention, ne peut exciper, comme fin de non-recevoir contre la poursuite, de ce que l'invention brevetée appartiendrait à un autre qu'au titulaire du brevet. — Cass., 25 janv. 1856, Manceaux, [S. 56.1. 278, P. 56.1.365, D. 56.1.140] — Cette question est sans doute délicate puisqu'il est arrivé à certains auteurs d'admettre parfois, et dans une même édition, deux opinions diamétralement opposées. — V. Pouillet, *Brev. d'inv.*, n. 406, 623 et 624. — *Contrà*, sur le principe, Philipon, n. 171.

358. — Nous déciderons, de même, que lorsque le bréveté a stipulé dans un acte de cession, vis-à-vis de son cessionnaire, que les poursuites en contrefaçon seraient faites soit par lui seul, soit en commun avec son cessionnaire, cette stipulation, qui n'intéresse que les parties contractantes, ne pourrait être invoquée par les tiers; il s'ensuit que si la poursuite est faite par le cessionnaire seul, les tiers poursuivis, alors que la cession est régulière, ne peuvent se prévaloir de ce que, dans l'acte de cession, le bréveté s'est réservé le droit de poursuite. Il en est ainsi surtout quand le cédant se joint par une intervention à la poursuite commencée par le cessionnaire. — Nancy, 27 janv. 1875, Frezon, Bourguignon et Colette, [*Ann. propr. ind.*, 75.31] — Sic, Pouillet, *Brev. d'inv.*, n. 745.

359. — De même encore, l'éditeur, cessionnaire d'un ouvrage littéraire peut, aussi bien que l'auteur lui-même, en poursuivre les contrefacteurs, alors même que l'acte de cession n'aurait acquis date certaine que postérieurement au délit de contrefaçon. — Cass., 27 mars 1835, Hacquart, [S. 35.1.749, P. chr.] — Toulouse, 3 juill. 1835, Même partie, [S. 36.2.39, P. chr.] — Sic, Renouard, *Droits d'auteurs*, t. 2, p. 369.

360. — Dans ce cas, le prévenu d'un délit de contrefaçon, poursuivi par le cessionnaire de l'auteur de l'ouvrage, n'a pas qualité pour opposer à ce cessionnaire le défaut de date certaine de son titre, à moins qu'il n'excipe lui-même d'un droit de propriété sur l'ouvrage. — Cass., 27 mars 1835, précité. — Sic, Pouillet, *Propr. litt.*, n. 630; Blanc, p. 188. — *Contrà*, Paris, 2 juin 1876, Panichelli, [*Ann. propr. ind.*, 76.175]

361. — On peut rapprocher des décisions qui précèdent celle d'après laquelle, pour les œuvres posthumes, la qualité de détenteur suffit à l'exercice des droits d'auteur et même que le détenteur n'est pas le représentant direct de l'auteur, ce fait qui peut avoir pour conséquence d'exposer le détenteur à des recours, s'il existe des héritiers du sang, ne peut exercer d'influence sur la condition des contrefacteurs. — Paris, 3 févr. 1857, de Saint-Simon et Hachette, [D. 58.1.145, *Ann. propr. ind.*, 57.115] — Sic, Pouillet, *Propr. litt.*, n. 640.

362. — Ainsi donc, réserve faite du cas où il s'agit de la cession d'un brevet d'invention, les contrefacteurs ne peuvent se prévaloir de ce que l'acte de cession qu'on leur oppose n'a pas date certaine; il est facile de comprendre qu'il en soit ainsi, puisque, d'une part, aucune formalité particulière n'est requise pour la validité de toute cession autre que celle d'un brevet d'invention, — Trib. corr. Seine, 5 mars 1891, Bonnefont, [J. *Le Droit*, 20 mars] — et, d'autre part, on est d'accord pour reconnaître que, dans l'art. 1328, C. civ., d'où découle pour tous les actes sous seing privé, la nécessité d'une date certaine, l'ex-

pression tiers ne comprend pas les *penitus extranei*, c'est-à-dire ceux qui, comme les contrefacteurs, n'ont pas traité avec celui duquel émane l'acte sous seing privé.

363. — Les relations particulières existant entre deux personnes peuvent parfois servir à expliquer qu'un individu qui ne pourrait produire un acte de cession expresse puisse cependant agir en contrefaçon, quoiqu'il ne soit pas l'auteur de l'œuvre reproduite ou qu'il n'ait pas par lui-même rempli les formalités auxquelles le droit d'agir est parfois subordonné. C'est ainsi qu'il a pu être décidé, par interprétation d'un contrat de louage, qu'un dessinateur de fabrique ne peut, en opérant le dépôt d'un dessin original, acquérir le droit d'exercer l'action en contrefaçon contre les reproducteurs, et qu'en ce cas, c'est aux seuls fabricants que la loi attribue le droit de dépôt et de poursuite. — Trib. Seine, 10 mars 1846, sous Paris, 10 juill. 1846, Lubienski, [S. 46.2.567, P. 47.1.294, D. 47.2.13]

364. — Décidé encore qu'au cas de poursuite par un fabricant, il n'y a pas lieu de rechercher si les dessins ont été composés par le déposant ou par un dessinateur agissant sur ses indications ou bien encore par un artiste qui lui aurait cédé un travail de son invention moyennant un prix convenu. — Trib. corr. Seine, 28 févr. 1877, Dame Fourmy-Lorlot, [*Ann. propr. ind.*, 77.174]

365. — De même, on a pu, en s'appuyant sur les principes de la gestion d'affaires ou du mandat tacite, décider que le préparateur et dépositaire d'un produit pharmaceutique qui a procédé au dépôt des marques dont ce produit est revêtu doit être censé avoir agi principalement, sinon exclusivement, dans l'intérêt du propriétaire de ce produit; en conséquence, à supposer que ce dépôt puisse produire accessoirement quelque effet au profit de ce dépositaire vis-à-vis des tiers en général, il ne lui permet pas d'agir en contrefaçon contre ce propriétaire et celui qui, par la suite, est devenu son dépositaire exclusif. — Paris, 21 avr. 1877, Moire, [*Ann. propr. ind.*, 77.99]

366. — C'est pour le même motif qu'aussi longtemps que l'auteur d'œuvres anonymes ne s'est pas fait connaître, le droit d'agir appartient à l'éditeur. — Paris, 25 juill. 1888, Chevalier-Marescq, [*Ann. propr. ind.*, 89.70]

367. — Au surplus, il arrive fréquemment, en matière littéraire ou artistique, que la même personne invoque le bénéfice d'un dépôt qu'un tiers a opéré en ses lieu et place. Il en est ainsi, puisque le dépôt légal fait par l'imprimeur d'un ouvrage littéraire profite à l'auteur, l'imprimeur étant réputé être l'intermédiaire naturel et légal de ce dernier. — Paris, 23 déc. 1871, Lévy, [*Ann. propr. ind.*, 72.142] — Trib. Compiègne, 22 janv. 1879, Guéry, [*Ann. propr. ind.*, 79.89]

368. — Il a été jugé, bien avant la loi du 29 juill. 1881, sur la liberté de la presse, qui actuellement régit la matière du dépôt légal, que les auteurs ne sont pas tenus, pour conserver la propriété exclusive de leurs ouvrages et le droit d'en poursuivre les contrefacteurs, de déposer directement deux exemplaires à la Bibliothèque royale, indépendamment du dépôt successivement prescrit aux imprimeurs par les art. 48, Décr. 5 févr. 1810, 14, L. 21 oct. 1814, 4 de l'ordonnance du 24 du même mois, et 1er de celle du 9 janv. 1828. A cet égard, la loi du 19 juill. 1793, non abrogée dans son principe protecteur de la propriété littéraire par les lois, décrets et règlements postérieurs, a seulement été modifiée quant aux formalités conservatoires imposées aux auteurs ou imprimeurs, en ce sens que le dépôt facultatif et direct par l'auteur, de deux exemplaires à la Bibliothèque royale, a été remplacé par le dépôt obligé, d'abord de cinq exemplaires par l'imprimeur ou l'éditeur, et depuis (Ord. 9 janv. 1828) par le dépôt de deux exemplaires à la direction de la librairie à Paris, et dans les départements, au secrétariat de la préfecture. — Cass., 1er mars 1834, Terry, [S. 34.1.65, P. chr.] — Rouen, 10 déc. 1839, Pommier, [S. 40.2.76]; — 13 déc. 1839, Rivoire, [S. 40.2.74, P. 40.1.542] — Sic, Foucart, *Dr. adm.*, t. 3, n. 396; Devilleneuve et Massé, *Dict. du cont. comm.*, v° *Propriété littéraire*, n. 22 et s.; Renouard, *Droits d'auteurs*, t. 2, p. 376 et s.

369. — Mais il a été décidé aussi que l'art. 6, L. 19-24 juill. 1793, qui impose aux auteurs, pour conserver la propriété exclusive de leurs ouvrages et le droit d'en poursuivre les contrefacteurs, l'obligation d'un dépôt préalable de deux exemplaires à la Bibliothèque nationale, n'a été ni abrogé, ni modifié par les art. 48, Décr. 5 févr. 1810, et 14, L. 21 oct. 1814, qui prescrivent aux imprimeurs le dépôt d'un certain autre nombre d'exemplaires des ouvrages qu'ils impriment; qu'à défaut donc du dépôt exigé par la loi de 1793, les auteurs ne peuvent poursuivre en justice les contrefacteurs de leurs ouvrages. — Cass., 30 juin 1832, Chapsal et Noël, [S. 32.1.633, P. chr.]

370. — ...Qu'en admettant que le fait de reproduire un article politique déjà publié dans un journal puisse engendrer une action en contrefaçon, ce serait à la condition que le demandeur se fût conformé aux prescriptions de la loi de 1793 sur le dépôt légal; que le dépôt du journal au parquet prescrit dans un but de surveillance ne peut suppléer celui exigé par les lois sur la propriété. — Trib. corr. Nice, 29 avr. 1869, Dupeuty, [*Ann. propr. ind.*, 70-71.86]

371. — Quoi qu'il en soit de l'état de choses ancien, il est admis sans conteste que le dépôt, effectué en vertu de la loi de 1881, assure au déposant ou à son mandant le bénéfice de l'art. 6 de la loi de 1793 parce qu'il est effectué au même lieu, entre les mains des mêmes agents et avec la même destination que celle prévue par la loi de 1793. — Besançon, 13 juill. 1892, Boussion, [*Ann. propr. ind.*, 94.117]

372. — Spécialement, le dépôt d'un catalogue, effectué conformément aux prescriptions des art. 3 et 4, L. 29 juill. 1881, sur le dépôt des imprimés, préalablement à toute publication, remplace le dépôt organisé pour les œuvres littéraires et artistiques par l'art. 6, L. 19-24 juill. 1793, et suffit pour assurer au déposant la propriété des catalogues, au point de vue notamment des poursuites à exercer contre les contrefacteurs. — Nancy, 18 avr. 1893, Aiman, [S. et P. 93.2.255]

373. — Décidé encore que le dépôt d'une photographie, fait par un photographe conformément à la loi du 29 juill. 1881, profite à tous ceux qui peuvent avoir un droit de reproduction sur cette photographie. — Trib. Seine, 5 mai 1894, Vᵉ Poulet, [*Ann. propr. ind.*, 94.337, et la note Maillard] — V. Darras, *Droit d'auteur* (de Berne), 1894, p. 137.

374. — Au lieu de consentir une cession de ses droits, le titulaire de droits privatifs peut se borner à autoriser certaines personnes à en user; c'est ce qui constitue, en matière de brevets d'invention, une concession de licence. L'art. 47 de la loi de 1844 n'accordant le droit d'agir qu'aux propriétaires du brevet, il faut en conclure que le porteur d'une simple licence n'a pas, comme le cessionnaire de la propriété totale ou partielle d'un brevet, le droit d'exercer les actions en contrefaçon, la licence laissant, à la différence de la cession, subsister sur la tête du breveté la propriété du brevet. — Cass., 27 avr. 1869, Carbonnier, [S. 69.1.421, P. 69.1088, D. 70.1.122] — *Sic*, Calmels, n. 346; Blanc, p. 187 et 640; Malapert et Forni, n. 1046. — V. *Rép. alph. du dr. fr.*, vᵒ *Brevet d'invention*, n. 1189 et s.

375. — Et il en est ainsi, alors même qu'un précédent arrêt intervenu entre le breveté et le porteur de la licence aurait reconnu à ce dernier le droit de poursuite, cet arrêt n'ayant pas l'autorité de la chose jugée à l'égard de ceux qui n'y ont pas été parties. — Même arrêt.

376. — Observons, à ce sujet, que la règle des deux degrés de juridiction étant d'ordre public, en matière criminelle comme en matière civile, le cessionnaire d'un droit d'exploitation ne peut intervenir, comme partie civile, devant la cour saisie de l'appel du jugement correctionnel qui a statué sur les poursuites en contrefaçon. — Paris, 29 mars 1856, Beuchot, [*Ann. propr. ind.*, 56.137] — V. Huguet, *Ann. propr. ind., loc. cit.*

377. — De même, l'art. 17 de la loi de 1857 ne consacrant le droit de poursuites qu'au profit du propriétaire, une action en contrefaçon ne peut être intentée par celui à qui a été concédé, pour un certain temps et moyennant une redevance déterminée, le droit de fabriquer et de vendre un produit sous une dénomination déposée à titre de marque de fabrique. — Paris, 5 mai 1883, Lefebvre, [*Ann. propr. ind.*, 83.316] — *Sic*, Darras, *Marq. de fabr.*, n. 165. — V. *Rép. alph. du dr. fr.*, vᵒ *Concurr. del.*, n. 435.

378. — Celui qui a obtenu l'autorisation de reproduire une œuvre d'art, sans aucun droit exclusif de reproduction, ne peut poursuivre les contrefacteurs de cette œuvre. — Paris, 11 mai 1886, Chineau, [D. 86.2.287] — *Sic*, Pouillet, *Propr. litt.*, n. 626 et 627. — Paris, 8 févr. 1865, Guerre, [*Ann. propr. ind.*, 65.382] — V. Trib. Seine, 2 déc. 1863, Guerre, [*Ann. propr. ind.*, 65.141]

379. — Le concessionnaire, autorisé pour une personne à faire usage d'une photographie de celle-ci, dont il n'est pas l'auteur, n'a aucune action contre le contrefacteur qui reproduit cette photographie sur les objets de son commerce. — Paris, 18 avr. 1888, Reverchon, [*Ann. propr. ind.*, 94.349]

380. — Il a cependant été jugé que la concession que le bre-

veté fait à un tiers du droit d'exploiter seul le brevet dans une localité déterminée, emporte, au profit de ce tiers qui se trouve ainsi associé partiellement au monopole du brevet, le droit de poursuivre par les voies ordinaires ceux qui portent atteinte à son exploitation. — Metz, 6 juill. 1865, Carbonnier, [S. 66.2. 141, P. 66.587, D. 65.2.143]

381. — ...Alors surtout que la convention affranchit le breveté de tout recours quelconque pour faits de contrefaçon ou autres qui auraient lieu pendant la durée de la concession. — Même arrêt.

382. — Le concessionnaire ne peut donc obliger le breveté à poursuivre les faits de concurrence illicite dont son exploitation aurait à souffrir; c'est à lui seul qu'il appartient d'exercer les poursuites à ses risques et périls. — Même arrêt.

383. — Il a été aussi jugé que les consignataires exclusifs pour la France d'un certain produit sur la vente duquel ils ont une remise proportionnée, peuvent poursuivre en contrefaçon ceux qui écoulent un produit différent du leur sous un nom qui prête à la confusion. — Trib. Beauvais, 18 déc. 1872, Peter Landson et Gallet-Lefebvre, [*Ann. propr. ind.*, 73.378] — V. Pouillet, *Propr. litt.*, n. 629; Pelletier et Defert, n. 500.

384. — Si le plus souvent l'œuvre intellectuelle n'appartient qu'à un seul, ce que nous avons supposé jusqu'à présent, il se peut très-bien que le droit de fabrication ou de reproduction appartienne à plusieurs, soit parce que l'œuvre est due à une collaboration, soit parce qu'elle a été transmise à plusieurs cohéritiers ou coacquéreurs. Si, en pareil cas, la part de chacun est nettement déterminée, si, en d'autres termes, il n'y a pas indivision, il est hors de doute que chacun des cotitulaires d'un droit de propriété intellectuelle peut agir contre les contrefacteurs. — Paris, 6 mai 1864, Masson, [*Ann. propr. ind.*, 64.232] — *Sic*, Pouillet, *Brev. d'inv.*, n. 298 *bis*; *Marq. de fabr.*, n. 84; *Propr. litt.*, n. 641; Pelletier et Defert, n. 96; Blanc, p. 638.

385. — Rien ne s'oppose à ce que plusieurs fabricants exerçant la même industrie s'entendent pour adopter la même marque et l'appliquer à leurs produits et, en ce cas, le droit d'agir en contrefaçon appartient à chacun des fabricants qui, d'une manière distincte et séparée, a rempli les formalités prescrites par la loi. — Paris, 26 nov. 1864, Forge et Quentin, [*Ann. propr. ind.*, 62.25]

386. — Jugé encore, dans une espèce où il n'avait été opéré qu'un seul dépôt de la marque, que lorsque des fabricants, des quincailliers en l'espèce, se sont entendus pour faire un usage commun d'une marque déterminée, en l'apposant sur les marchandises de chacun d'eux, le droit d'agir appartient à tous et à chacun d'eux pris individuellement. — Paris, 13 juill. 1883, Arnould et autres, [D. 84.2.151]

387. — Les membres d'une société formée pour l'exploitation d'une invention brevetée, ont qualité pour agir, tant en leur nom personnel qu'au nom de la société, contre les contrefacteurs, lorsqu'ils ont personnellement la propriété de tout ou partie des brevets dont la jouissance leur appartient comme associés. — Cass., 29 avr. 1868, Carbonnier, [S. 68.1.288, P. 68.749, D. 70. 1.122] — *Sic*, Nouguier, n. 829; Blanc, p. 501; Pelletier et Defert, n. 98 et 99. — V. aussi Pouillet, *Brev. d'inv.*, n. 311; *Marq. de fabr.*, n. 86 et 217. — V. *Rép. alph. du dr. fr.*, *Brevet d'invention*, n. 1223 et s.

388. — Mais celui qui a mis en société la propriété d'un brevet d'invention est sans qualité pour poursuivre en son nom personnel les contrefacteurs, soit pendant la durée de la société, soit pendant la période de sa liquidation. — Cass., 24 mars 1864, Guerrier, [S. 64.1.374, P. 64.1108] — *Sic*, Nouguier, n. 827 et 828; Pelletier et Defert, n. 97. — *Contrà*, Pouillet, *Brev. d'inv.*, n. 310.

389. — Quand une société se trouve tout à la fois créancière et débitrice par suite de la cession qui lui a été faite des droits actifs et passifs d'une ancienne société dissoute, elle est sans intérêt et sans action pour suivre sur un procès en contrefaçon intenté par ses auteurs contre la société dont elle a acquis les droits. — Rouen, 27 août 1857, Jackson frères, [*Ann. propr. ind.*, 57.334]

390. — En signalant parmi les personnes qui peuvent agir en contrefaçon les inventeurs, les auteurs, les artistes, les titulaires des marques ou de noms commerciaux, etc., et les ayants-cause à titre universel et particulier, nous avons sans conteste indiqué ceux qui, ayant à souffrir le plus directement des entreprises des contrefacteurs saisiront le plus souvent de leurs réclamations soit les tribunaux civils, soit les tribunaux correctionnels; ce n'est pas à dire cependant qu'il n'existe pas d'autres personnes aptes à agir en contrefaçon; leur nombre est d'ailleurs indéterminé, puisque, d'après l'art. 7, C. instr. crim., l'action civile en réparation du dommage causé par un délit peut être exercée par tous ceux qui ont souffert du dommage; il en résulte qu'il y a lieu de comprendre dans cette catégorie tous ceux qui, trompés par les apparences, se sont rendus acquéreurs de produits, que ceux-ci soient contrefaits ou portent une indication mensongère. — Pouillet, *Marq. de fabr.*, 2e et 3e édit., n. 7 et 436; Pelletier et Defert, n. 500; Maunoury, n. 405. — *Contra*, Pouillet, *Marq. de fabr.*, 1re édit., n. 7; Darras, *Marq. de fabr.*, n. 248.

391. — Il importe peu que ces acquéreurs se soient procurés de telles marchandises dans l'intention de les consommer ou dans celle de les revendre.

392. — Jugé, à cet égard, que le détaillant actionné pour vente de produits revêtus de fausses marques peut poursuivre en contrefaçon son vendeur devant la juridiction correctionnelle, à la charge de prouver qu'il a été trompé par celui-ci. — Paris, 11 juin 1878, Grezier, [*Ann. propr. ind.*, 75.260] — V. en ce qui concerne le droit pour les consommateurs d'agir en contrefaçon, Angers, 4 mars 1870, Werlé, [S. 70.2.150, P. 70.597, D. 70.2.54]

393. — On doit faire observer, d'ailleurs, que si les acheteurs ainsi trompés, peuvent agir en contrefaçon, ils peuvent aussi appuyer leurs réclamations en reprochant à leur adversaire le délit de tromperie sur la qualité ou la nature de la chose vendue. — Pouillet, *Marq. de fabr.*, n. 7. — V. C. pén., art. 423; L. 23 juin 1857, art. 8, § 2. — V. *Rép. alph. du dr. fr.*, v° *Fraude commerciale.*

394. — Remarquons, à cet égard, qu'un dépôt préalable n'est pas nécessaire pour la poursuite du délit d'usage d'une marque portant des indications propres à tromper l'acheteur sur la nature du produit. — Cass., 21 janv. 1892, Syndicat des propriétaires et concessionnaires d'eaux minérales, [S. et P. 92.1. 105]

395. — En cette dernière matière, l'action civile n'appartient pas seulement à l'acheteur qui a été victime de la fraude, mais peut être exercée par toute personne lésée. — Même arrêt.

396. — Ainsi, celui qui fabrique et vend des Eaux-Bonnes artificielles avec la marque « Eaux-Bonnes naturelles », peut être condamné à des dommages-intérêts envers le propriétaire de la marque, concessionnaire des Eaux-Bonnes, et envers le syndicat des propriétaires et concessionnaires des eaux minérales, dès lors que les faits délictueux commis par le fabricant-vendeur leur ont causé un préjudice. — Même arrêt.

397. — C'est principalement au cas de contrefaçon de marque ou d'usurpation de nom commercial que les acheteurs trompés peuvent avoir la pensée d'agir en contrefaçon; dans les autres hypothèses, l'erreur n'est guère préjudiciable; toutefois, le motif déduit de la généralité des termes de l'art. 7, C. instr. crim., est vrai pour toutes les espèces où des acquéreurs peuvent établir qu'ils ont été trompés par de fausses apparences; il en peut être ainsi, notamment, au cas où un amateur s'est rendu acquéreur d'un tableau ou d'une statue portant faussement la signature d'un peintre ou d'un sculpteur célèbre, si d'ailleurs on admet qu'une telle usurpation de signature constitue une contrefaçon.

398. — Quoi qu'il en soit, il est hors de doute que si les acheteurs, trompés sur l'origine et la nature d'un produit revêtu d'une marque frauduleusement imitée, ont le droit de poursuivre les auteurs de cette tromperie, ce droit appartient, à bien plus forte raison, au commerçant dont la marque a été contrefaite et qui a été ainsi dépouillé de la propriété. L'intervention de ce commerçant, comme partie civile, dans l'instance correctionnelle formée contre l'auteur de la contrefaçon, est donc régulière et légale. — Cass., 5 mai 1882, Brissac et autres, [S. 84.1. 453, P. 84.1.1099, D. 82.1.435]

399. — En étudiant les conditions requises pour la validité des saisies faites par les intéressés en vue de se procurer, avant toute instance, la preuve des contrefaçons dont ils se prétendent les victimes, nous avons indiqué par avance que ces saisies n'étaient possibles que si l'action en contrefaçon n'était pas recevable que si, préalablement, il avait été procédé au dépôt, soit d'une demande, soit de l'objet même sur lequel porte le droit privatif. Le moment est venu d'entrer dans quelques détails à cet égard; toutefois, il doit être bien entendu que, dans la suite

de nos développements, nous supposerons toujours, soit l'absence totale du dépôt, soit, au contraire, un dépôt régulièrement fait; dans ce travail relatif à la contrefaçon, nous n'avons qu'à rechercher quel est l'effet produit par un dépôt de l'œuvre contrefaite dans les différents domaines des droits intellectuels. — Quant aux formes à suivre, V. *suprà*, v° *Brevets d'invention*, n. 799 et s., et *infrà*, v° *Dessins et modèles de fabrique*, *Marques de fabrique*, *Propriété littéraire et artistique*.

400. — Remarquons d'ailleurs que pour le nom commercial aucun dépôt n'est prescrit; toute personne qui souffre d'une usurpation portant sur un nom commercial peut agir immédiatement en contrefaçon, sans être astreinte à l'observation d'aucune formalité préliminaire; cette solution se justifie facilement, car il est difficile de concevoir qu'une personne, même non avertie par un dépôt préalable, puisse de bonne foi employer dans son commerce le nom d'un autre commerçant ou fabricant. — Gastambide, p. 450; Pouillet, *Marq. de fabr.*, n. 435; Maunoury, n. 74. — V. *suprà*, Paris, 3 juin 1834, Spencer, [S. 43.2. 334, P. 43.2.294]

401. — Il est aussi certaines œuvres littéraires ou artistiques qui sont dispensées de la formalité du dépôt préalable, à raison même de l'impossibilité ou de la grande difficulté qu'il y aurait de procéder à un tel dépôt. C'est ainsi que les auteurs d'ouvrages de sculpture ne sont pas soumis, pour s'assurer la propriété exclusive de leurs ouvrages et être investis du droit d'en poursuivre les contrefacteurs, à l'obligation générale d'un dépôt préalable de deux exemplaires de leur œuvre. — Cass., 17 nov. 1814, Robin, [S. et P. chr.]; — 24 juill. 1835, Saunière, [S. 35. 1.859, P. 56.2.375, D. 55.1.335] — Paris, 22 juin 1818, Fabricants de bronze de Paris, [S. chr.] — Dijon, 15 avr. 1847, Susse, [S. 48.2.240, P. 48.2.107, D. 48.2.178] — Douai, 3 juin 1850, Daman, [S. 51.2.247, P. 52.2.172, D. 52.2.144] — Orléans, 1er avr. 1857, Fontana, [S. 57.2.413, P. 57.725] — Paris, 26 févr. 1868, sous Cass., 12 juin 1868, Mathias, [S. 68.1.372, P. 68.951] — Sic, Merlin, *Rép.*, v° *Contrefaçon*, § 16; Renouard, *Droits d'auteur*, t. 2, p. 379; Et. Blanc, p. 564; Gastambide, n. 395. — V. aussi Pataille, *Ann. propr. ind.*, 1869, p. 394.

402. — De même, un peintre a le droit exclusif de reproduire son tableau par la gravure, et de poursuivre comme contrefacteurs ceux qui l'ont gravé sans son autorisation, bien qu'il n'ait fait encore aucune édition à son œuvre. La formalité du dépôt ne peut être exigée comme préliminaire de l'action en contrefaçon qu'autant que le peintre a fait lui-même une édition gravée de son tableau. — Paris, 9 nov. 1832, Léopold-Robert, [P. chr.]

403. — Plus généralement, les auteurs d'ouvrages d'art exécutés sur métaux, marbre, ivoire, bois ou toute autre matière solide et compacte, ne sont pas soumis, pour s'assurer la propriété exclusive de leurs ouvrages et acquérir le droit d'en poursuivre les contrefacteurs, à l'obligation générale d'un dépôt préalable de deux exemplaires à la Bibliothèque nationale. — Paris, 9 févr. 1832, Ameling, [S. 32.2.561, P. chr.]; — 13 août 1837, Pernaux, [*Gaz. des Trib.*, 31 août]

404. — Les œuvres de sculpture sont donc dispensées de la nécessité du dépôt; le motif invoqué est d'ordre général; il semble par suite que l'on n'aurait pas dû distinguer suivant la nature ou la qualité de l'œuvre de sculpture; cependant, on peut considérer comme étant de jurisprudence constante qu'une œuvre de sculpture industrielle destinée à l'ornementation de produits fabriqués n'étant point une œuvre d'art dans le sens de la loi du 19 juill. 1793 sur la propriété artistique, doit être considérée comme un dessin de fabrique et est soumise, par suite, au dépôt préalable prescrit par l'art. 15, L. 18 mars 1806, pour en assurer la propriété exclusive. — Cass., 28 juill. 1856, Ricroch, [S. 56.1.811, P. 57.395, D. 56.1.276] — Paris, 3 août 1854, Fouré, [S. 54.2.710, P. 55.2.422]; — 4 juill. 1864, Labjois, [*Gaz. des Trib.*, 15 juill.] — *Sic*, sur le principe, Blanc, p. 308; Gastambide, p. 397; Renouard, t. 2, p. 381; Rendu et Delorme, n. 916; Pouillet, *Propr. litt.*, n. 457.

405. — Les modèles de fabrique, qu'ils se rattachent ou non à la sculpture industrielle, sont donc régis, d'après les tribunaux à défaut d'une loi spéciale, par la loi du 18 mars 1806, et sont, par suite, soumis à l'obligation du dépôt exigé par l'art. 15 de cette loi. — Paris, 9 mai 1853, Cretal, [D. 54.2.49]; — 12 mars 1870, Labry et Cie, [*Ann. propr. ind.*, 70-71.260] — Trib. Charleville, 7 mars 1879, Chachoin, [*Ann. propr. ind.*, 82.251]

406. — Il faut reconnaître cependant que la jurisprudence apporte elle-même un tempérament à la solution par elle admise puisqu'elle reconnaît que le dépôt peut être effectué sous forme d'esquisse, remplaçant le spécimen de l'œuvre elle-même. — Trib. Charleville, 7 mars 1879, précité.

407. — Ainsi donc, dans ce cas, le dépôt du dessin au secrétariat du conseil des prud'hommes suffit pour conserver au fabricant le droit exclusif de fabriquer le modèle par lui créé et de poursuivre ceux qui en font des contrefaçons. — Cass., 2 août 1854, Vivaux, [S. 54.1.549, P. 53.1.85, D. 54.1.393]

408. — Spécialement, le fabricant qui crée ou reproduit en bronze, en marbre ou en porcelaine un objet d'art, et qui en a déposé le dessin au greffe du tribunal de commerce, a le droit exclusif de fabriquer le modèle par lui créé, et peut poursuivre tous ceux qui en font des contrefaçons. — Paris, 24 mai 1837, Petit, [S. 37.2.286, P. 37.1.360]

409. — En résumé, l'auteur de modèles d'industrie sculptés, tels que pendules, n'en conserve la jouissance exclusive qu'à la condition de manifester et réserver son droit par le dépôt, soit des modèles eux-mêmes, soit des dessins. En l'absence de dépôt ainsi effectué, le surmoulage de ces modèles ne constitue ni une contrefaçon, ni une concurrence déloyale. — Paris, 13 juill. 1865, Bauchot, [S. 66.2.275, P. 66.955, D. 66.5.391]

410. — Par identité de raison de ce qui est décidé pour le cas de sculpture artistique, les peintres sont protégés contre la reproduction non autorisée de leurs tableaux, sans être astreints à aucun dépôt. — Pouillet, Propr. litt., n. 459.

411. — Décidé encore, sans que la solution puisse soulever d'objection, que l'action en contrefaçon de productions photographiques n'est pas recevable, si le dépôt prescrit par l'art. 6, L. 19 juill. 1793, n'a pas été effectué. — Lyon, 8 juill. 1887, Royer, [S. 90.2.241, P. 90.1.1342, D. 88.2.180] — Sic, Pouillet, Propr. litt., n. 454. — V. L. 29 juill. 1881, art. 4.

412. — En dehors des œuvres de sculpture et de peinture, il en est qui, par leur nature même, sont dispensées de la formalité du dépôt; nous voulons parler des œuvres littéraires qui ne sont pas encore imprimées ou qui sont appelées à n'être jamais imprimées, comme les leçons des professeurs, les discours des orateurs, les sermons des prêtres. — Paris, 27 août 1828, Pouillet, [P. chr.]; — 18 juin 1840, Cuvier, [S. 40.2.254, P. 40. 2.147] — Sic, Pouillet, Propr. litt., n. 441; Rendu et Delorme, n. 764; Blanc, p. 148; Calmels, p. 161; Gastambide, p. 130; Lejeune, n. 310; Renouard, t. 2, p. 380.

413. — Ainsi donc, les discours ou sermons n'en restent pas moins la propriété de leur auteur, bien qu'il n'y ait pas eu dépôt préalable : l'obligation du dépôt n'existe que pour les ouvrages imprimés ou gravés. — Lyon, 17 juill. 1843, Marie, [S. 45.2. 469, P. 45.2.433, D. 45.2.128]

414. — De même, le dépôt n'est pas exigé des œuvres dramatiques ou musicales, du moment où l'œuvre est restée manuscrite. — Paris, 11 janv. 1828, Troupenas, [Gaz. des Trib., 15 janv.]; — 18 févr. 1836, Frédérick Lemaître, [P. chr.] — Trib. comm. Rouen, 12 nov. 1875, Paul, [Ann. propr. ind., 77.211] — Sic, Renouard, Droits d'auteur, t. 2, p. 380; Pouillet, Propr. litt., n. 443; Blanc, p. 148.

415. — Il importe peu, à cet égard, que l'œuvre soit en cours d'impression, si, au moment de la poursuite, la publication n'a pu encore avoir lieu. — Paris, 9 mars 1842, Troupenas, [cité par Blanc, p. 148]

416. — Mais le dépôt est indispensable pour assurer la propriété des articles de journaux. — Paris, 25 nov. 1836, L'Estafette, [S. 36.2.529, P. 37.1.314] — Sic, Pouillet, Propr. litt., n. 449; Blanc, p. 145. — Contrà, Trib. corr. Seine, 11 avr. 1833, [cité par Gastambide, p. 156]

417. — Dans toutes les autres matières dont nous avons à nous occuper, qu'il s'agisse d'invention, de marques, de la plupart des œuvres littéraires ou artistiques ou enfin de dessins de fabrique, le dépôt est nécessaire, tout au moins pour que l'action en contrefaçon puisse être engagée devant les tribunaux correctionnels; l'action peut, au contraire, être parfois portée devant les tribunaux civils, bien que les formalités prescrites par les lois spéciales n'aient pas été observées. Mais, en ce cas, l'action devient une action en concurrence déloyale. — V. Rép. alph. du dr. fr., v° Concurrence déloyale, n. 416 et s., 476 et s., 531 et s.

418. — Lorsqu'il a édicté, dans les différentes lois spéciales de 1793, de 1806, de 1844 et de 1857, l'obligation d'un dépôt, le législateur n'a pas toujours été inspiré par des considérations de même nature; aussi, et cette observation est essentielle en

notre matière, les conséquences résultant du défaut de dépôt varient-elles suivant que l'inobservation des formalités prescrites a eu lieu à l'égard d'une invention, d'une marque, etc.

419. — Tout d'abord, pour ce qui est des brevets d'invention qui, dans la législation française, ne constituent à vrai dire que des certificats de dépôt (V. Rép. alph. du dr. fr., v° Brevet d'invention, n. 1), la pratique actuelle se justifie, non pas parce qu'il est nécessaire que l'intéressé manifeste l'intention de se réserver un droit qui lui appartient en propre, mais bien parce qu'il est nécessaire, dans l'intérêt des tiers, de déterminer par avance la paternité des inventions et les limites respectives de chacune d'elles.

420. — Le dépôt des marques, au contraire, outre qu'il sert à avertir les tiers et à préciser les éléments de preuve pour les procès qui peuvent naître dans l'avenir, constitue encore, ainsi que le déclarait le rapporteur de la loi de 1857, une constatation officielle de la prise de possession par l'industriel de la marque qu'il a choisie et la notification au public de son droit de propriété. — Pouillet, Marq. de fabr., n. 100; Darras, Marq. de fabr., n. 129.

421. — Pour les œuvres de littérature et d'art, leur dépôt est « tout à la fois une mesure de police et un impôt établi dans l'intérêt des lettres » (Renouard, t. 2, p. 372). On a contesté, mais à tort, le caractère de ce dépôt; pour quelques interprètes, l'auteur qui ne fait pas le dépôt est présumé faire l'abandon volontaire de son droit de propriété au profit du domaine public (Gastambide, p. 131); cette opinion n'est pas fondée; on a fait observer que l'art. 6 de la loi de 1793, ainsi que l'art. 4, Décr. 28 mars 1852, protestent contre ce caractère ainsi attribué au dépôt des œuvres littéraires et artistiques; ces textes supposent que le droit de l'auteur ou de l'artiste préexiste au dépôt qui ne crée pas le droit, mais a uniquement pour effet de rendre recevable l'action en contrefaçon. — Nion, p. 129; Blanc, p. 137; Le Senne, p. 309; Calmels, p. 316; Pouillet, Propr. litt., n. 432; Pataille, Ann. propr. ind., 1869, p. 385.

422. — Ce qui vient d'être dit du dépôt des œuvres littéraires et artistiques est vrai, selon nous, des dessins de fabrique puisque, dans notre opinion, la loi de 1806 n'a eu pour but que d'adapter à la matière spéciale des dessins de fabrique les règles générales édictées par la loi de 1793 à l'égard de toutes les œuvres littéraires et artistiques. — Pouillet, Dess. de fabr., n. 92, p. 110.

423. — Cette divergence dans les motifs qui, à différentes époques, ont animé le législateur français, exerce un contre-coup très-sensible sur les conséquences qui, au point de vue de l'action en contrefaçon, découlent pour l'intéressé, de sa négligence à se conformer aux prescriptions légales. Les dangers que courent les droits de l'inventeur qui n'a pas sollicité la délivrance d'un brevet sont très-graves; celui-ci ne peut agir en contrefaçon et, à supposer qu'il vienne ultérieurement à remplir les formalités de la loi de 1844, il lui est interdit de poursuivre les faits antérieurs de contrefaçon; il ne peut même qu'il soit impuissant à agir contre ceux qui, dans la suite, contrefairaient son invention, puisque les actes de fabrication auxquels il a pu se livrer avant la délivrance du brevet peuvent lui être opposés comme constituant une divulgation. — V. Rép. alph. du dr. fr., v° Brevet d'invention, n. 658 et s.

424. — Il va sans dire qu'à défaut du dépôt, il y a lieu d'assimiler la nullité ou la résolution des effets du dépôt. En conséquence, lorsqu'un brevet d'invention est frappé de déchéance et que le certificat d'addition ultérieurement délivré est nul (V. Rép. alph. du dr. fr., v° Brevet d'invention, n. 1324 et s.), le breveté en bon droit déclaré mal fondé dans son action en contrefaçon, et le rejet de l'action n'a pas besoin d'être autrement motivé. — Cass., 8 avr. 1879, Rimailho, [S. 79.1.297, P. 79.761, D. 79.1.205]

425. — En ce qui concerne les marques, la poursuite correctionnelle du délit de contrefaçon d'une marque de fabrique est subordonnée au dépôt de cette marque. — Cass., 21 janv. 1892, [S. et P. 92.1.105] — Sic, Pouillet, Marq. de fabr., n. 100.

426. — Mais comme, d'après la législation française, le dépôt n'est pas attributif de la propriété de la marque, quel peut être antérieure et exister au profit des fabricants ou commerçants qui, les premiers, l'ont adoptée, ceux-ci conservent, même en l'absence de tout dépôt, le droit d'agir devant les tribunaux civils et de réclamer des dommages-intérêts à ceux de leurs concurrents qui ont fait usage de leur marque. — Cass., 17 juin 1881, Franck, [S. 86.1.407, P. 86.1.1004, D. 84.1.416] — Trib.

Lyon, 31 juill. 1872, Ménier, [*Ann. propr. ind.*, 73 24] — Sic, Darras, *Marq. de fabr.*, n. 130 et 135. — V. *Rép. alph. du dr. fr.*, v° *Marque de fabrique.*

427. — Si donc le dépôt d'une marque de commerce n'est pas nécessaire pour acquérir et même conserver la propriété de cette marque, il est néanmoins indispensable pour invoquer le bénéfice de la loi de 1857, des garanties spéciales qu'elle institue et des actions qu'elle organise. — Paris, 30 juin 1865, Aubertin, [*Ann. propr. ind.*, 65.344]

428. — Etant donné les motifs mis en avant pour justifier la nécessité du dépôt des marques de fabrique, il semble impossible de décider qu'un dépôt une fois fait puisse rétroactivement rendre passible de peines correctionnelles un acte qui, antérieurement, était, au point de vue de la loi pénale, à considérer comme innocent ou tout au moins comme indifférent. Jugé que la poursuite en contrefaçon pour usurpation de la marque dont un commerçant faisait un usage constant n'est pas recevable si le dépôt de cette marque a été postérieur aux faits reprochés. — Paris, 30 juin 1865, Vix, [*Ann. propr. ind.*, 65.344]; — 29 juin 1882, Saxlehner, [S. 82.2.201, P. 82.1.989] — Trib. corr. Seine, 6 juin 1894, Magasins « la Belle Jardinière », [*Rev. prat. de dr. ind.*, 94.321] — Sic, Pouillet, *Marq. de fabr.*, n. 109; Darras, *Marq. de fabr.*, n. 135; Dufourmantelle, *Marq. de fabr.*, p. 84.

429. — Jugé encore que, si de l'examen des travaux préparatoires de la loi de 1857, comme de la discussion des articles, il résulte que le dépôt d'une marque n'en attribue pas la propriété au déposant, qu'il est simplement déclaratif de cette propriété, dont il permet la revendication sous certaines formes et conditions, il en résulte en même temps qu'il n'est point un premier acte de l'action en contrefaçon, mais qu'il doit être antérieur aux faits qui ont donné naissance à l'action. — Trib. corr. Lille, 4 déc. 1872, V° Descressonnières et fils, [*Ann. propr. ind.*, 74.132]

430. — En conséquence, le propriétaire d'une marque, qui a négligé de renouveler le dépôt en temps utile, c'est-à-dire à l'expiration d'un délai de quinze ans, mais qui, par la suite, a réparé son oubli, ne peut agir devant les tribunaux correctionnels en vue de poursuivre la répression des faits de contrefaçon intermédiaires. — Paris, 14 avr. 1877, Dupont, [*Ann. propr. ind.*, 78.5] — Trib. Seine, 27 nov. 1883, Rhens et C°, [*Gaz. Pal.*, 5° vol., p. 165] — Sic, Darras, n. 136.

431. — C'est cependant en partant de cette idée que le dépôt de marques est déclaratif de propriété antérieure, qu'il a été décidé qu'un fabricant peut se plaindre, au correctionnel, de la contrefaçon de sa marque, bien que la contrefaçon soit antérieure au dépôt de la marque au greffe du tribunal de commerce. Le dépôt n'est pas nécessaire pour assurer la propriété de la marque; il est seulement exigé comme condition préalable de l'action en contrefaçon. — Cass., 28 mai 1822, Guérin, [S. et P. chr.] — Sic, Merlin, *Rép.*, v° *Marque*, n. 3; Favard de Langlade, *Rép.*, v° *Manufacture*, n. 4; Rendu, n. 69; Calmels, n. 53; Bédarride, n. 62.

432. — Jugé encore que si le dépôt forme une condition essentielle à l'exercice de l'action civile ou correctionnelle en revendication de la propriété de la marque, il n'est qu'une simple formalité de procédure dont l'accomplissement autorise à poursuivre même correctionnellement tous ceux qui ont contrefait, usurpé ou imité la marque, même antérieurement au dépôt. — Trib. corr. Seine, 3 mars 1877, Bobœuf, [*Ann. propr. ind.*, 78.138]

433. — Bien que, selon nous, le caractère déclaratif du dépôt des marques de fabrique n'entraîne pas la conséquence que certains tribunaux ont voulu en déduire en vue de faciliter la répression des faits de contrefaçon antérieurs à l'accomplissement de cette formalité, il est cependant essentiel de faire remarquer dès maintenant que, par suite de cette nature du dépôt des marques, le retard apporté à l'observation des prescriptions légales ne peut pas être, en lui-même, comme en matière de brevet d'invention, préjudiciable aux intérêts à venir du négociant qui, dans son industrie, emploie ce signe distinctif sans l'avoir préalablement déposé. C'est qu'en effet, si, pour être protégées, les inventions et les marques doivent être nouvelles, la nouveauté ne s'entend pas de la même façon dans chacune de ces matières; pour être brevetable, une invention doit n'avoir été divulguée par personne, pas même par l'inventeur; une marque peut, au contraire, être valablement déposée, bien qu'il

en ait été fait usage antérieurement par le déposant lui-même et même par des tiers, du moment où les faits d'usage que ceux-ci peuvent invoquer sont moins anciens que ceux que le déposant peut alléguer.

434. — L'inaccomplissement des formalités prescrites est beaucoup moins grave en matière d'œuvres littéraires et artistiques qu'en matière de marques. Sans doute, une plainte en contrefaçon est non recevable, si le plaignant n'a pas déposé le nombre d'exemplaires indiqué par la loi. — Cass., 29 therm. an XII, Malassis, [S. et P. chr.]

435. — Mais le défaut de dépôt n'a pas pour effet d'entraîner pour l'auteur la déchéance de son droit de propriété; il a simplement pour conséquence d'en paralyser et d'en suspendre l'exercice. — Trib. Seine, 14 déc. 1887, Enoch, [*Ann. propr. ind.*, 90.59]

436. — Il ne faut pas, en effet, confondre avec les textes relatifs aux brevets d'invention et aux marques de fabrique les dispositions législatives relatives à la propriété littéraire ou artistique; si l'art. 31 de la loi du 5 juill. 1844 frappe de nullité, pour défaut de nouveauté, les brevets portant sur une découverte qui, en France ou à l'étranger, a reçu, avant le dépôt de la demande, une publicité suffisante pour pouvoir être exécutée, il n'en est pas de même lorsqu'il s'agit de propriété artistique; ce droit ou son exercice ne sont soumis à aucune restriction; si l'art. 6 de la loi du 19 juill. 1793 prévoit un dépôt, c'est uniquement en vue de l'introduction d'une demande en justice; celle-ci n'est recevable que si elle a été précédée d'un dépôt qui d'ailleurs peut intervenir après la perpétration des faits de contrefaçon. — Besançon, 22 nov. 1893, Boussion, [*Ann. propr. ind.*, 94.117]

437. — En d'autres termes, pour que l'auteur d'un ouvrage ait le droit de poursuivre en contrefaçon ceux qui ont reproduit son ouvrage, il n'est pas nécessaire que le dépôt ait été fait avant cette reproduction, il suffit que le dépôt soit effectué avant la plainte. — Paris, 12 juin 1863, Mayer et Pierson, [*Ann. propr. ind.*, 63.223] — Pau, 6 déc. 1878, Latour, [*Ann. propr. ind.*, 80.359] — Paris, 28 mars 1883, Arpé, [*Ann. propr. ind.*, 84.84]; — 12 juin 1885, Decauville, [*Ann. propr. ind.*, 86.129] — Trib. crim. Seine, 8 fruct. an XI, Lassaulx, [S. et P. chr.] — Trib. corr. Seine, 18 mai 1836, Bobain, [J. *Le Droit*, 19 mai] — Trib. Seine, 21 nov. 1866, Franck, [*Ann. propr. ind.*, 66. 394] — Sic, Pouillet, *Propr. litt.*, n. 438; Renouard, *Droits d'auteur*, t. 2, p. 375; Blanc, p. 138; Pataille, *Ann. propr. ind.*, 1869, p. 385.

438. — Le dépôt n'est qu'une formalité nécessaire à l'auteur quand il veut exercer son droit, mais il ne constitue pas le droit lui-même, qui naît de la création de l'ouvrage; aucune époque n'ayant été fixée pour remplir cette formalité, il suffit qu'il s'y soumette quand il juge convenable de faire valoir ses droits. — Trib. Seine, 10 juill. 1844, Escudier, (cité par Blanc, p. 35]

439. — Il est bien évident d'ailleurs qu'un dépôt accompli au cours de l'instance serait inopérant. — Trib. corr. Nice, 20 avr. 1869, Dupeuty, [*Ann. propr. ind.*, 70.86] — Sic, Pouillet, *Propr. litt.*, n. 440.

440. — La jurisprudence avait commencé par se montrer bien plus sévère pour les auteurs qui avaient négligé de déposer leurs œuvres avant leur publication; il a été, en effet, jugé que le dépôt n'est pas seulement nécessaire pour être admis en justice à poursuivre des contrefacteurs, mais qu'il a surtout pour objet de réserver à l'auteur la propriété exclusive de sa composition et de faire connaître qu'elle n'entrera pas dans le domaine public. — Cass., 1er mars 1834, Terry, [S. 34.1.65, P. chr.] — Paris, 26 nov. 1828, Troupenas, [S. et P. chr.] — Rouen, 10 déc. 1839, Pommier, [S. 40.2.76]; — 13 déc. 1839, Rivoire, [S. 40.2.74, P. 40.542] — Sic, Gastambide, p. 151. — *Contra*, Pouillet, *Propr. litt.*, n. 432.

441. — Le moyen tiré de l'irrecevabilité de l'action en contrefaçon de productions littéraires ou artistiques, faute par le demandeur en contrefaçon d'avoir effectué le dépôt prescrit par l'art. 6, L. 19 juill. 1793, peut être opposé en tout état de cause; ce n'est pas là une nullité d'exploit ou d'acte de procédure. — Lyon, 8 juill. 1887, Royer, [S. 90.2.241, P. 90.1.1342, D. 88.2. 180]

442. — Etant donné que, selon nous, la loi de 1806 n'a eu d'autre objet que d'adapter à la matière spéciale des dessins de fabrique les règles générales édictées par la loi de 1793 pour l'ensemble des œuvres littéraires et artistiques, il faut en conclure, par analogie de ce qui se passe en matière de propriété littéraire et artistique proprement dite, que l'inventeur d'un dessin sur étoffes peut se plaindre de la contrefaçon qui en est faite, bien qu'elle soit antérieure au dépôt du dessin aux archives ou secrétariat du conseil des prud'hommes : le dépôt n'est pas nécessaire pour assurer la propriété du dessin; il est seulement exigé comme condition préalable de l'action en contrefaçon. — Cass., 17 mai 1843, Delon, [S. 43.1.702, P. 43.2.497] — Sic, Merlin, Rép., v° Marq. de fabr., n. 3; Favard de Langlade, v° Manufacture, n. 4; Renouard, Droits d'auteur, t. 2, p. 389.

443. — End'autres termes, l'invention d'un dessin sur étoffes en attribue, par elle-même, la propriété au manufacturier inventeur, indépendamment du dépôt par lui fait aux archives du conseil des prud'hommes. Ce dépôt n'est qu'une formalité exigée par la loi pour conférer à l'inventeur le droit de poursuivre en justice le contrefacteur. — Paris, 29 déc. 1835, Barbet, [S. 36. 2.136, P. chr.]

444. — S'il est vrai que le dépôt prescrit par l'art. 15, L. 14 mars 1806, ne crée pas un droit de propriété, lequel ne saurait résulter que du fait même de la création du modèle, et si cette formalité donne seulement ouverture au droit de poursuite, aucun délai n'est établi pour le dépôt, et celui-ci est valable alors même qu'il paraît n'avoir eu lieu qu'en vue de poursuivre des contrefaçons commises antérieurement. — Cass., 30 juin 1865, Auclair, [Ann. propr. ind., 65.332]

445. — En tous cas, la mise en vente postérieurement au dépôt, par un fabricant autre que l'inventeur, d'un dessin semblable à celui déposé, donne lieu contre ce fabricant à des dommages-intérêts pour réparation du préjudice causé au manufacturier inventeur. — Paris, 29 déc. 1835, précité.

446. — Cette solution est loin d'avoir été admise par l'unanimité de la jurisprudence; il faut même reconnaître que le plus souvent nos tribunaux se sont décidés à appliquer à la matière des dessins et modèles de fabrique un système sensiblement analogue à celui que nous avons rappelé précédemment pour les inventions susceptibles d'être brevetées. Par conséquent, d'après nos tribunaux, le dépôt d'un dessin une fois effectué ne permet pas d'agir par la voie répressive contre ceux qui, antérieurement, ont contrefait ce dessin, et, de plus, bien qu'à la différence de ce qui se passe au cas d'inventions semblables, la divulgation du dessin, opérée avant l'accomplissement du dépôt prescrit, ne soit pas considérée comme emportant toujours perte des droits privatifs du fabricant, il faut bien remarquer que, d'après la jurisprudence, la mise en vente des objets revêtus d'un tel dessin, effectuée avant le dépôt de celui-ci, entraîne pour l'intéressé la perte de ses droits.

447. — A l'appui de ce système, on invoque deux sortes d'arguments : on se prévaut tout d'abord de ce qui, prétend-on, se passait sous l'empire de l'ancienne législation, alors que, d'après l'art. 6, Arr. cons. 14 juill. 1787, « faute par le fabricant d'avoir rempli la formalité du dépôt, avant la mise en vente des étoffes fabriquées, il sera et demeurera déchu de toute réclamation ». On fait ensuite observer que cette solution est conforme aux principes rationnels, puisque l'inventeur qui néglige de remplir la condition du dépôt préalable, au prix de laquelle la loi a mis sa garantie, est présumé renoncer, par cela même, à en réclamer le bénéfice. Cette doctrine, ajoute-t-on, conforme à l'esprit de l'ancienne législation, est au même temps la plus propre à concilier les droits particuliers de l'inventeur avec les progrès de l'industrie.

448. — Cette argumentation ne nous touche pas; il est peut-être difficile de savoir exactement ce qui se passait dans notre ancien droit lorsque l'intéressé avait négligé de déposer, avant toute mise en vente, le dessin qu'il avait imaginé; en tous cas, la loi de 1793 qui, dans sa généralité, comprenait et comprend encore les dessins de fabrique, avait, au besoin, modifié l'état de choses ancien en ce sens que désormais le dépôt ne serait plus utile qu'au point de vue de la recevabilité de l'action en contrefaçon. Le système de la jurisprudence n'est donc admissible que s'il est commandé par le texte de la loi de 1806; car il est bien évident que les considérations prétendûment rationnelles invoquées à l'appui de ce système sont contraires à l'essence même de la propriété intellectuelle.

449. — On a prétendu que la loi de 1806 avait consacré le système qui vient d'être exposé; on a invoqué le texte de l'art. 15 qui dispose que « tout fabricant qui voudra pouvoir revendiquer par la suite la propriété de son dessin sera tenu de déposer, etc. », et aussi celui de l'art. 18, d'après lequel « en déposant son échantillon, le fabricant déclarera s'il entend se réserver la propriété exclusive pendant une, trois, cinq années, et à perpétuité ». — V. Gastambide, p. 345 et s.; Fauchille, p. 78; Philipon, n. 117; Waelbroeck, n. 43; Blanc, p. 336.

450. — On a répondu à cette argumentation en faisant observer que « ces mots : par la suite qui se trouvent dans l'art. 15 sont équivalents à ceux-ci à dater de la loi nouvelle, ils veulent dire tout simplement que dorénavant la poursuite en contrefaçon de dessins ne sera recevable qu'à de certaines conditions... Quant à ces expressions : « le fabricant déclarera s'il entend se réserver la propriété pendant une, trois, cinq années, ou à perpétuité », n'est-ce pas leur prêter une signification bien subtile que de les entendre en ce sens que la propriété n'existe que si l'auteur se la réserve par un dépôt? S'il en était ainsi, le législateur ne serait-il pas impardonnable pour son obscurité. Au contraire, son langage n'est-il pas naturel et clair, s'il veut dire que la propriété dure une, trois, cinq années, ou à perpétuité, selon les réserves faites à cet égard »? — Pouillet, Dess. de fabr., n. 92.

451. — Quoi qu'il en soit, il a été décidé que le dépôt des dessins de fabrique aux archives du conseil des prud'hommes est une condition nécessaire et impérative pour la conservation de la propriété de ces dessins ; à défaut du tel dépôt, l'inventeur perd le bénéfice de son invention, et ne peut exercer l'action en contrefaçon. — Lyon, 11 mai 1842, Palet, [S. 50.2.647, D. 51.2.14]; — 27 janv. 1843, [Monit. des prud'hommes, 1er déc. 1843]; — 6 août 1849, Valansot, [S. 50.2.647, P. 50.2.259, D. 51.2.14]

452. — Plus spécialement, le dépôt d'un dessin de fabrique n'en conserve la propriété à son auteur qu'autant qu'antérieurement à ce dépôt, l'auteur n'a pas fait tomber cette propriété dans le domaine public, en livrant volontairement son dessin au commerce. — Cass., 1er juill. 1850, Pelton, [S. 51.1.785, P. 50 2.230, D. 50.1.203] — Lyon, 3 juin 1871, Pramondon, [Ann. propr. ind., 70.363]

453. — Dans ce cas, l'auteur du dessin ne peut poursuivre, comme contrefacteurs, ceux qui, avant le dépôt, ont imité son dessin, à la différence du cas où le dessin imité ou contrefait avant le dépôt ne serait pas tombé dans le domaine public. — Cass., 1er juill. 1850, précité.

454. — Décidé encore que le dépôt fait par un manufacturier au conseil des prud'hommes d'un dessin qu'il dit de son invention ne constitue pas en sa faveur un droit de propriété, s'il est établi qu'avant le dépôt le dessin était dans le commerce. — Cass., 31 mai 1827, Lemarescal, [S. et P. chr.]

455. — ... Qu'il résulte des termes des art. 15 et 18, L. 18 mars 1806, que, pour que la propriété du fabricant sur les dessins industriels soit réservée, il faut qu'elle existe avant la formalité du dépôt et qu'elle n'ait pas été perdue par l'abandon qui en aurait été fait en livrant au commerce le dessin litigieux avant que les formalités de la loi n'eussent été accomplies. — Paris, 23 déc. 1868, Chancel, [Ann. propr. ind., 69.39]

456. — A raison de l'assimilation qu'à tort ou à raison, la jurisprudence a cru devoir établir entre les dessins de fabrique et les modèles de fabrique, on ne doit pas s'étonner qu'il ait été décidé que la poursuite en contrefaçon n'est pas recevable de la part de celui qui, avant de procéder au dépôt d'un modèle dont il revendique la propriété, avait déjà vendu des objets fabriqués suivant le modèle litigieux. — Paris, 22 avr. 1875, Tiersot Ziegler. [Ann. propr. ind., 83.206] — Trib. corr. Seine, 25 mai 1882, Argon, [Ann. propr. ind., 83.62]

457. — Mais il a été apporté par la jurisprudence une correctif à la rigueur des solutions qui précèdent, et il a été décidé que la communication d'un exhibition d'un échantillon d'étoffe d'un dessin nouveau, faite avant le dépôt de ce dessin, dans le but unique d'apprécier les chances de succès et de vogue qu'il pourra avoir, n'entraîne pas, comme une mise en vente de l'étoffe, déchéance, pour l'auteur du dessin, du droit de se réserver la propriété par un dépôt régulier. — Cass., 15 nov. 1853, Valansot, [S. 53.1.703, P. 53.2.635, D. 54.1.316] — Lyon, 19 juin 1851, Mêmes parties, [S. 51.2.606, P. 52.1.341, D. 52.2.275] — Sic, Pouillet, Dess. de fabr., n. 96; Blanc, p. 338; Philipon, n. 818. — V. aussi, Bruxelles, 26 juin 1856, [Belg. jud., 57.77]

458. — En conséquence, si l'auteur du dessin a fait le dépôt avant la mise en vente effective de l'étoffe, il peut exercer l'action en contrefaçon contre l'individu qui aurait fabriqué des étoffes avec le même dessin, dans l'intervalle de l'exhibition de l'échantillon à la mise en vente de l'étoffe. — Lyon, 19 juin 1851, précité.

459. — Au surplus, il est bien entendu que c'est la mise en vente opérée par l'intéressé qui entraîne déchéance de ses droits, et qu'en tous cas, à supposer que cet effet soit produit par une mise en vente opérée par un tiers quelconque, il n'en saurait être ainsi lorsque cette reproduction et cette vente n'ont pu avoir lieu qu'à la suite d'abus de confiance ou de faits répréhensibles engageant directement la responsabilité des reproducteurs. — Trib. corr. Seine, 14 janv. 1839, Couder, [*Gaz. des Trib.*, 15 janv.]— V. Lyon, 3 juin 1870, précité. — Pouillet, *Dess. de fabr.*, n. 97; Blanc, p. 341; Gastambide, n. 342; Renouard, *Droits d'auteur*, t. 2, p. 387; Philipon, n. 120.

460. — Cette jurisprudence n'a pas été admise sans conteste et il existe certaines décisions judiciaires qui sont en opposition directe avec le système qui vient d'être exposé : il a été jugé, en effet, que bien qu'un nouveau dessin pour la fabrication des étoffes de soie ait été déjà pratiqué dans le commerce, l'inventeur du dessin n'en conserve pas moins le droit de s'en assurer la jouissance privative et d'exercer l'action en contrefaçon; qu'il lui suffit pour cela de déposer le dessin au secrétariat du conseil des prud'hommes. — Cass., 14 janv. 1828, Guiraudet, [S. et P. chr.]

461. — ... Que bien que le dépôt n'ait été fait par l'inventeur que postérieurement à la mise en vente de son dessin, son droit n'en est pas moins préexistant, la formalité du dépôt n'ayant pour but que de lui permettre de revendiquer la propriété dudit dessin. — Paris, 27 févr. 1844, Hubert, [*Monit. des prud'hommes*, 15 mars]

462. — ... Que la loi du 18 mars 1806 sur la propriété des dessins, concernant la fabrique des étoffes, est tellement spéciale, qu'elle n'e comporte dans son application l'usage d'aucune des règles établies par la législation particulière relative aux brevets d'invention. — Lyon, 7 avr. 1824, Guiraudet, sous Cass., 14 janv. 1828, précité.

463. — En dehors de chacun des deux systèmes extrêmes qui viennent d'être indiqués on a imaginé un système intermédiaire dans lequel on pose en principe que la propriété du dessin existe indépendamment du dépôt, de sorte que cette formalité peut être utilement accomplie malgré les faits de mise en vente antérieurs, mais dans lequel aussi on décide, par mesure d'équité, que l'action en contrefaçon cesse d'être recevable, même à l'égard des faits postérieurs au dépôt, lorsque dans l'intervalle des tiers de bonne foi se sont emparés du dessin litigieux et l'ont employé dans leur fabrication.

464. — Décidé en ce sens, que s'il est vrai que l'art. 15, ni aucun autre de la loi du 18 mars 1806 ne prononce expressément de déchéance résultant de la mise en vente antérieurement au dépôt de la marchandise fabriquée, il est cependant de toute justice que si l'inventeur d'un dessin nouveau néglige de faire le dépôt commandé par la loi, et le met en vente, les autres fabricants qui l'auraient imité puissent être poursuivis comme contrefacteurs. — Caen, 28 nov. 1879, Ballu, [*Ann. propr. ind.*, 83.231]

465. — Il résulte de la nature même du droit de propriété des dessins de fabrique et d'ailleurs des termes de la loi du 13 mars 1806 que ce droit naît au moment et par le fait même de l'invention; mais on conçoit que si l'inventeur néglige de faire le dépôt prescrit par la loi et que d'autres fabricants, induits par cette négligence à penser qu'il n'a pas l'intention de conserver la propriété exclusive du dessin nouveau, se mettent en mesure de l'imiter, ils ne puissent pas être poursuivis comme contrefacteurs. — Caen, 30 août 1859, Paildieu, [S. 60.2.81, P. 61.57]

466. — Que si, au contraire, au moment du dépôt, personne ne s'est emparé du dessin de fabrique, qui est resté *par le fait* la propriété de l'inventeur, comme il l'était par le droit, de sorte que les tiers sont absolument, à cet égard, dans la même position que si le dépôt avait été effectué plus tôt, on ne trouve ni dans la loi spéciale du 18 mars 1806, ni dans le droit commun, ni dans l'équité, ni dans la raison, aucun motif pour déclarer cette propriété perdue, par cela seul qu'avant de remplir la formalité que la loi exige pour empêcher les tiers d'y prendre part, l'inventeur a voulu, par quelques essais de vente, s'assurer qu'elle mérite d'être conservée. — Même arrêt.

CHAPITRE IV.

DE L'ACTION EN CONTREFAÇON PROPREMENT DITE ET DES DIVERS INCIDENTS QUI PEUVENT NAÎTRE AU COURS D'UNE TELLE ACTION.

467. — Les lois spéciales ne contiennent que très-peu de dispositions relatives à l'action en contrefaçon ; c'est dire qu'en principe celle-ci est régie soit par le Code de procédure civile, soit par le Code d'instruction criminelle, suivant qu'elle a été portée devant les tribunaux de l'ordre civil, ou devant les tribunaux de justice répressive. Nous ne signalerons dans cette étude que les points pour lesquels il est possible de relever quelques exceptions au droit commun, soit à raison d'une disposition expresse des lois spéciales, soit à raison de la nature particulière des droits en litige.

Section I.
Action portée devant les tribunaux d'ordre civil.

468. — La demande en contrefaçon, de quelque manière qu'on l'introduise, est une demande qui requiert célérité; elle est donc, aux termes de l'art. 49, C. proc. civ., dispensée du préliminaire de conciliation ; il n'y a pas lieu de distinguer entre le cas où il y a eu une saisie ou description préalable et celui où on n'a pas eu recours à cette mesure rigoureuse. — Trib. Charleville, 24 août 1882, Adam-Blaise, [*Ann. propr. ind.*, 83.256] — Sic, Pouillet, *Propr. ind.*, n. 391; *Brev. d'inv.*, n. 848; Allart, n. 588; Pelletier et Defert, n. 88; Rendu, t. 2, n. 141; Darras, *Marq. de fabr.*, n. 248. — V. aussi Malapert et Forni, n. 794; Pouillet, *Marq. de fabr.*, n. 247.

469. — Le préliminaire de conciliation aurait, en effet, pour résultat, comme la saisie ou la description, un degré moindre sans doute, mais suffisant pour que le législateur ne l'ait pas voulu, de prolonger indéfiniment l'état de suspicion dans lequel le breveté aurait placé celui qu'il aurait appelé au bureau de conciliation. — Même jugement.

470. — D'après d'autres décisions, la dispense du préliminaire de conciliation n'existerait que si le breveté, le propriétaire de marques, d'œuvres littéraires et artistiques etc., avait pris soin avant d'intenter l'action, de recourir à la procédure de saisie ou de description. Décidé, en ce sens, que lorsqu'une saisie est déclarée nulle, l'action en contrefaçon et en dommages-intérêts fondée sur elle n'étant pas éteinte, mais dégagée désormais et de la saisie et de ses formes particulières, elle reprend le caractère qui lui est propre d'une action principale soumise, comme telle, aux formes ordinaires de procéder et notamment au préliminaire de conciliation ; de telle sorte que si cette formalité n'a pas été remplie, l'action doit être déclarée non recevable. — Douai, 26 août 1865, Raffard, [*Ann. propr. ind.*, 69.325] — Sic, Dufourmantelle, *Brev. d'inv.*, n. 159.

471. — En tous cas, il résulte de l'art. 48 de la loi de 1844 qui impose au breveté la nécessité de se pourvoir, soit par la voie civile, soit par la voie correctionnelle, dans le délai de huitaine à partir de la saisie ou description, que lorsqu'une instance en contrefaçon a été précédée d'une saisie, le cas requiert célérité et que par suite il n'y a pas lieu à citation en conciliation. — Trib. Marseille, 11 févr. 1872, sous Aix, 18 janv. 1873, Gougy, [D. 74.2.54] — V. aussi Trib. Domfront, 27 févr. 1873, Peter Lawson, [*Ann. propr. ind.*, 75.348]

472. — On a vu précédemment que les procès en contrefaçon de brevet ne sont pas dans l'esprit du législateur de 1844, des procès en matière commerciale et que par suite, même avant la promulgation de la loi nouvelle, qui a étendu la caution *judicatum solvi* même aux matières commerciales, la caution *judicatum solvi* pouvait, au début d'une telle action, être exigée de l'étranger demandeur. — V. *Rép. alph. du dr. fr.*, v° *Caution judicatum solvi*, n. 160, 162 et 163. — V. aussi Gand, 27 juill. 1887, Cⁱᵉ du téléphone Bell, [S. 88.4.17, P. 88.2 17]; — 5 janv. 1889, Mêmes parties, [*Jurispr. comm. des Flandres*, 1889, p. 109] — Sur le point de savoir si l'étranger breveté qui a dû fournir la caution spéciale de l'art. 47 de la loi de 1844 avant de pouvoir procéder à une saisie des objets contrefaits peut aussi être astreint à fournir la caution *judicatum solvi*, V. *Rép. alph. du dr. fr.*, n. 107 et 108.

473. — Ce qui a été dit alors pour les procès en contrefaçon de brevets, est également vrai pour les instances relatives aux contrefaçons de marques. — V. Lyon-Caen, note sous Cass. Belg., 5 avr. 1888, Société du téléphone Bell, [S. 88.4.17, P. 88.2.17]

474. — En tous cas, il a toujours été admis sans conteste que la caution *judicatum solvi* peut être exigée de l'artiste étranger qui agit en contrefaçon. — Rouen, 8 août 1891, Société des auteurs et compositeurs de musique, [Ann. propr. ind., 93.93, et la note Maillard]

475. — On ne saurait prétendre que le décret du 28 mars 1852, qui a assimilé, au point de vue de la protection, les œuvres étrangères aux œuvres nationales, ait eu pour effet de dispenser en France les auteurs et les artistes étrangers de la prestation de la caution *judicatum solvi*. — Pouillet, *Propr. litt.*, n. 856; *Dess. de fabr.*, 2e édit., n. 126; Darras, *Du droit des auteurs et des artistes dans les rapports internationaux*, n. 243. — *Contrà*, Pouillet, *Dess. de fabr.*, 1re édit., n. 126; Calmels, n. 419.

476. — On s'est demandé si la convention du 20 mars 1883 qui a créé une Union pour la protection de la propriété industrielle, n'avait pas eu pour effet de dispenser en nos matières de la prestation de la caution *judicatum solvi*, les étrangers appartenant à un État de l'Union. Après quelques hésitations, la jurisprudence s'est prononcée dans le sens de la négative. — V. *Rép. alph. du dr. fr.*, v° *Caution* judicatum solvi, n. 195 et s. — V. dans le même sens, Pouillet, *Brev. d'inv.*, n. 939 bis; Plé, *Revue industrielle*, 28 avr. 1888.

477. — La même question peut naître à l'égard du traité du 9 sept. 1886 qui, lui, a établi une Union pour la protection des œuvres littéraires et artistiques; elle doit recevoir la même solution. — V. *Rép. alph. du dr. fr.*, v° *Caution* judicatum solvi, n. 197 bis. — V. Pouillet, *Propr. litt.*, n. 880.

478. — Comme c'est l'exploit d'ajournement qui détermine l'étendue de la demande, il faut admettre qu'un brevet qui n'a pas été mentionné dans l'exploit de citation en contrefaçon, ne saurait être invoqué dans la cause par le demandeur. — Trib. Seine, 21 juill. 1885, Peltier et consorts, [Ann. propr. ind., 87. 227] — Sic, Pouillet, *Brev. d'inv.*, n. 850; Picard et Olin, n. 686; Allart, n. 552, 591; Blanc, p. 140; Pelletier et Defert, n. 103.

479. — Il a été cependant jugé que le bréveté qui, titulaire de deux brevets, se rattachant au même objet n'en a invoqué qu'un dans sa procédure en contrefaçon, n'en est pas moins recevable au cours du débat à se prévaloir de l'autre, alors, du moins, qu'il est certain, d'une part, que ce brevet est encore en vigueur et, d'autre part, que le brevet, seul visé dans la procédure, complète l'autre en ce qu'il pourrait avoir d'imparfait. — Paris, 30 juin 1883, Harding, [Ann. propr. ind., 83.329] — V. aussi Paris, 15 déc. 1863, Bouquié, [Ann. propr. ind., 68.7]

480. — Les décisions qui viennent d'être signalées en dernier lieu sont critiquables; elles font, poussées à l'extrême, qu'un individu, une fois poursuivi en contrefaçon, peut toujours craindre de se voir, au dernier moment, à la suite de la notification d'un simple acte d'avoué, poursuivi pour un délit qui n'a qu'un rapport très-éloigné avec la première infraction; elles sont contraires aux principes même du Code de procédure civile, d'après lesquels on ne peut, en appel, ajouter à sa demande première une demande nouvelle (V. *Rép. alph. du dr. fr.*, v° *Appel* [mat. civ.], n. 3212 et s.); elles sont enfin condamnées par un arrêt de cassation, aux termes duquel on doit considérer comme formant une demande nouvelle celui qui, après avoir produit à l'appui de sa plainte en première instance, un brevet de perfectionnement, se prévaut, pour la première fois, en cause d'appel, d'un brevet d'invention antérieur au brevet de perfectionnement. — Cass., 8 févr. 1827, Adam, [S. cbr.]

481. — Il ne faudrait pas d'ailleurs exagérer la portée de ce système; nous dénions au bréveté le droit de faire porter par de simples conclusions, le débat sur un brevet dont l'existence n'a pas été rappelée dans l'acte introductif d'instance, mais nous admettons, à raison du lien intime qui unit aux certificats d'addition qui en dépendent, que l'intéressé qui n'a commencé par invoquer que le brevet principal peut, à tout moment de la procédure, appuyer ses prétentions sur des certificats d'addition, jusque-là passés sous silence. — Pouillet, *Brev. d'inv.*, n. 851; Allart, n. 553, 591 bis; Pelletier et Defert, *loc. cit.*

482. — Dans une poursuite en contrefaçon, le défendeur ne

peut donc se prévaloir de ce que, dans l'acte introductif d'instance, on a donné une date erronée au certificat d'addition, qui sert de base à l'action, lorsque cette erreur, purement matérielle et relative, du reste, à un certificat faisant corps avec le brevet dont la date avait été exactement fournie, a été sans importance et qu'il résulte de la correspondance du défendeur qu'il a pu néanmoins procéder à toutes les recherches nécessaires à sa défense. — Cass., 18 janv. 1890, Guilton, [Ann. propr. ind., 90.192] — V. aussi dans le même sens, Cass., 26 juin 1863, Gougy, [Ann. propr. ind., 63.271] — V. cependant, pour le cas de poursuite devant la juridiction correctionnelle, Trib. corr. Seine, 12 mai 1882, Burc, [Ann. propr. ind., 82 243] — V. aussi Pouillet, *Brev. d'inv.*, n. 878.

483. — Les art. 339 et s., ainsi que l'art. 466, C. proc. civ., relatifs à l'intervention, s'appliquent aussi bien en contrefaçon portés devant la juridiction civile. En conséquence, le membre d'une société poursuivie en contrefaçon peut, à ses frais, intervenir au procès et ce, même en cause d'appel. — Lyon, 23 juin 1860, Vignet, [Ann. propr. ind., 60.418] — Sic, Pouillet, *Brev. d'inv.*, n. 921.

484. — De même, toute personne ayant qualité pour intervenir en appel, parce qu'elle aurait le droit de former tierce-opposition à l'arrêt, peut par cela même être mise en cause devant la cour, aux termes de l'art. 466, C. proc. civ. Particulièrement lorsque sur un procès en contrefaçon intenté par le cessionnaire d'un brevet, le prétendu contrefacteur invoque la nullité du brevet, le cessionnaire peut, en cause d'appel, contraindre l'inventeur cédant à intervenir en sa qualité de garant, à l'effet de voir déclarer commune avec lui la décision à intervenir. — Nancy, 8 juin 1893, Aumeunier, [Gaz. Pal., 17 nov.]

Section II.

Action portée devant des tribunaux répressifs.

485. — Lorsqu'un bréveté, ayant porté son action devant le tribunal correctionnel, ne se présente pas à l'audience pour soutenir sa plainte et que défaut-congé a été donné contre lui, le tribunal ne peut, sur son opposition, statuer que les réparations civiles, dans le cas où le ministère public n'a pris aucune réquisition contre les prévenus lors du premier jugement. — Paris, 10 juill. 1880, Leroux, [Ann. propr. ind., 81.221] — Sic, Pouillet, *Brev. d'inv.*, n. 836, 863 et 864; Allart, n. 570 et 571; Pelletier et Defert, n. 451; Nouguier, n. 883.

486. — La caution *judicatum solvi* est exigible aussi bien devant les tribunaux répressifs que devant les tribunaux de l'ordre civil (V. *suprà*, v° *Caution* judicatum solvi, n. 91). Tout ce que nous avons précédemment dit lorsque nous avons étudié la procédure devant les tribunaux de l'ordre civil peut être étendu aux procès qui se déroulent devant la juridiction répressive.

487. — Le prévenu de contrefaçon, reprochant au bréveté qui le poursuit l'emploi abusif d'un perfectionnement dont il serait l'inventeur, peut réclamer des dommages-intérêts par action principale et non par simples conclusions reconventionnelles, la reconvention n'étant pas admise en matière répressive. — Cass., 4 mars 1876, Giroud, [Ann. propr. ind., 76.323]

488. — Une personne poursuivie pour contrefaçon n'est pas admise à réclamer un sursis sur le motif qu'elle aurait formé contre le demandeur, devant le tribunal de son domicile, une demande en nullité de brevet. — Trib. Lyon, 17 févr. 1872, Train et Cie, [Ann. propr. ind., 73.297] — Sic, Pelletier et Defert, n. 408; Nouguier, n. 956; Pouillet, *Brev. d'inv.*, n. 398; *Propr. litt.*, n. 687; *Dess. de fabr.*, n. 166; Allart, n. 580 et 600; Blanc, p. 203. — *Contrà*, Lacan et Paulmier, t. 2, p. 289.

489. — Il en est spécialement ainsi quand, par suite de l'expiration du brevet, cette demande ne peut avoir d'autre effet que de soustraire l'intéressé à l'action en contrefaçon. — Même jugement.

490. — Les tribunaux devant lesquels est soulevée une exception de litispendance peuvent, en effet, la rejeter par appréciation des circonstances. Ainsi a fait la cour de Lyon, par arrêt du 28 août 1863, Cie la Fuschine, [Ann. propr. ind., 66.303], — dans une affaire où, le prévenu étant le même que dans la première, la demanderesse était une société titulaire de plusieurs brevets en dehors de celui qui avait appartenu au demandeur primitif et où les faits de contrefaçon reprochés s'appliquaient à plus d'objets que ceux incriminés dans la première poursuite. — V. encore Cass., 9 mars 1866, [*Ann. propr. ind., loc. cit.*] — V. aussi Pouillet, *Brev. d'inv.*, n. 901; Allart, n. 581.

491. — La règle générale suivant laquelle l'appel en garantie n'est point recevable devant la juridiction répressive, est applicable au cas de contrefaçon comme en toute autre matière; et dès lors, le fabricant traduit devant le tribunal correctionnel pour avoir fait usage d'une machine contrefaite n'a pas le droit d'y appeler en garantie son vendeur. — Paris, 7 déc. 1865. Leduc, [S. 66.2.177, P. 66.706] — Trib. corr. Saint-Quentin, 6 janv. 1876, Urbain, [*Ann. propr. ind.*, 78.81] — Sic, Rendu et Delorme, n. 536; Blanc, *Invent. brev.*, p. 350; Nouguier, n. 930; Calmels, n. 642; Adrien Huard, *Rép. en mat. de brev. d'inv.*, sur l'art. 46, n. 37 et s.; Vente, *Rev. crit.*, 1852, p. 676; Hoffmann, *Quest. préjud.*, t. 3, n. 678; Pouillet, *Brev. d'inv.*, n. 905 et s.; *Propr. litt.*, n. 690; *Marq. de fabr.*, n. 269; *Dess. de fabr.*, n. 147; Allart, n. 582; Pelletier et Defert, n. 409. — V. art. 191 et 212, C. instr. crim.

492. — Il en est de même à l'égard du prévenu du délit de contrefaçon par emploi commercial de l'objet prétendu contrefait. — Trib. Douai (sans date), sous Douai, 17 mai 1859, Dequoy et Cⁱᵉ, [S. 60.2.49, P. 60.871]

493. — De même, le prévenu de contrefaçon ne peut appeler en garantie devant la juridiction correctionnelle où il est poursuivi, un tiers qu'il prétend lui avoir cédé le droit d'exploiter les objets saisis comme contrefaçon. — Cass., 20 mars 1857, Leplay, [S. 57.1.557, P. 57.1131]

494. — De même encore, le débitant d'objets revêtus de marques contrefaites ne peut appeler son vendeur en garantie, alors qu'il saurait, lors de la vente, que les marchandises ne provenaie nt réellement pas de la maison dont la marque était usurpée. — Paris, 19 mai 1870, Louis Garnier, [*Ann. propr. ind.*, 70-71.219] — Trib. Seine, 17 juin 1869, L. Garnier, [*Ann. propr. ind.*, 69.197]

495. — A plus forte raison, l'entrepreneur qui a pris l'engagement de livrer et qui a, en effet, livré des produits ayant subi une préparation brevetée est directement responsable de la contrefaçon, et il ne peut actionner en garantie les sous-traitants auxquels il a imposé les obligations qu'il avait assumées pour lui-même. — Paris, 24 avr. 1867, Gendrot, [*Ann. propr. ind.*, 67.132]

496. — En matière de contrefaçon, l'exception de garantie proposée par le contrefacteur ne le met donc pas à l'abri des poursuites. — Cass., 16 vent. an X, Jean, [S. 4. P. chr.]

497. — Les tribunaux correctionnels sont, en effet, incompétents pour connaître des demandes en garantie. — Paris, 31 janv. 1868, Ledot, [*Ann. propr. ind.*, 68.56]

498. — On est cependant parfois parti de l'idée que le législateur a dû vouloir que la partie attaquée puisse se défendre au correctionnel comme au civil et que ce serait lui rendre cette défense impossible si celui qui droit duquel elle se prévaut ne pouvait être admis au débat sur son appel en cause, pour décider que, si, en règle générale, il n'est pas permis à une personne citée devant le tribunal correctionnel d'appeler en cause pour établir sa justification, au besoin obtenir contre l'appelé en garantie des dommages-intérêts, ces principes souffrent, toutefois, exception dans certains cas, et notamment en matière de contrefaçon. — Trib. Nogent-sur-Seine, 21 juill. 1865, Leduc, [S. 66.2.177, P. 66.706]

499. — Quoi qu'il en soit de cette divergence, il faut admettre comme constant qu'au cours d'une instance correctionnelle, le prévenu ne peut appeler en garantie ceux dont il prétend tenir les objets litigieux. Il nous reste à nous demander, ce que nous ferons plus loin, si, après la clôture des débats, le prévenu, condamné ou non, peut recourir en garantie contre ces mêmes personnes qu'il ne peut appeler en garantie devant les tribunaux correctionnels.

500. — L'idée de garantie appelle celle d'intervention; remarquons, à ce sujet, que selon nous, l'intervention autorisée par l'art. 466, C. proc. civ., en faveur de ceux qui auraient droit de former tierce-opposition, n'est pas admissible en matière criminelle; et, spécialement, qu'elle ne l'est pas dans une instance correctionnelle en contrefaçon d'un procédé brevété, de la part de celui qui a vendu au prévenu l'objet argué de contrefaçon. — Douai, 17 mai 1859, Dequoy et Cⁱᵉ, [S. 60.2.49, P. 60.871] — Sic, Pouillet, *Brev. d'inv.*, n. 915; Vente, *Rev. crit.*, 1852, t. 2, p. 676; Allart, n. 583; Pelletier et Defert, n. 410. — V. aussi

Blanc, *Brev. d'inv.*, p. 350; Calmels, n. 642; Rendu et Delorme, n. 536; Nouguier, n. 930.

501. — L'art. 466, C. proc. civ., n'est donc pas applicable aux matières criminelles. — Cass., 20 mars 1857, Leplay, [S. 57.1.557, P. 57.1131]

502. — La règle qui veut qu'en matière correctionnelle, l'intervention ne soit pas recevable au profit du prévenu est d'ailleurs d'ordre public, et, par conséquent, peut être invoquée pour la première fois en appel, et par celui-là même qui est intervenu. Ainsi le fabricant qui, dans une instance en contrefaçon d'objet breveté a pris fait et cause pour le prévenu et a été condamné comme auteur de la contrefaçon, est en droit d'obtenir de la cour sa mise hors de cause, à la charge simplement de supporter les frais de l'intervention. — Bordeaux, 6 juin 1877, Meunier, [*Ann. propr. ind.*, 78.33]

503. — Cette doctrine a été vivement contestée et la jurisprudence s'est parfois prononcée en sens contraire de cette opinion. Ainsi, il a été jugé que le droit d'intervenir n'est dénié par aucun texte de loi à celui qui peut être considéré comme responsable, à quelque titre que ce soit, du délit de contrefaçon dénoncé à la justice; que dès l'instant où une personne aurait pu être appelée devant la juridiction correctionnelle, on ne saurait lui refuser la faculté de s'y présenter spontanément et de repousser une condamnation dont les effets pourraient ultérieurement rejaillir sur elle. — Paris, 29 mars 1856, Gache, [*Ann. propr. ind.*, 57.62]

504. — ... Que toute personne menacée, soit d'une citation en responsabilité civile à la requête d'une partie qui se prétend lésée, soit de l'éventualité d'une action ou d'un recours ultérieur devant les tribunaux civils, a le droit de soumettre à la juridiction correctionnelle déjà saisie l'appréciation, en ce qui la concerne, du fait dont cette juridiction est appelée à connaître et du droit sur lequel elle se fonde. — Amiens, 25 avr. 1856, Marès et autres, [S. 56.2.535, P. 57.51, D. 57.2.91]

505. — ... Que l'intervention au profit et dans l'intérêt du prévenu est admissible même en cour d'appel, en matière de poursuites pour contrefaçon, de la part du tiers qui se prétend propriétaire de l'invention brevetée. — Même arrêt. — V. Pouillet, *Brev. d'inv.*, n. 919; Allart, n. 586.

506. — Si, dans les instances correctionnelles, l'intervention d'un tiers à côté du prévenu est plus que contestable, il faut admettre, au contraire, que cette intervention est légitime lorsqu'elle se produit en vue de corroborer l'action du plaignant. Ainsi, au cas de saisie faite, en vertu de l'art. 15, L. 11 janv. 1892, par l'administration des douanes, de marchandises étrangères portant faussement une marque française; le négociant propriétaire de cette marque peut valablement intervenir dans le procès correctionnel intenté par l'administration des douanes et demander que les objets faussement marqués soient confisqués à son profit. — Trib. corr. Bayonne, 27 nov. 1893, Administration des douanes et Sommer frères, [Clunet, 94.440] — Sic, Pouillet, *Brev. d'inv.*, n. 913; Pelletier et Defert, n. 410; Rendu, t. 2, n. 168; Allart, n. 586. — V. aussi Nouguier, n. 931.

507. — De même, le syndic peut intervenir à côté du failli qui poursuit par la voie correctionnelle ceux qui ont contrefait son brevet. — Trib. corr. Seine, 26 févr. 1868, Simon, [*Propr. ind.*, n. 248] — Sic, Pelletier et Defert, *loc. cit.*

508. — Cette intervention, possible de la part du syndic, suppose qu'en principe les procès en contrefaçon intéressant les faillis peuvent se dérouler en dehors de la présence du syndic; c'est ce qui résulte encore d'un arrêt aux termes duquel, lorsque la poursuite correctionnelle pour contrefaçon est dirigée contre un individu tombé en faillite, il n'y a pas lieu de mettre en cause le syndic de la faillite; dans cette hypothèse, comme on ne se trouve pas dans le cas de l'art. 443, C. comm., le demandeur qui obtient une condamnation à des dommages-intérêts doit produire à la faillite, comme le font les autres créanciers. — Paris, 10 févr. 1891, Aumond, [*Ann. propr. ind.*, 91.356] — V. Pouillet, *Brev. d'inv.*, n. 861; Nouguier, n. 423; Allart, n. 561.

509. — Comme le juge de l'action est le juge de l'exception, il faut considérer comme n'étant que l'application d'une règle générale, le jugement d'après lequel, en matière de contrefaçon d'une œuvre artistique, le tribunal correctionnel est compétent pour connaître de l'exception de propriété opposée par le prévenu. — Trib. Seine, 2 juin 1874, sous Paris, 31 déc. 1874, Susse, [S. 75.2.65, P. 75.330] — V. pour les brevets d'invention, L. 5 juill. 1844, art. 46, et *Rép. alph. du dr. fr.*, v° *Brev. d'inv.*,

n. 1515; pour les marques de fabriques, L. 23 juin 1857, art. 16, 2ᵉ al.

510. — Les juges correctionnels, saisis d'une action en contrefaçon ou imitation frauduleuse d'une marque de fabrique, devant lesquels est soulevée, comme exception à la poursuite, la question de propriété de la marque, peuvent accueillir cette exception en se fondant sur la déclaration des témoins produits par le défendeur, alors d'ailleurs qu'ils ont discuté les moyens présentés par le demandeur pour combattre cette preuve et déclarer leur insuffisance à détruire les affirmations des témoins. — Cass., 26 juill. 1873, Torchon, [S. 73.1.483, P. 73.1205, D. 74.5.412]

511. — La cour saisie d'un appel en matière de contrefaçon d'un brevet d'invention, ne peut connaître, ni pour l'application de la peine, ni pour la fixation des dommages-intérêts, des faits de contrefaçon qui ont eu lieu depuis le jugement attaqué : ces faits nouveaux constituent des délits distincts, dont la répression est soumise à la règle des deux degrés de juridiction. — Cass., 21 août 1858, Gautrot, [S. 59.1.93, P. 59.219] — V. Pouillet, *Brev. d'inv.*, n. 901, 955; Allart, n. 592.

512. — Étant donné qu'au correctionnel, on n'admet pas comme valable l'appel incident, et que l'appel de l'une des parties en cause ne donne à juger à la cour que les dispositions qui lui font grief, il faut décider que lorsque les premiers juges n'ont condamné le prévenu que pour violation de l'un des brevets invoqués par le demandeur, les magistrats du second degré, saisis de la question sur un appel émanant du prévenu seul, ne peuvent le reconnaître coupable d'une autre contrefaçon pour violation d'un brevet rejeté du débat par le jugement de première instance. — Cass., 29 mai 1868, Preux, [*Ann. propr. ind.*, 69.79] — Sic, Pouillet, *Brev. d'inv.*, n. 867; *Propr. litt.*, n. 692; *Marq. de fabr.*, n. 253; Allart, n. 609.

513. — De même, la partie civile qui a négligé d'interjeter appel, ne peut, bien que le prévenu ait, de son côté, interjeté appel, demander à la cour ni l'augmentation du taux des dommages-intérêts ni la publication de la décision judiciaire. — Paris, 10 mars 1876, Rogier Mothes, [*Ann. propr. ind.*, 76.63] — V. aussi Nîmes, 22 févr. 1877, Nier, [*Ann. propr. ind.*, 81.81]

514. — Une cour d'appel n'est pas régulièrement saisie par l'appel du plaignant quand, dans une instance correctionnelle en contrefaçon, le tribunal a omis de statuer à l'égard de l'un des prévenus, parce que, dans ce cas, le premier degré de juridiction ne se trouve pas épuisé. — Paris, 10 janv. 1857, Florimond, [*Ann. propr. ind.*, 57.14]

515. — La cour d'appel saisie de l'appel d'un jugement correctionnel rendu sur une poursuite en contrefaçon, n'est pas tenue, au cas où la partie civile a intenté depuis, devant le tribunal correctionnel, une seconde action en contrefaçon relativement à des objets autres que ceux auxquels s'appliquait la première poursuite, de surseoir à statuer jusqu'au jugement de la seconde action : il ne résulte de cette nouvelle poursuite ni une litispendance, ni une inégalité d'ailleurs ne faisant pas en matière civile, ni une exception préjudicielle. — Cass., 16 août 1860, Besson, [S. 61.1.302, P. 61.656]

516. — Le pourvoi en cassation dirigé contre un arrêt correctionnel n'est, en vertu des principes du droit commun, que de trois jours (V. *Rép. alph. du dr. fr.*, v° *Cassation* [mat. crim.], n. 333 et s.). Ce délai a paru insuffisant à certains auteurs : à la suite et en note d'un arrêt de cassation du 23 févr. 1867, qui avait déclaré non recevable le pourvoi de l'un des défendeurs comme ayant été tardivement formé, M. Pataille a protesté contre la brièveté du délai pendant lequel cette voie de recours est ouverte dans les instances correctionnelles; il disait à cet effet : « Qu'il nous soit permis d'appeler l'attention sur la brièveté du délai de trois jours fixé par la loi pour se pourvoir en matière correctionnelle. Sans doute, il est suffisant quand il s'agit d'un délit simple et bien défini; mais toutes les fois qu'il y a quelque point de droit sérieux ou des faits un peu compliqués, il serait d'autant plus nécessaire de donner aux parties le temps de la réflexion que, pour apprécier si le pourvoi est ou non fondé, il est indispensable de pouvoir lire le texte de l'arrêt, ce qui, la plupart du temps, est matériellement impossible. A Paris, notamment, les feuilles d'audience ne sont généralement signées, et par conséquent communicables que huit jours après; de telle sorte que le pourvoi doit être formé avant que la rédaction de la décision attaquée soit connue et définitivement arrêtée ». — *Ann. propr. ind.*, 69.324.

CHAPITRE V.

DE LA PREUVE DANS LES ACTIONS EN CONTREFAÇON.

517. — Ce que le demandeur doit commencer par établir, c'est qu'il possède la qualité nécessaire pour agir; à cet égard, on peut remarquer que, bien que les lois spéciales ne contiennent aucune disposition en ce sens, on admet généralement une présomption de propriété au profit de la personne qui, en son nom, a accompli les formalités prescrites par la loi, ou, en d'autres termes, au profit de celle qui a déposé une demande de brevet, de celle qui a déposé la marque, l'œuvre littéraire ou artistique, ou le dessin sur lequel porte le débat. — V. Pouillet, *Propr. litt.*, n. 436; *Dess. de fabr.*, n. 83; Blanc, p. 352.

518. — On comprend très-bien, d'ailleurs, que le déposant soit présumé propriétaire de l'œuvre par lui déposée, car il est dans la nature des choses de supposer qu'un tiers ne s'est pas sans droit attribué l'œuvre d'autrui, mais on comprend aussi que la preuve contraire soit réservée puisque, d'après la législation française, tous les dépôts sont acceptés et tous les certificats les constatant sont délivrés sans examen préalable.

519. — Décidé, en ce sens, que si le dépôt fait en conformité de la loi du 19 juill. 1793, ne constitue pas, en principe, une preuve du droit de propriété du déposant, il peut du moins former en sa faveur une présomption de propriété qui subsiste et produit effet tant qu'elle n'est pas détruite par la preuve contraire. — Paris, 11 déc. 1857, Goupil, [*Ann. propr. ind.*, 58.287] — Trib. corr. Seine, 18 mars 1876, Testu et Massin, [*Ann. propr. ind.*, 77.268] — V. aussi Paris, 29 nov. 1869, Yvon, [*Ann. propr. ind.*, 70.39]

520. — ... Que le déposant doit être considéré, jusqu'à preuve contraire, comme le propriétaire du dessin déposé, et il a qualité pour exercer l'action en contrefaçon, tant que la propriété de ce dessin n'est pas revendiquée par personne. — Trib. corr. Seine, 28 févr. 1877, Dame Fourny-Loriot, [*Ann. propr. ind.*, 77.174]

521. — Mais ce mode de justification est sans doute appelé à disparaître, sous certains rapports tout au moins, dans un avenir prochain, si la législation française, imitant l'exemple de plusieurs lois étrangères, supprime la nécessité du dépôt, relativement aux œuvres littéraires et artistiques; aussi, l'art. 11 de la convention internationale du 9 sept. 1886 prend-il, de ce fait, une importance particulière. Ce texte est ainsi conçu : « Pour que les auteurs des ouvrages protégés par la présente convention soient, jusqu'à preuve contraire, considérés comme tels et soient, en conséquence, devant les tribunaux des divers pays de l'Union à exercer des poursuites contre les contrefacteurs, il suffit que leur nom soit indiqué sur l'ouvrage en la manière usitée. Pour les œuvres anonymes ou pseudonymes, l'éditeur dont le nom est indiqué sur l'ouvrage est fondé à sauvegarder les droits appartenant à l'auteur. Il est, sans autres preuves, réputé ayant-cause de l'auteur anonyme ou pseudonyme. Il est entendu toutefois, que les tribunaux peuvent exiger, le cas échéant, la production d'un certificat, délivré par l'autorité compétente, constatant que les formalités prescrites (dépôt, enregistrement), dans le sens de l'art. 2, pour la législation du pays d'origine, ont été remplies. » — V. Darras, *Du droit des auteurs et des artistes dans les rapports internationaux*, n. 521 et s.; Pouillet, *Propr. litt.*, n. 875. — V. *Rép. alph. du dr. fr.*, v° *Brevet d'inv.*, n. 1963.

522. — Au surplus, la partie plaignante en contrefaçon, qui n'a pas produit ses titres de propriété en première instance peut les produire en cause d'appel. — Cass., 5 flor. an XIII, Buisson, [S. et P. chr.]

523. — Beaucoup plus délicate que la preuve des droits du plaignant est la preuve de la contrefaçon; nous avons déjà étudié deux moyens ordinairement employés par les intéressés pour constituer cette preuve par avance; nous voulons parler de la saisie et de la description (V. *suprà*, n. 6 et s.); nous ne reviendrons pas sur les indications que nous avons précédemment fournies, mais ce que nous désirons encore une fois constater c'est que ces modes de procéder sont entièrement facultatifs; d'où il résulte que la nullité de la saisie et la disparition du corps du délit déposé au greffe du tribunal n'entraîne pas le rejet de la plainte remise par l'intéressé qui est encore recevable à établir la preuve des faits de contrefaçon par tous les moyens que la loi autorise. — Trib. corr. Seine, 27 mai 1873, L. Garnier, [Ann. propr. ind., 73.132]

524. — A plus forte raison remarquerons-nous que le fait de la part d'un fabricant d'objets réputés contrefaits de les détruire malgré la saisie par description qu'en a faite le propriétaire de l'œuvre originale, constitue la violation du droit absolu qu'avait celui-ci d'en obtenir la confiscation et ne saurait empêcher la poursuite en contrefaçon. — Paris, 13 mars 1882, Sicard, [Ann. propr. ind., 84.359]

525. — Mais il est bien évident que la demande d'un bréveté, qui ne propose pas d'autre preuve que celle pouvant découler de la saisie, ne saurait être admise alors que la destruction des objets saisis, par suite de l'incendie du Palais de justice, ne permet pas de les comparer avec les objets brévetés et que la description contenue aux procès-verbaux de saisie n'offre pas assez de précision pour suppléer à l'absence de représentation des objets saisis. — Trib. Seine, 3 déc. 1872, Lion et Cie, [Ann. propr. ind., 73.246]

526. — Il est permis à l'intéressé de combattre les constatations du procès-verbal de saisie ou de description ou de faire échec aux déductions qu'on en pourrait tirer. Jugé, en ce sens, que c'est au prévenu qui prétend que les objets saisis chez lui proviennent d'un vendeur autorisé par le bréveté à fabriquer et à vendre, qu'incombe l'obligation de faire la preuve de son allégation. — Cass., 5 déc. 1863, Richard et héritiers Grassal, [Ann. propr. ind., 64.441]

527. — Décidé encore que la contrefaçon étant un délit qui se produit par des faits successifs, un bréveté, au profit duquel a été prononcée une première condamnation; peut intenter une nouvelle action contre le même fabricant et, s'il a pris soin de faire constater par une nouvelle saisie la violation de ses droits, c'est aux saisis qu'il appartient d'établir, soit par la production de leurs livres, soit par tous autres documents, que les objets avaient été fabriqués à une époque antérieure au premier arrêt de condamnation. — Paris, 20 juin 1856, de Bergue, [Ann. propr. ind., 57.132] — Contrà, Paris, 11 juill. 1861, Sax, [Ann. propr. ind., 61.230]

528. — Lorsque le titulaire de droits privatifs ne s'est pas procuré, avant l'ouverture des débats, l'objet prétendûment contrefait, la contrefaçon peut être établie par la preuve testimoniale, les présomptions, l'expertise (surtout en matière d'inventions brévetées), l'aveu et le serment. Les deux premiers modes n'offrent qu'une utilité relative; il se peut même que le juge refuse à l'intéressé le droit d'y recourir. En matière de contrefaçon, comme dans les matières ordinaires, les juges ont, en effet, toute faculté de rejeter la preuve testimoniale offerte, si cette preuve ne leur paraît ni utile ni pertinente. — Cass., 24 déc. 1833, Endignoux, [S. 34.1.203, P. chr.]

529. — Au cas de demande en dommages-intérêts pour contrefaçon portée devant les juges civils, ces juges ne sont pas tenus, sous prétexte qu'il s'agirait d'un délit, d'autoriser la preuve offerte par le défendeur pour repousser la demande, s'ils reconnaissent d'ailleurs que les faits articulés sont inconcluants. — Cass., 13 avr. 1841, Fauchery, [S. 41.1.494, P. 41.1.752]

530. — Il a été jugé qu'aux termes de l'art. 36 de la loi de 1844, les actions relatives à la propriété des brevets d'invention devant être jugées comme affaires sommaires, les enquêtes ordonnées en cette matière doivent, à peine de nullité, être faites à l'audience et non par juge-commissaire. — Paris, 12 févr. 1863, Cornevin, [Ann. propr. ind., 63.69] — Lyon, 19 mai 1886, Bobard, [Ann. propr. ind., 87.181] — V. Allart, Brev. d'inv., n. 386, 605.

531. — Toutefois, cette nullité n'est pas d'ordre public, elle peut être couverte par suite de l'approbation implicite de celui qui avait droit de se prévaloir de la nullité de l'enquête. — Lyon, 19 mai 1886, précité.

532. — Les arrêts qui précèdent sont intervenus dans des instances en nullité ou en déchéance de brevets d'invention, c'est-à-dire dans des cas où s'appliquent expressément les dispositions de l'art. 36 de la loi de 1844; il est au moins douteux que les solutions qui viennent d'être rapportées puissent être étendues au cas où il s'agit d'action en contrefaçon de brevet d'invention (V. Pouillet, Brev. d'inv., n. 574). La même difficulté ne saurait exister en matière de marque de fabrique, puisqu'alors l'art. 16 de la loi de 1857, qui correspond à l'art. 36 de la loi de 1844, est conçu en termes beaucoup plus généraux et s'applique à toutes les actions civiles relatives aux marques. — Pouillet, Marq. de fabr., n. 246.

533. — Un témoin ne peut être reproché devant les tribunaux correctionnels, en dehors des cas limitativement prévus par l'art. 156, C. instr. crim., et notamment, sous le prétexte qu'il serait lui-même assigné devant un autre tribunal, pour contrefaçon du même brevet que le prévenu. — Paris, 8 mars 1882, Durand, [Ann. propr ind., 82.67] — Sic, Allart, Contrefaçon, n. 576.

534. — Les cas de reproche prévus pour les enquêtes en matière civile (art. 283, C. proc. civ.) ne doivent pas être étendus aux cas où l'action a été portée devant les tribunaux correctionnels; il appartient seulement à ceux-ci d'avoir tel égard que de raison aux circonstances, en appréciant le mérite de chaque déposition. — Paris, 19 mai 1866, Lavigne, [Ann. propr. ind., 66.228] — Sic, Allart, loc. cit.

535. — La preuve par présomptions est recevable toutes les fois que la preuve par témoins est admise. Voici donc quelques espèces dans lesquelles les juges ont recouru à des présomptions pour établir qu'il y avait ou qu'il n'y avait pas contrefaçon. Il a été jugé, d'une part, que la preuve de la contrefaçon est acquiso contre celui qui, pour la préparation de produits à livrer a pris l'engagement de remplir certaines conditions qui n'ont pu être observées que si le fabricant a employé les procédés brévetés. — Paris, 24 avr. 1867, Gendrot et cons., [Ann. propr. ind., 67.132]

536. — ... Que lorsqu'en fait un procédé bréveté est le seul connu dans l'industrie pour l'obtention d'un résultat industriel, et que le prévenu de contrefaçon n'allègue pas qu'il soit l'inventeur de moyens nouveaux, à l'aide desquels il aurait fabriqué des produits identiques à ceux que donne le procédé bréveté, les tribunaux peuvent inférer de la similitude des moyens employés et, au vu du produit, conclure à la contrefaçon du procédé. — Cass., 3 mars 1882, Dame Delong, [Ann. propr. ind., 82.33]

537. — ... Que le juge peut, selon les circonstances, condamner comme contrefacteur le mouleur chez lequel on a trouvé des épreuves sorties des ateliers du plaignant, portant les traces d'un contremoulage, encore bien qu'il n'ait été saisi ni moules, ni épreuves contrefaites des mêmes objets. — Paris, 17 déc. 1847, Susse et Fontaine, [Ann. propr. ind., 62.55] — Sic, Blanc, p. 307.

538. — ... Qu'il peut y avoir preuve suffisante du délit dans la présence, chez un mouleur, tout à la fois de moules ayant pour la plupart servi, et d'originaux d'autres œuvres portant les traces certaines d'un contremoulage. — Même arrêt.

539. — Mais il a été jugé, d'autre part, que les tribunaux ne peuvent déclarer qu'il y a contrefaçon alors que, d'un côté, l'outil à l'aide duquel elle aurait été commise n'a pas été saisi et que, d'un autre côté, il est impossible de reconnaître d'une manière certaine, à l'inspection de l'objet argué de contrefaçon, par quel procédé il a été obtenu. — Nancy, 16 juin 1881, Liégois, [Ann. propr. ind., 82.28]

540. — ... Que lorsqu'il est constant qu'un produit industriel (dans l'espèce, le verre métallisé) est dans le domaine public, il est par cela même établi qu'il existait des procédés propres à l'obtenir; qu'un bréveté ne saurait donc soutenir que ce procédé est le seul qui permette d'obtenir ce produit et poursuivre des concurrents en contrefaçon de ce procédé, en se fondant uniquement sur la similitude du résultat et sans administrer la preuve directe de cette contrefaçon. — Trib. Seine, 31 juill. 1880, Jean, [Ann. propr. ind., 87.85]

541. — ... Qu'il n'y a pas lieu en ce cas d'ordonner une expertise pour rechercher la preuve de la contrefaçon; c'est au demandeur qu'il incombe de la faire. — Même jugement.

542. —... Que l'annonce d'une édition contrefaite d'un ouvrage, dans un catalogue de librairie, ne forme pas une preuve suffisante de la possession ou du débit de cette édition, et par conséquent du délit de contrefaçon. — Cass., 2 déc. 1808, Bernardin, [S. et P. chr.]; — Même date, Guillaume, [S. et P. chr.]

543. — ... Que l'état matériel d'œuvres d'art d'où résulte la certitude des essais et tentatives de contrefaçon ont été faits ne suffit pas pour prouver l'existence du délit. La tentative d'un délit n'est en effet punie par la loi que dans les cas qu'elle détermine, ce qui n'existe pas en matière de contrefaçon. — Paris, 2 juin 1876, Casciani, [Ann. propr. ind., 76.175]

544. — Les principes de la chose jugée s'opposent à ce que les juges appuient uniquement leurs décisions sur des éléments de preuve ou de conviction puisés dans des procédures auxquelles les deux intéressés n'ont pas été partie. Aussi nous paraît-il difficile d'admettre que, sauf leur droit d'appréciation, les tribunaux correctionnels, libres d'accueillir comme preuve tout ce qui peut conduire à la découverte de la vérité, peuvent notamment accueillir des procès-verbaux de constat dressés pour d'autres instances, alors qu'ils ont été énoncés dans l'assignation. — Paris, 12 juin 1863, Mayer et Pierson, [*Ann. propr. ind.*, 63.223] — Trib. corr. Seine, 19 mars 1863, Mêmes parties, [*Ann. propr. ind.*, 63.96] — V. Fuzier-Herman et Darras, *C. civ. ann.*, sur l'art. 1351, n. 1486 et s.

545. — Mais, au contraire, il faut regarder comme ne violant pas les principes de la chose jugée, une décision d'après laquelle les modes de preuve indiqués par les art. 153, 154 et 189, C. instr. crim., étant simplement démonstratifs, il appartient aux juges correctionnels de former leur opinion sur tous les documents qui, versés au procès, ont été soumis à un débat contradictoire, et en particulier sur des expertises et décisions antérieures invoquées uniquement comme documents pouvant éclairer leur religion. — Cass., 30 janv. 1869, Cᵉ *la Fuchsine*, [*Ann. propr. ind.*, 69.128] — V. Fuzier-Herman et Darras, *op. cit.*, sur l'art. 1351, n. 1490 et s.

546. — C'est, qu'en effet, si un rapport, ordonné dans un procès auquel l'une des parties était étrangère, ne peut être employé comme élément de solution unique et décisif, les magistrats peuvent néanmoins le consulter comme document complémentaire. — Rouen, 26 août 1868, Joly, [*Ann. propr. ind.*, 75.289]

547. — De même, en considérant que les débats auxquels un rapport a donné lieu au cours d'un procès actuel ont rendu ce document commun aux parties en cause, nous admettrions qu'un prévenu de contrefaçon ne peut se plaindre de ce que l'arrêt de condamnation aurait fondé ses appréciations de fait sur deux rapports d'experts intervenus en vertu de jugements rendus contre d'autres parties et dans d'autres instances, alors qu'il résulte des constatations mêmes de l'arrêt que le procès-verbal de chacune des expertises a été contradictoirement débattu au procès. — Cass., 12 févr. 1858, Danel, [S. 58.1.483, P. 58.1143]

548. — Comme pour la preuve testimoniale, le recours à l'expertise est entièrement facultatif pour le juge; celui-ci peut ordonner d'office que ce mode de preuve sera employé et, d'autre part, il peut, malgré les sollicitations des parties, décider qu'il n'y a pas lieu de nommer des experts. Jugé, à cet égard, qu'en matière de contrefaçon et de contestation sur l'antériorité d'une invention, les tribunaux ne sont tenus, conformément à la règle du droit commun, de prescrire une expertise que dans les circonstances où ils la reconnaissent nécessaire pour prononcer sur le débat en pleine connaissance de cause. — Cass., 5 mai 1848, Dida, [P. 49.1.175] — *Sic*, Pouillet, *Brev. d'inv.*, n. 923; Allart, n. 587; Blanc, p. 667 et 781; Pelletier et Defert, n. 195 et 196.

549. — De même, le tribunal, saisi d'une poursuite en contrefaçon, peut refuser la demande d'expertise sollicitée par un breveté lorsque celui-ci ne produit pas de preuve à l'appui de sa prétention et s'est refusé, lors de la saisie, à accepter un échantillon de l'objet argué de contrefaçon; mais il faut reconnaître que sur ce point la Cour suprême ne s'est guère montrée rigoureuse puisqu'elle a rejeté la déclaration d'un arrêt que les produits saisis ont été fabriqués d'après les procédés brevetés ne constituent une contrefaçon répond aux conclusions du ministère public tendant à un supplément d'expertise sur les antériorités opposées et sur le point de savoir s'il y a contrefaçon. — Cass., 30 nov. 1878, Farguc, [*Ann. propr. ind.*, 78.311] — V. Pouillet, *Brev. d'inv.*, n. 924; Allart, *loc. cit.* — V. *Rép. alph. du dr. fr.*, vᵉ *Cassation* (mat. civ.), n. 3369 et s.

551. — ... Qu'il est implicitement, mais suffisamment répondu à des conclusions demandant subsidiairement une nouvelle expertise, lorsque l'arrêt, ayant examiné le brevet sur tous les points contestés, l'a déclaré valable, et par là même a tacitement, mais nécessairement rejeté les conclusions subsidiaires. — Cass., 10 janv. 1891, Belart, [D. 91.1.327]

552. — ... Que, quand une plainte en contrefaçon a été repoussée en première instance parce qu'un produit breveté aurait été fabriqué par un tiers antérieurement à la prise d'un brevet, et quand, pour la première fois devant des juges d'appel, le plaignant a demandé une expertise à l'effet d'établir que ce tiers était incapable, à l'aide de son outillage, de fabriquer un semblable produit, ceux-ci ont pu, valablement, sans s'expliquer expressément sur cette demande, se borner à confirmer la décision des premiers juges par une adoption pure et simple de ses motifs. — Cass., 16 févr. 1872, Girardin, [*Ann. propr. ind.*, 72.181]

553. — ... Qu'il en est ainsi, surtout quand les juges d'appel ont visé dans leur arrêt les conclusions prises devant eux par l'appelant, en s'appropriant l'affirmation des premiers juges, qu'ils ont suffisamment répondu à ces conclusions, et justifié par suite le rejet implicite de la demande d'expertise. — *Même arrêt.*

554. — Les jugements d'avant dire droit par lesquels les tribunaux décident qu'il sera procédé ou non à une expertise peuvent, suivant les circonstances, rentrer soit dans les jugements interlocutoires, soit dans les jugements préparatoires; on sait que les premiers seuls sont susceptibles d'être attaqués en eux-mêmes indépendamment du jugement définitif; ce sont ceux qui préjugent le fond; les jugements préparatoires, au contraire, sont de simples mesures d'instruction, qui ne peuvent faire l'objet d'un recours particulier. — V. sur le principe de la distinction, *Rép. alph. du dr. fr.*, vᵉ *Chose jugée*, n. 32 et s., n. 36 et s.; et sur l'application qui en a été faite à la matière de l'expertise, V. *eod. verb.*, n. 32, 35, 68 et 72. — V. aussi *Rép. alph. du dr. fr.*, vᵉ *Appel* (mat. civ.), n. 826 et s.

555. — Il a été jugé, à cet égard, d'une part, que le jugement qui ordonne une expertise en réservant tous droits, moyens et dépens constitue un jugement préparatoire dont l'appel ne peut être interjeté qu'après le jugement définitif et conjointement avec l'appel de ce jugement. — Nancy, 11 août 1873, Frezon, [*Ann. propr. ind.*, 73.321] — Bourges, 6 avr. 1882, Breloux, [*Ann. propr. ind.*, 82.76]

556. — ... Qu'est simplement préparatoire, et non interlocutoire, un arrêt qui, sans réagir sur une demande en nullité du brevet introduite ou non au cours d'un procès en contrefaçon et sur la question de nouveauté d'un produit, se borne, avant faire droit sur tous les chefs des conclusions des parties, à commettre un expert chargé de constater les dissemblances ou les similitudes existant entre les procédés employés par le demandeur et le défendeur; que, par suite, aux termes de l'art. 416, C. instr. crim., le recours contre cet arrêt n'est ouvert qu'après la décision définitive. — Cass., 19 déc. 1873, Vial et Dutlot, [*Ann. propr. ind.*, 74.38]

557. — ... Qu'un pourvoi en cassation n'est pas admis contre un arrêt préparatoire ou d'instruction, quoiqu'une exception, même péremptoire, ait été proposée, si elle n'a été ni admise ni rejetée quant à présent, et si l'arrêt s'est borné à ordonner, avant dire droit, une mesure d'instruction préalable. — Cass., 20 janv. 1862, Sax, [*Ann. propr. ind.*, 62.21] — *Sic*, Pouillet, *Brev. d'inv.*, n. 844.

558. — Il a été décidé, d'autre part, que si le jugement ordonnant une expertise, n'est pas nécessairement interlocutoire, il prend ce caractère lorsque la mesure ordonnée préjuge le fond en faisant pressentir l'influence qu'elle doit exercer sur le sort de l'instance; spécialement, qu'il en est ainsi lorsque les experts reçoivent la mission d'examiner les antériorités opposées à un brevet d'invention, et de déterminer l'étendue et la portée de ce brevet. — Cass., 27 janv. 1882, Oudit, [*Ann. propr. ind.*, 82.11 et la note critique]

559. — ... Que quand un breveté n'est pas d'accord avec le prévenu sur ce qui a fait l'objet du brevet et que le tribunal, en ordonnant une expertise, pose aux experts une question qui n'a d'intérêt que si l'objet est celui que lui attribue le prévenu, ce jugement est interlocutoire et peut, dès lors, être frappé par le breveté d'un appel distinct et immédiat. — Cass., 13 août 1837, Villard, [*Ann. propr. ind.*, 57.426] — *Sic*, Pouillet, *Brev. d'inv.*, n. 843.

560. — ... Qu'en pareil cas, la cour peut évoquer le fond, en déclarant l'appel recevable et en infirmant le jugement qui a ordonné l'expertise. — *Même arrêt.*

561. — ... Que l'arrêt qui, en ordonnant une expertise en matière de contrefaçon, statue sur une exception de chose jugée ou sur des questions de nullité et de limitation de brevet n'est pas un simple arrêt préparatoire et d'instruction contre lequel ce n'est qu'après l'arrêt définitif que le recours en cassation est ouvert; que comme un pareil arrêt est interlocutoire, le pourvoi doit être formé dans les trois jours de sa prononciation sous peine de nullité, conformément à l'art. 373, C. instr. crim. — Cass., 9 janv. 1858, Florimond, [*Ann. propr. ind.*, 58.170]

562. — ... Qu'il en est ainsi, quoique le dispositif ne prononce pas expressément le rejet des exceptions et ordonne l'expertise avant faire droit, dépens réservés, si ce rejet ressort implicitement du rapprochement des motifs et du dispositif, et particulièrement de cette circonstance que l'expertise ordonnée supposait nécessairement comme résolues des exceptions dont l'admission l'eût rendue complètement inutile. — Même arrêt.

563. — Lorsqu'un arrêt rendu en matière correctionnelle ne se borne pas à ordonner une expertise sur le fait allégué de contrefaçon, mais que, par une disposition expresse, il reconnaît la brevetabilité de l'invention et la validité du brevet du demandeur, l'arrêt, apprécié dans son ensemble, n'a pas le caractère d'une décision préparatoire, mais il constitue une décision définitive et interlocutoire contre laquelle le recours en cassation est immédiatement ouvert. — Cass., 10 août 1860, Cⁱᵉ chemin de fer de Lyon, [D. 60.1.513]

564. — Le fait par une partie d'avoir déclaré à l'audience qu'elle ne s'opposait pas à l'expertise demandée par son adversaire ne constitue pas un acquiescement formel à l'expertise, de nature à enlever au jugement qui l'ordonne son caractère interlocutoire, si, d'ailleurs, il résulte des circonstances que cette partie n'a en aucune façon modifié les conclusions de sa demande tendant à la condamnation de la partie assignée. — Cass., 27 janv. 1882, précité.

565. — Le juge du fait motive suffisamment la décision par laquelle il déclare qu'un jugement ordonnant une expertise est interlocutoire, en disant qu'il préjuge le fond, sans qu'il soit nécessaire qu'il explique en quoi le fond est préjugé. — Même arrêt.

566. — Quoi qu'il en soit du caractère des jugements qui statuent sur des demandes d'expertise, il est hors de doute que les experts nommés pour vérifier un fait de contrefaçon ne sont assujettis pour leur vérification à aucune condition particulière autre que celles prescrites par les règles du droit commun. — Cass., 5 mars 1822, Brougnières, [S. et P. chr.]

567. — Ils ne sont pas tenus, par exemple, de se faire représenter le brevet pour servir de base à leur vérification. — Même arrêt.

568. — Aucune loi n'interdit aux experts de s'éclairer par tous les moyens qu'ils jugent utiles; ils peuvent même conférer officieusement avec une autre personne chargée d'une pareille mission dans une affaire semblable. — Cass., 17 juill. 1866, Lemarchand, [*Ann. propr. ind.*, 67.38] — V. Pouillet, *Brev. d'inv.*, n. 925, 931; Allart, n. 587; Pelletier et Defert, n. 206.

569. — En admettant, d'ailleurs, que les experts aient procédé irrégulièrement en agissant ainsi, cette irrégularité, qui ne serait ni substantielle, ni d'ordre public, serait couverte à l'égard du prévenu de contrefaçon par le fait qu'il aurait assisté et concouru à toutes les opérations de l'expertise. — Bordeaux, 19 déc. 1864, Lemarchand, [*Ann. propr. ind.*, *loc. cit.*]

570. — Et, en tous cas, alors même que cette expertise devrait être annulée, les tribunaux n'en conservent pas moins le droit d'y puiser, à titre de simples renseignements, des indications propres à éclairer leur conviction. — Même arrêt.

571. — Lorsqu'une expertise a été confiée à trois experts, on doit considérer comme nul le rapport qui n'a été dressé que par deux seulement; il importe peu que le troisième expert n'ait pu prendre part aux dernières opérations de l'expertise et à la rédaction du rapport, si c'est par suite de force majeure et particulièrement par suite de son décès. — Paris, 28 mars 1862, Masse, [*Ann. propr. ind.*, 62.389] — *Sic*, Pouillet, *Brev. d'inv.*, n. 933; Pelletier et Defert, n. 198.

572. — La partie qui a expressément provoqué l'arrêt qui a ordonné la nullité de cette expertise, ne saurait se pourvoir en cassation à raison de ce que la cour a accueilli sa demande. — Cass., 3 juill. 1862, Masse, [*Ann. propr. ind.*, 62.391] — *Sic*, Pouillet, *Brev. d'inv.*, n. 935.

573. — Mais quand, après une expertise régulière et le décès de l'un des experts, on a produit, au cours des débats, des documents ou des mémoires combattant certaines conclusions du rapport, il appartient aux juges de demander aux experts survivants leur opinion sur les objections soulevées par l'une des parties, sans qu'il résulte de ce fait une nouvelle expertise exigeant, sous

peine de nullité, l'accomplissement de toutes les formalités prescrites par le Code de procédure. — Nancy, 11 août 1873, Frezon, [*Ann. propr. ind.*, 73.321] — *Sic*, Pouillet, *loc. cit.*; Pelletier et Defert, *loc. cit.*

574. — Lorsqu'un arrêt interlocutoire a posé à un expert diverses questions déterminées, il n'en résulte pas que cet expert soit obligé de répondre à chacune de ces questions, du moment que la solution donnée à une question capitale rendait superflu l'examen des questions secondaires. — Cass., 12 nov. 1879, Bouziat, [*Ann. propr. ind.*, 80.148]

575. — Les juges ne sont pas liés, selon nous, par les jugements d'avant dire droit qu'eux-mêmes ont rendus, du moment où, à cette occasion, il n'est pas intervenu de débat particulier; on sait, d'ailleurs, que c'est là une question délicate que nous n'avons pas à examiner à nouveau (V. *Rép. alph. du dr. fr.*, vᵒ *Chose jugée*, n. 32, 37 et 38); nous vous contenterons de rappeler qu'il a été décidé qu'un jugement prescrivant une expertise ne lie pas les juges qui l'ont rendu; ils peuvent donc, de nouveaux documents étant produits aux débats, refuser de nommer de nouveaux experts en remplacement de ceux qu'ils avaient commis et qui n'avaient pas accepté la mission dont ils avaient été investis. — Cass., 30 janv. 1869, Cⁱᵉ *la Fuschine*, [*Ann. propr. ind.*, 69.128] — V. Pouillet, *Brev. d'inv.*, n. 928.

576. — Quelque parti que l'on doive prendre sur le point de savoir si un jugement prescrivant une expertise lie ou non le juge, et si, par conséquent, le tribunal doit ou non prendre les mesures nécessaires pour qu'une expertise soit menée à bonne fin, malgré les difficultés d'exécution qui peuvent se produire, il est un point sur lequel tout le monde semble être d'accord, c'est que, et cela résulte du caractère même des mesures d'instruction, un tribunal reste toujours libre, soit d'accepter comme exactes, soit de rejeter comme fausses, les constatations des rapports d'experts. — Pouillet, *loc. cit.*; *Dess. de fabr.*, n. 167; Pelletier et Defert, n. 207.

577. — Ce qui est vrai des questions purement techniques, est encore vrai, à plus forte raison, des questions de droit, puisqu'il n'appartient pas aux experts d'apprécier les difficultés de cette nature qu'un procès de contrefaçon peut soulever. Toutefois l'avis par eux donné ne saurait être une cause de nullité de l'expertise. Les juges restent libres de faire de cette appréciation tel état que bon leur semble. — Paris, 13 févr. 1862, Rouget de Lisle, [*Ann. propr. ind.*, 62.358] — *Sic*, Pouillet, *Brev. d'inv.*, n. 929; Pelletier et Defert, n. 203.

578. — De même, et dans un sens analogue, l'arrêt qui renvoie un prévenu d'une plainte en contrefaçon n'est point nul pour défaut de motifs, bien qu'il se réfère à l'avis exprimé par des experts sur le caractère des produits, objet de cette plainte, s'il se fonde, en outre, sur des considérations puisées dans l'appréciation même de ces produits. — Cass., 26 juill. 1862, Rouget de Lisle, [S. 63.1.108, P. 63.785]

579. — Lorsque, par un autre arrêt purement préparatoire, les juges ont ordonné une expertise qu'ils ont dû annuler pour vice de forme, ils peuvent entendre, comme témoins, les hommes de l'art qui avaient été chargés de l'expertise et lorsque ces témoignages ont rendu toute autre voie d'instruction inutile, ils peuvent statuer au fond et renvoyer les prévenus de la poursuite, sans que le brevet puisse prétendre qu'il y a violation de l'autorité de la chose jugée et qu'il a été privé d'un moyen d'instruction qui lui était définitivement acquis. — Cass., 2 juill. 1863, Masse, [*Ann. propr. ind.*, 63.315] — *Sic*, Pouillet, *Brev. d'inv.*, n. 844, 930.

580. — Les conclusions prises pour la première fois devant la cour, en nullité d'une expertise ordonnée par les premiers juges, et qui a fait l'objet de débats contradictoires en première instance, sont non recevables comme tardives. — Paris, 13 févr. 1862, précité. — *Sic*, Pouillet, *Brev. d'inv.*, n. 934.

581. — L'expertise peut être demandée, en tout état de cause, même en appel, à moins que le défendeur n'ait opposé des moyens de défense qui impliquent, de sa part, l'aveu qu'il s'est livré aux faits qu'on lui reproche. Décidé, en ce sens, qu'un prévenu de contrefaçon n'est pas recevable, devant la cour, à demander une expertise pour établir que ses produits sont différents de ceux brevetés quand, en première instance, il a reconnu l'identité de ces produits, en soutenant qu'ils étaient tombés dans le domaine public. — Rouen, 2 août 1860, Bobœuf, [*Ann. propr. ind.*, 60.363] — *Sic*, sur le principe, Pelletier et Defert, n. 210.

582. — Lorsque le procès a été engagé devant des juridictions d'ordre civil, l'expertise se trouve soumise, par là même, à certaines règles particulières. Nous nous bornerons à rappeler que le juge viole l'art. 303, C. proc. civ., en confiant à un seul expert une expertise, alors qu'une des parties a expressément conclu à ce que l'expertise fût ordonnée, mais confiée à trois experts. — Paris, 3 mars 1872, Labrousse, [*Ann. propr. ind.*, 72. 312] — *Sic*, Pouillet, *Brev. d'inv.*, n. 932. — V. *Rép. alph. du dr. fr.*, v° *Expertise*.

583. — On doit envisager comme fondée la récusation dirigée par l'une des parties contre l'un des experts commis par le tribunal lorsque celui-ci a déjà concouru comme arbitre à une sentence rendue précédemment entre le breveté et un tiers quiconque, et relative au brevet d'invention, objet du litige actuel. Dans ce cas, cet expert doit être considéré comme ayant donné un certificat sur l'affaire. — Trib. Seine, 4 janv. 1860, Drouelle, [*Ann. propr. ind.*, 60.77] — *Sic*, Pouillet, *Brev. d'inv.*, n. 936.

584. — Mais ni les textes de loi, ni l'intérêt de la défense ne s'opposent à ce que l'expert qui a procédé à une première expertise ordonnée en justice, soit de nouveau nommé pour concourir à une seconde expertise, qui n'est que le complément de la première et à laquelle il ne doit avoir que tel égard que de droit ultérieurement. — Cass., 8 déc. 1860, Descheneux, [D. 61. 5.204]

585. — Aux termes de l'art. 317, C. proc. civ., les parties doivent être appelées aux expertises faites entre elles; elles peuvent produire devant les experts, comme devant la justice, toutes pièces et tous documents et faire tous dires et réquisitions qu'elles jugent convenables; cette règle est essentielle à la défense et si l'une des parties a été mise par son adversaire dans l'impossibilité absolue d'user de son droit, on comprend que l'expertise ne lui soit pas opposable. Aussi si une expertise a été ordonnée au sujet d'une mise en vente d'objets contrefaits reproché à une certaine personne, les résultats de cette expertise ne sont pas opposables au tiers ultérieurement accusé d'avoir fabriqué ces mêmes objets. — Cass., 30 juin 1863, Monnet et Duruy, [D. 63. 1.275,] — *Sic*, Pouillet, *Brev. d'inv.*, n. 926; Pelletier et Defert, n. 204 et s.

586. — Il en doit être ainsi alors surtout qu'il a été décidé qu'un premier jugement ordonnant une expertise avant la mise en cause de ce tiers, ne serait pas commune à cette partie qui n'avait pas concouru au choix des experts. — Même arrêt.

587. — Dans cette même affaire, le tribunal de la Seine (31 août 1860), puis la cour de Paris (1er févr. 1861, D. 63.1.275, *Ann. propr. ind.*, 63.290), avaient reconnu en principe qu'une expertise ordonnée en dehors d'une personne ne lui était pas opposable en tant qu'expertise; mais ces juridictions, ayant estimé que le rapport des experts était au moins un renseignement que les magistrats pouvaient consulter au même titre que tous les autres documents ou certificats produits, en étaient arrivées, en s'appuyant principalement sur ce rapport à déclarer ce tiers coupable de contrefaçon. La Cour de cassation a pensé que c'était indirectement rendre opposable à celui-ci un rapport dont il n'avait pu contester les solutions; aussi a-t-elle déclaré que cette assimilation d'une expertise irrégulière aux pièces régulièrement produites n'était pas légale, ajoutant que, d'ailleurs, une formule aussi vague qui ne fait connaître ni la nature, ni le degré d'efficacité des documents et certificats indiqués, ne suffit pas pour couvrir une atteinte aux règles sur la preuve et à l'autorité de la chose jugée. — V. *suprà*, n. 544 et s.

588. — Si l'affaire s'est engagée devant les tribunaux de l'ordre répressif, il y a lieu de faire remarquer, tout d'abord, que les expertises que la juridiction correctionnelle ordonne, ne sont pas soumises, à peine de nullité, aux prescriptions des art. 215 et s., C. proc. civ. — Paris, 13 févr. 1862, Rougel de Lisle, [*Ann. propr. ind.*, 62.358] — V. Allart, n. 587. — *Contrà*, Malapert et Forni, n. 1127.

589. — S'il est admis que les conclusions préalables du ministère public ne sont pas indispensables au correctionnel, quand il ne s'agit que d'une simple audition de témoins à l'audience, ordonnée spontanément par la cour, pour éclairer sa religion, sans qu'aucun débat contentieux se soit élevé sur l'incident, cette exception à la règle générale ne peut être étendue à un arrêt ordonnant une expertise.— Cass., 28 juill. 1865, Drouelle, [*Ann. propr. ind.*, 69.294]

590. — La loi n'a point prescrit, sous peine de nullité, qu'en matière correctionnelle les expertises soient faites contradictoi-

rement avec les parties; par suite, en admettant que le prévenu n'ait pas été appelé aux recherches faites par l'expert dans les magasins du breveté, il ne peut se plaindre de cette manière de procéder lorsqu'il a reçu les explications de l'expert sur tous ces faits et qu'ainsi le droit de la défense a été observé. — Paris, 27 janv. 1865, Sax, [*Ann. propr. ind.*, 69.289] — *Contrà*, Bozérian, *Prop. ind.*, n. 135; Pouillet, *Brev. d'inv.*, n. 926; Malapert et Forni, n. 1134 et s. — V. Allart, n. 587; Pelletier et Defert, n. 413.

591. — Aussi, lorsqu'au cours d'un procès en contrefaçon intenté devant la juridiction correctionnelle, une expertise est ordonnée, le prévenu ne peut se plaindre que l'opération ait été menée hors de sa présence, et sans qu'il ait été mis en demeure d'y assister; les expertises prescrites par les juridictions répressives ne sont pas soumises aux formes du Code de procédure civile. — Cass., 30 mars 1860, Bulot, [D. 61.5.208]

592. — Quand le ministère public n'a pas interjeté appel du jugement qui a renvoyé le prévenu des fins de la poursuite, il n'est plus que partie jointe. Conséquemment, et bien qu'il soit encore dans les délais d'appel, la cour ne pas statuer d'une manière spéciale sur les simples conclusions qu'il aurait prises à fin d'expertise. — Paris, 13 juill. 1857, Mallet, [*Ann. propr. ind.*, 57.364]

593. — C'est le président qui doit taxer le rapport des experts commis par le tribunal correctionnel. — Cass., 22 déc. 1860, Massé et Innocent, [*Ann. propr. ind.*, 61.408] — Paris, 12 juill. 1860, Même affaire, [*Ibid.*] — V. Pouillet, *Brev. d'inv.*, n. 937; Pelletier et Defert, n. 213.

594. — Ce n'est pas à l'audience publique de ce tribunal, mais à la chambre du conseil que l'opposition à cette taxe doit être portée. — Mêmes arrêts.

595. — Quand la décision attaquée émane d'une chambre correctionnelle, c'est à la juridiction criminelle supérieure que doit être soumis l'appel. — Paris, 16 mars 1861, Même affaire, [*Ibid.*]

TITRE III.

DANS QUEL CAS IL Y A CONTREFAÇON OU AUTRES INFRACTIONS DE MÊME NATURE QUI LUI SONT ASSIMILÉES.

CHAPITRE I.

RÈGLES COMMUNES A TOUTES LES ACTIONS EN CONTREFAÇON OU A CERTAINES DE CELLES-CI.

SECTION I.

De la bonne foi ou de la mauvaise foi dans les actions en contrefaçon. — De la provocation. — De l'excuse tirée de la possession antérieure.

596. — C'est un principe qui domine tout notre droit pénal que la bonne foi, si elle laisse subsister la contravention, exclut le délit (V. *suprà*, v° *Bonne foi*, n. 31); ce principe s'applique aux contrefaçons dont la répression fait l'objet de dispositions du Code pénal; il n'en est pas toujours ainsi à l'égard des contrefaçons prévues par des lois spéciales. — V. *Rép. alph. du dr. fr.*, v° *Bonne foi*, n. 32 et 33.

597. — Avant d'aller plus loin dans l'étude de cette délicate question, nous devons bien établir qu'il ne s'agira dans les développements qui vont suivre que d'actions portées devant les tribunaux correctionnels; disons simplement que la bonne foi du défendeur ne suffit pas toujours pour l'exonérer d'une condamnation au civil; on conçoit, en effet, qu'il soit possible de relever contre lui des faits de négligence ou d'imprudence, circonstances de nature à motiver une condamnation à des dommages-intérêts — Pouillet, *Marq. de fabr.*, n. 177 et s., n. 204; *Prop. litt.*, n. 476, n. 615; *Dess. de fabr.*, n. 146; Dufourmantelle, *Marq. de fabr.*, n. 96; Allart, n. 664; Malapert et Forni, n. 1171. — V. *suprà*, v° *Concurrence déloyale*, n. 43 et s.

598. La loi de 1844 sur les brevets d'invention a-t-elle fait application du principe du droit commun ou, au contraire, lui a-t-elle fait échec? Pour répondre à cette question générale, il y a lieu de distinguer suivant la nature de l'infraction commise; il est incontestablement certains délits que la loi de 1844 a laissé soumis aux règles ordinaires; ce sont ceux que prévoit son art. 41; pour d'autres, au contraire, pour ceux dont s'occupe son art. 40, la question est au moins douteuse.

599. — L'art. 41 frappe ceux qui ont *sciemment* recelé, vendu ou exposé en vente, ou introduit sur le territoire français un ou plusieurs objets contrefaits; étant donné les termes de cet article, on doit admettre que, dans les cas prévus, la bonne foi de l'inculpé fait disparaître le délit lui-même; sur ce point, il ne peut guère y avoir de difficulté. — Lyon-Caen, note sous Rouen, 12 févr. 1874, Teschen et Maugne, [S. 74.2.281, P. 74. 1165] — Allart, n. 463, 467, 658; Dufourmantelle, *Brev. d'inv.*, p. 140.

600. — Ainsi, notamment, les peines édictées par la loi de 1844 ne peuvent pas être appliquées au commissionnaire qui a coopéré, sans le savoir, à l'introduction en transit, sur le territoire français, d'objets contrefaits. — Rouen, 12 févr. 1874, précité.

601. — De même, lorsqu'un fabricant donne des étoffes à teindre à des teinturiers de profession, il ne peut être poursuivi soit pour usage d'un procédé de teinture breveté, soit pour recel de produits contrefaits que s'il est prouvé qu'il n'a pas ignoré la contrefaçon. — Cass., 21 juin 1863, Joly, [*Ann. propr. ind.*, 64.27]

602. — Jugé encore que les carrossiers qui achètent des serrures toutes faites aux fabricants spéciaux, qui les font poser et adapter aux portières des voitures par des ouvriers exerçant également une industrie spéciale, agissant pour le compte et sous les ordres de patrons étrangers, doivent être compris dans la catégorie des débitants et non dans celle des fabricants; que, par suite, ils peuvent se prévaloir de leur bonne foi. — Paris, 13 déc. 1867, Desouches, [*Ann. propr. ind.*, 69.35]

603. — Un arrêt cependant introduit dans l'art. 41 une distinction qui n'y existe réellement pas et a décidé que l'art. 41 qui exempte de toutes poursuites les dépositaires et vendeurs d'objets contrefaits lorsqu'ils sont de bonne foi, ne s'applique qu'aux simples particuliers et non aux marchands. — Lyon, 1er déc. 1881, Merle, [*Ann. propr. ind.*, 82.79] — Ce qu'il faut admettre, c'est que l'art. 41 s'applique à tous les dépositaires et vendeurs d'objets contrefaits, même à ceux qui se livrent habituellement à la vente d'objets analogues à ceux pour lesquels il y a poursuite.

604. — Les faits d'où s'induit la bonne ou la mauvaise foi du prévenu sont nombreux. Voici quelques espèces sur lesquelles les tribunaux ont eu à statuer; il a été décidé, d'une part, qu'un débitant peut justifier de sa bonne foi en établissant que sa correspondance qu'antérieurement à la prise du brevet qu'on lui oppose, il avait été chargé par un tiers de confectionner un objet semblable à celui du brevet; la possession d'un échantillon qui a pu être immédiatement exécuté ne peut constituer une faute à sa charge. — Paris, 5 juill. 1879, Chevalier, [*Ann. propr. ind.*, 80. 285]

605. — Un arrêt qui relaxe un prévenu des fins de la poursuite, échappe à la censure de la Cour de cassation lorsqu'il se fonde sur ce que ce prévenu, poursuivi pour avoir donné des étoffes à teindre à des contrefacteurs, ne connaissait pas les procédés employés dans les teintureries où il avait envoyé ses étoffes. — Cass., 21 juin 1863, précité.

606. — Mais il a été jugé, d'autre part, que celui qui met en vente des objets contrefaits ne saurait être de bonne foi lorsqu'il est établi qu'il recommandait le système comme breveté, par des avis et des annonces, qu'un voyageur de commerce lui avait fait remarquer qu'il s'exposait à des ennuis en vendant le modèle breveté, et que néanmoins il avait continué à le vendre pendant près de dix mois. — Trib. corr. Orléans, 16 mai 1889, [J. La *Loi*, 21 mai]

607. — ... Que le receleur d'objet contrefait ne saurait invoquer sa bonne foi en disant qu'il s'en est rapporté au fabricant, alors qu'il était facile de vérifier s'il y avait ou non contrefaçon. — Trib. corr. Seine, 14 févr. 1894, Bergez, [J. *Le Droit*, 21 juin 1894]

608. — ... Que comme il résulte de l'ensemble des mesures prescrites par la loi pour assurer la publicité des brevets d'invention et des spécifications et descriptions y annexées, que la date

et la portée de chaque brevet doivent être réputées légalement connues dans le commerce, l'erreur dans laquelle ont pu être des marchands ou débitants sur la durée d'un brevet d'invention et la persuasion où ils auraient été que l'invention était tombée dans le domaine public ne sauraient constituer une excuse de bonne foi qui les mette à l'abri de poursuites pour contrefaçon. — Cass., 13 août 1852, Delahausse et autres, [S. 53.1.388, P. 53.1.485, D. 52.1.310] — *Sic*, Pataille, *Ann. propr. ind.*, 1872, p. 405; Nouguier, n. 795. — *Contrà*, Allart, n. 660; Pouillet, *Brev. d'inv.*, n. 693.

609. — Jugé de même (mais le principe se trouve ici posé d'une manière moins nette) que lorsque l'obtention d'un brevet d'invention a été rendue publique, non seulement par des moyens ordinaires prévus par la loi, mais encore par l'affiche des jugements de condamnation rendus précédemment contre divers contrefacteurs, et par les circulaires et prospectus que le breveté a eu le soin de répandre chez les principaux négociants et dans les journaux, les débitants d'objets contrefaits sont non-recevables à invoquer leur ignorance et leur prétendue bonne foi. — Paris, 3 juill. 1839, Croquard et Paris, [P. 39.2.187]

610. — Cette solution est préférable à celle d'un arrêt de la cour de Douai d'où il résulte que l'art. 41, L. 5 juill. 1844, ne punissant ceux qui ont vendu, exposé en vente ou introduit en France des objets contrefaits qu'autant qu'ils ont agi sciemment; le vendeur et l'introducteur ne peuvent être poursuivis que s'ils ont connu l'existence du brevet français, et su que l'objet vendu, exposé en vente ou introduit en France, a été fabriqué en violation des droits garantis par le brevet français. — Douai, 15 mai 1885, Kolb, [S. 87.2.85, P. 87.1.465]

611. — La bonne foi personnelle du prévenu n'est pas d'ailleurs suffisante pour le soustraire à toute condamnation à des dommages-intérêts; c'est qu'en effet, lorsqu'une personne, poursuivie à raison de la vente d'objets contrefaits, établit qu'elle était absente au moment où les faits incriminés se sont réalisés, sa bonne foi personnelle ne fait pas obstacle à ce qu'elle soit responsable des faits de ses agents. — Cass., 28 juin 1864, Renard frères et Franc, [*Ann. propr. ind.*, 64.274]

612. — On peut considérer comme étant de jurisprudence constante que dans les différentes espèces prévues par l'art. 41, ce n'est pas au breveté qu'incombe la charge de prouver la mauvaise foi du défendeur, mais que c'est celui-ci qui doit démontrer qu'il a agi de bonne foi. — Cass., 13 août 1852, précité. — Paris, 27 juill. 1893, Hanan, [*Ann. propr. ind.*, 93.252] — Trib. corr. Seine, 14 févr. 1894, Bergez, [J. *Le Droit*, 21 juin] — *Sic*, Nouguier, n. 797; Rendu et Delorme, n. 512; Blanc, *Contrefaçon*, p. 671; *Code des inventeurs*, p. 714; Pataille, *Ann. propr. ind.*, 1856, p. 10; Duvergier, sur l'art. 46; Pouillet, *Brev. d'inv.*, n. 697; Allart, n. 661; Malapert et Forni, n. 909.

613. — Nous ne pouvons cependant nous résoudre à adopter cette manière de voir; il répugne aux principes du droit pénal français de présumer la culpabilité des prévenus; il serait donc illogique de présumer leur mauvaise foi puisqu'en fait ce serait la plus souvent présumer leur culpabilité; puis c'est au de mandeur qu'il incombe d'établir que les diverses conditions auxquelles se trouve subordonnée l'existence de son droit se trouvent réunies; en notre espèce, comme d'après l'art. 41 de la loi de 1844, il ne peut y avoir de poursuites que contre ceux qui ont agi *sciemment*; le breveté doit donc avoir à prouver que son adversaire a agi *sciemment*. — Décidé, en ce sens, que la sanction pénale n'atteint le receleur, le vendeur ou l'exposant en vente d'objets contrefaits qu'autant qu'on prouve contre lui qu'il a agi sciemment. — Rouen, 9 août 1860, Ve Grassal [*Ann. propr. ind.*, 60.390] — *Sic*, Picard et Olin, n. 714.

614. — Cette preuve ne peut même s'induire de la notoriété du brevet, lorsque les différences constitutives de l'appareil breveté sont plutôt cachées des organes intérieurs que facilement apparentes; dans ce cas, les débitants ont pu de bonne foi et sans s'arrêter à leurs origines employer les appareils brevetés. — Même arrêt.

615. — C'est d'ailleurs aux juges du fait qu'il appartient de constater, par une appréciation souveraine, la mauvaise foi du prévenu. — Cass., 24 nov. 1883, Découblé et Abadie, [*Ann. propr. ind.*, 88.266] — *Sic*, Pouillet, *Brev. d'inv.*, n. 696; Pataille, *Ann. propr. ind.*, 1872, p. 405; Allart, n. 662.

616. — La circonstance que les délits prévus par l'art. 41 n'existent que s'il y a eu mauvaise foi impose aux tribunaux la nécessité d'établir dans leurs jugements de condamnation que le prévenu a agi sciemment. Ils n'ont pas, d'ailleurs, à employer d'expressions sacramentelles. Ainsi, on a pu considérer comme régulier et conforme à la loi l'arrêt qui, après avoir constaté que le prévenu de contrefaçon a porté atteinte aux droits du breveté et a sciemment vendu et exposé en vente les produits ainsi obtenus, le déclare coupable du délit de contrefaçon; cette déclaration implique, en effet, l'existence de l'intention frauduleuse, et, surtout, lorsque le prévenu n'a pas pris de conclusions tendant à établir sa bonne foi, l'arrêt n'a pas à statuer explicitement sur une exception qui n'était pas formulée. — Cass., 26 févr. 1886, Desoye, [*Ann. propr. ind.*, 87.327]

617. — De même, la déclaration du juge d'après laquelle un prévenu ne peut pas invoquer sa bonne foi quand elle repose sur des faits et circonstances qu'il énumère, équivaut à dire que l'inculpé a agi sciemment et à motiver l'application de l'art. 41 de la loi de 1844. — Cass., 4 août 1876, Berthoud et Trottier, [*Ann. propr. ind.*, 77.201]

618. — Faisons observer, en terminant, que comme le recel n'est punissable que quand il est commis sciemment, un commerçant qui a livré des porcelaines pour être dorées suivant un certain procédé ne peut se refuser à les reprendre sous le prétexte qu'il a lieu de craindre d'être poursuivi comme complice de contrefaçon, alors que les industriels auxquels il s'est adressé ont, par diverses circulaires, annoncé qu'ils employaient dans leurs ateliers divers procédés brevetés et qu'il n'a été rien fait pour mettre obstacle à leur fabrication. — Trib. comm. Seine, 2 avr. 1862, Dommartin, [*Ann. propr. ind.*, 62.134]

619. — Si la rédaction de l'art. 41 de la loi de 1844 ne laisse aucune place au doute, quant à la recevabilité de l'excuse de bonne foi, il n'en est pas ainsi du texte de l'art. 40 qui déclare d'une façon générale et sans aucune précision, que « toute atteinte portée aux droits du breveté, soit par la fabrication de produits, soit par l'emploi des moyens faisant l'objet de son brevet, constitue le délit de contrefaçon ». On ne doit donc pas s'étonner qu'il ait été soutenu qu'au cas de contrefaçon proprement dite, les principes généraux du droit pénal devaient recevoir application, puisqu'aucune exception n'était établie par la loi de 1844, même d'une manière implicite. — Décidé, en ce sens, que la personne, poursuivie en contrefaçon, peut se prévaloir de sa bonne foi, lorsqu'on a relevé contre le breveté des analogies de fabrication, dans les procédés précédemment exploités, qui sont impuissants à constituer des antériorités, mais qui, néanmoins, sont de nature à faire illusion à cette personne sur l'étendue du domaine public. — Paris, 11 déc. 1857, Bonnet, [*Ann. propr. ind.*, 58.137] — Sic, Huard, *Propr. ind.*, n. 153; Malapert et Forni, n. 878, n. 1171 et s.

620. — ... Que ne peuvent être condamnés comme contrefacteurs ceux qui ont agi avec une ignorance absolue et forcée des prétentions du breveté; qu'il en est ainsi de ceux qui, pendant la guerre de 1870-1871, n'ont pu avoir connaissance de la demande déposée dans une préfecture de province, et qui, à raison de l'investissement de Paris par les armées ennemies, n'a été transmise au ministre de l'Agriculture et du Commerce que longtemps après. — Rennes, 8 mai 1872, Gentil, [*Ann. propr. ind.*, 72.315] — V. Allart, n. 659 (cet auteur, tout en admettant en principe que l'excuse de bonne foi ne peut être invoquée par les contrefacteurs, apporte une exception à sa doctrine pour le cas de force majeure).

621. — ... Qu'on ne saurait, en raison de sa bonne foi, poursuivre en contrefaçon, devant la juridiction criminelle, le constructeur qui a fabriqué un instrument ou appareil sur les indications de celui qui en a eu l'idée première, sans que ce dernier lui ait fait connaître l'intention de le faire breveter et qui continue à le fabriquer après la prise du brevet, tout en y apportant perfectionnements plusieurs perfectionnements, et en y faisant figurer son nom. — Paris, 3 avril 1875, de Trassy, [*Ann. propr. ind.*, 75.279]

622. — Les travaux préparatoires de la loi de 1844 condamnent cependant ce système; sans doute, les débats à la Chambre des députés ne sont pas très-explicites à cet égard (V. cep. l'Exposé des motifs); mais il n'en est pas de même de ceux qui eurent lieu à la Chambre des pairs; tout d'abord, l'Exposé des motifs du projet de loi contenait le passage suivant : « Vouloir exiger du poursuivant qu'il établisse l'intention frauduleuse contre la personne de contrefaçon, ce serait rendre la répression souvent impossible, et changer la législation actuelle d'une manière entièrement défavorable aux inventeurs, dont les plaintes

les mieux fondées portent précisément sur les difficultés de la poursuite et l'insuffisance de la répression ». Les déclarations de M. Barthélemy, dans son rapport, furent encore plus précises; pour lui, « dans le cas de l'art. 40, le délit de contrefaçon existe indépendamment de toute intention frauduleuse; le fait matériel suffit pour qu'il y ait condamnation. La Chambre remarquera qu'il en doit être ainsi; car l'industriel, avant d'appliquer son industrie à des objets nouveaux, doit rechercher si ces objets n'ont pas déjà été brevetés. Toutefois, si la loi n'admet point que des questions d'intention puissent être soulevées pour effacer le délit de contrefaçon, ces questions peuvent être prises en grande considération pour influer sur le plus ou le moins de gravité de la peine » (*Moniteur* du 7 juin 1844, p. 1634). On a fait remarquer aussi, à l'appui de cette opinion, que la différence de rédaction qu'il est possible de relever entre le texte de l'art. 40 et celui de l'art. 41 (où il est question de personnes qui agissent *sciemment*) vient corroborer les déclarations ainsi faites devant la Chambre des pairs; en outre, la plupart des auteurs qui se sont prononcés en faveur de ce système font remarquer que cette dérogation au droit commun se justifie aisément à raison de la publicité qui entoure la délivrance des brevets d'invention, ce qui fait que l'ignorance dans laquelle un contrefacteur prétend être des droits du breveté est absolument invraisemblable, ou, en tous cas, constitue une faute en elle-même. — Duvergier, *Collection des lois*, sur l'art. 40 de la loi de 1844; Loiseau et Vergé, *Commentaire de la loi de 1844*, sur l'art. 40; Blanc, *Inventeur breveté*, p. 622 et 714; Morin, *Rép. de dr. crim.*, vº *Contrefaçon*, n. 41; Perpigna, p. 354; Calmels, n. 567; Rendu et Delorme, n. 493; Nouguier, n. 740 et s.; Pataille, *Ann. prop. ind.*, 1857, p. 298; Pouillet, *Brev. d'inv.*, n. 691; Bédarride, n. 328; Allart, n. 658; Dufourmantelle, *Brev. d'inv.*, p. 132.

623. — Décidé, en ce sens, qu'en matière de contrefaçon, la bonne foi ne saurait, au point de vue civil, rendre légitime l'usage de la propriété d'autrui. — Trib. Seine, 6 févr. 1890, Brimon, [*Propr. ind.* (de Berne), 91.34; J. *La Loi* du 27 mars]

624. — ... Que l'ouvrier inculpé de contrefaçon allègue vainement, comme preuve de bonne foi, qu'il n'a confectionné et vendu les instruments contrefaits que sur commande; que cette circonstance, fût-elle établie, ne saurait faire disparaître le délit de contrefaçon. — Paris, 12 avr. 1856, Bourdon, [*Ann. propr. ind.*, 56. 221] — Paris, 10 avr. 1873, Leproust et Clair, [*Ann. propr. ind.*, 76.101]

625. — ... Que celui qui contrefait une chose à la fabrication de laquelle le porteur d'un brevet d'invention a un droit privatif, n'est pas excusable par le motif qu'il aurait acheté d'un tiers, autorisé ou toléré par l'inventeur, les matières nécessaires à la fabrication, matières que l'inventeur aurait seul le droit de préparer et de vendre. L'autorisation ou la tolérance dont il s'agit est l'objet ne peut être considérée comme constituant, de la part de l'inventeur, un abandon de son droit privatif. — Cass., 27 déc. 1837, Rattier, [S. 38.1.25, P. 44.1.808]

En résumé, une différence profonde sépare les cas prévus dans l'art. 40 de ceux dont s'occupe l'art. 41 : l'excuse de bonne foi ne sert, à l'égard des premiers, qu'à atténuer la pénalité sans jamais pouvoir faire disparaître la culpabilité, alors qu'au contraire cette même excuse enlève tout caractère délictueux aux infractions comprises dans l'énumération de l'art. 41. Cela étant, on comprend très-bien l'importance qui s'attache à la question de savoir si telle ou telle infraction, dont un brevet peut être l'occasion, rentre dans les prévisions de l'un ou de l'autre des articles en présence.

627. — Cette difficulté a été soulevée tout particulièrement en ce qui concerne l'usage commercial qui peut être fait d'une invention brevetée : voici, pour préciser les idées, un exemple tiré des nombreux procès auxquels cette question a donné naissance : on s'est demandé si l'excuse de bonne foi pouvait être invoquée par le débitant qui se sert dans son commerce d'une pompe à bière brevetée, par lui achetée de bonne foi à un contrefacteur.

628. — On doit reconnaître que la majorité de la doctrine et de la jurisprudence refuse à ce débitant le droit de se prévaloir de sa bonne foi; pour cela, on prétend que l'hypothèse examinée est comprise dans les prévisions de l'art. 40; à cet effet, on entend les termes de cet article : *emploi des moyens faisant l'objet du brevet*, comme signifiant *emploi des machines, appareils ou autres objets fabriqués au mépris des droits du breveté*; on dit que les faits d'usage commerciaux n'admettaient pas l'excuse de bonne foi sous l'empire de la législation antérieure à la loi de 1844 et on affirme que, les termes de l'art. 41 ne s'appliquant pas à de telles infractions, ces faits doivent être compris dans les dispositions de l'art. 40, à moins qu'on ne les considère, ce qui est impossible, comme absolument licites.

629. — On ajoute encore que le droit exclusif de l'inventeur d'une machine consiste non seulement dans la faculté de la fabriquer à l'exclusion de tous autres, mais encore dans celui de s'en servir seul. Toute personne qui use de cette machine commet donc une atteinte aux droits exclusifs du breveté, c'est-à-dire une contrefaçon. Sans doute, formulée en ces termes absolus, cette doctrine peut sembler exorbitante; elle ne l'est toutefois pas à raison de la large publicité établie pour les brevets d'invention par la loi de 1844, et sa rigueur est atténuée par la distinction très-rationnelle faite par la jurisprudence entre l'usage personnel et l'usage commercial, ce dernier pouvant seul constituer une contrefaçon. — Pouillet, *Brev. d'inv.*, n. 673 et s.; Tillière, n. 131; Allart, n. 434 et 455; Bédarride, n. 525; Nouguier, n. 740 et s.; Picard et Olin, n. 553.

630. — Il avait été jugé, en ce sens, avant la promulgation de la loi de 1844, que celui qui fait fabriquer en pays étranger une machine pour laquelle un autre a déjà obtenu, en France, un brevet d'importation ou de perfectionnement, et qui fait usage de cette machine en France, commet le délit de contrefaçon ou de participation à la contrefaçon, puni par l'art. 12 de la loi du 7 janv. 1791, encore qu'il ait fait sa déclaration à la douane, qu'il y ait déposé le dessin et le plan de la machine, et qu'il en ait acquitté les droits. — Cass. rej., 20 juill. 1830, Germain, [S. et P. chr.]

631. — Jugé, conformément aux données de ce système, sous l'empire de la loi de 1844, que l'individu qui, même de bonne foi, a acheté et emploie dans son industrie ou son commerce un appareil contrefait, doit être considéré comme contrefacteur. — Cass., 3 déc. 1841, Ganilh, [S. 44.1.794, P. 42.2.606]; — 12 juill. 1851, Vachon père, [S. 52.1.143, P. 52.2.343, D. 51.5.86]; — 27 févr. 1858, Vallée, [S. 58.1.485, P. 58.349, D. 58.1.337]; — 22 nov. 1872, Boisseau et autres, [D. 72.1.477]; — 7 févr. 1873, Gougy, [D. 73.5.45]; — 5 févr. 1876, Belin, [S. 77.1.327, P. 77.817, D. 77.1.96]; — 24 juin 1886, Saintin, [*Ann. propr. ind.*, 88.215] — Paris, 29 mars 1856, Gache, [*Ann. propr. ind.*, 57.69] — Colmar, 30 juill. 1867, Gougy, [*Ann. propr. ind.*, 70-71.342] — Lyon, 28 févr. 1870, Même partie, [*Ann. propr. ind.*, 72.377] — Poitiers, 16 juin 1870, Même partie, [*Ann. propr. ind.*, 72.382] — Aix, 18 janv. 1873, Même partie, [S. 74.2.309, P. 74.1286; D. 74.2.54] — Paris, 10 avr. 1875, précité. — Bordeaux, 6 juin 1877, Meunier, [*Ann. propr. ind.*, 78.33] — Trib. corr. Seine, 2 juin 1874, Richard, [*Ann. propr. ind.*, 74.177]; — 28 mai 1875, Leduc, [*Ann. propr. ind.*, 76.44]

632. — ... Qu'il ne peut donc arguer de sa bonne foi pour se soustraire aux peines de la contrefaçon. — Mêmes décisions.

633. — ... Que l'emploi non autorisé d'un appareil ou d'un procédé breveté constitue par lui-même le délit de contrefaçon, sans qu'il soit nécessaire de constater de plus la mauvaise foi du contrevenant. — Cass., 20 août 1851, Cunin-Gridaine et autres, [S. 51.1.648, P. 52.1.279, D. 54.5.77] — Metz, 11 févr. 1869, Gougy, [S. 69.2.204, P. 69.855]

634. — ... Qu'il en est particulièrement ainsi à l'égard d'un cafetier qui fait usage d'une pompe à bière, alors même qu'il démontrerait qu'il a trouvé cette pompe établie par celui auquel il succède. — Cass., 22 nov. 1872, précité. — Colmar, 30 juill. 1867, précité.

635. — ... Que si, dans les cas prévus par l'art. 41 de la loi du 5 juill. 1844, le prévenu-marchand qui ne détient que momentanément et dans un but purement commercial est autorisé à prouver qu'il n'a pas sciemment recelé, cette faculté ne saurait s'étendre à l'industriel qui, par un usage permanent dans son industrie, de moyens faisant l'objet d'un brevet, doit être assimilé au contrefacteur proprement dit, et devient comme lui passible des peines édictées par l'art. 40 de la loi précitée; il en est ainsi, parce que, de même que le fabricant, il doit, avant d'appliquer à son industrie des objets nouveaux, s'assurer s'ils ne sont pas protégés par un brevet. — Colmar, 17 juill. 1867, Gougy, [*Ann. propr. ind.*, 83.16]

636. — ... Que le fait que le cessionnaire du breveté, dans une circonstance donnée, a adressé lui-même au contrefacteur des marchandises pour leur faire subir le procédé contrefait, ne fait pas disparaître la contrefaçon, et n'établit pas davantage la bonne foi de ceux qui, suivant cet exemple, se sont adressés au même contrefacteur; qu'il y a seulement lieu pour la justice de ne pas accorder au breveté de dommages-intérêts à raison de ces faits spéciaux. — Nancy, 27 janv. 1875, Frezon, Bourguignon et Colette, [*Ann. propr. ind.*, 75.31]

637. — ... Que c'est faire violence à la réalité des choses que d'envisager comme un recelé d'objets contrefaits, l'action par une compagnie de chemins de fer de maintenir dans son exploitation des tampons argués de contrefaçon : on ne peut ainsi considérer la possession d'appareils brevetés, indépendamment de leur usage qui est précisément le fait dommageable le plus grave; il s'agit donc en l'espèce d'un délit de contrefaçon résultant de l'emploi des moyens ou procédés brevetés au profit de l'inventeur. — Cass., 6 déc. 1861, De Bergue, [*Ann. propr. ind.*, 62.209]

638. — Malgré la faveur qui a accueilli ce système, il nous est impossible de l'admettre; pour nous, l'art. 40 de la loi, en parlant d'atteinte portée aux droits du breveté, soit par la fabrication de produits, soit *par l'emploi de moyens faisant l'objet de son brevet*, a entendu viser deux cas bien différents. La fabrication non autorisée de produits brevetés constitue la contrefaçon des inventions consistant dans un produit, l'emploi de moyens brevetés est la forme que revêt la contrefaçon s'appliquant non à des produits, mais à des moyens brevetés. Ainsi pour nous l'art. 40 ne mentionne nullement, parmi les faits pouvant constituer la contrefaçon, l'emploi ou usage de produits brevetés. Du reste, cela se comprend : il serait exorbitant d'obliger les acheteurs d'un produit à rechercher s'il est ou non contrefait; et à plus forte raison serait-il illogique d'exiger à l'égard de ceux qui mettent en vente un produit contrefait, la preuve de la mauvaise foi, alors qu'on ne l'exigerait pas à l'encontre de ceux qui en font simplement usage. Ce n'est pas à dire d'ailleurs que l'usage commercial d'un objet breveté doive, selon nous, rester impuni; car il constitue bien évidemment le recel que l'art. 41 déclare punissable au cas de mauvaise foi. — Pataille, *Ann. propr. ind.*, 1870, p. 350; 1872, p. 399 et s.; Thézard, J. *La Loi*, [cité par Pouillet, *Brev. d'inv.*, n. 675]; Blune, p. 618; Malapert et Forni, n. 896.

639. — Décidé, en ce sens, que le détenteur d'un appareil contrefait dont il se sert pour l'exploitation de son commerce (un cafetier qui se sert de pompes pour élever les liquides) ne peut être poursuivi à ce sujet en vertu de l'art. 40 de la loi du 5 juill. 1844, punissant, quelle que soit leur bonne foi, les fabricants et industriels qui ont imité ou reproduit les objets brevetés, mais bien exclusivement de l'art. 41, seul applicable aux simples acheteurs ou détenteurs d'objets contrefaits, et qui admet la bonne ou mauvaise foi comme élément essentiel du délit. — Angers, 29 juin 1870, Gougy, [S. 71.2.37, P. 71.417, D. 70.2.240]

640. — ... Que l'emploi d'un produit contrefait, une matière tinctoriale, en l'espèce, ne suffit pas à justifier l'application de l'art. 40 qui ne réprime que l'emploi des moyens brevetés. — Cass., 1er mai 1863, Renard et Franc, [*Ann. propr. ind.*, 63.313]

641. — Mais, il a été jugé, par appréciation des circonstances, que ne saurait être considéré comme étant de bonne foi le négociant qui se sert dans son industrie d'un objet contrefait et qui s'était précédemment mis en rapport avec le breveté pour obtenir une licence, qui, dans ce but, avait visité l'usine de celui-ci, et avait reçu de lui deux spécimens de l'invention nouvelle. — Trib. Sables-d'Olonne, 8 juin 1870, Gentil, [*Ann. propr. ind.*, 72.209]

642. — Le système qui vient d'être indiqué pour le cas d'usage commercial d'un objet breveté est encore exact pour le cas d'usage personnel; en pareille hypothèse, le détenteur de l'objet ne peut être condamné que s'il est de mauvaise foi; il est même à observer à ce sujet que cette solution est admise par ceux-là même qui pensent que l'usage commercial d'une invention brevetée est toujours punissable en soi, quelle que soit la bonne foi de la personne poursuivie.

643. — Nous ne pouvons nous empêcher de faire remarquer combien cette atténuation ainsi apportée au système que nous avons combattu se retourne contre son principe même; à la supposer rationnelle, on peut dire que cette restriction n'est pas favorisée par aucun texte de la loi de 1844, et si on soustrait à l'usage personnel à l'application de l'art. 40, on ne peut le frapper qu'en le considérant comme un recel et ainsi disparaît l'argument de ceux qui prétendent que l'usage commercial doit être compris dans les prévisions de l'art. 40, sous peine d'être obligé de le considérer comme entièrement licite; comme la loi de 1844 ne fait aucune distinction entre les différentes sortes d'usage, il faut appliquer aux uns et aux autres les mêmes règles, c'est-à-dire celles de l'art. 41, puisque les termes de cet article s'appliquent sans violence et d'eux-mêmes aux faits d'usage, ce qui n'est pas le cas pour le texte de l'art. 40.

644. — Quoi qu'il en soit, dans l'une et l'autre opinions, la possession de bonne foi d'un objet contrefait de la part d'un particulier qui en fait usage seulement pour ses besoins personnels, et non un usage commercial, ne constitue ni le délit de contrefaçon... — Cass., 28 juin 1844, Manson-Michelson, [S. 44.1.793, P. 44.2.261]; — 12 juill. 1851, Vachon père, [S. 52.1.145, P. 52.2.543, D. 51.5.56]; — 27 févr. 1858, Valléo, [S. 58.1.485, P. 58.349, D. 58.1.337]; — 5 févr. 1876, Belin, [S. 77.1.327, P. 77.817, D. 77.1.96]

645. — ... Ni la complicité de contrefaçon. — Douai, 5 août 1852, Jérosme, [S. 52.2.516, P. 53.2.442, D. 54.2.72]

646. — Jugé, dans le même sens, que l'art. 40, L. 5 juill. 1844, qui considère comme contrefaçon l'emploi des moyens faisant l'objet du brevet, n'est pas applicable à celui qui ne se sert d'un objet contrefait que pour son usage personnel et sans intention de spéculation commerciale. En conséquence, le particulier, qui fait usage uniquement dans son intérêt privé et personnel des objets contrefaits (dans l'espèce, des ascenseurs), qu'il a commandés au contrefacteur, et dont il ignore le caractère délictueux, ne saurait être considéré lui-même comme coauteur ou complice de la contrefaçon, dans les termes de l'art. 40, et n'est pas, dès lors, soumis à la confiscation ordonnée par l'art. 49 contre le contrefacteur, même en cas d'acquittement. — Cass., 12 mai 1888, Guillon et autres, et Samain, [S. 89.1.441, P. 89.4.1076]; — 5 avr. 1889, Samain, [Ibid.]

647. — Cette distinction, faite par la jurisprudence dans l'intérêt de celui qui se sert d'un objet contrefait dans un but personnel, a été consacrée par un arrêt décidant qu'en admettant que celui qui met en œuvre pour son usage personnel une machine contrefaite ne commette pas le délit de contrefaçon, le délit existe dès qu'il y a de sa part exploitation commerciale de cette machine. — Metz, 11 févr. 1869, Gougy, [S. 69.2.204, P. 69.855]

648. — Si les deux systèmes généraux qui viennent d'être exposés aboutissent tous deux à considérer comme un recel la détention, par un tiers de mauvaise foi, d'un objet qu'il emploie à son usage personnel, comme entièrement licite une telle détention, alors même que le particulier est de mauvaise foi. — Décidé, en ce sens, que le fait, par un individu, d'avoir acheté sciemment des objets contrefaits, non pour les mettre en vente, mais pour les employer aux besoins d'un commerce étranger à l'industrie du breveté, ne constitue pas le fait de recel d'objets contrefaits prévu et puni par l'art. 41, L. 5 juill. 1844. Ainsi, spécialement, le limonadier qui fait argenter par un procédé qu'il sait être contrefait les ustensiles destinés à l'exploitation de son établissement n'est pas passible des peines prononcées par la loi contre le contrefacteur. — Paris, 30 avr. 1847, Christofle, [P. 47.2.98, D. 47.2.93] — Sic, Malapert et Forni, 912.

649. — Étant donné le système que nous avons admis, il n'est pas utile de distinguer entre l'usage commercial et l'usage personnel; il n'en est pas ainsi dans le système que nous avons combattu; à cet égard, il est important de remarquer que ses partisans reconnaissent que, dans certaines circonstances données, des commerçants ou industriels peuvent invoquer l'excuse déduite de ce que l'achat par eux fait a été opéré dans un but purement personnel. — Décidé, à cet égard, que si le négociant ou le fabricant qui achète un objet contrefait, soit pour le revendre, soit pour faire une concurrence préjudiciable au breveté, doit être considéré comme contrefacteur, qu'il soit ou non de bonne foi, il n'en est pas de même dans le cas où l'achat de l'objet contrefait a eu lieu pour l'usage personnel de l'acquéreur et sans intention de spéculation commerciale. — Cass., 24 févr. 1883, Gougelet, [D. 83.1.440] — Sur la distinction entre l'usage commercial et l'usage personnel, V. Picard et Olin, n. 593 et s.; Renouard, Brev. d'inv., n. 23; Pouillet, n. 676 et s.; Allart, n. 456; Malapert et Forni, n. 913 et s.

650. — Ainsi, ne peut être considéré comme contrefacteur celui qui commande et n'achète un objet semblable à celui breveté que pour pouvoir vérifier si cet objet n'est point la contrefaçon d'un système qu'il a fait lui-même breveter antérieurement. — Même arrêt.

651. — Mais décidé que celui qui, inculpé de contrefaçon, recherche des objets qu'il sait contrefaits en vue de les opposer comme antériorité au brevet du demandeur, doit être considéré comme détenteur et receleur de ces objets. Il en est de même, dans les mêmes circonstances, du fait d'un témoin intéressé. — Paris, 19 juin 1862, Sax, [Ann. propr. ind., 63.114]

652. — Faire usage, dans ce but, des objets contrefaits, c'est, à coup sûr, en faire un usage industriel : le recel opéré dans ces circonstances est donc évidemment délictueux. — Même arrêt. — V. dans la même affaire, Cass., 12 mars 1863, [Ann. propr. ind., 63.126]

653. — Si un hôtelier achète, pour l'usage des voyageurs, des produits qu'il sait contrefaits, des boules inflammables, en l'espèce, ce fait ne peut être considéré comme achat pour un usage personnel; il constitue la complicité du délit de contrefaçon. — Paris, 18 nov. 1859, Blondel et Cie, [Ann. propr. ind., 59.349] — V. Pataille, Ann. propr. ind., 1872, p. 401.

654. — Il en est de même de l'hôtelier qui met à la disposition des voyageurs un ascenseur qu'il sait contrefait. — Paris, 25 nov. 1885, Samain, [Ann. propr. ind., 88.215]

655. — Le dentiste qui se sert, dans l'exercice de sa profession, d'un mastic dentaire, est censé en faire un usage industriel. — Paris, 6 mai 1857, Sorel, [Ann. propr. ind., 57.268]

656. — Celui qui s'est proposé pour but commercial de vulgariser la photographie, qui centralise dans ses magasins tous les procédés, appareils ou produits nouveaux, qui sont vendus, repris après essai, expérimentés au besoin devant les clients dans un laboratoire où ceux-ci sont gratuitement admis, se rend coupable, lorsqu'il procède à une telle vente ou à une telle manipulation, de l'usage prévu par l'art. 40, L. 5 juill. 1844 (puisqu'un tel usage est fait commercialement, en vue d'un bénéfice à réaliser). — Paris, 27 juill. 1893, Hanau, [Ann. propr. ind., 93.252]

657. — En tous cas, il faut admettre sans conteste que celui qui achète et emploie pour les besoins de son ménage un ustensile de cuisine ne se rend pas coupable de contrefaçon. — Douai, 28 juin 1864, Mahieu, [Jurispr. de Douai, 64.265]

658. — L'appréciation de la nature de l'usage rentre d'ailleurs dans les attributions souveraines des juges du fond. — Cass., 5 févr. 1876, Belin, [S. 77.1.327, P. 77.817, D. 77.1.96]

659. — La loi de 1857, relative aux marques de fabrique, nous paraît avoir laissé toutes les infractions qu'elle prévoit soumises à l'empire des principes du droit commun. Il en est certainement ainsi des infractions commises par ceux qui imitent frauduleusement la marque d'autrui (art. 8-1°), par ceux qui vendent ou mettent en vente des produits revêtus d'une marque contrefaite ou d'une marque qui a été frauduleusement soit apposée, soit imitée (art. 7-3° et art. 8-3°). Il nous semble qu'il en est de même, quoique sur ce point il y ait controverse, des infractions commises par ceux qui contrefont la marque d'autrui, par ceux qui apposent sur leurs produits ou sur l'objet de leur commerce une marque appartenant à autrui (art. 7-2°), et par ceux enfin qui font usage d'une marque frauduleusement imitée (art. 8-1°).

660. — Le nom même donné audélit prévu par l'art. 8-1° de la loi de 1857 implique que le prévenu d'imitation frauduleuse de marques peut utilement se prévaloir de sa bonne foi; sur ce point, il n'a jamais été soulevé de difficultés. — Pouillet, Marq. de fabr., n. 181 et s., n. 195; Dufourmantelle, Marq. de fabr., p. 68; Pelletier et Defert, n. 521.

661. — Faisons, d'ailleurs, observer qu'en cas de ressemblance involontaire entre deux marques, les juges, tout en écartant le délit, doivent toujours ordonner le changement de marques et même, si le cas y échet, condamner à des dommages-intérêts pour la réparation du préjudice causé. — Trib. corr. Amiens, 6 déc. 1882, Black, [Ann. propr. ind., 84.235]

662. — Ce qui vient d'être dit de l'imitation frauduleuse de la marque est également vrai de la vente ou de la mise en vente d'une marque litigieuse; la bonne foi de la personne poursuivie la soustrait à toute condamnation pénale; sur ce point, l'argument tiré des principes du droit commun se trouve renforcé par ce fait que les art. 7-3° et 8-3° de la loi de 1857, analogues à l'art. 41 de la loi de 1844, sur les brevets d'invention, déclarent punissable celui qui sciemment vend en ou met en vente des marques contrefaites, frauduleusement apposées ou imitées. — Pouillet, Marq. de fabr., n. 202; Durras, Marq. de fabr., n. 203; Pelletier et Defert, n. 521.

663. — Décidé, en ce sens, que la loi de 1857 distingue entre ceux qui ont contrefait la marque et ceux qui ont vendu des produits revêtus d'une marque contrefaite; si elle repousse l'excuse de bonne foi pour les premiers, elle admet les seconds à s'en prévaloir. — Paris, 26 mars 1873, Peter Lawson, [*Ann. propr. ind.*, 73.72]

664. — Le commissionnaire, par l'entremise duquel ont été transportées des étiquettes constituant une contrefaçon de marque, ne peut en être déclaré responsable s'il n'a pas sciemment participé à la fraude. — Trib. corr. Hâvre, 14 janv. 1860, Mumm et Cⁱᵉ, [*Ann. propr. ind.*, 60.303]

665. — Pour les infractions dont il vient d'être question l'excuse de bonne foi peut incontestablement être invoquée par la personne poursuivie; la même certitude n'existe pas pour les autres délits dont il nous reste à parler, et on a prétendu notamment que l'excuse de bonne foi n'était pas admissible dans le cas prévu par la première partie de l'art. 7-1°, c'est-à-dire qu'il y aurait toujours lieu de condamner le négociant, l'imprimeur ou le graveur qui se livrent à la contrefaçon de la marque d'autrui.

666. — A l'appui de ce système, on a fait remarquer qu'alors que, dans les derniers alinéas de l'art. 7, le législateur a pris soin d'exiger, pour que la condamnation soit possible, que le défendeur ait agi sciemment ou frauduleusement, l'art. 7-1° ne contient aucune disposition de cette nature, ce qui fait que toute contrefaçon est punissable; cette solution, a-t-on ajouté, est rationnelle, au moins en ce qui concerne le négociant qui commande les marques contrefaites : « Comment admettre, a-t-on dit, la bonne foi de celui qui copie servilement? Il n'a pu croire que la marque qu'il employait était originale; il ne peut soutenir que la similitude est due au seul hasard d'une rencontre; si la marque consiste dans un signe tellement vulgaire que cette rencontre fortuite n'ait rien d'étonnant, il n'en est pas moins coupable, pour n'avoir point consulté le registre des dépôts au Conservatoire ». — Pouillet, *Marq. de fabr.*, n. 169. — V. aussi Pelletier et Defert, n. 524; Rendu, n. 131; Gastambide, p. 424; Dufourmantelle, *Marq. de fabr.*, p. 95.

667. — Jugé, en ce sens, qu'en matière de contrefaçon de marques de fabrique, les graveurs et imprimeurs de la marque contrefaite sont les véritables auteurs du délit. — Le délit existe de leur part, par le fait seul de la fabrication, et l'excuse de la bonne foi n'est pas admissible, alors surtout qu'il s'agit de la contrefaçon d'une signature et d'étiquettes portant un nom autre que celui de la personne qui fait la commande, et un nom de lieu de fabrication autre que celui où il doit être fait usage de cette signature et de ces étiquettes. — Alger, 29 mai 1879, Avice et autres, [S. 80.2.79, P. 80.421, D. 81.2.63]

668. — Décidé encore qu'en matière de contrefaçon de marque de fabrique, les tribunaux n'ont pas à considérer la bonne ou la mauvaise foi du contrefacteur. — Paris, 15 mai 1868, Martel et Cⁱᵉ, [*Ann. propr. ind.*, 68.126] — Lyon, 2 janv. 1883, Violet frères, [*Ann. propr. ind.*, 86.244]

669. — Nous ne pouvons partager cette manière de voir; sans doute nous avons pensé, lorsque nous avons étudié la loi de 1844, que la contrefaçon d'une invention brevetée était toujours punissable et non (V. *supra*, n. 622), mais on se souvient que ce qui nous a décidé à admettre cette solution c'est que des déclarations en ce sens avaient été faites au cours des débats parlementaires; tout au contraire, les travaux préparatoires de la loi de 1857 sont muets sur la question qui nous occupe; nous devons donc en conclure, à défaut d'un texte contraire précis, que les principes du droit commun, en ces matières, conservé toute leur puissance. — Bédarride, n. 910; Bozérian, *Propr. ind.*, n. 325. — V. aussi Huard, *Propr. ind.*, n. 137.

670. — Décidé, en ce sens, que la seule fabrication de marques appartenant à autrui constitue le délit de contrefaçon, à moins qu'il ne soit prouvé que le fabricant a agi de bonne foi. — Cass., 15 janv. 1876, Wolf, [S. 76.1.92, P. 76.185] — Paris, 19 mars 1875, Reynal et autres, [S. 75.2.97, P. 75.440]

671. — Ainsi, le lithographe qui, au nom et pour le compte d'un tiers, exécute une commande de pareilles marques ou étiquettes sans vérifier la légitimité de la commande, se rend coupable du délit de contrefaçon, s'il ne justifie d'ailleurs d'aucunes manœuvres employées auprès de lui par l'auteur de la commande pour surprendre sa bonne foi et forcer sa confiance. — Mêmes arrêts. — V. aussi Douai, 23 mai 1854, Choquet, [Le Hir, 54.2.508] — Quant au déplacement de la preuve que consacrent ces arrêts, V. *infra*, n. 683.

672. — La même incertitude existe quant à l'infraction prévue par l'art. 7-2° : on a prétendu aussi que la bonne foi du négociant ne pouvait lui être d'aucun secours lorsqu'il appose sur ses produits les étiquettes ou marques qui, matériellement et en tant qu'objets corporels, ont appartenu à son concurrent. On a invoqué, à cet effet, les termes mêmes de l'Exposé des motifs où on a relevé le passage suivant : « le second délit, prévu par l'art. 7, est celui que commet l'individu qui, s'étant procuré *d'une manière quelconque* une marque, un timbre, un poinçon véritable, s'en sert pour marquer frauduleusement des produits autres que ceux des fabricants ou des commerçants auxquels appartiennent les marques, timbres ou poinçons ». On insiste sur ce que, d'après ce document, la peine doit frapper celui qui s'est procuré *d'une manière quelconque* les marques litigieuses dont il s'est servi; l'adverbe « frauduleusement, ajoute-t-on, s'applique au résultat et non au fait délictueux lui-même. Il veut dire, ce qui est vrai, que toute apposition de semblables marques est préjudiciable aux intérêts mêmes du titulaire, mais il ne signifie en aucune manière que la répression est subordonnée à une intention coupable chez le délinquant. — Bédarride, n. 912. — V. Dufourmantelle, *Marq. de fabr.*, p. 97 et p. 99.

673. — Nous ne pouvons partager cette opinion. Pour nous, dans le 2° de l'art. 7, l'adverbe « frauduleusement » sert à déterminer le caractère que doit avoir le fait en lui-même. La place qu'il occupe le prouve surabondamment. L'Exposé des motifs qu'invoquent nos adversaires est favorable à notre théorie. On prétend que « marquer frauduleusement des produits » doit être entendu dans le sens suivant : « marquer des produits, ce qui est toujours dommageable pour le véritable intéressé ». Cette façon de comprendre cette expression est absolument défectueuse. On ne s'inquiète pas dans l'Exposé des motifs de la victime; on ne considère que l'acte du négociant indélicat. — Pouillet, *Marq. de fabr.*, n. 198; Huard, *Propr. ind.*, n. 137; Rendu, n. 160; Renouard, *Droit industr.*, p. 395; Darras, *Marq. de fabr.*, n. 203.

674. — La question de bonne foi ne nous paraît pas plus délicate si on l'envisage au point de vue de la personne qui a fait usage d'une marque contrefaite ou d'une marque frauduleusement imitée. Nous n'hésitons pas à penser qu'en pareille hypothèse, la preuve de la bonne foi de la personne poursuivie la soustrait à toute condamnation pénale; pour cela, il nous suffit de constater que ni les termes des art. 7 et 8, ni aucun passage des travaux préparatoires ne s'opposent à ce qu'il soit fait application des principes du droit commun. — Pouillet, *Marq. de fabr.*, n. 195; Darras, *Marq. de fabr.*, n. 200; Dufourmantelle, *Marq. de fabr.*, p. 99.

675. — Cependant, on a prétendu déduire du rapprochement entre chacune des parties du 1° de l'art. 8, la preuve que tout usage d'une marque frauduleusement imitée était délictueux en soi, quelle que soit d'ailleurs la bonne foi de la personne poursuivie. — Bédarride, n. 923 et 924.

676. — On a fait à cette objection une réponse qui ne nous satisfait pas : on a prétendu que si, dans la seconde partie du 1° de l'art. 8, l'adverbe « sciemment » n'avait pas été employé devant les mots « ont fait usage », c'était dans le désir de ne pas surcharger d'un adverbe nouveau ce membre de phrase qui contenait déjà l'adverbe frauduleusement (V. Pouillet, *Marq. de fabr.*, n. 195); il nous est difficile de supposer dans l'esprit du législateur ce souci de la pureté du langage poussé à l'extrême; nous préférons penser que si l'adverbe sciemment n'a pas été reproduit dans le membre de phrase que nous examinons, c'est que le législateur a jugé inutile à raison même des principes du droit pénal : en thèse générale, la mauvaise foi du délinquant est nécessaire pour que la répression soit possible; il n'était donc pas besoin que le législateur indiquât d'une façon quelconque que le délit était soumis aux règles ordinaires.

677. — Des questions analogues à celles que nous avons eu l'occasion d'examiner en matière de brevets d'invention sont susceptibles de se reproduire en matière de marque de fabrique; nous remarquerons ici d'abord que la détermination de la bonne ou de la mauvaise foi des personnes poursuivies rentre dans les pouvoirs des juges du fait. Ceux-ci, usant de cette faculté, ont décidé, d'une part, que les compagnies de chemins de fer qui transportent, sous plomb de douane, des marchandises revêtues de marques frauduleuses ne peuvent être poursuivies pour infraction à la loi de 1857. — Trib. corr. Thionville, 16 mai 1865, [*Ann. propr. ind.*, 65.202] — *Sic*, sur le principe, Pouillet, *Marq. de fabr.*, n. 172; Darras, *Marq. de fabr.*, n. 196.

678. — Mais ils ont décidé, d'autre part, que la bonne foi d'un débitant d'objets contrefaits ne saurait être admise lorsqu'il est établi qu'il vendait et exposait en vente à la fois des produits des deux maisons concurrentes et que la seule inspection des étiquettes apposées sur les deux produits suffisait pour qu'il reconnût l'imitation frauduleuse. — Montpellier, 23 août 1875, F. Prot et Cⁱᵉ, [*Ann. propr. ind.*, 75.365]

679. — La circonstance que les marques de fabrique imitées en France auraient été apposées sur des objets commandés par une maison de commerce étrangère, ne saurait faire considérer le délit comme ayant été commis hors de France, ni devenir une preuve de la bonne foi du délinquant. — Paris, 3 avr. 1879, Farcy, [S. 80.2.301, P. 80.1202, D. 80.2.78]

680. — La reproduction, faite pour le compte d'un tiers de marques se composant d'un texte et d'emblèmes ou dessins avec le nom et la signature du propriétaire, commerçant connu, implique par elle-même la mauvaise foi. — Paris, 19 mars 1875, précité. — V. aussi Bordeaux, 13 juin 1864, Promis, [Le IIir, 64.2.336]

681. — On peut aussi considérer comme une preuve de la mauvaise foi du contrefacteur la circonstance qu'il n'a indiqué ni son nom, ni son domicile et qu'il a ainsi laissé ignorer la véritable origine de la marchandise. — Lyon, 4 févr. 1875, Hervé et Desportes, [*Ann. propr. ind.*, 75 104] — Paris, 6 juin 1883, Blancard et Cⁱᵉ, [*Ann. propr. ind.*, 83.288]

682. — Des commissionnaires ne peuvent arguer de leur bonne foi, alors que c'est d'Allemagne qu'ils reçoivent des objets revêtus d'une marque américaine. — Trib. corr. Seine, 5 mars 1874, Wheeler et Wilson, [*Ann. propr. ind.*, 76.70]

683. — Comme en matière de brevets d'invention, on a pensé qu'il appartenait à la personne poursuivie pour infraction à la loi sur les marques d'établir sa bonne foi. — Pouillet, *Marq. de fabr.*, n. 179 et 202; Rendu, n. 132. — Les mêmes raisons qui, au cas de brevets d'invention, nous ont fait préférer le système contraire se retrouvent ici; aussi décidons-nous que, conformément aux principes du droit commun, la charge de la preuve incombe entièrement au demandeur qui doit ainsi établir la mauvaise foi de son adversaire. — Huard, *Propr. ind.*, n. 158; Darras, *Marq. de fabr.*, n. 206. — V. *supra*, n. 612 et 613.

684. — Nous reconnaissons d'ailleurs, que l'industrie même à laquelle se livre le contrefacteur peut lui imposer certains devoirs particuliers dont l'inobservation constitue une négligence dont l'existence suffit pour établir qu'il est de mauvaise foi. Ainsi, on a pu juger avec juste raison qu'un imprimeur, avant d'exécuter une commande d'étiquettes, est tenu, en principe, à moins de circonstances particulières qu'il appartient au juge d'apprécier, de faire, au dépôt central des marques de fabrique, les vérifications de nature à constater la propriété de la marque, et spécialement celles destinées à établir que cette marque n'a été déposée par aucun autre fabricant. — Cass., 16 janv. 1889, Blancard et Cⁱᵉ, [S. 90.2.73, P. 90.1.133 et la note Labbé, D. 89.1.236] — *Contrà*, Bédarride, n. 910.

685. — La responsabilité civile de l'imprimeur ne saurait être écartée sur l'unique motif qu'on ne saurait poser en principe absolu qu'un imprimeur de province doit, avant d'exécuter la commande d'une étiquette, vérifier au dépôt central de Paris si elle n'imite pas plus ou moins une marque existante. — Même arrêt.

686. — Remarquons, en terminant, qu'il y a lieu de maintenir en cause le débitant dont la bonne foi est d'ailleurs reconnue, à l'effet de voir valider la saisie, prononcer la confiscation des objets saisis et s'entendre faire défense de vendre et de mettre en vente des objets revêtus de la marque contrefaite. — Poitiers, 28 déc. 1885, Joubert Bonnaire, [*Ann. propr. ind.*, 86.109]

687. — On est même allé jusqu'à décider, ce qui est contestable en présence des pouvoirs limités reconnus aux tribunaux correctionnels, que si un négociant peut invoquer sa bonne foi pour échapper à une répression pénale, il n'en est pas moins vrai que la juridiction correctionnelle reste compétente pour statuer sur la détermination des dommages-intérêts qu'il doit pour réparation du préjudice que, par sa négligence, il a occasionné au propriétaire de la marque. — Riom, 13 juin 1888, Vᵉ Grange, [*Ann. propr. ind.*, 89.140]

688. — Tout ce que nous venons de dire à l'occasion des marques de fabrique est également vrai de chacune des infractions que prévoit et réprime la loi du 28 juill. 1824 relative aux altérations ou suppositions de noms dans les produits fabriqués; il en résulte qu'il n'y a de délit punissable en ce cas que si la mauvaise foi du prévenu est établie. On remarquera d'ailleurs que certains des documents de jurisprudence qui viennent d'être cités concernent à la fois la matière des marques de commerce et celle des noms commerciaux, à raison de ce fait que souvent un nom est employé à titre de marque. — V. en sens divers, Pouillet, *Marq. de fabr.*, n. 432; Maunoury, n. 73.

689. — On a prétendu, en matière de propriété littéraire et artistique, que le délit de contrefaçon existait par cela seul que le fait matériel de reproduction était établi. Pour démontrer qu'il en devait être ainsi, on a tiré argument de la généralité des termes employés par l'art. 425, C. pén.; d'après ce texte, « *toute édition d'écrits...*, est une contrefaçon »; puis et surtout, on a essayé de montrer que cette solution résultait de l'esprit même de la loi. Pataille, l'un des promoteurs de ce système, disait à ce sujet : « ... Deux auteurs ou artistes, à moins de copier une œuvre préexistante, n'arriveront jamais à faire deux œuvres tellement semblables qu'elles puissent être considérées comme une contrefaçon l'une de l'autre; et, au fond, celui qui reproduit servilement une œuvre quelconque ou qui l'imite, sait toujours que ce n'est pas son œuvre et il a tout au moins à s'imputer de ne pas s'être enquis si la reproduction ou l'imitation était licite. » — *Ann. propr. ind.*, 1857, p. 300. — V. aussi Renouard, *Droits d'auteurs*, t. 2, p. 13.

690. — Décidé, en ce sens, que l'excuse tirée de la bonne foi n'est pas admissible en matière de contrefaçon littéraire ou artistique. — Paris, 24 avr. 1856, Vieillot, [*Ann. propr. ind.*, 57. 263]; — 15 nov. 1856, Vieillot, [*Ann. propr. ind.*, 57.166]

691. — En ce cas, les imprimeurs et les éditeurs sont en faute pour ne s'être pas enquis préalablement s'ils pouvaient avoir le droit d'éditer et d'imprimer l'ouvrage contrefait. — Trib. corr. Marseille, 21 août 1857, Vieillot, [*Ann. propr. ind.*, 57.166]

692. — Ce système a été abandonné de nos jours; l'art. 425, C. pén., dit expressément que la contrefaçon est un délit; comme les délits contraventionnels ne peuvent exister qu'en vertu de textes formels, il faut admettre, dans le silence des lois pénales à cet égard, que la contrefaçon disparaît au cas de bonne foi du prévenu; l'équité commande d'ailleurs que la contrefaçon reste soumise aux règles du droit commun; on peut facilement concevoir certaines hypothèses où des personnes inculpées de contrefaçon ont agi de bonne foi, et il serait excessif que le juge fût forcé de les condamner; en tous cas, l'art. 425 en attribuant à la contrefaçon la qualité de délit a implicitement décidé que la reproduction non autorisée de l'œuvre littéraire ou artistique d'autrui ne devenait punissable que dans les hypothèses où la mauvaise foi existe. — Rauter, *Tr. de dr. crim.*, t. 2, n. 561; Morin, *Rép. dr. crim.*, vᵒ *Contrefaçon*, n. 23; Calmels, n. 493; Blanc, p. 196; Rendu et Delorme, n. 806; Darras, *Dr. d'auteur* (de Berne), 1891, p. 41; *Ann. dr. comm.*, 91.1.42; Pelletier et Defert, n. 596.

693. — Décidé, en ce sens, que l'intention frauduleuse est l'un des éléments constitutifs du délit de contrefaçon, de sorte que la bonne foi du prévenu le met à l'abri de toute condamnation. — Cass. 15 juin 1844, Guérin et Didier, [P. 44.2.482]; — 24 mai 1855, Thoisnier-Desplaces, [S. 55.1.392, P. 55.1.227]; — 13 janv. 1866, Plon et Milland, [S. 66.1.267, P. 66.666, D. 66. 1.235]; — 23 juin 1893, Maquet et consorts, [*Ann. propr. ind.*, 93.229] — Paris, 26 févr. 1825, Cartelier, [S. et P. chr.]; — 14 juill. 1838, Mac-Carthy, [P. 38.2.535]; — 12 juill. 1861, De Gouet, [*Ann. propr. ind.*, 61.359]; — 21 nov. 1867, Dussacq, [*Ann. propr. ind.*, 67.359] — Nancy, 11 déc. 1890, Lebeau, Choudens et autres, [D. 91.2.375] — Rennes, 5 janv. 1892, Oudin, [*Ann. propr. ind.*, 92.191] — Besançon, 6 juill. 1892, Maquet et consorts, [*Gaz. des trib.*, 22 juill., J. Le Droit, 13 oct.] — Trib. corr. Seine, 12 janv. 1893, [*Fr. jud.*, 93.2.139]; — 16 mai 1893, [*Gaz. des trib.*, 17 mai]

694. — A plus forte raison la bonne foi efface-t-elle le caractère délictueux du délit d'ouvrages contrefaits. — Paris, 12 juill. 1861, précité. — *Sic*, Pouillet, *Prop. litt.*, n. 615 et s.

695. — La jurisprudence a admis, comme amendement à sa théorie générale, en matière de contrefaçon littéraire et artistique, comme d'ailleurs en matière d'inventions brevetées et de marques de fabrique (V. *supra*, n. 612, 683), la bonne foi ne se présume pas, et que c'est le prévenu qui, pour se disculper, doit prouver qu'il n'a pas agi en connaissance de cause. — Cass., 11 avr. 1889, Charlot frères, [*Ann. propr. ind*, 92.190]; — 13 mars 1890, Barbedienne, [*Ann. propr. ind.*, 92.188] — Nancy, 11 déc. 1890, précité. — Rennes, 5 janv. 1892, précité. — Trib. corr.

Seine, 16 août 1864, Consolin, [*Ann. propr. ind.*, 65.14]; — 14 juin 1892, V⁰ Saudinos-Ritouret, [*Ann. propr. ind.*, 94.56] — *Sic*, Pouillet, *Prop. litt.*, n. 479; Rendu et Delorme, n. 806; G. Maillard, note, *Ann. propr. ind.*, 1892, p. 186; Blanc, p. 196; Pelletier et Defert, *loc. cit.*

696. — En d'autres termes, le fait matériel de la contrefaçon crée contre son auteur une présomption de mauvaise foi. — Cass., 11 avr. 1889, Jean, [*Ann. dr. comm.*, 89.1.152] — Trib. corr. Amiens, 17 déc. 1884, Le Bailly, [*Ann. propr. ind.*, 85.183] — V. sur le mérite de cette présomption quand on l'oppose à celui qui a ordonné la reproduction, Darras, *Ann. dr. comm.*, 1891, t. 1, p. 44, note.

697. — Ce sont les juges du fait qui, dans chaque cas particulier, déterminent si le défendeur a été ou non de bonne foi. Voici, tout d'abord, l'indication de quelques procès dans lesquels le prévenu a été renvoyé des fins de la poursuite à raison de sa bonne foi. Décidé que la preuve de la bonne foi peut résulter notamment de ce que le prévenu n'a eu aucune initiative pour la reproduction, que son travail a toujours été secondaire, accessoire, médiocrement rétribué, et qu'il n'a, en quelque sorte, agi que comme un simple imprimeur à façon, opérant pour le compte d'un tiers. — Nancy, 11 déc. 1890, précité. — *Sic*, sur le principe, Pouillet, *Prop. litt.*, n. 481.

698. — ... Que l'imprimeur qui n'a fait qu'obéir aux ordres d'un haut fonctionnaire, d'un ministre, en l'espèce, agissant au nom de l'État, peut prétendre avoir été de bonne foi. — Trib. corr., 17 juill. 1827, Muller, [cité par Gastambide, p. 124] — V. Cass., 3 mars 1826, Muller, [S. et P. chr.]

699. — ... Que des colporteurs qui, sur la voie publique, ont vendu des chansons contrefaites, peuvent arguer de leur bonne foi, alors qu'à raison de leur peu d'instruction et de la longue tolérance des intéressés, ils ont pu croire que la vente de ces chansons était libre. — Douai, 26 juin 1883, Le Bailly, Egrot et autres, [*Ann. propr. ind.*, 84.218 et 85.176]

700. — ... Qu'un marchand, poursuivi pour mise en vente d'œuvres musicales contrefaites doit être renvoyé des fins de la poursuite lorsqu'il prouve sa bonne foi en établissant que plusieurs éditions ont été faites par d'autres que par le demandeur sans que celui-ci ait poursuivi les auteurs, qu'un catalogue publié par le demandeur pour indiquer les ouvrages soumis à la perception de ses droits ne fait nulle mention de l'œuvre reproduite. — Douai, 6 août 1863, J. Colombier et autres, [*Ann. propr. ind.*, 69.248] — Il s'agissait, dans l'espèce, d'œuvres qui avaient été publiées à l'étranger sans les autorisations requises et qui avaient été introduites en France pour y être débitées. La cour a cru devoir relever comme autre circonstance que l'introduction en France s'était accomplie sans que les agents des douanes eussent procédé à une saisie; il est évident que cette considération est dénuée de toute valeur.

701. — Décidé aussi qu'à supposer que la vente de tableaux, faite sans réserve par un artiste ou par son ayant-cause, ne confère pas à l'acheteur la faculté de céder à un tiers le droit de reproduction par la lithochromie, ce dernier ne peut néanmoins être poursuivi en contrefaçon à raison de sa bonne foi, lorsqu'il établit qu'il était pleinement fondé à croire que son auteur avait qualité pour lui céder le droit de reproduction. — Paris, 14 mars 1873, Dame Fauchier Gudin, [*Ann. propr. ind.*, 73.397]

702. — ... Que l'éditeur poursuivi en contrefaçon par le cessionnaire d'un auteur peut se disculper et se soustraire à toute condamnation en établissant sa bonne foi; qu'il peut tirer argument de ce que l'auteur, qui sans doute était déjà dépouillé de tous ses droits, lui a cédé une seconde fois ces mêmes droits. — Paris, 12 avr. 1862, De Gouet, [*Ann. propr. ind.*, 62.228]; — 12 juill. 1862, Vermot, [*Ann. propr. ind.*, 62.315]

703. — ... Que le mouleur qui a contrefait des statues en plâtre peut être déclaré excusable lorsqu'il a agi de bonne foi en employant des moules trouvés dans son fonds de commerce, et dans la croyance que ces statues étaient dans le domaine public. — Paris, 26 févr. 1825, Cartelier, [S. et P. chr.]

704. — ... Que la règle d'après laquelle le libraire qui achète d'un autre que de l'auteur tout ou partie de l'édition d'un livre (édition contrefaite) ne peut être considéré comme ayant agi de bonne foi, doit recevoir exception dans le cas où, par le fait même de l'auteur (par exemple, en laissant dans les mains de l'éditeur-vendeur un titre apparent modifié par un traité secret), le libraire acquéreur de l'édition contrefaite a pu être induit en

erreur sur l'étendue des droits de l'éditeur; qu'alors, toute faute, toute imprudence de la part du libraire disparaissant, le délit de contrefaçon doit disparaître également. — Cass., 18 juin 1847, Philipon, [S. 47.1.682, P. 47.2.322, D. 47.1.253]

705. — ... Qu'il n'y a pas contrefaçon dans le fait de celui qui a reproduit partie d'une pièce de vers dans un article de journal et qui a agi dans un sentiment de bienveillance pour l'auteur bien plutôt que dans un but mercantile. — Trib. corr. Seine, 22 août 1860, Vieillot, [*Ann. propr. ind.*, 61.427]

706. — ... Qu'étant donné l'usage général des imprimeurs de journaux d'employer le texte d'un article paru dans un journal pour un autre journal paraissant à une heure différente, un imprimeur qui a agi ainsi peut alléguer sa bonne foi, le déduire de la pratique courante. — Trib. corr. Nice, 29 avr. 1869, Dupeuty, [*Ann. propr. ind.*, 70-71.86] — V. cependant Paris, 29 nov. 1894, [*Gaz. des trib.*, 24 janv. 1895]

707. — Si nous passons à l'examen des cas où une condamnation est intervenue à raison de la mauvaise foi du prévenu, il y a lieu de mettre tout d'abord en relief cette idée qu'il n'est pas nécessaire, pour qu'il y ait mauvaise foi, que le reproducteur ait eu l'intention directe de nuire à l'auteur; une imprudence grave, une légèreté blâmable apportée à se renseigner sur le droit de reproduction sont assimilables à la mauvaise foi. — Rennes, 5 janv. 1892, Oudin, [*Ann. propr. ind.*, 92.191]

708. — La bonne foi des prévenus fondée sur une erreur de droit, notamment sur un arrêt antérieur décidant que dans une espèce semblable il n'y aurait pas contrefaçon, ne peut être admise par les tribunaux — Paris, 2 mars 1843, Bulla, [P. 43. 2.445]

709. — Celui qui imprime des chansons pour le compte des chanteurs ambulants a l'obligation de s'assurer si ces chansons sont ou non dans le commerce, il ne peut exciper de sa bonne foi, alors que leur nouveauté indiquait qu'elles ne pouvaient être tombées dans le domaine public. — Amiens, 11 août 1864, Vieillot, [*Ann. propr. ind.*, 64.397] — Aix, 27 août 1864, même partie, [*Ann. propr. ind.*, 64.401] — Trib. corr. Marseille, 27 juin 1864, même partie, [*Ann. propr. ind.*, 64.394]

710. — Un éditeur, prévenu de contrefaçon, ne peut arguer de sa bonne foi, alors que l'ouvrage reproduit est d'un auteur contemporain, que l'œuvre a un mérite et une renommée que l'inculpé est le premier à reconnaître et que les différentes éditions qui ont été faites du livre l'ont été dans la ville même où le défendeur est établi. — Paris, 9 janv. 1869, Thunot-Duvotenay, [*Ann. propr. ind.*, 69.138]

711. — Celui qui a reproduit un tableau exposé dans un musée de l'État ne peut argumenter de sa bonne foi alors que, depuis un certain temps, la direction des Beaux-arts avait à différentes reprises, averti les photographes et éditeurs d'estampes que l'auteur de ce tableau s'était, dans son contrat avec l'État, réservé le droit de reproduction; il importe peu que le défendeur n'ait pas été l'objet d'un avertissement spécial et individuel, si celui-ci n'a pu ignorer, à raison de la nature de son commerce et de ses rapports avec les maisons exerçant à Paris la même industrie, que le droit de reproduction de ce tableau n'était pas dans le domaine public. — Paris, 20 mai 1889, Hautecœur, [*Ann. propr. ind.*, 93.225]

712. — Le débitant d'objets contrefaits qui ne fait pas connaître son vendeur ne saurait arguer de sa bonne foi. — Trib. corr. Seine, 15 juill. 1875, Kers, [*Ann. propr. ind.*, 75.247]

713. — Étant donné que la mauvaise foi est un élément constitutif du délit, les juges saisis par le prévenu de l'exception de bonne foi ne sauraient prononcer une condamnation, sans s'expliquer sur cette exception, et en se bornant à reconnaître que, pour l'application de la peine, il y a lieu de tenir compte au prévenu de l'erreur dans laquelle a pu l'induire, quant à l'étendue de ses droits, la vulgarisation de l'objet contrefait. — Cass., 4 août 1888, Naudin, [S. 88.1.440, P. 88.1.1076] — V. Pouillet, *Propr. litt.*, n. 477; Maillard, note sous Cass., 4 août 1888, [*Ann. propr. ind.*, 92.186]

714. — De même, l'arrêt qui se borne à déclarer que la contrefaçon est établie, sans s'expliquer sur l'exception de bonne foi présentée par le prévenu, doit être annulé comme n'étant pas suffisamment motivé. — Cass., 13 janv. 1866, Plon, [S. 66. 1.267, P. 66.666, D. 66.1.213]

715. — Il en doit être de même à l'égard de celui qui s'est borné à constater la bonne foi d'un débitant au moment où il a acheté l'œuvre arguée de contrefaçon, sans rechercher si cette bonne foi existait encore au moment de la sous-aliénation. — Cass., 13 mars 1890, Barbedienne, [*Ann. propr. ind.*, 92.188]

716. — Mais lorsque les juges de première instance ont, dans une affaire de contrefaçon, déclaré qu'il n'y avait pas eu de la part du prévenu intention de nuire, la cour, en énonçant dans son arrêt que celui-ci a publié sciemment des poésies qu'il savait être la propriété exclusive des auteurs ou de leurs représentants, et en le déclarant coupable de contrefaçon, constate suffisamment l'existence de l'intention de nuire. — Cass., 15 juin 1844, Guérin et Didier, [P. 44.2.482]

717. — Les infractions relatives aux dessins de fabrique et aux modèles de fabrique ne sont punissables que parce que la jurisprudence a estimé, à juste titre d'ailleurs, qu'elles tombaient sous le coup des dispositions des art. 425 et s. du Code pénal; c'est dire que les mêmes controverses que nous venons de signaler à l'égard des contrefaçons d'œuvres littéraires et artistiques sont susceptibles de naître dans les espèces qui nous restent à examiner; c'est ainsi qu'il a été jugé, d'une part, conformément à l'opinion que nous avons précédemment adoptée, que la bonne foi du fabricant défendeur à une action en contrefaçon de dessins de fabrique rend impossible toute condamnation pénale. — Orléans, 4 déc. 1865, Auclair, [*Ann. propr. ind.*, 66. 96] — Paris, 12 mars 1870, Latry et Cⁱᵉ, [*Ann. propr. ind.*, 70. 260] — Sic, Fauchille, p. 210; Pouillet, *Dessins de fabr.*, n. 144; Philipon, n. 160; Chauveau et Faustin Hélie, 6ᵉ édit., t. 6, p. 45, n. 2499; Waelbroeck, n. 93.

718. — Mais il a été décidé, en sens contraire, que comme la contrefaçon des dessins de fabrique est une infraction *sui generis*, les tribunaux n'ont point à vérifier s'il y a réellement mauvaise foi de la part du prévenu. — Paris, 1ᵉʳ avr. 1846, Vachon-Morand, [cité par Blanc, p. 358] — Sic, Blanc, p. 363; Huard, *Propr. ind.*, n. 153; Calmels, n. 493.

719. — L'excuse de la bonne foi n'est pas admissible en ce cas. — Rouen, 13 juin 1866, Romain et Palyart, [*Ann. propr. ind.*, 67.47]

720. — Quoi qu'il en soit des divergences que il est possible de relever dans la jurisprudence relativement ancienne, on peut considérer notre système comme définitivement admis. — Décidé, à cet égard, que le délit de contrefaçon d'un dessin de fabrique suppose nécessairement la mauvaise foi de son auteur, mais il n'est pas nécessaire que la mauvaise foi soit constatée en termes formels; il suffit qu'elle ressorte de l'ensemble des faits relevés à sa charge. — Cass., 21 déc. 1888, Ettinger, [S. 90.1.362, P. 90.1.845] — V. Philipon, n. 162.

721. — L'intention délictueuse est suffisamment constatée, lorsqu'il résulte de l'ensemble des déclarations dudit arrêt que les prévenus n'avaient pu se méprendre sur le droit que le plaignant avait entendu se réserver d'exploiter seul le modèle qu'ils ont reproduit. — Même arrêt.

722. — Comme en toute autre matière, c'est aux juges du fond qu'il appartient de décider si le prévenu a agi de bonne ou de mauvaise foi. — Jugé, à ce sujet, que les fabricants qui mettent en vente des dessins contrefaits, ne sont pas admis à arguer, pour se soustraire à la poursuite, de ce qu'ils les ont reçus de bonne foi de leurs dessinateurs, sans en connaître l'origine et sans savoir qu'ils étaient contrefaits. — Trib. comm. Seine, 7 juin 1850, Fortier, [cité par Blanc, p. 363] — V. Philipon, n. 166.

723. — Mais décidé qu'un dessinateur sur étoffe ne peut être poursuivi, alors que, s'il s'est inspiré de dessins d'oiseaux reproduits par la lithographie et vendus comme œuvres artistiques, il démontre que les oiseaux imités ne sont qu'un accessoire du dessin et qu'il n'y a pas eu copie servile ni reproduction par le décalcage ou tout autre moyen révélant une imitation frauduleuse. — Paris, 13 juill. 1870, Ledol, [*Ann. propr. ind.*, 70-71. 317]

724. — L'étude de la bonne foi dans les actions en contrefaçon nous amène tout naturellement à rechercher l'effet que peut produire sur la légitimité de la poursuite la circonstance que l'objet prétendûment contrefait qui sert de base à l'action du demandeur n'est arrivé en sa possession ou à la suite d'une commande faite par lui ou par un de ses agents. En pareil cas, le titulaire de droits privatifs peut-il utilement agir en contrefaçon? On s'est parfois prononcé pour l'affirmative. La provocation au délit, a-t-on dit, ne doit pas avoir pour conséquence d'effacer la culpabilité de celui qui le commet puisqu'en principe le consentement de la victime laisse subsister le caractère délictueux de

l'acte et qu'aucun des textes relatifs à la contrefaçon ne consacre d'exception à cette règle générale. — Rendu, n. 292; Calmels, n. 68; Huard, sur l'art. 16, L. 23 juin 1857, n. 13; Bédarride, n. 770; Schmoll, n. 35.

725. — On ajoute que, sans doute, en pareille hypothèse, le titulaire des droits privatifs n'éprouve à vrai dire aucun préjudice, puisque les objets contrefaits n'ont été fabriqués qu'à sa demande, mais on fait observer que le délit de contrefaçon existe, alors même que le plaignant n'a éprouvé aucun préjudice.

726. — Il a été jugé, en ce sens, que le propriétaire de marques ou d'étiquettes qui en a fait faire des commandes par des tiers, dans le but de se procurer la preuve de la contrefaçon, est recevable à poursuivre le contrefacteur. — Paris, 19 mars 1875, Reynal et autres, [S. 75.2.97, P. 75.446 et la note de M. Lyon-Caen]

727. — Spécialement, le lithographe qui, au nom et pour le compte d'un tiers, exécute une commande de marques de fabrique ou étiquettes, sans vérifier la légitimité de la commande, se rend coupable du délit de contrefaçon, alors même que la commande a eu lieu à l'instigation du propriétaire des marques ou étiquettes, si ce n'était là qu'un moyen employé par le propriétaire pour arriver à la constatation de la contrefaçon. — Cass., 15 janv. 1876, Wolff, [S 76.1.92, P. 76.1885, D. 76.1.283]

728. — Ce système doit être écarté; il est vrai, tout d'abord, que le délit de contrefaçon existe indépendamment de tout préjudice (V. *infrà*, n. 776 et s.); mais, ainsi qu'on l'a fait justement observer, « il nous semble bien que l'on joue un peu sur les mots; on invoque un principe très-exact sur la contrefaçon, mais on lui attribue un sens contraire à sa signification réelle. Il est vrai que, pour qu'il y ait contrefaçon, il n'est nullement nécessaire qu'il soit prouvé que le propriétaire a subi un préjudice effectif, mais il faut au moins que le préjudice ait été possible. Or, au cas de provocation, il n'y a pas même possibilité de préjudice, puisque les objets litigieux se trouvent en réalité avoir été fabriqués pour le compte du propriétaire ». — Ch. Lyon-Caen, note sous Paris, 19 mars 1875, précité.

729. — Quant à l'autre argument tiré de ce qu'on règle générale le consentement de la prétendue partie lésée ne suffit pas dans notre droit pénal pour effacer le délit, on peut faire observer que ce principe souffre des exceptions. « Il y a des délits, a-t-on dit, qui supposent nécessairement que le fait est commis sans la volonté de la personne à laquelle il porte préjudice; alors, le consentement de cette personne fait disparaître la criminalité du fait et par suite la culpabilité de l'agent. Sans prétendre citer tous les délits qui rentrent dans cette catégorie exceptionnelle, nous citerons au premier rang les délits contre les propriétés. Qui peut nier qu'il n'y ait ni vol, ni abus de confiance, par exemple, quand l'auteur du fait a soustrait une chose ou en a disposé frauduleusement, ignorant que le propriétaire consentait à s'en laisser dépouiller? (Haus, *Principes généraux du droit pénal belge*, 2ᵉ édit., n. 607 et 608). La contrefaçon fait bien partie de cette catégorie spéciale de délits, c'est une atteinte au droit de propriété ». — Ch. Lyon-Caen, *loc. cit.*

730. — Décidé, en ce sens, que de prétendues contrefaçons provoquées par un breveté ou par les siens, exécutées sur ses indications, et en réalité pour son compte, n'ayant pu causer de préjudice à ce breveté, ne sauraient engendrer à son profit une action en contrefaçon surtout quand rien n'établit que d'autres faits de contrefaçon soient imputables aux prévenus. — Paris, 4 déc. 1862, Vernier, [*Ann. propr. ind.*, 62.449] — Sic, sur le principe, Mayer, n. 90; Pouillet, *Marq. de fabr.*, n. 152, *Brev. d'inv.*, n. 650, *Propr. litt.*, n. 496; Pataille, *Ann. propr. ind.*, 1875, p. 82; Maïapert et Forni, n. 873; Darras, *Marq. de fabr.*, n. 194; Allart, n. 665; Calmels, n. 583; Nouguier, n. 975; Ruben de Couder, vᵒ *Contrefaçon*, n. 38. — V. Pelletier et Defert, n. 189.

731. — De même, il ne saurait y avoir contrefaçon à la charge de celui qui a fabriqué l'un des éléments d'un objet breveté sur la commande et pour le compte de l'un des porteurs de licence du brevet. — Paris, 27 janv. 1865, Sax, [*Ann. propr. ind.*, 69. 289] — Trib. corr. Seine, 21 mars 1864, Sax, [*Ann. propr. ind.*, 64.71]

732. — Le fait que un breveté d'avoir commandé, par un intermédiaire, à un fabricant, l'exécution du produit breveté peut être considéré comme manœuvre frauduleuse s'il a été perpétré dans le but d'entraîner ce fabricant dans un piège et d'attirer sur lui une condamnation imméritée pour contrefaçon. Dans tous les cas, on peut considérer ce fait comme quasi-délit de nature à être prouvé par témoins. — Cass., 5 avr. 1858, Popard, [*Ann. propr. ind.*, 58.373] — V. Trib. corr. Seine, 21 mars 1861, précité.

733. — De même, il a été décidé qu'il y a lieu de renvoyer un prévenu des fins de la plainte lorsqu'il est établi qu'au moment où le propriétaire de l'œuvre contrefaite s'est présenté chez l'inculpé, accompagné d'un commissaire de police, dans l'intention de faire procéder à une saisie, aucun délit de contrefaçon n'avait encore été commis, que le moule destiné à produire des objets contrefaits avait seul été fabriqué, et que ce n'est que sur les instances du demandeur et sur l'assurance qu'il n'en résulterait aucune suite fâcheuse que la personne poursuivie a consenti à couler l'œuvre prétendûment contrefaite. — Paris, 20 juin 1883, Rolland, [*Ann. propr. ind.*, 84.179]

734. — Le droit d'agir en contrefaçon n'est enlevé au titulaire de droits privatifs que dans le cas de provocation proprement dite, c'est-à-dire dans le cas où c'est la commande faite par le demandeur au procès qui a donné à son adversaire l'idée de se livrer aux actes de contrefaçon qui lui sont reprochés ou, ce qui revient au même, dans le cas où il est impossible à l'intéressé d'établir, à la charge du défendeur, des faits d'une date antérieure à celle de la commande. Décidé, à cet égard, que la commande faite par le propriétaire d'une marque en vue de s'assurer la preuve d'une contrefaçon ne constitue pas une provocation au délit; une telle provocation ne peut résulter que d'agissements en vue, non d'établir la preuve d'un fait existant, mais de faire naître un délit qui, sans cela, n'aurait pas été commis. — Lyon, 19 juin 1879, Portallier, [*Ann. propr. ind.*, 80. 384 et 84.224] — V. Paris, 4 mars 1869, Jaluzot, [*Ann. propr. ind.*, 69.97] — Trib. Seine, 30 juin 1869, Christy, [*Ann. propr. ind.*, 70.31] — Pouillet, *Brev. d'inv.*, n. 652; Darras, *Marq. de fabr.*, n. 191; Allart, n. 666; Malapert et Forni, n. 872.

735. — Il y a lieu d'assimiler à la provocation l'autorisation, même tacite, accordée par le breveté, par le propriétaire de marques, etc. Décidé, à cet égard, que l'essai d'un procédé pour lequel un tiers a pris un brevet d'invention ne constitue pas une contrefaçon, alors que cet essai a eu lieu à la connaissance du breveté et sans protestation de sa part. — Cass., 16 janv. 1861, Thomas, [*Ann. propr. ind.*, 61.33] — Paris, 18 juill. 1859, Même partie, [P. 61 919] — Sic, Allart, n. 648.

736. — Il en est ainsi même si le titulaire prétend n'avoir consenti à un tel emploi qu'à la condition d'assister aux expériences, du moment où il résulte des documents produits que cette condition a été repoussée sans qu'il y ait eu de la part du breveté, ni protestation, ni réclamation contre la continuation des expériences. — Mêmes arrêts.

737. — Il ne faudrait pas, d'ailleurs, se méprendre sur la portée de la décision qui vient d'être indiquée; un breveté, un propriétaire de marques, d'œuvres littéraires ou artistiques, ne peut pas, selon nous, agir en contrefaçon contre ceux auxquels il a lui-même accordé l'autorisation tacite de reproduire l'œuvre litigieuse; mais pour se soustraire à l'action en contrefaçon, il ne suffirait pas d'invoquer la tolérance de l'intéressé. On ne peut prétendre qu'il y a autorisation tacite que si on établit qu'il y a eu d'abord demande adressée au titulaire de droits privatifs et que celui-ci a, par ses actes, ou au moins par son silence, acquiescé à la demande dont il a été saisi; la longue inaction de l'intéressé n'a pour sanction, en principe, que la prescription, et si les délais requis ne sont pas expirés, la tolérance qu'on lui impute ne saurait être préjudiciable à ses intérêts. — Pouillet, *Marq. de fabr.*, n. 150 et 422; *Brev. d'inv.*, n. 649; Blanc, p. 36, 672, 775; Merlin, *Rép.*, v° *Brev. d'inv.*, n. 4; Darras, *Marq. de fabr.*, n. 191; Allart, t. 3, n. 650; Malapert et Forni, n. 698. — *Contrà*, Huard, *Propr. ind.*, n. 448; Rendu et Delorme, n. 784.

738. — Jugé, en ce sens, en matière d'œuvres littéraires et artistiques, que le silence gardé pendant un certain temps par le plaignant n'est pas de nature à lui faire perdre le droit qu'il tient de la loi et à faire supposer qu'il a renoncé à ce droit. — Paris, 27 juin 1844, Beaudoin, [cité par Blanc, p. 36] — Trib. Seine, 10 juill. 1844, Escudier, [cité par Blanc, p. 35] — V. aussi Trib. corr. Seine, 22 août 1860, Vieillot, [*Ann. propr. ind.*, 61. 427]

739. — On pourrait être tenté de considérer comme faisant échec à la règle que l'inaction de l'intéressé ne peut lui être préjudiciable, un arrêt d'après lequel, étant donné qu'un professeur, bien que salarié par l'État, peut s'opposer à la publication de

son cours par un tiers, le défaut d'opposition de sa part à la publication de son cours lui fait perdre toutefois le droit d'empêcher que les éditeurs n'achèvent la publication commencée. — Paris, 18 juin 1840, Cuvier, [S. 40.2.254, P. 40.2.147] — Il n'en est rien, cependant, à raison même de ce que, dans l'espèce rapportée, il n'y avait pas eu, de la part du professeur, un silence purement passif; l'arrêt relève, en effet, une circonstance qui a été déterminante pour les juges : c'est qu'il résultait d'une correspondance intervenue entre Cuvier et les défendeurs, que l'auteur, s'il n'avait pas expressément consenti à la publication, ne s'y était cependant pas opposé, et, de plus, avait exigé « que l'on rayât des enveloppes la mention de son consentement ». Cela étant, il y avait plus qu'une simple tolérance, il y avait une autorisation tacite de publication; vis-à-vis des éditeurs, l'action en contrefaçon n'était donc pas recevable.

740. — Même décision en matière de marques de fabrique. — Grenoble, 31 déc. 1852, Rivoire, [cité par Blanc, p. 776] — Paris, 19 mai 1870, Garnier, [*Ann. propr. ind.*, 70.249] — Trib. Lyon, 12 mars 1861, [*Monit. Trib.*, 62.71] — Trib. Seine, 7 avr. 1879, Caussin, [*Ann. propr. ind.*, 79.209] — Trib. comm. Seine, 23 janv. 1860, C¹ᵉ le Soleil, [*Ann. propr. ind.*, 64.439] — Trib. corr. Seine, 16 févr. 1884, Picon et C¹ᵉ, [*Gaz. Pal.*, 84.1.443]

741. — Il a été aussi jugé que, bien que le porteur d'un brevet d'invention ait laissé pratiquer à d'autres, conjointement avec lui, pendant dix ans, le procédé décrit dans son brevet, il ne peut, par cela seul, être censé avoir encouru la déchéance de son droit exclusif. — Cass., 28 niv. an XI, Lange, [S. et P. chr.]

742. — De même, celui qui a contrefait une chose à la fabrication de laquelle le porteur d'un brevet d'invention a un droit privatif n'est pas excusable par le motif qu'il aurait acheté d'un tiers, autorisé ou toléré par l'inventeur, les matières nécessaires à la fabrication, matières que l'inventeur aurait seul le droit de préparer ou de vendre; l'autorisation ou la tolérance de ce tiers est l'objet ne peut être considérée comme constituant, de la part de l'inventeur, un abandon de son droit privatif. — Cass., 27 déc. 1837, Rattier et Guibal, [S. 38.1.25, P. chr.]

743. — Cette idée que la tolérance de l'intéressé ne peut pas être retournée contre lui joue un rôle important dans la discussion du point de savoir si des étrangers qui, précédemment, ne pouvaient agir en contrefaçon, à raison même de leur extranéité, peuvent, lorsqu'à la suite d'un traité signé par leur pays avec la France, leurs droits viennent ultérieurement à être reconnus sur notre territoire, s'ils peuvent s'opposer à ce que leurs concurrents continuent comme par le passé à se servir de leurs marques ou de leurs noms. On sait que, pour ce cas particulier, on a parfois soutenu que le silence gardé par les industriels étrangers avait fait tomber dans le domaine public les signes distinctifs par eux employés. Nous reviendrons plus loin sur cette difficulté. — V. *Rép. alph. du dr. fr.*, v° *Marque de fabrique*.

744. — Il y a aussi lieu de rattacher à l'étude de la bonne foi l'excuse tirée de la possession antérieure que parfois les prévenus de contrefaçon opposent victorieusement à leurs adversaires; la question se pose particulièrement en matière d'inventions brevetables; on sait qu'il peut arriver parfois qu'un même problème scientifique soit résolu à peu près en même temps par plusieurs personnes différentes; si les travaux de l'une et de l'autre de celles-ci sont rendus publics, le brevet qui a pu être délivré à l'une d'elles n'est point valable, puisque l'invention n'est pas nouvelle, mais on peut supposer que les études aient été menées en secret; en ce cas, si l'un des inventeurs sollicite la délivrance d'un brevet, le titre qu'il obtient est certainement valable (V. *Rép. alph. du dr. fr.*, v° *Brevet d'invention*, n. 601 et 601 bis); on ne demande s'il peut s'en prévaloir à l'encontre de son concurrent moins diligent.

745. — Pour prétendre que celui-ci peut être poursuivi en contrefaçon, on peut invoquer le silence même de la loi de 1844; on sait, en effet, que l'art. 1 dit, d'une manière générale et sans aucune distinction, que le brevet confère le droit *exclusif* d'exploiter l'invention; or en a conclu logiquement, peut-il sembler, que ce droit exclusif peut être opposé à toute personne, quelle qu'elle soit, à celle-là même qui, si elle eût été plus diligente, aurait pu obtenir elle-même le brevet qu'on fait valoir actuellement contre elle. — Duvergier, *Collect. des lois*, sur l'art. 46, L. 5 juill. 1844, p. 618; Malapert et Forni, n. 624; Picard et Olin, n. 532.

746. — Il faut reconnaître cependant que ce système doit être regardé comme abandonné; des considérations d'équité ont fait échec à un texte qui, strictement entendu, était trop rigoureux ; puis d'ailleurs, indépendamment de ces considérations, on pouvait faire observer que, si étendus que fussent les droits consacrés au profit des brévetés, ils ne devaient pas pouvoir être invoqués contre des droits acquis ; le brevet, en établissant un monopole, procède comme ferait une loi ; les principes de la non-rétroactivité doivent, par suite, être appliqués comme s'il s'agissait d'une loi véritable. — Rendu et Delorme, n. 440 ; Nouguier, n. 508, 780, 970 ; Allart, n. 644 ; Pouillet, *Brev. d'inv.*, n. 428 ; Renouard, *Brev. d'inv.*, n. 44.

747. — Jugé, en ce sens, que la possession, *même non publique*, antérieure à la délivrance d'un brevet d'invention, du procédé formant l'objet de ce brevet, constitue, en faveur du possesseur, une exception valable contre la poursuite de contrefaçon. — Cass., 13 mars 1825, Fougerol, [S. et P. chr.] ; — 30 mars 1849, Meunier, [S. 50.1.70, P. 50.1.472, D. 49.5.32] ; — 23 févr. 1856, Delavelle, [S. 57.1.159, P. 57.972, D. 56.1.352] ; — 25 mars 1865, Mazier, [*Ann. propr. ind.*, 65.305] — Trib. Seine, 27 mars 1878, Lauronce, [*Ann. propr. ind.*, 79.249] — Trib. Amiens, 23 déc. 1882, [*Journ. aud. Amiens*, 83.69] — V. aussi Trib. Termonde, 28 juin 1890, Jacobs, [*Pand. belg.*, 90.796]

748. — Jugé aussi que l'industriel qui a librement employé dans sa fabrication des procédés non encore brevetés, ne peut donc s'en voir dépouiller par un tiers invoquant contre lui un brevet postérieur, et, par suite, dénué de nouveauté à son égard. — Cass., 22 juill. 1890, Placet, [S. et P. 93.1.474, D. 91.1.73] — et le rapport de M. le conseiller Babinet.

749. — Lorsqu'il est établi que les personnes poursuivies par l'action en contrefaçon ont fabriqué ouvertement, vendu et exposé dans les concours des objets pour lesquels le demandeur a ultérieurement obtenu son brevet, les juges de fait doivent maintenir les défendeurs dans leur droit de continuer leur fabrication et déclarer qu'à leur égard le brevet est entaché d'une nullité relative. — Cass., 12 nov. 1883, Gay, [S. 86.1.29, P. 86. 1.46, D. 84.1.297]

750. — La faculté ainsi accordée à celui qui est poursuivi comme contrefacteur, existe aussi bien au cas où le poursuivi en contrefaçon a lui-même obtenu un brevet pour les mêmes procédés, postérieurement au poursuivant, qu'au cas où il n'est pas du tout breveté. — Cass., 18 avr. 1832, Adam, [S. 32.1. 387, P. chr.]

751. — Par *a fortiori* de la solution qui précède on doit admettre que lorsqu'un inventeur a communiqué à diverses personnes le fruit de son travail qu'il a laissé volontairement tomber dans le domaine public, et que l'un de ses confidents prend un brevet sans son concours et à son insu, celui-ci ne peut, en vertu de ce titre, agir en contrefaçon contre celui qui véritablement doit être considéré comme l'auteur de l'invention. — Paris, 12 juill. 1856, Fourneaux, [*Ann. propr. ind.*, 56.329] — Sic, Allart, n. 646.

752. — Mais un prévenu de contrefaçon ne pourrait se faire un moyen de défense de ce qu'il se serait simplement occupé du procédé que l'on l'accuse d'avoir illicitement employé et qu'il en aurait même parlé à plusieurs personnes. — Cass., 11 juill. 1857, Fauconnier, [*Ann. propr. ind.*, 57.321] — Sic, Pouillet, *Brev. d'inv.*, n. 434.

753. — Comme une semblable articulation manque de pertinence, une cour d'appel peut rejeter l'offre de preuve qui en est faite en se fondant sur ce qu'il y a des éléments suffisants sur la question d'antériorité opposée et sur ce que, d'ailleurs, en supposant établis les faits dont la preuve est offerte ; il n'en résulterait pas que le plaignant eût dérobé au prévenu l'idée de son procédé. — Même arrêt.

754. — Quoi qu'il en soit, l'excuse tirée de l'antériorité de la possession ne saurait être invoquée quand cette possession est entachée de fraude et qu'il est notamment établi que le prévenu a profité de ses relations habituelles avec l'inventeur pour surprendre son secret. — Paris, 13 avr. 1878, Petit, [*Ann. propr. ind.*, 78.102] — Sic, Pouillet, *Brev. d'inv.*, n. 433 ; Allart, n. 646.

755. — Spécialement, l'ouvrier qui, en cette qualité, a été initié à la connaissance d'un procédé nouveau, inventé par le maître chez lequel il travaillait, ne peut se prévaloir de l'exploitation frauduleuse qu'il aurait faite de ce procédé antérieurement à la délivrance du brevet demandé par l'inventeur, pour repousser plus tard une plainte en contrefaçon dirigée contre lui. — Paris, 5 juill. 1845, Croizat et Capluin, [P. 45.2.154] — V. aussi Caen, 17 févr. 1887, Peschard, [*Ann. propr. ind.*, 87.31]

756. — Ne peut non plus opposer l'exception de possession personnelle, antérieure au brevet, celui qui, contre la volonté de l'inventeur, par une indiscrétion abusive et pendant la période d'études, a eu connaissance des dessins représentant la machine nouvelle. — Grenoble, 1er août 1887, Bonjour, [*Ann. propr. ind.*, 90.33]

757. — Cette exception ne serait pas non plus recevable si l'inventeur du procédé établissait que son adversaire n'avait eu connaissance de son secret que par des moyens frauduleux, à la suite de révélations obtenues d'un de ses employés. — Paris, 17 févr. 1888, Placet, [*Ann. propr. ind.*, 90.268]

758. — L'exception tirée de la possession antérieure peut être invoquée par celui-là même qui exploitait déjà l'invention avant la délivrance du brevet ; mais on s'est demandé si ce bénéfice ne pouvait pas être étendu à certaines autres personnes, qui se trouvent être dans certaines relations d'affaires avec ce même inventeur. On a voulu empêcher que celui-ci ne vienne par des ententes avec des tiers à restreindre outre mesure les droits du bréveté. Aussi n'a-t-on pas reconnu comme valables les autorisations de fabriquer qu'il peut être amené à concéder à des tiers quelconques ; on a exigé qu'un lien direct et personnel rattache ces derniers à l'établissement de celui qui avait la possession antérieure au brevet, de telle sorte qu'ils soient en réalité les ayants-droit et les continuateurs de sa personne commerciale. — V. Pouillet, *Brev. d'inv.*, n. 432 ; Allart, n. 643 et s.

759. — L'exception péremptoire tirée de la possession antérieure peut donc être invoquée par le cessionnaire de l'usine ou de la maison de commerce du bénéficiaire principal. — Cass., 22 juill. 1890, précité.

760. — Mais l'exception de priorité de possession est particulière à celui qui, antérieurement au brevet, usait de l'invention ; elle ne lui confère qu'un droit personnel et ne l'autorise pas à conférer à des tiers, postérieurement au brevet, le droit d'user du procédé breveté dont il ne jouit lui-même qu'à titre particulier. — Douai, 19 juill. 1859, Brunfaut frères et Cie, [*Ann. propr. ind.*, 60.215]

761. — Par suite, celui qui, avant la demande de brevet, prétend avoir fait usage d'un procédé semblable à celui breveté, ne pourrait invoquer cette priorité de possession s'il est poursuivi simplement comme président d'une société industrielle complètement distincte et non comme copropriétaire de l'établissement dans lequel il a pratiqué ce procédé. — Même arrêt.

762. — Par le même motif, si la société anonyme dont il est un des cointéressés et le président ne justifie pas d'une transmission à son profit antérieure au brevet, elle ne peut non plus invoquer cette priorité de possession. — Même arrêt.

763. — En tous cas, quand un prévenu de contrefaçon s'est borné, devant le juge du fait, à invoquer des antériorités résultant de prétendues fabrications émanées de plusieurs industriels, il n'est pas recevable, quand ces antériorités ont déjà été repoussées au fond par le juge, à venir, pour la première fois, devant la Cour de cassation, prétendre que, l'un de ces industriels lui aurait cédé son établissement, cela lui aurait assuré une possession personnelle, antérieure au brevet, sur laquelle le juge devait s'expliquer. — Cass., 19 févr. 1859, Sax, [*Ann. propr. ind.*, 59.54]

764. — L'exception tirée de l'antériorité de la possession ne peut, en effet, être produite pour la première fois devant la Cour de cassation. — Cass., 25 mars 1865, Mazier, [*Ann. propr. ind.*, 65.305] — Sic, Allart, n. 647 ; Pouillet. *Brev. d'inv.*, n. 434.

765. — Il n'est pas nécessaire que le fait de possession antérieure à la délivrance du brevet soit constaté par des actes ou écrits. — Cass., 8 févr. 1827, Adam, [S. et P. chr.] — V. Allart, n. 642 ; Pouillet, *Brev. d'inv.*, n. 435.

766. — Il peut être établi à l'aide de la preuve testimoniale. — Cass., 29 mess. an XI, Toussaint, [S. et P. chr.] ; — 20 déc. 1808, Tellier, [S. et P. chr.] ; — 30 avr. 1810, Bernard, [S. et P. chr.] ; — 13 mars 1825, Fougerol, [S. et P. chr.] — Rouen, 4 mars 1841, Pothion, [S. 41.2.365, P. 42.2.323]

767. — Mais le prévenu qui prétend avoir possédé personnellement certains procédés de fabrication et en avoir fait la même application que le bréveté antérieurement à ce brevet, ne saurait invoquer, comme preuve d'antériorité, des produits qu'il reconnaît lui-même n'avoir livrés que postérieurement à ce brevet. — Paris, 26 déc. 1878, Lauronce, [*Ann. propr. ind.*, 79.247]

768. — Ce n'est pas seulement en matière d'invention brevetable que deux personnes peuvent, à peu près en même temps, donner naissance à deux œuvres intellectuelles identiques; on comprend assez aisément que s'il n'en peut être ainsi au cas d'œuvres littéraires ou artistiques proprement dites, la coïncidence des efforts et des résultats peut au contraire se produire en matière de dessins de fabrique; pour une telle hypothèse, les raisons qui, en matière d'inventions brevetables, ont fait consacrer l'exception tirée de l'antériorité de possession, se retrouvent avec la même force; il faudrait donc décider, si la question se présentait, qu'un fabricant, qui serait en possession d'un dessin qui vient à être déposé, peut séparément commencer ou continuer à exploiter ce dessin, sans n'avoir rien à craindre des poursuites du déposant. — Pouillet, *Dess. de fabr.*, n. 140.

769. — Pour apprécier quel est le sort des antériorités d'usage invoquées en matière de marques de fabrique par un défendeur à l'action en contrefaçon, il faut se rappeler que, d'après la loi de 1857, le dépôt de la marque est déclaratif et non attributif de droit; il en résulte incontestablement que l'exception d'antériorité peut être utilement invoquée par celui qui était en possession de la marque litigieuse avant le moment où le déposant a, pour la première fois, fait usage de cette même marque. — Cass., 8 avr. 1859, Bardou, [*Ann. propr. ind.*, 59.402] — V. Lyon, 3 févr. 1885, Knop, [Clunet, 85.441]

770. — Spécialement, comme le législateur français a admis les étrangers à profiter du bénéfice de la loi et à revendiquer en France la propriété exclusive des marques par eux adoptées, même pour les produits provenant des établissements qu'ils possèdent hors de France, à la seule condition que des conventions diplomatiques aient établi la réciprocité pour les marques françaises, un étranger, établi dans un pays de réciprocité, en Prusse dans l'espèce, ne peut sans doute agir en contrefaçon s'il a négligé de déposer sa marque en France, mais il peut se défendre contre des poursuites dirigées en France contre lui pour usurpation de marques, en établissant qu'il se sert depuis longtemps à l'étranger de la marque incriminée. — Paris, 26 mai 1868, Jacob Holtzer et Cⁱᵉ, [*Ann. propr. ind.*, 68.167]

771. — L'intéressé peut même demander la nullité du dépôt, sauf d'ailleurs à s'adresser au tribunal civil compétent. On sait, en effet, que le jugement par lequel le tribunal correctionnel, saisi d'une action pour délit relatif à une marque de fabrique renvoie le prévenu de la poursuite en admettant une exception de propriété de la marque soulevée par ce dernier, n'a pas l'autorité de la chose jugée relativement à une nouvelle action en contrefaçon intentée contre le même à raison de faits ultérieurs. — Cass., 22 févr. 1862, Bardou, [S. 62.1.900, P. 63.609, D. 63. 3.306] — Montpellier, 17 juin 1862, Bardou, [S. 62.2.326, P. 63. 609]

772. — Dans les hypothèses précédentes, l'industriel qui se prévalait de l'antériorité de la possession établissait qu'il s'était servi de la marque litigieuse non seulement avant que la formalité du dépôt eût été accomplie, mais aussi avant que le déposant eût lui-même commencé à l'employer; il invoquait, d'une manière absolue, la priorité de possession; mais une situation plus délicate est susceptible de se rencontrer : il se peut que la personne poursuivie invoque des faits d'usage antérieurs à la date du dépôt, alors d'ailleurs qu'elle est obligée de reconnaître que son adversaire se servait de la marque bien avant le dépôt et bien avant qu'elle-même eût commencé à s'en servir; en ce cas, le défendeur est-il encore en droit, pour repousser l'action en contrefaçon, de se prévaloir de faits de possession, antérieurs sans doute au dépôt, mais postérieurs aux faits d'usage que le déposant peut invoquer à l'appui de son droit à la priorité de possession?

773. — La question ne paraît pas avoir été examinée dans ses termes même par la doctrine; mais, incontestablement, les auteurs qui pensent que, le dépôt d'une marque une fois opéré, l'intéressé peut poursuivre en concurrent même pour les faits d'usurpation antérieurs au dépôt lui-même, doivent estimer que l'excuse de l'antériorité de la possession n'est pas recevable en l'espèce; la même solution s'impose aussi, selon nous, à ceux qui estiment que le dépôt ne permet de poursuivre correctionnellement que les faits de contrefaçon qui viennent à se produire postérieurement à la date de cette formalité. C'est qu'en effet si, avant le dépôt, il était impossible d'user des tribunaux correctionnels pour faire cesser des faits d'usage qui se produisaient alors de la part d'un négociant qui ne pouvait invoquer

une priorité absolue d'emploi, il était loisible, pourvu que certaines conditions fussent remplies, d'intenter contre lui l'action en concurrence déloyale (V. *Rép. alph. du dr. fr.*, v° *Concurrence déloyale*, n. 416 et s., 431 et s.). On ne comprendrait pas que des faits, illicites en soi, dès avant le dépôt, puissent, après ce dépôt, être la source d'un véritable droit opposable au déposant.

774. — Il a été jugé, dans une espèce où les circonstances de fait étaient celles que nous venons d'indiquer, que le commerçant, poursuivi pour avoir contrefait une marque de fabrique, ne peut exciper de ce que, antérieurement au dépôt légal, il faisait déjà usage de cette marque, si la condamnation n'est intervenue qu'à l'occasion des faits d'usage postérieurs au dépôt. — Cass., 20 juin 1874, Dérossy, [S. 76.1.231, P. 76.545, D. 76.1.439]

775. — ... Que d'ailleurs, il ne pourrait, même pour les faits antérieurs au dépôt, alléguer sa bonne foi, si, avant cette époque, le plaignant se servait déjà, depuis plus longtemps que lui-même, de la marque ultérieurement déposée. — Même arrêt.

Section II.

Du préjudice dans les actions en contrefaçon. — De la reproduction dans une industrie différente ou par un art différent.

776. — C'est encore une question commune à toutes les actions en contrefaçon que celle de savoir si l'existence d'un préjudice actuel est nécessaire pour qu'il y ait délit; aucun texte des lois spéciales que nous avons à examiner ne s'occupe de cette difficulté; la solution sera donc la même pour toutes les actions en contrefaçon et dépendra uniquement des principes généraux du droit pénal français; or, on admet communément que la simple éventualité d'un préjudice suffit pour qu'il y ait délit lorsque l'infraction consiste en une violation d'un droit privatif. — V. Pouillet, *Dess. de fabr.*, n. 138; *Marques de fabr.*, n. 144; *Brev. d'inv.*, n. 636; *Propr. litt.*, n. 471; Calmels, n. 487; Philipon, n. 157; Gastambide, n. 39; Pataille, *Ann. propr. ind.*, 67.183; Allart, n. 434; Darras, *Marq. de fabr.*, n. 183; Brun, p. 36. — V. *Rép. alph. du dr. fr.*, v° *Concurrence déloyale*, n. 61 et s.

777. — Il résulte de cette observation générale que, d'une part, il y a délit bien que le plaignant ne puisse établir l'existence d'un préjudice, mais que, d'autre part, il n'y a pas délit, s'il n'y a pas possibilité de préjudice, même éventuel.

778. — Le préjudice n'est donc pas un élément nécessaire du délit de contrefaçon des marques de fabrique. — Cass., 15 janv. 1876, Wolf, [S. 76.1.92, P. 76.185, D. 76.1.283]

779. — En conséquence, pour que l'action en contrefaçon soit recevable, il n'est pas nécessaire d'établir qu'il s'est produit une confusion dans tel ou tel cas entre les deux marques en présence, mais il suffit que cette confusion, et partant le préjudice qui en est la conséquence, soit possible. — Trib. corr. Amiens, 6 déc. 1882, Black, [*Ann. propr. ind.*, 84.235]

780. — L'éventualité d'un préjudice suffit pour que l'action en contrefaçon soit possible. — Trib. Segré, 20 août 1884, David, [*Ann. propr. ind.*, 85 101]

781. — Le préjudice n'a pas besoin d'être actuel et immédiat, il peut n'être que futur. Ainsi le fait que l'auteur qui se plaint de la contrefaçon a vendu une ou plusieurs éditions de son ouvrage n'empêche pas que cette contrefaçon puisse lui causer un préjudice futur, dès à présent certain et appréciable. — Paris, 1ᵉʳ déc. 1855, Huc, [*Ann. propr. ind.*, 57.243]

782. — Le fait que le contrefacteur n'a tiré aucun profit pécuniaire de sa publication et l'a distribuée gratuitement dans un but politique ou national n'ôte pas à la reproduction son caractère illicite; cette circonstance peut seulement influer sur la quotité des dommages-intérêts. — Paris, 4 nov. 1857, Sanis, [*Ann. propr. ind.*, 47.358] — Sic, Pouillet, *Prop. litt.*, n. 473.

783. — Mais, d'autre part, il n'y a contrefaçon que s'il y a possibilité d'un préjudice, ce qui fait que le préjudice peut être assimilé à la contrefaçon lorsqu'il est préjudiciable; il n'appartient d'ailleurs qu'aux juges du fait de constater les caractères du plagiat. — Cass., 3 juill. 1812, Dentu, [S. et P. chr.] — V. Renouard, *Droits d'auteurs*, t. 2, p. 22; Pouillet, *Propr. litt.*, n. 507.

784. — C'est pour le même motif, c'est parce qu'il n'y a contrefaçon que quand il y a possibilité de préjudice, qu'en matière littéraire, le délit de contrefaçon n'est constitué que quand les emprunts faits à un auteur sont notables, nombreux et préjudiciables au plaignant. — Paris, 13 août 1859, Maurice, [*Ann.

propr. ind., 59.397] — V. aussi Trib. Seine, 21 mai 1884, Lefèvre, [*Gaz. des Trib.*, 5 juin]

785. — Au surplus, la contrefaçon existe dès lors qu'il y a possibilité d'un préjudice quelconque, que le préjudice soit direct ou indirect, moral ou pécuniaire.

786. — Décidé, en ce sens, qu'étant donné que les catalogues illustrés, conçus dans un but purement industriel et commercial, et contenant la description et le prix des différents objets en vente dans un magasin, sont protégés contre la contrefaçon par la loi des 19-24 juill. 1793, il y a contrefaçon de ces catalogues, que ceux-ci soient destinés à être vendus, ou qu'ils soient seulement distribués gratuitement et comme accessoire de produits qu'ils servent à faire connaître. — Nancy, 18 avr. 1893, Aiman, [S. et P. 93.2.255]; — qu'en conséquence, se rend coupable de contrefaçon l'industriel qui a reproduit servilement, dans son catalogue, le texte et la plupart des modèles du catalogue d'un de ses concurrents. — Même arrêt.

787. — ... Que, spécialement, un catalogue de chaussures pour l'exportation, légalement déposé au ministère de l'Intérieur, constitue une véritable propriété commerciale. — Trib. comm. Blois, 24 avr. 1895, [J. *Le Droit*, 19 mai 1895]; — que la copie servile de ce catalogue porte atteinte aux droits du propriétaire et que la suppression de la contrefaçon doit être ordonnée. — Même arrêt.

788. — Il a été jugé, d'une manière plus générale, que le préjudice moral suffit pour qu'il y ait délit, indépendamment de tout préjudice matériel, et qu'en principe, il y a préjudice par le seul fait de la reproduction opérée au mépris des lois relatives à la propriété des auteurs. — Trib. corr. Seine, 18 nov. 1831, Goupil, [cité par Blanc, p. 189]

789. — Il est cependant permis de signaler quelques espèces dans lesquelles la jurisprudence a, soit expressément, soit implicitement exigé, pour qu'il y ait contrefaçon punissable, qu'il y ait eu, dès le jour de la poursuite, existence d'un préjudice né et actuel. En ce sens, que la contrefaçon constitue un délit et doit, aussi bien au point de vue de l'action civile que de l'action correctionnelle, réunir la double condition d'une fraude et d'un préjudice. — Trib. Seine, 7 févr. 1874, Thomas de la Rue, [*Ann. propr. ind.*, 76.321] — V. Nouguier, n. 724; Picard et Olin, n. 534; Blanc, p. 186.

790. — ... Qu'on ne peut considérer comme contrefacteur celui qui ne fait que des essais de fabrication, ne met pas ses produits dans le commerce et ne cause aucun préjudice au breveté. — Paris, 10 mars 1888, Carré, [*Ann. propr. ind.*, 90.46]

791. — ... Que des artistes ou industriels qui reproduisent sans autorisation des dessins non encore tombés dans le domaine public ne peuvent invoquer ni l'excuse de bonne foi, ni l'absence de préjudice résultant de ce qu'ils n'auraient fait ces reproductions qu'en vue de l'exposition universelle et comme spécimens de leur talent, alors que leur but mercantile résulte suffisamment du fait qu'ils se livrent au commerce des objets de ce genre. — Trib. corr. Seine, 15 janv. 1868, Ledot, [*Ann. propr. ind.*, 68.61]

792. — Au surplus, lorsque nous disons que l'éventualité d'un préjudice suffit pour que l'action en contrefaçon soit recevable, nous n'entendons faire allusion qu'à la possibilité d'une condamnation pénale; mais nous reconnaissons qu'un préjudice actuel est nécessaire, conformément d'ailleurs aux données du droit commun, pour que le défendeur puisse être condamné à des dommages-intérêts. Décidé, en ce sens, qu'un lithographe poursuivi pour contrefaçon n'est passible d'aucuns dommages-intérêts, en l'absence de tout préjudice réel causé au propriétaire des marques. — Paris, 19 mars 1875, Reynal et autres, [S. 75.2.97, P. 75 446 et la note Lyon-Caen] — *Sic*, Philipon, n. 137; Allart, n. 434.

793. — Il a été aussi jugé, mais le demandeur ou le défendeur a joué en l'espèce un rôle bien considérable, qu'une personne (le ministère de la Guerre dans l'espèce) qui use de l'invention d'autrui sans obtenir les autorisations nécessaires, n'est pas tenue à des dommages-intérêts vis-à-vis du breveté, lorsqu'il résulte de l'ensemble des faits que l'industrie n'a admis l'invention nouvelle qu'à titre d'épreuves, que les usurpations se sont produites à une époque où l'invention n'avait pas été mise en situation d'exiger des redevances, et de devenir lucrative, que l'usage qui a été fait de l'invention brevetée n'a été qu'un simple essai. En ce cas, on ne peut traiter les actes reprochés à cette personne comme constituant des contrefaçons, mais, en ce qui concerne

les dépens du procès engagé, il y a lieu de tenir compte de cette circonstance que la défenderesse a négligé de se mettre vis-à-vis des inventeurs dans une situation complètement régulière. — Paris, 18 juill. 1859, Thomas et Laurens, [D. 59.2.196]

794. — L'une des considérations que les contrefacteurs font assez souvent valoir dans la pensée d'établir qu'il n'y a pas de préjudice, et partant pas de répression pénale possible, consiste soit à contester la valeur de l'objet qui a servi de modèle pour la contrefaçon, soit à prétendre que le titulaire du droit privatif ne doit pas pouvoir se plaindre de l'imitation, parce qu'à raison de son peu de valeur propre, elle ne peut nuire au débit ou à la vente de l'œuvre originale; cette argumentation a rarement séduit les tribunaux. Décidé, en ce sens, d'une part, que l'individu, coupable de contrefaçon ne peut, pour se disculper, prétendre que l'ouvrage imité n'a aucune valeur littéraire ou scientifique, qu'il contient des faits controuvés et des déductions déraisonnables et qu'il n'est que le résumé et la réunion de faits et de déductions imprimés dans des ouvrages anciens. — Trib. Seine, 29 nov. 1865, D^{lle} Breteau, [*Ann. propr. ind.*, 66.77] — *Sic*, Vaunois, p. 190; Pouillet, *Propr. litt.*, n. 565; *Brev. d'inv.*, n. 637; *Dess. de fabr.*, n. 132; *Marq. de fabr.*, n. 145; Malapert et Forni, n. 862 et 863; Blanc, p. 282; Renouard, *Droit d'auteurs*, t. 2, p. 81; Philipon, n. 147 et 148; Darras, *Marq. de fabr.*, n. 190.

795. — ... Que s'expose aux peines de la contrefaçon la maison de confections qui reproduit dans un prospectus les figures de modes publiées dans un journal spécial; à supposer que chacun puisse s'emparer des coupes et formes nouvelles, imaginées par un tailleur, il n'en résulte pas le droit de copier servilement les gravures que celui-ci publie. — Paris, 18 janv. 1868, Ladevèze, [*Ann. propr. ind.*, 69.279]

796. — Décidé, en ce sens, d'autre part, qu'il importe peu, au point de vue de la contrefaçon, que les prévenus n'aient obtenu avec la machine brevetée qu'ils ont contrefaite, que des produits imparfaits, et qu'ils n'aient pas retiré tous les avantages que l'invention comportait, dès l'instant qu'ils ont manifestement porté atteinte aux droits du breveté. — Nancy, 7 mars 1889, Vacher et Perrin, [D. 90.2.145]

797. — ... Que la contrefaçon d'un dessin de fabrique ne disparaît pas à raison de ce que le contrefacteur aurait reproduit le dessin sur une étoffe de qualité inférieure. — Paris, 7 juin 1844, Eggly-Roux, [cité par Blanc, p. 321] — V. aussi Lyon, 26 juill. 1852, Champagne, [Le Hir, 52.2.392] — Trib. Seine, 26 avr. 1861, Thierry-Mieg, [*Propr. ind.*, n. 182] — Trib. comm. Lyon, 18 mars 1861, Watine, [*Propr. ind.*, n. 175]

798. — Au surplus, le peu de valeur d'objets contrefaits peut être utile à considérer pour la fixation des dommages-intérêts, bien qu'il ne fasse pas disparaître le délit de contrefaçon et de mise en vente d'objets contrefaits. — Douai, 25 avr. 1887, Verrebout, [*Ann. propr. ind.*, 87.286]

799. — C'est en partant de l'idée fausse qu'il n'y a pas de contrefaçon s'il n'y a pas de dommage effectivement causé au titulaire des droits privatifs que certains auteurs ont proposé et que certains jugements ont décidé qu'il n'y avait pas contrefaçon lorsque l'œuvre intellectuelle était opérée soit dans une industrie différente, soit pour une industrie différente, soit par un art différent ou encore lorsqu'une œuvre artistique était employée dans l'industrie. Dans ce système, une reproduction d'une œuvre protégée ne serait punissable que si elle se rapprochait de l'œuvre imitée par une communauté d'origine ou de nature.

800. — Cette théorie générale est condamnable en soi; tout d'abord, on a vu précédemment (V. *supra*, n. 776 et s.), que la contrefaçon pouvait exister indépendamment de tout préjudice actuel; mais d'ailleurs, dans les diverses hypothèses qui viennent d'être énumérées, il est possible de découvrir la possibilité d'un préjudice au moins éventuel, puisque, sans les reproductions intempestives dont se plaint le demandeur, il aurait pu traiter de gré à gré avec certains tiers et les autoriser, moyennant rémunération, à se livrer au genre de reproductions incriminées. Au surplus, comme on l'a fait spécialement remarquer en matière d'œuvres littéraires et artistiques, mais cela serait aussi exact en matière de propriété industrielle, « ce qui appartient à l'auteur, c'est l'ensemble même de sa conception, c'est cette forme spéciale qu'il a donnée à une action ou à une idée; seul, pendant le temps fixé par la loi, il a le droit exclusif de recueillir les bénéfices que peut donner l'exploitation de cette conception, de quelque nature qu'ils soient » (Pouillet, *Propr.*

litt., n. 574). En d'autres termes, la contrefaçon revêt un caractère général ; elle existe toutes les fois qu'il est porté atteinte au droit exclusif et absolu du propriétaire de l'œuvre intellectuelle.

801. — On a cependant prétendu, particulièrement en matière d'œuvres artistiques, que le délit devait disparaître dès qu'on prenait soin de changer le mode d'expression de l'œuvre. On a distingué ce qu'on a appelé les œuvres plastiques, d'une part, les arts du dessin, d'autre part, et l'on a voulu légitimer le transport d'une œuvre d'un domaine dans l'autre. Un graveur, par exemple, devrait, a-t-on dit, avoir le droit de reproduire une œuvre de sculpture, mais on ne saurait, en sens contraire, représenter par un art du dessin ce qui l'aurait déjà été par un autre art du dessin ; ainsi un graveur ne saurait, a-t-on pensé, travailler sur l'œuvre du peintre.

802. — Renouard (*Droits d'auteurs*, t. 2, p. 80) proposait déjà cette distinction imitée de l'ancienne loi prussienne du 11 juin 1837, § 21 à 23. Il donnait comme raison la différence matérielle qui existe entre chacun de ces arts et par suite l'impossibilité de concurrence entre les productions de l'un ou de l'autre. — V. aussi Chauveau, Faustin Hélie et Villey, t. 6, p. 57 ; Calmels, p. 656 ; Gastambide, p. 304, p. 392.

803. — Il est d'ailleurs digne de remarque que la plupart des auteurs, sinon tous les auteurs, qui permettent de reproduire par un art plastique le produit d'un art du dessin n'admettent cependant pas la réciproque, ce que, pourtant, ils devraient logiquement faire. — V. Rendu et Delorme, n. 906 et 925 ; Le Senne, n. 29 et 33 ; Nion, p. 57, 61. — Cette inconséquence est la condamnation même du système qui y conduit.

804. — Pour légitimer l'emploi fait dans l'industrie par un tiers quelconque d'une œuvre artistique, on a invoqué, indépendamment de l'argument déduit du défaut de préjudice, une considération qui, si elle était fondée, devrait logiquement conduire à rendre impossible pour toutes contrefaçons, de quelque nature qu'elles soient, le recours à la voie répressive. On a prétendu qu'un fait dommageable à un intérêt purement privé peut bien donner lieu à une action en dommages-intérêts conformément à l'art. 1382, C. civ., mais que, pour qu'un fait constitue un délit, il ne suffit pas qu'il soit préjudiciable à un intérêt particulier ; il faut qu'il le soit à l'intérêt général. Or ces reproductions offrent même quelquefois au public un enseignement moral et patriotique. — Chauveau, Faustin Hélie et Villey, t. 6, p. 58 ; Marcel Barthe, *J. off.*, 17 juill. 1883, *Doc. parlem.*, Sénat, *Ann.*, p. 384, col. 3.

805. — On a fait observer que la distinction proposée n'était point fondée. « L'intérêt général est ici d'accord avec celui de l'artiste. Si chacun peut, sans avoir à craindre la répression pénale, faire de l'œuvre d'art des applications industrielles, ne doit-on pas redouter que ces multiplications faites par des mains inhabiles, ne faussent le goût public ? Au cas de vol, l'intérêt public n'est pas plus engagé que dans notre hypothèse ; on considère néanmoins ce méfait comme un délit ; pourquoi le droit des artistes, plus sacré encore que celui de propriété, ne serait-il point garanti d'une manière analogue ? Quant aux enseignements moraux et patriotiques que peut faire naître une reproduction industrielle, ils ne disparaîtraient naturellement pas si, avant de s'y livrer, on avait pris soin de demander les autorisations voulues ». — Darras, *Du droit des auteurs et des artistes dans les rapports internationaux*; p. 108, note 2 ; Pouillet, *Propr. litt.*, n. 579 ; Blanc, p. 286, et les nombreux arrêts par lui cités p. 304 ; Renouard, t. 2, p. 85.

806. — Quoi qu'il en soit, il a été jugé, dans le sens du système que nous venons de combattre, que la reproduction en bronze d'un sujet puisé dans un tableau ou dans une gravure appartenant à autrui ne constitue pas le délit de contrefaçon. — Paris, 3 déc. 1831, Bertrand, [S. 32.2.278, P. chr.]

807. — ... Que la reproduction par la sculpture d'un sujet puisé dans un tableau ou dans une gravure appartenant à autrui ne constitue pas le délit de contrefaçon, lorsqu'il résulte de la nature et du prix de vente de l'objet sculpté que cette reproduction ne peut causer une concurrence préjudiciable au propriétaire du tableau ou de la gravure. — Trib. Seine (sans date), sous Paris, 2 févr. 1842, Bulla, [S. 43.2.70, P. 43.2.831]

808. — ... Qu'il n'y a pas de contrefaçon à reproduire en ivoire pour une poignée de parapluie le sujet d'une gravure. — Trib. corr. Seine, 9 févr. 1848, Wolff, [cité par Blanc, p. 287]

809. — Bien plus, tout au contraire de notre théorie, il a été jugé que le sujet d'une gravure reproduite par le bronze,

avec des changements et des modifications, doit être considéré comme un objet d'art distinct, auquel est due la protection des lois sur la contrefaçon. — *Paris*, 6 mars 1834, Bergeret, [S. 37. 2.284]

810. — Quelle que soit la faveur qui a pu accueillir le système que nous venons de faire connaître, il y a lieu de le considérer actuellement comme abandonné. Il est à notre époque de jurisprudence constante que le délit de contrefaçon ne consiste pas seulement dans la reproduction de l'objet d'art à l'aide des mêmes procédés que ceux employés par l'artiste ; l'art. 1 de la loi de 1793 s'applique, par la généralité de ses termes, à toute reproduction, même à celle qui s'opère au moyen d'un art essentiellement distinct dans ses procédés comme dans ses résultats, lorsque cette reproduction est de nature à porter atteinte à la propriété d'autrui. — Trib. corr. Seine, 31 juill. 1878, Appel, [*Ann. propr. ind.*, 79.88]

811. — ... Que la contrefaçon ne consiste donc pas seulement dans la reproduction de l'objet d'art contrefait soit à l'aide des procédés employés par l'auteur, soit à l'aide de la gravure et de l'imprimerie ; qu'elle existe toutes les fois qu'une reproduction a été faite dans un but de spéculation, et notamment lorsqu'elle a été opérée au moyen de la photographie. — Trib. Seine, 16 avr. 1879, D^lle Meniane Franck, [*Ann. propr. ind*, 79.302]

812. — ... Que le droit de propriété d'une gravure ou d'une image exclut celui de reproduction par tous autres que par celui qui peut le revendiquer, quel que soit le procédé ou l'échelle de la reproduction ; notamment celle faite par la photographie, même microscopique, du moment où elle devient perceptible à l'aide d'un procédé quelconque de grossissement, devient une contrefaçon. — Trib. Seine (sans date), Bousse-Lebel, [*Ann. propr. ind.*, 77.8]

813. — ... Que la reproduction d'objets d'art, spécialement de statuettes et autres œuvres de sculpture, par le moyen du daguerréotype et de la photographie, pour en tirer des copies destinées à être vendues comme objet de curiosité et d'amusement, lors même que ce but ne peut être atteint qu'à l'aide d'une certaine préparation ou combinaison, constitue le délit de contrefaçon. — Paris, 16 févr. 1854, Samson, [S. 54.2.401, P. 54.1.138]

814. — En sens inverse, la contrefaçon consistant dans le fait de s'approprier d'une manière quelconque la création de l'artiste, il importe peu, au point de vue de la violation du droit de propriété artistique, que la reproduction soit obtenue au moyen du relief sur un objet de céramique, au lieu de l'être par le dessin et la peinture sur le papier ou la toile. — Trib. corr. Seine, 11 déc. 1877, Ve Félix Ledol, [*Ann. propr. ind.*, 78.19]

815. — La reproduction par la sculpture d'un sujet puisé dans un tableau ou dans une gravure appartenant à autrui, constitue le délit de contrefaçon, lorsque cette reproduction est de nature à porter atteinte à la propriété du possesseur du tableau. — Paris, 16 févr. 1843, Bulla, [S. 43.2 129]

816. — De même, il n'est pas permis de reproduire par la sculpture, sous forme de statuettes, des figures exécutées en original par le dessin. — Paris, 2 déc. 1841, Hetzel, [cité par Blanc, p. 287]

817. — La jurisprudence s'est aussi prononcée contre les emprunts auxquels certains industriels se livrent parfois au détriment des artistes. Nos tribunaux ont donc décidé qu'il y a contrefaçon à reproduire des dessins, non tombés dans le domaine public, sur des meubles, en vue de les décorer. — Paris, 1er juin 1864, Ledot, [*Ann. propr. ind.*, 64.236]

818. — ... Sur des objets en porcelaine. — Paris, 7 févr. 1868, Ledot, [*Ann. propr. ind.*, 68.63]

819. — ... Sur des porcelaines, émaux, camées, stores, tôle vernie, etc. — Paris, 11 déc. 1857, Goupil, [*Ann. propr. ind.*, 58.287]

820. — ... Sur des paravents ou devants de cheminée. — Trib. Seine, 11 févr. 1836, [cité par Blanc, p. 283]

821. — ... Sur des étoffes. — Paris, 19 nov. 1841, Barbet, [*Ann. propr. ind.*, 57.312]

822. — ... Sur des jouets d'enfants, sur des jeux de patience en l'espèce. — Trib. corr. Seine, 28 févr. 1868, Coqueret, [*Ann. propr. ind.*, 67.64]

823. — A plus forte raison, la simple substitution d'une matière à une autre ne rend-elle point licites les emprunts faits sans l'assentiment du propriétaire. Ainsi donc, la contrefaçon existe en quelque matière d'ailleurs que la reproduction incriminée ait été faite, alors même, par exemple, qu'un dessin artistique a été reproduit sous forme d'objets de consommation, de galettes en pain d'épice, dans l'espèce. — Trib. corr. Seine, 13 nov. 1867, Dussaco, [*Ann. propr. ind.*, 68.31] — *Sic*, Pouillet, *Propr. litt.*, n. 581; Malapert et Forni. n. 865.

824. — Il n'est pas permis de reproduire un tableau par la broderie à la main sur un tapis. — Paris, 20 avr. 1843, Gaigneau, [P. 43. 2.579]

825. — Ce qui vient d'être dit de la simple substitution de matière n'est pas d'ailleurs particulier aux œuvres d'art; il en est encore ainsi notamment en matière d'invention brevetable. Un contrefacteur ne saurait, pour se soustraire à toute condamnation, se prévaloir de ce qu'il aurait employé pour la confection de l'objet contrefait, un métal autre que celui dont se sert le titulaire du droit privatif; cette substitution d'une matière à une autre peut même être une aggravation de la contrefaçon alors que l'emploi d'un métal moins cher a entraîné une dépréciation de l'article. — Trib. corr. Seine, 12 févr. 1885, Fayet, [*Ann. propr. ind.*, 85.214]

826. — Les mêmes discussions qu'en matière d'œuvres artistiques se sont reproduites en matière de dessins de fabrique; on a prétendu là encore qu'un négociant pouvait librement copier le dessin employé par un autre industriel du moment où à l'un et l'autre se livraient en fait à des industries différentes, leurs produits ne pouvaient entrer en concurrence; mais là encore on a fini par reconnaître que la propriété d'un dessin donnait naissance à un droit de jouissance exclusive et absolue, et que toute atteinte qui y est portée constitue une contrefaçon. — Blanc, n. 343; Philipon, n. 154; Pouillet, *Dess. de fabr.*, n. 133. — *Contrà*, Rendu et Delorme, n. 600.

827. — Ainsi donc, une rayure exécutée sur une étoffe de soie est contrefaite lorsqu'elle a été reproduite sur une étoffe de coton ou de laine. — Lyon, 26 juill. 1852, Champagne et Rougier, [Le Hir, 52.2.392] — V. aussi Trib. comm. Lyon, 17 nov. 1846, Furnion, [cité par Blanc, p. 364]

828. — Ce n'est pas seulement en matière d'œuvres d'art ou de dessins industriels que la contrefaçon revêt le caractère de généralité que proclament la doctrine et la jurisprudence modernes; il en est de même aussi en matière d'inventions brevetées, mais, en ce cas, il y a lieu, pour appliquer cette règle sainement, de distinguer suivant que l'invention porte sur un produit nouveau, sur un moyen nouveau, etc. Aussi nous semble-t-il préférable, pour la commodité de nos explications, de renvoyer nos développements à la partie spéciale où nous traiterons de la contrefaçon des inventions brevetables. — V. *infrà*, n. 965 et s.

829. — Jusque dans ces derniers temps, on semblait être d'accord pour admettre, en matière de marque de fabrique, une règle différente de celle qui vient d'être posée à l'égard des œuvres artistiques, des dessins industriels et des inventions brevetables; on semblait d'accord pour penser qu'une marque de fabrique ne donnait naissance qu'à un droit relatif et on en concluait qu'un négociant pouvait impunément choisir comme marque le signe distinctif déjà adopté par un autre négociant du moment où ce signe ne devait pas être employé dans le commerce ou dans une industrie similaire; en d'autres termes, considérant que la marque n'a de sens et de valeur que comme élément d'achalandage d'un produit, on estimait qu'il ne pouvait y avoir contrefaçon que quand l'une et l'autre marques pouvaient entrer en concurrence. — Pouillet, *Marq. de fabr.*, n. 18 et s.; Bédarride, n. 846; Ambr. Rendu, n. 27; Braun, *Nouv. tr. des marq. de fabr. et de comm.*, n. 24; Calmels, n. 171; Darras, *Marq. de fabr.*, n. 83.

830. — Un certain nombre de décisions judiciaires étaient intervenues qui avaient consacré le caractère relatif du droit sur les marques; nous nous contenterons cependant de les signaler malgré l'importance de certaines d'entre elles; elles en portent point, en effet, directement sur la question de contrefaçon; elles statuent sur le caractère de nouveauté que la marque doit posséder pour pouvoir être valablement déposée; elles disposent qu'une marque peut être considérée comme nouvelle, bien qu'elle soit déjà employée dans une industrie, du moment où elle est employée dans une industrie différente; il n'est pas nécessaire d'insister pour montrer que les juridictions qui ont ainsi reconnu comme valables de telles marques, se seraient refusé, le cas échéant, à en considérer l'emploi comme une contrefaçon. — V. notamment Paris, 24 janv. 1872, Carmoy, [*Ann. propr. ind.*, 72.231] — 20 juill. 1872, Reuss, [*Ann. propr. ind.*, 72.295] — Caen, 3 juill. 1884, Chapu, [*le Petit Journal* du 2 no-

vembre] — Riom, 13 juin 1888, Grange, [D. 90.2.125] — Trib. Seine, 12 janv. 1883, Vᵉ Bossé, [*Gaz. Pal.*, 83.2.193] — V. *Rép. alph. du dr. fr.*, vᵒ *Marque de fabrique*.

831. — Cependant, la première fois que la Cour de cassation a eu à statuer sur le point même qui fait l'objet de notre étude actuelle, elle s'est nettement prononcée pour le caractère absolu du droit sur les marques; elle a décidé que la propriété d'une marque de fabrique dûment déposée est indépendante de l'usage auquel elle peut être appliquée et que l'action en contrefaçon fondée sur cette propriété ne saurait être écartée par le motif que le déposant ne fabriquait ni lors du dépôt, ni lors de la demande, le produit auquel la marque était destinée. — Cass., 1ᵉʳ déc. 1890, Descamps, [S. 91.1.163, P. 91.1.387, D. 91.1.124] — *Contrà*, Pouillet, *Marq. de fabr.*, n. 142.

832. — En conséquence, c'est à tort qu'un arrêt déboute de sa réclamation un demandeur qui a déposé sa marque avec l'indication qu'elle est destinée aux fils à coudre, lin, coton et autres, en se fondant sur ce que, fabriquant exclusivement des fils de lin, il n'était pas admis à reprocher à des concurrents l'emploi de la même marque pour des fils de coton. — Même arrêt.

833. — L'arrêt de Douai du 9 avr. 1888, sous Cass., 1ᵉʳ déc. 1890, [S. et P. *loc. cit.*], intervenu dans la même affaire que l'arrêt de cassation précité du 1ᵉʳ déc. 1890, s'était prononcé pour un système contraire qui pouvait se résumer ainsi : les marques de fabrique, malgré le dépôt effectué, ne valent que pour la défense du produit fabriqué par le déposant; si celui-ci ne fabrique pas le produit auquel la marque est destinée, elle ne vaut plus rien et le premier venu peut s'en emparer; les marques déposées par le propriétaire étaient à destination des fils à coudre de lin, coton et autres; or, le propriétaire ne fabriquait que des fils de lin; donc les adversaires qui produisaient des fils de coton pouvaient faire des marques déposées tout ce que bon leur semblait.

834. — Avant que l'arrêt de cassation du 1ᵉʳ déc. 1890 eût été rendu, l'arrêt de la cour de Douai avait été vivement critiqué, non point parce qu'il avait implicitement admis le caractère relatif du droit à la marque, mais parce qu'il avait à tort considéré comme deux industries différentes la fileterie de lin et celle de coton ; et, à cette occasion, on avait esquissé un essai de définition des industries similaires dans laquelle on ne faisait pas uniquement intervenir, comme par le passé, l'idée de l'identité des produits mais dans laquelle on tenait compte de la ressemblance des professions des employeurs. — V. P. Fauchille, *De ce qu'il faut entendre par des industries ou des commerces similaires en matière de marques de fabrique : Ann. dr. comm.*, 2ᵉ part., 1890, p. 267.

835. — Des deux solutions en présence, quelle est la préférable? La question peut paraître délicate, étant donné surtout l'accord pour ainsi dire unanime qui régnait jusque dans ces derniers temps sur le caractère relatif du droit à la marque; pour notre part, le système admis par la Cour de cassation doit être approuvé; il est tout d'abord permis de faire observer qu'à l'appui de la pratique ancienne on se bornait à de simples affirmations; on considérait comme licites les emprunts de marques d'industrie à industrie parce qu'on s'attachait au but immédiat poursuivi par celui qui choisit et adopte une marque; mais on aurait dû tenir compte des intérêts indirects de ce négociant, et si on s'était placé à ce point de vue on aurait aisément compris qu'un commerçant ou industriel a un intérêt évident à ce que le signe par lui adopté lui reste absolument propre et ne puisse, malgré lui, être employé dans une industrie ou dans un commerce totalement différent; il se peut, en effet, que, dans cette industrie ou dans ce commerce totalement différent, cette marque ne serve qu'à spécialiser des produits d'une qualité inférieure et le discrédit qui s'attachera dès lors à ce signe pourrait se propager de proche en proche et le propriétaire de la marque originale pourrait ainsi, par le fait d'autrui, souffrir dans ses intérêts les plus légitimes; puis, d'ailleurs, le système de la Cour de cassation est absolument conforme au texte de la loi de 1857 qui assure à ceux qui ont opéré le dépôt de la marque une propriété *exclusive* (art. 2), et qui punit comme contrefacteur, *sans aucune distinction*, quiconque contrefait une marque ou en fait une imitation frauduleuse (art. 7 et 8). Sans doute, le décret du 26 juill. 1858 (art. 5), aujourd'hui abrogé, et le décret du 27 févr. 1891 (art. 10), qui l'a remplacé, rendus l'un et l'autre pour l'exécution de la loi de 1857, signalent, comme devant être indiqués par le greffier qui dresse le procès-verbal de dépôt la profession du propriétaire et le genre d'industrie pour lequel il a l'intention de se servir de la marque, mais il est bien évident que ces indications sont d'ordre purement administratif et que, n'étant prescrites que dans un décret, elles ne peuvent restreindre la généralité des droits que la loi de 1857 accorde à celui qui dépose une marque. A la différence de ce qui se passe en Angleterre, où les textes sont formels, ces mentions n'ont d'utilité en France qu'en vue d'arriver à une classification méthodique des marques annuellement déposées.

836. — On a aussi invoqué à l'appui du système de la Cour de cassation la jurisprudence qui déclare valable le dépôt fait par une personne qui ne peut être pharmacien d'une marque destinée à distinguer des médicaments. Si, a-t-on dit, dans de pareilles conditions, on a maintenu la propriété absolue, exclusive, de la marque, par ce motif que, les circonstances venant à changer, elle pourrait être utilisée par celui qui l'a déposée, pourquoi, lorsque ces circonstances spéciales ne se rencontrent pas, limiterait-on le droit à la marque, à l'industrie même dans laquelle elle est actuellement employée. Quoi qu'il en soit de la valeur de cet argument, il a été décidé que la propriété exclusive d'une marque de fabrique ou de commerce, légalement établie par le dépôt qui en a été effectué au greffe du tribunal de commerce, assure au déposant un droit de revendication contre tout usurpateur, quel que soit l'usage auquel cette marque serait appliquée, et alors même qu'elle serait destinée à figurer sur des produits dont le commerce est prohibé, ou dont la fabrication et la vente n'appartiendraient pas au déposant, mais à des personnes investies d'un privilège, telles que des substances médicamenteuses. — Cass., 8 mai 1868, Boyer, [S. 69.1.187, P. 69.440, D. 68.1.507]; — 12 mars 1880, Anastay, [Ann. propr. ind., 80.245]. — Sic, Calmels, n. 194. — V. toutefois, Bédarride, n. 846.

SECTION III.

Des règles communes à toutes les actions en contrefaçon ou à certaines d'entre elles qui ne découlent pas de l'idée de bonne foi ou de l'idée de préjudice.

§ 1. De la tentative.

837. — Après avoir déterminé, en nous plaçant au point de vue de la bonne foi et du préjudice, les règles communes aux différentes infractions prévues par les art. 425 et s., C. pén., et par les diverses lois particulières dont nous avons à nous occuper, et avant d'arriver à l'étude détaillée des mêmes infractions, nous avons à rechercher s'il n'est pas possible de dégager, soit des principes généraux du droit, soit des textes spéciaux, un certain nombre d'autres règles applicables, soit à toutes les actions en contrefaçon et autres actions de même nature, soit seulement à certaines d'entre elles.

838. — Dans cet ordre d'idées, nous remarquerons tout d'abord que la tentative d'un délit n'est punie que dans les cas déterminés par la loi, ce qui n'existe pas en matière de contrefaçon. — Paris, 2 juin 1876, Casciani et Nau, [Ann. propr. ind., 76.175] — Sic, Rendu, n. 147; Lyon-Caen, note sous Paris, 19 mars 1875, [S. 75.2.98, P. 75.446, in fine]; Philipon, n. 165; Pouillet, Propr. litt., n. 503; Marq. de fabr., n. 154; Brun, n. 23; Dufourmantelle, Marq. de fabr., p. 49; Maunoury, n. 72; Malapert et Forni, n. 884. — V. cep. Pouillet, Brev. d'inv., n. 662; Marq. de fabr., n. 420 et 421; Blanc, p. 624. — V. C. pén., art. 3.

839. — La loi ne punit donc pas la tentative de contrefaçon, lorsqu'il s'agit notamment de la reproduction non autorisée d'œuvres artistiques. — Paris, 2 juin 1876, précité; — 20 juin 1883, Rolland, [Ann. propr. ind., 84.179]

840. — ... Ou de la reproduction d'une œuvre littéraire. — Cass., 2 juill. 1807, Clémendot, [S. et P. chr.]

841. — De même, la simple tentative du délit d'usurpation ou contrefaçon de marques de fabrique, n'est passible d'aucune peine. — Cass., 9 juill. 1852, Barbier, [S. 53.1.44, P. 53.1.413, D. 52.1.269] — V. cependant Pouillet, Marq. de fabr., n. 420 et 421. — V. aussi Blanc, p. 775.

842. — Et il n'y a qu'une simple tentative de contrefaçon, et non usurpation de marque, dans le fait de fabriquer des bouteilles ou flacons portant une empreinte semblable à celle adoptée par un autre commerçant pour la vente d'un certain produit tombé dans le domaine public, tant que ces bouteilles ou flacons restent vides et isolés du produit, et alors d'ailleurs que l'empreinte adoptée par ce commerçant n'est pas elle-même une marque de fabrique, mais n'a pour objet que de constater la provenance et l'identité de ce même produit. — Même arrêt.

843. — Le plus souvent la personne poursuivie n'échappe à la répression en invoquant les principes généraux du droit pénal français en matière de tentative qu'à raison de la trop grande hâte qu'a mise l'intéressé à faire constater les faits de contrefaçon dont il croyait avoir à se plaindre; aussi, étant donné le peu de faveur que mérite celui qui allait devenir contrefacteur, certains auteurs ont-ils proposé de toujours mettre à la charge du défendeur les dépens du procès engagé par l'intéressé. — V. Nouguier, n. 147; Pouillet, Brev. d'inv., n. 662. — Ce système n'est pas admissible en présence des termes de l'art. 130, C. proc. civ., qui interdit de faire supporter les frais de l'instance par celui qui gagne son procès. — V. Malapert et Forni, n. 885. — V. Rép. alph. du dr. fr., v° Dépens.

§ 2. De la contrefaçon totale et de la contrefaçon partielle. — Modifications de détail apportées à l'œuvre reproduite.

844. — Il est aussi une règle commune à toutes les actions en contrefaçon et autres actions de même nature, c'est que le délit de contrefaçon, de mise en vente, d'introduction, etc., tombe sous l'application des lois civiles ou pénales bien qu'il soit impossible de relever, à la charge du défendeur, une imitation servile de l'œuvre ou de l'objet qui appartient au demandeur; il suffit, pour qu'il y ait délit, qu'il y ait reproduction des lignes essentielles qui caractérisent l'œuvre ou l'objet d'autrui. — Gastambide, p. 98; Pouillet, Propr. litt., n. 468; Dess. de fabr., n. 128; Brev. d'inv., n. 641; Allart, n. 436; Renouard, Droits d'auteurs, t. 2, p. 16; Philipon, n. 150.

845. — De même, la contrefaçon partielle constitue une infraction au même titre qu'une contrefaçon totale. — Cass., 6 févr. 1864, Godard-Desmarets, [S. 64.1.301, P. 64.915, D. 66.5.40] — Paris, 6 nov. 1844, Victor Hugo, [cité par Blanc, p. 178]; — 12 avr. 1856, Bourdon, [Ann. propr. ind., 56.221] — Trib. corr. Seine, 24 juin 1846, Colombier, [cité par Blanc, p. 160] — Sic, Pouillet, Propr. litt., n. 466 et 467; Dess. de fabr., n. 128; Marq. de fabr., n. 139; Brev. d'inv., n. 639; Allart, n. 435; Philipon, n. 151; Blanc, p. 162 et s.; Renouard, Droits d'auteurs, t. 2, p. 15.

846. — En nous plaçant tout d'abord au point de vue des inventions brevetées, nous remarquerons avec bon nombre d'arrêts, que, comme la contrefaçon doit se juger d'après les ressemblances et non d'après les différences, il n'est pas nécessaire, pour constituer la contrefaçon, qu'il y ait identité ou similitude complète entre l'objet breveté et celui signalé comme constituant une contrefaçon; des différences sans importance n'empêchent pas qu'il n'y ait, en effet, contrefaçon dans le sens de la loi. — Cass., 10 févr. 1874, Tronchon, [D. 74.1.150]; — 24 mars 1875, Bérenger, [D. 75.1.294]; — 3 janv. 1889, Carcant, Dufau et Mathieu, [S. et P. 92.1.284, D. 90.1. 44] — Paris, 10 mai 1856, Chevalier Appert, [S. 56.1.531, P. 56.2.533, D. 57.2.24] — Lyon, 28 févr. 1870, Gougy, [Ann. propr. ind., 72.378] — Rouen, 18 mai 1872, sous Cass., 11 juin 1873, Delamare, [S. 73.1.300, P. 73.756, D. 74.1.39] — Lyon, 11 juill. 1890, Devautire, [J. La Loi, 8 août 1890] — Trib. Laon, 22 août 1883, Coureur et Courbey, [Ann. propr. ind., 83.64]

847. — Spécialement, comme la contrefaçon s'établit par la similitude des dispositions essentielles, il s'ensuit qu'une légère dissemblance, qui ne s'ajoute d'ailleurs au produit qu'après sa confection, ne saurait faire disparaître les similitudes essentielles qui identifient le produit argué de contrefaçon. — Agen, 13 mars 1883, Urbain, [Ann. propr. ind., 83.104]

848. — En conséquence, le fait d'ajouter à la bougie à trois longitudinaux deux orifices latéraux ne supprime pas la contrefaçon, alors surtout qu'en fait, c'est après la fabrication complète que s'ajoutent ces deux orifices. — Même arrêt.

849. — Des différences combinées en vue de faire disparaître les apparences de la contrefaçon ne suppriment pas non plus la contrefaçon elle-même. Aussi a-t-il été jugé que lorsque l'idée-mère du breveté a été usurpée, lorsqu'il y a eu appropriation du principe de l'invention et de ses moyens d'exécution essentiels, il y a contrefaçon, encore bien qu'on n'ait pas pris les procédés tout entiers, qu'on en ait supprimé quelques détails d'agencement, ou qu'au contraire on ait introduit quelques éléments nouveaux, apporté quelques modifications destinées, la plupart du temps, à déguiser l'imitation. — Amiens, 19 juin 1884, Dupont, [Ann. propr. ind., 87.118] — V. aussi Paris, 2 mars 1864, Thierry, [Ann. propr. ind., 64.181] — Trib. Seine, 16 mai 1893, Workmann, [Rev. prat. de dr. industr., 93.280]

850. — De même, étant donné qu'un brevet a été délivré pour un briquet qui contient dans une boîte métallique à couvercle mobile : 1° un disque d'acier cannelé, mis en mouvement par la détente d'un ressort en spirale et produisant des étincelles par son frottement sur une pierre de grès, mécaniquement maintenue en contact; 2° une mèche préparée, logée dans une cloison intérieure et amenée au foyer ou retirée à l'aide d'un pignon à dents; 3° et une porte à charnière découpée dans la bande de circonférence et munie intérieurement d'une petite cloison qui, venant buter contre la mèche, lui sert d'étouffoir, constitue une contrefaçon d'un briquet qui ne présente avec le précédent que les différences apparentes suivantes, non essentielles, et combinées en vue de tromper les yeux : emploi d'un segment d'acier au lieu d'un disque, renversement du mouvement, course limitée du ressort, indépendance de la pierre et forme de la porte. — Trib. corr. Seine, 11 janv. 1876 et Paris, 25 févr. 1876, Caton, [Ann. propr. ind., 77.23]

851. — L'emploi de la partie essentielle d'un procédé breveté, bien que l'on néglige celles des opérations qui ne sont destinées qu'à mieux assurer le succès et à donner un meilleur résultat, constitue le délit de contrefaçon. — Nancy, 11 août 1873, Frézon, [Ann. propr. ind., 73.322]

852. — Dans le cas, où un brevet garantit une combinaison nouvelle d'éléments connus, il y a contrefaçon juridiquement motivée lorsque les juges du fait, après avoir constaté que la machine incriminée procède du même principe que celle brevetée et se compose des mêmes organes, ajoutent que les différences ne portent que sur des points secondaires. — Bordeaux, 6 juin 1877, Meunier, [Ann. propr. ind., 78.33]

853. — Une différence, d'ailleurs sans importance, dans le procédé d'invention d'un objet prétendu contrefait ne fait pas disparaître la contrefaçon, si, en réalité, le résultat obtenu et le moyen employé sont les mêmes que ceux du brevet. — Paris, 22 févr. 1882, Louis Mathias, [Ann. propr. ind., 82.46]; — 9 mai 1883, Paquelin, [Ann. propr. ind., 83.334] — Bordeaux, 25 juin 1888, Gastine, [Ann. propr. ind., 89.384] — Trib. Melun, 8 févr. 1884, Coste Falcher, [Ann. propr. ind., 85.34] — Trib. Lille, 24 janv. 1888, Harmel frères, [Ann. propr. ind., 91.243]

854. — De même, il y a délit de contrefaçon dans l'usurpation d'une partie essentielle d'un procédé avec une simple variante dans les moyens d'application, pour arriver à des résultats semblables à ceux qui sont donnés par le procédé. — Douai, 30 mars 1846, Descat, [S. 47.2.212. P. 47.2.355, D. 47.2.222]

855. — Le changement de certains organes de détail ne fait pas non plus disparaître la contrefaçon, alors que le même ensemble a été reproduit et montre la volonté de s'approprier l'idée du brevet. — Amiens, 6 août 1887, Marty, [Ann. propr. ind., 87.25]

856. — Ainsi, un brevet étant pris pour un système de croisement qui forme un ensemble rigide d'une seule pièce, il y a contrefaçon à fabriquer un croisement de même nature alors même que le prévenu a remplacé quelques rivets du croisement par des boulons et a marié la pointe de cœur à une plaque de fonte avec laquelle elle est corps. — Trib. Dijon, 9 déc. 1890, Société des établissements Decauville aîné, [J. La Loi, 20 déc. 1890]

857. — De même, constitue une contrefaçon d'une tournure pour laquelle un brevet a été obtenu la tournure qui ne se distingue de celle brevetée qu'en ce qu'elle est ouverte par le devant, alors qu'étant garnie de boutons et de boutonnières, elle est fermée quand elle est portée. — Paris, 30 mai 1857, Milliet, [Ann. propr. ind., 57.187]

858. — De même encore, dans les tournures de femmes, la substitution d'un filet ou réseau à des rubans ne saurait suffire pour effacer la contrefaçon, attendu qu'elle laisse subsister les qualités essentielles de l'appareil breveté qui consiste à être à jour et complètement indépendant des jupons ordinaires. — Paris, 24 déc. 1858, Milliet, [Ann. propr. ind., 59.161]

859. — Au surplus, pour qu'il y ait contrefaçon, il est nécessaire qu'il y ait imitation de la partie essentielle de l'inven-

tion brevetée. — Cass. 17 janv. 1872, Imbs, [D. 73.5.47] — Sic, Ruben de Couder, v° Contrefaçon, n. 56.

860. — Particulièrement, un brevet pris valablement pour un éperon destiné à l'armée et arrangé de façon à s'attacher plus solidement au talon de la chaussure à l'aide de clous d'attache se repliant dans le talon, n'empêche pas d'autres que le breveté de fabriquer des éperons identiques, s'il est constaté en fait que, sans ce clou d'attache qui constitue l'élément essentiel de l'invention, l'éperon breveté n'est plus qu'un objet du domaine public, et si, d'autre part, il n'est pas établi que le fabricant chez qui l'éperon argué de contrefaçon a été saisi, fasse usage de ce clou d'attache et en fasse fabriquer. — Même arrêt.

861. — En d'autres termes, il ne saurait y avoir contrefaçon, lorsque la dissemblance entre le produit breveté et le produit prétendu contrefait porte précisément sur le point caractéristique du brevet; et, à cet égard, la décision des juges du fait est souveraine. — Cass., 3 janv. 1889, Carcant, Dufau et Mathieu, [S. et P. 92.1.284, D. 90.1.44]

862. — De même, on ne peut admettre qu'une machine est la contrefaçon d'une autre machine, lorsqu'il existe entre chacune d'elles des différences réelles, sérieuses et suffisantes pour faire que la seconde machine est autre que celle faisant l'objet du brevet. — Aix, 24 nov. 1885, la flamme française, [Ann. propr. ind., 87.183]

863. — La loi du 23 juin 1857 distingue la contrefaçon (art. 7) et l'imitation frauduleuse (art. 8) d'une marque; elle les punit l'une et l'autre mais non de la même manière; il y a donc intérêt à les distinguer (V. infrà, n. 1177 et s.); pour le moment, il nous suffit de savoir que la contrefaçon est la reproduction brutale, complète de la marque (expression du rapporteur dans la discussion de la loi), mais qu'il ne suffit cependant pas d'un changement quelconque, si insignifiant qu'il soit, pour que le délit de contrefaçon disparaisse. — Pouillet, Marq. de fabr., n. 139; Darras, Marq. de fabr., n. 184; Bédarride, n. 902.

864. — C'est en effet, la contrefaçon d'une marque de fabrique ne résulte pas seulement d'une reproduction servile. — Cass., 22 nov. 1889, Roagnon, [S. 90.1.363, P. 90.1.847, D. 90.1.408] — Paris, 3 avr. 1879, Farcy et Oppenheim, [S. 80. 2.301, P. 80.1202, D. 80.2.78] — Trib. Seine, 8 mai 1878, Rowland, [S. 80.2.113, P. 80.438, D. 79.3.61] — Trib. corr. Seine, 14 févr. 1894, Bergez, [J. Le Droit', 21 juin 1894]

865. — Il suffit, pour la constituer, de la reproduction de la partie essentielle et caractéristique de la marque. — Cass., 22 nov. 1889, précité. — Caen, 11 janv. 1872, Carpentier, [Ann. propr. ind., 73.233] — Sic, Bédarride, n. 902; Renouard, Droit industriel, p. 394; Pouillet, Marq. de fabr., n. 139.

866. — En d'autres termes, il suffit de la reproduction des traits caractéristiques de l'original, de telle sorte qu'à première vue l'acheteur doive naturellement être trompé. — Bordeaux, 9 févr. 1852, Cahuzac, [S. 52.2.332, P. 52.2.414] — Caen, 11 janv. 1872, précité. — Paris, 3 avr. 1879, précité.

867. — Mais il est bon de faire observer qu'une marque de fabrique ou une dénomination industrielle forme un tout indivisible qui doit être envisagé dans son ensemble; c'est à ce point de vue que les tribunaux doivent se placer pour apprécier s'il y a contrefaçon. — Cass., 7 mars 1884, Bardou et fils, [Ann. propr. ind., 84.226]

868. — Par suite, il n'y a pas contrefaçon lorsqu'un concurrent prend comme marque l'un des éléments dont se compose une autre marque, s'il existe entre chacun de ces éléments distinctifs des différences suffisantes pour rendre impossible la confusion des produits. — Même arrêt.

869. — De même, il a été décidé que, pour apprécier le caractère d'une marque de fabrique, il convient de l'envisager dans son ensemble et de ne pas séparer les éléments divers qui la composent. Peu importe que quelques-uns de ces éléments aient été empruntés à une industrie similaire si, pris dans leur ensemble, ils se distinguent de la marque première par des modifications et des dispositions telles qu'une confusion entre l'ancienne et la nouvelle marque ne soit pas possible. — Paris, 23 mai 1893, Les fils de Frédéric Fournier, [Rev. prat. de dr. industr., 94.28]

870. — Par suite, il n'y a pas contrefaçon dans le fait d'avoir entouré ses produits d'un papier de même sorte qu'un autre fabricant si les différences entre l'original et l'imitation sont beaucoup plus que suffisantes pour éviter toute méprise. — Même arrêt.

871. — Au surplus, il est essentiel de faire remarquer que des différences, suffisantes pour faire disparaître le délit de contrefaçon, peuvent laisser subsister une imitation frauduleuse de marque lorsqu'elles échappent aux yeux des acheteurs inattentifs ou inexpérimentés. — Paris, 27 nov. 1875, A. Boyer, [Ann. propr. ind., 76.20]

872. — Ainsi, lorsqu'un industriel fait fabriquer pour la mettre sur ses produits une étiquette portant dans l'ensemble et les détails des similitudes à peu près complètes avec celle d'un autre fabricant, le fait que le nom de ce fabricant qui se trouve sur ses étiquettes n'a pas été reproduit sur celles contrefaites, s'il empêche qu'il y ait le délit de contrefaçon, ne fait pas obstacle à ce qu'il y ait une imitation frauduleuse. — Paris, 31 mars 1865, Bass et Cie, [Ann. propr. ind., 66.161]

873. — Il y a donc imitation frauduleuse alors même qu'il existe, entre les divers signes distinctifs employés, quelques différences de détail, telles qu'une modification dans la dénomination du produit et l'indication du nom du fabricant. — Paris, 21 mars 1866, Barnett, [S. 66.2.263, P. 66.953]

874. — Quoi qu'il en soit des différences pouvant exister entre le délit de contrefaçon et celui d'imitation frauduleuse de marques, il a pu être jugé que ce dernier délit est légalement caractérisé, lorsqu'à raison d'analogie, de ressemblances suffisamment prononcées, soit dans la totalité, soit dans quelques-uns des éléments constitutifs de la marque, la confusion est possible et de nature à tromper l'acheteur sur la provenance de produits similaires. — Cass., 6 févr. 1875, Meurgey et autres, [S. 76.1.390, P. 76.922]; — 3 janv. 1878, William, [S. 78.1.438, P. 78.1117, D. 76.1.282] — Montpellier, 17 juin 1862, Bardou, [S. 62.2.326, P. 63.609, D. 79.1.45] — Paris, 21 mars 1866, précité; — 4 févr. 1869, Kerr et Clark, [Ann. propr. ind., 69.259] — Lyon, 1er juill. 1885, Parent et Cie, [Ann. propr. ind., 85.339] — Trib. Bordeaux, 26 mai 1875, Legrand aîné, [Ann. propr. ind., 81.75] — Trib. Poitiers, 17 août 1880, Frédéric Fournier, [Ann. propr. ind., 81 250] — Trib. corr. Toulouse, 7 mai 1884, Blancard et Cie, [Ann. propr. ind., 85.303] — Sic, Pouillet, Marq. de fabr., n. 181.

875. — Il suffit même, pour qu'il y ait imitation frauduleuse, qu'on cherche à établir une confusion avec les produits de la maison dont on copie les étiquettes et la marque. — Trib. Seine, 8 mai 1878, Howland, [S. 80.2.413, P. 80 458, D. 79.3.61]

876. — L'imitation frauduleuse d'une marque de fabrique n'exige pas nécessairement, en effet, une copie fidèle, servile, de la marque de fabrique contrefaite; il suffit de la reproduction des parties essentielles, des traits caractéristiques de l'original, de telle sorte qu'à première vue la confusion soit appelée naturellement à se produire. — Paris, 3 déc. 1886, Hertzog et Cie, [Ann. propr. ind., 89.218]

877. — Spécialement, quoique le mot paragon ne soit pas la propriété exclusive d'un fabricant de parapluie, il y a néanmoins imitation frauduleuse de la part d'un autre fabricant qui inscrit ce mot sur une plaque en cuivre vernissée semblable à celle de l'auteur de la marque, la place au même endroit de la monture, en telle sorte que les deux marques ne se différencient que par des initiales à peine visibles, par suite de la petitesse des caractères. — Cass., 6 févr. 1875, précité.

878. — Des différences de détail telles que l'introduction d'emblèmes différents, n'effacent pas le délit, si l'ensemble doit entraîner une confusion des produits. — Paris, 4 févr. 1869, précité.

879. — Il est difficile de relever dans la jurisprudence une règle générale qui permette de déterminer si dans tel ou tel cas particulier il existe ou non une possibilité de confusion. Il a été, en effet, jugé, d'une part, que le délit d'imitation frauduleuse existe lorsque l'imitation, quoique incomplète et partielle, est cependant de nature, par suite d'une identité dans la destination pratique, dans la dénomination usuelle de l'objet représenté, à induire en erreur des acheteurs inexpérimentés ou inattentifs. — Trib. corr. Amiens, 6 déc. 1882, Bluerk, [Ann. propr. ind., 84.235] — V. Darras, Marq. de fabr., n. 197.

880. — ... Que, pour apprécier s'il y a imitation frauduleuse de marques, il faut se placer au point de vue d'acheteurs inattentifs ou illettrés, lesquels, d'ailleurs, n'auraient pas à la fois sous les yeux, pour les comparer, les différentes marques de fabrique. — Trib. Châlon-sur-Saône, 6 août 1882, de Montebello et Cie, [Ann. propr. ind., 83.219]

881. — ... Que si un produit se distingue des produits simi-

laires par la dénomination, les récipients d'une forme et d'une couleur spéciales, le mode de bouchage et d'enveloppe, l'imitation de l'aspect général et des principaux signes distinctifs constitue l'imitation frauduleuse de marques, bien que les inscriptions apposées sur les étiquettes soient différentes, et cela à raison de ce que les acheteurs peuvent être illettrés. — Trib. Bordeaux, 26 mai 1875, Legrand, [Ann. propr. ind., 81.75]

882. — Mais, d'un autre côté, il a été décidé qu'il n'y a point imitation frauduleuse lorsqu'entre la marque incriminée et la marque prétendue imitée, il existe des différences de nature à rendre toute confusion impossible pour des acheteurs qui ne sont pas absolument inattentifs et dépourvus d'intelligence. — Cass., 2 juill. 1888, Martell et Cie, [S. 88.1.361, P. 88.1.894, D. 89.1.111] — Bordeaux, 14 août 1886, Même affaire, [S. et P. Ibid.]

883. — En tous cas, il semble que l'on doive admettre, sans hésitation, qu'une marque de fabrique ne peut être considérée comme l'imitation frauduleuse d'une autre marque, si, de la comparaison de leurs divers éléments, ressortent des différences telles qu'à moins d'une erreur grossière constituant une faute lourde, l'acheteur ne peut confondre les deux marques. — Cass., 9 nov. 1891, Ménier, [S. et P. 92.1.118]

884. — Quoi qu'il en soit, il est hors de conteste que le droit pour un commerçant de s'opposer à toute usurpation même partielle de la marque dont il a acquis la propriété par un dépôt régulier, ne peut s'exercer qu'en cas d'usurpation portant sur un des éléments essentiels de ladite marque. — Cass., 2 juill. 1888, précité.

885. — Jugé même, mais cette solution est contestable, qu'il n'y a pas imitation frauduleuse de marque de fabrique, alors même que l'élément principal et caractéristique et les signes distinctifs de la marque déposée entrent dans la composition de la marque incriminée, si, d'après les circonstances souverainement appréciées par les juges du fait, cette dernière présente des éléments nouveaux et des différences ne permettant pas de la confondre avec l'autre. — Cass., 9 nov. 1891, précité.

886. — Ce qui vient d'être rappelé pour les inventions brevetées et pour les marques de fabrique ou de commerce, est également vrai en matière d'œuvres littéraires et artistiques; là encore il est exact de dire que la contrefaçon, pour exister, n'a pas besoin de porter sur la reproduction complète de l'œuvre d'autrui; il suffit qu'elle porte sur une partie, reproduite sans droit, constitue une portion essentielle de cette œuvre. — Trib. corr. Douai, 17 nov. 1883, Bathlot et autres, [Ann. propr. ind., 85.179]

887. — En conséquence, des différences légères dans les ornements, quand elles n'ont été faites que pour déguiser les moyens employés à l'effet d'opérer la contrefaçon, n'empêchent pas le délit d'exister. — Paris, 9 févr. 1832, Ameling, [S. 32.2.561, P. chr.]

888. — De même, il y a une réponse suffisante au moyen tiré de ce qu'une photographie ne serait pas la reproduction exacte d'un portrait prétendu contrefait, dans la disposition d'un arrêt portant que le prévenu a fait sciemment la reproduction de ce même portrait d'après la photographie dont il s'agit, et que la modification de certains accessoires ne saurait faire disparaître la contrefaçon. — Cass., 28 nov. 1862, Belbeder, [S. 63.1.41, P. 63.482, D. 63.1.52]

889. — S'il peut y avoir, à raison même de l'identité du sujet traité (Les duellistes), du nombre restreint de poses qu'il comporte et des usages en matière de duel, des ressemblances dans la disposition des personnages et l'agencement de leurs vêtements, il n'en est pas moins certain qu'il faut, pour qu'il n'y ait pas contrefaçon, que toute confusion soit impossible pour un regard exercé entre chacune des œuvres. — Paris, 16 nov. 1893, Massé, Forin et Riedmann, [Ann. propr. ind., 94.02]

890. — Des variantes d'ordre secondaire, qui ne changent pas l'aspect original de l'œuvre originale, ne suffisent pas à constituer une création nouvelle et ne sont pas exclusives de la contrefaçon. — Même arrêt.

891. — De même encore, en matière de dessin de fabrique, il suffit, pour qu'il y ait contrefaçon, que l'ensemble et la physionomie générale du dessin déposé et du dessin saisi révèlent une conception et une inspiration uniques. — Trib. corr. Seine, 28 févr. 1877, Dame Fourmy Loriot, [Ann. propr. ind., 79.174]

892. — Certaines différences, toutes dans les détails, laissent subsister le délit de contrefaçon, alors qu'elles sont incapables d'éveiller l'attention commune et ordinaire de celui qui n'a point à la fois les deux produits sous les yeux. — Trib.

Saint-Étienne, 30 juin 1882, Dorian, [*Ann. propr. ind.*, 88.33]

893. — En d'autres termes, il y a contrefaçon de dessin, alors même que l'imitation n'est pas servile, toutes les fois que l'imitation est de nature, par sa ressemblance avec le dessin contrefait, à nuire à la vente des étoffes sur lesquelles figure le dessin et que les changements qui y ont été introduits n'ont d'autre but que de déguiser la contrefaçon. — Lyon, 27 avr. 1894, Morel, [*Rev. prat. de dr. ind.*, 94.445] — Trib. corr. Seine, 4 août 1835, Gros-Odier, [cité par Blanc, p. 337]

894. — Et l'imitation d'un dessin composé d'éléments pris dans le domaine public constitue le délit de contrefaçon, alors même qu'il n'y a pas identité complète, et qu'il existe quelques différences, peu sensibles toutefois, et n'empêchant pas de reconnaître la volonté d'imiter. — Rouen, 17 mars 1843, Barbet, [S. 43.2.405, P. 44.1.293] — Paris, 1er avr. 1846, Vachon-Moraud, [cité par Blanc, p 358]; — 27 juill. 1876, Deneubourg et Gaillard, [*Ann. propr. ind.*, 76.206]; — 15 mars 1879, Sautter, [*Ann. propr. ind.*, 79.360] — V. aussi Trib. comm. Calais, 6 nov. 1860, Brunel et Lefèvre, [*Ann. propr. ind.*, 61.219]

895. — Mais il a été jugé que si l'imitation d'un dessin de fabrique ancien peut constituer une propriété privée, par suite des additions, corrections et combinaisons nouvelles qu'on lui a fait subir, il ne saurait y avoir contrefaçon de la part du fabricant qui en a fait à son tour une nouvelle imitation, alors qu'il existe des dissemblances suffisantes pour les différencier. — Douai, 25 janv. 1862, Gaillard, [*Ann. propr. ind.*, 62.397] — *Sic*, Pouillet, *Dess. de fabr.*, n. 131.

§ 3. *Pouvoirs des juges du fait et de la Cour de cassation.*

896. — C'est encore une question commune à toutes les actions en contrefaçon et autres actions semblables que celle de savoir quel est en ces matières le rôle respectif des juges du fond et de la Cour de cassation. La règle générale, conforme d'ailleurs aux données du droit commun, donne aux juges du fait le pouvoir suffisant pour déterminer si les produits argués de contrefaçon sont ou non entachés de ce vice; leur appréciation sur ce point est souveraine et échappe au contrôle de la Cour de cassation. — Cass., 26 févr. 1892, Gobert, [S. et P. 92. 1.287] — *Sic*, Pouillet, *Propr. litt.*, n. 470; *Marq. de fabr.*, n. 139, 166 et 434 *bis*; *Brev. d'inv.*, n. 647 et les nombreux arrêts cités; Darras, *Marq. de fabr.*, n. 195 et 196; Brun, n. 40; Malapert et Forni, n. 864 et s.; Allart, n. 438; Rendu et Delorme, n. 498.

897. — Mais si considérables que soient les pouvoirs des juges du fond, la Cour de cassation peut toujours apprécier le point de savoir si le titre qui sert de base à l'action en contrefaçon a été sainement interprété par le juge du fait. — Toulouse, 29 déc. 1894, Jules Laffitte, [*Gaz. trib. du Midi*, 13 janv. 1895, *Gaz. Pal.*, 20 mars 1895] — V. sur le principe, *Rép. alph. du dr. fr.*, v° *Cassation* (mat. civ.), n. 3290 et s.

898. — Ainsi donc, en matière d'inventions brevetées, les tribunaux sont sans doute investis du droit d'apprécier ou interpréter le sens du brevet d'invention; mais ils ne peuvent cependant, dans cette appréciation, et méconnaître les termes formels et dénaturer par là le brevet : en ce cas, leur décision tombe sous la censure de la Cour de cassation. — Cass., 1er mai 1851, Thomas, [S. 52.1.65, P. 52.2.85, D. 53.1.67]; — 17 janv. 1852, Crespel-Dellisse, [S. 52.1.66, P. 52.2.482, D. 53.1.67]

899. — Spécialement, l'appréciation reposant sur des constatations de fait, du titre en vertu duquel sont exercées des poursuites en contrefaçon ne saurait donner ouverture à cassation contre un arrêt qui en motif d'acquittement, lorsque cette appréciation n'est contredite par aucun moyen tiré du brevet lui-même, ou de circonstances propres à établir que le sens et la portée en aient été mal interprétés, et qu'il y ait eu ainsi violation du titre faisant la loi entre les parties. — Cass., 22 janv. 1870, Leplay, [S. 70.1.350, P. 70.884, D. 73.5.46]; — 17 avr. 1875, Porion, [S. 75.1.286, P. 75.669]; — 14 févr. 1879, Pouillet, [S. 80.1.287, P. 80.853, D. 80.1.44]

900. — Pour permettre à la Cour de cassation d'exercer le contrôle qui lui est reconnu, les juges du fond doivent indiquer dans leurs décisions les circonstances de fait de la cause et les motifs de droit qui ont déterminé leur conviction. Ainsi, manque de base légale une condamnation pour contrefaçon, si l'arrêt qui prononce cette condamnation se borne à constater que

« X .. a fait procéder à la saisie des appareils fabriqués par le prévenu, et qu'il le poursuit comme contrefacteur », sans indiquer quels sont les appareils saisis, sans dire s'ils sont ou non semblables à ceux qui font l'objet du brevet pris par X... et sans spécifier dans quelles circonstances le délit de contrefaçon aurait été commis. — Cass., 11 janv. 1895, Duval, [*Gaz. des Trib.*, 19 janv. 1895]

901. — Décidé, de même, que quand un arrangement méthodique de la matière à traiter a été indiqué au brevet comme un des éléments essentiels d'un procédé de distillation, et qu'il est présenté dans les conclusions du plaignant et dans les expertises comme un élément principal de la contrefaçon, il y a, pour défaut de motifs, violation de la loi du 20 avr. 1810 dans l'arrêt qui déclare qu'il n'y a pas contrefaçon sans donner de motifs spéciaux sur ce chef des conclusions. — Cass., 15 juill. 1854, Villard, [*Ann. propr. ind.*, 57.402]

902. — Remarquons, toutefois, que lorsque les juges du fait, après avoir déterminé d'une manière conforme à la loi du brevet le sens et la portée de ce titre, ont prononcé la relaxe des prévenus, en déclarant que les appareils saisis ne reproduisent aucune disposition de détail appartenant en propre au breveté et reproduisant un ensemble différent de celui qui fait l'objet du brevet, leur décision est souveraine sur ces deux points. Ils ne sont pas tenus de rechercher si, parmi les éléments qui composent l'appareil breveté, il y en a qui doivent être considérés comme des organes essentiels et si quelques-uns de ces organes se retrouvent dans les appareils argués de contrefaçon. — Cass., 12 févr. 1886, Périer, Roettger et Cie, [D. 88.1.237]

903. — Mais, aucune loi n'impose aux juges, en matière de contrefaçon, des formules sacramentelles, des exposés ou des descriptions pour faire connaître s'ils ont bien compris ou apprécié la portée des inventions brevetées auxquelles ils doivent comparer les objets prétendus contrefaits; suivant les circonstances et le degré d'insistance des parties en cause, ils sont appelés à faire ressortir les points particulièrement litigieux. — Cass., 31 mars 1890, Gastine, [D. 91.1.382]

904. — Ainsi, il n'est pas nécessaire pour les juges de fait de fournir des descriptions comparatives des appareils de chacun des fabricants rivaux, alors que ceux-ci proclament dans leurs conclusions l'identité des procédés, dont ils s'attribuent l'un et l'autre la priorité. Il n'y a pas lieu, par exemple, d'admettre un pourvoi en cassation qui s'appuie sur la violation de l'art. 7, L. 20 avr. 1810, lorsque rien n'autorise à douter que les juges n'aient statué en pleine connaissance de cause quant à l'objet et à la portée véritable d'une invention purement mécanique. — Cass., 12 nov. 1883, Gay, [D. 84.1.297]

905. — La déclaration d'un arrêt constatant que le prévenu a fait usage dans ses ateliers d'ustensiles contrefaits est suffisante pour motiver une condamnation; conséquemment, celui-ci ne pourrait se faire un moyen de cassation ni de ce que les juges ne se seraient pas expliqués sur le délit spécial de fabrication d'objets contrefaits, ni de ce qu'ils n'auraient pas dit expressément que le prévenu en avait fait usage pour son propre compte. — Cass., 27 nov. 1858, Levieux, [*Ann. propr. ind.*, 59.382]

906. — L'arrêt qui constate expressément que non seulement le procédé employé par la personne poursuivie repose sur les mêmes bases et comporte les mêmes éléments que celui indiqué dans le brevet, mais encore qu'il constitue un mode d'exploitation industrielle portant atteinte aux droits du breveté, précise suffisamment l'existence du délit de contrefaçon. — Cass., 2 juin 1883, Massignon, [D. 84.1.382]

907. — Il a même été jugé que pour justifier la condamnation par eux prononcée en matière de contrefaçon, les juges ne sont pas obligés de spécifier les parties de l'ouvrage plagiées ou contrefaites : il suffit qu'ils déclarent l'existence de la contrefaçon. — Cass., 27 févr. 1843, Richault, [S. 45.1.177, P. 48.1.386, D. 45.1.130]

908. — Décidé encore qu'un arrêt motive suffisamment la déclaration de contrefaçon lorsqu'il affirme d'un côté la similitude des procédés employés et d'autre part l'identité des produits fabriqués. Cass., 27 janv. 1872, Cauchois, [D. 74.1.133]

909. — Au surplus, bien qu'en matière de contrefaçon, la Cour de cassation ait le droit et le devoir de rechercher si les faits constatés rentrent ou non dans la définition du délit de contrefaçon, les juges du fond n'en sont pas moins investis d'un pouvoir souverain pour constater l'existence matérielle des faits.

— Cass., 8 déc. 1869, Peytroux, [S. 70.1.80, P. 70.165, D. 71. 1.47]

910. — C'est donc souverainement que les juges décident que les ressemblances existant entre deux ouvrages ne sont pas de nature à faire considérer l'un comme la contrefaçon de l'autre. — Même arrêt.

911. — De même, leurs constatations et appréciations sont souveraines lorsqu'ils déclarent que les objets saisis ne sont pas entachés de contrefaçon, à moins que le *pourvoi ne démontre* qu'ils ont méconnu les véritables éléments de l'invention. — Cass., 31 mars 1890, précité.

912. — Ainsi donc, la déclaration des juges du fait est souveraine lorsqu'ils constatent l'identité ou le défaut d'identité des objets brevetés avec ceux signalés comme contrefaits. — Cass., 12 déc. 1856, Raspail, [*Ann. propr. ind.*, 57.101]; — 26 janv. 1866, Avril, [S. 66.1.178, P. 66.437, D. 66.1.357]; — 20 avr. 1868, Noé et Maillard, [S. 68.1.219, P. 68.219, D. 68.1.424]; — 23 mai 1868, Marris et Magnan, [S. 68.1.370, P. 68.948]; — 28 févr. 1884, Renard, [*Ann. propr. ind.*, 86.228] — *Sic*, Nouguier, n. 752.

913. — ... Alors d'ailleurs que, dans leur appréciation, ils n'ont ni méconnu ni dénaturé les caractères essentiels et constitutifs de l'invention. — Cass., 26 janv. 1866, précité.

914. — En d'autres termes, les juges du fond sont investis d'un pouvoir souverain pour décider, par la comparaison des procédés décrits dans un brevet d'invention avec ceux qui leur sont présentés comme constituant la contrefaçon, si cette contrefaçon existe ou non réellement : leur décision à cet égard ne peut offrir ouverture à cassation. — Cass., 30 déc. 1843, Painchant, [P. 44.1.539]; — 9 août 1844, Delisle, [S. 45.1.60, P. 44.2.676]; — 18 janv. 1845, Benoit, [P. 45.1.492, D. 45.1.117] — V. aussi, Cass., 25 mai 1872, Exchasseriaux, [D. 72.5.48]

915. — L'appréciation de la valeur des dissemblances qui peuvent apparaître entre l'objet breveté et l'objet argué de contrefaçon rentre dans le pouvoir souverain des juges du fond ; cette faculté d'appréciation est la condition essentielle de l'exercice du droit qu'ils tiennent de la loi de prononcer souverainement sur les délits de contrefaçon et les atteintes portées à la loi du brevet. — Cass., 23 juin 1876, Caton, [*Ann. propr. ind.*, 78. 23]

916. — En conséquence, le juge qui condamne un prévenu comme contrefacteur de produits brevetés ne saurait être considéré comme violant la loi du brevet, sur le motif que le produit fabriqué par le prévenu diffère sous plusieurs rapports du produit breveté ; une telle question est étrangère à l'interprétation du brevet, et il rentre dans les pouvoirs du juge du fait d'examiner si les produits argués de contrefaçon sont ou non entachés de vice. — Cass., 26 févr. 1892, Gobert, [S. et P. 92.1.287]

917. — Spécialement, est souveraine la déclaration des juges de fait que l'appareil argué de contrefaçon reproduit les dispositions essentielles de l'appareil breveté dont il ne diffère que par une modification de détail destinée à masquer la contrefaçon. — Cass., 26 nov. 1875, Cornillet, [D. 76.1.137]

918. — Est encore souveraine la décision par laquelle les juges du fond déclarent l'existence de la contrefaçon, après l'avoir constaté tant par la comparaison de l'appareil breveté avec l'appareil contrefait que par les autres renseignements de la cause. — Cass., 11 juin 1873, Delamare, [S. 73.1.300, P. 73. 756, D. 74.1.39]

919. — Quand l'inventeur d'un produit nouveau, par exemple, d'un charbon artificiel, n'a mentionné dans ses brevets et dans ses conclusions que les procédés de fabrication de ce produit, il ne pourrait se faire un moyen de cassation de ce que les juges du fait se seraient fondés sur la dissemblance des procédés employés pour repousser l'action en contrefaçon. — Cass., 12 déc. 1856, Raspail, [*Ann. propr. ind.*, 57.101]

920. — Plus spécialement, les juges du fond peuvent décider souverainement qu'un pavage en bois n'est pas la contrefaçon d'un autre pavage en bois breveté, bien qu'il soit, comme celui-ci, basé sur la section du cube en plateaux inclinés, si d'ailleurs il existe des différences dans l'exécution des deux pavages. — Cass., 9 août 1844, précité.

921. — Lorsque des poursuites sont exercées en vertu de deux brevets, les juges du fond restreignent illégalement le terme de comparaison auquel ils doivent se rattacher, quand, au lieu de combiner les deux brevets afin d'apprécier dans leur

ensemble, eu égard au résultat industriel obtenu, les organes empruntés à l'un ou à l'autre, ils n'examinent que l'un d'eux ou chacun d'eux mais uniquement dans un ordre successif. — Cass., 20 mars 1857, Villard, [D. 57.1.183] — V. Malapert et Forni, n. 854 ; Pouillet, *Brev. d'inv.*, n. 159 bis et 730.

922. — Est donc nul pour défaut de motifs l'arrêt qui, sur une poursuite en contrefaçon exercée en vertu de deux brevets d'invention, relaxe le prévenu en n'appréciant le mérite de la poursuite que relativement à l'un de ces brevets, sans s'expliquer, ni en fait ni en droit, à l'égard de l'autre. — Cass., 27 juill. 1861, Rouget de Lisle, [S. 62.1.98, P. 63.172, D. 64. 5.32]

923. — La loi du 5 juill. 1844 n'interdit pas, d'ailleurs, au juge de la poursuite en contrefaçon, de décomposer les éléments de l'invention brevetée et d'apprécier isolément le mérite et la nouveauté de chacun d'eux, sous la condition, toutefois, qu'il examinera l'invention dans son ensemble, et qu'en en scindant les diverses parties, il ne substituera pas une combinaison différente à celle qui fait l'objet réel du brevet. — Cass., 11 janv. 1895, Bettenau, [*Ann. propr. ind.*, 95.76] — V. Pouillet, *Brev. d'inv.*, n. 729.

924. — Jugé encore que, quand une fabrication se compose de plusieurs procédés prétendus contrefaits, les juges saisis de la poursuite en contrefaçon peuvent apprécier chacun de ces procédés isolément, au lieu d'en examiner l'ensemble ou l'effet collectif. — Cass., 10 juill. 1846, Duvelleroy, [S. 46.1.587, P. 46.2.369, D. 46.1.287]

925. — La décision des juges du fait sur la question de savoir à la fabrication de quels produits devait servir l'instrument breveté, est aussi souveraine et échappe au contrôle de la Cour de cassation. — Cass., 26 juill. 1862, Rouget de Lisle, [S. 63.1.108, P. 63.785]

926. — On a vu précédemment qu'un brevet n'est valable que s'il s'applique à une invention nouvelle (V. *Rép. alph. du dr. fr.*, v° *Brevet d'invention*, n. 556 et s.). C'est encore aux juges du fond qu'il appartient de décider si réellement l'invention revêt ce caractère ; nous nous sommes déjà occupés des pouvoirs des juges du fait à cet égard. — V. *Rép. alph. du dr. fr.*, v° *Brevet d'invention*, n. 623 et s. — V. en outre : Cass., 14 juill. 1848, Jordery, [P. 49.2.289, D. 48.5.36]; — 20 août 1863, Favré, [*Ann. propr. ind.*, 64.90]; — 17 avr. 1875, Porion, [S. 75.1.286, P. 75. 669]; — 3 janv. 1889, Carcant, Dufaut et Mathieu, [S. et P. 92. 1.284, D. 90.1.44]; — 10 mars 1892, Sarnel, Diot et C¹ᵉ, [S. et P. 92.1.284]; — 11 janv. 1895, Bettenant, [*Gaz. des Trib.*, 20 janv.]

927. — En matière de contrefaçon de marques de fabrique, c'est aussi aux juges du fait qu'il appartient d'apprécier souverainement les points de ressemblance ou de dissemblance qui existent entre la marque incriminée et la marque prétendue contrefaite. — Cass., 23 mai 1874, Peter Lawson and Son, [S. 74.1.452, P. 74.1129]

928. — Il appartient encore aux juges du fond de décider souverainement si l'imitation frauduleuse d'une marque de fabrique existe en fait. — Cass., 6 févr. 1875, Meurgey et autres, [S. 76.1.390, P. 76.932, D. 76.1.282]; — 3 janv. 1878, William, [S. 78.1.438, P. 78.1117, D. 79.1.45] — *Sic*, Pouillet, *Marq. de fabr.*, n. 166.

929. — De même, la constatation des différences entre deux marques, comme aussi la solution de la question de savoir si ces différences sont suffisantes pour éviter toute confusion, rentre dans le domaine de l'appréciation souveraine des juges du fait et échappe au contrôle de la Cour de cassation. — Cass., 2 juill. 1888, Martell et C¹ᵉ, [S. 88.1.361, P. 88.1.894, D. 89.1.111] — V. aussi, en matière de fausse indication d'une origine française sur des marchandises fabriquées à l'étranger : Cass., 27 févr. 1880, Crocius, [S. 80.1.434]

930. — De même, il appartient encore aux juges du fait de décider souverainement si l'emploi d'une marque, par un fabricant, n'a jamais eu pour but, de sa part, de distinguer constamment et uniformément les produits de sa fabrication, ou tout au moins une certaine catégorie de ces produits, et que cette marque n'a été pour lui qu'un signe banal indiquant que ce produit est fabriqué à la demande des acheteurs. — Cass., 22 déc. 1877, Debrye, [S. 78.1.334, P. 78.813, D. 80.1.90]

931. — Par suite, si cette marque vient à être déposée comme marque de fabrique par un autre fabricant qui en devient propriétaire, le premier, qui continue à s'en servir, peut être poursuivi pour imitation frauduleuse, sans pouvoir se prévaloir, à titre de moyen justificatif, de l'usage banal qu'il en a fait antérieurement. — Même arrêt.

932. — Ce qui vient d'être dit en matière de brevets d'invention et de marques de fabrique est généralement vrai en matière de contrefaçon d'œuvres littéraires ou d'objets d'art; là encore, les tribunaux sont souverains pour décider, d'après les circonstances, si les œuvres constituent une propriété exclusive en faveur de leur auteur et si elles ont été l'objet d'une contrefaçon. — Cass., 22 nov. 1867, V⁵ Saudinos, [D. 70.5.296]

933. — Spécialement, étant admis que les emprunts faits à un ouvrage ne prennent le caractère de contrefaçon partielle qu'autant qu'ils sont importants et notables, et que la partie empruntée forme une portion essentielle soit de l'ouvrage du plaignant, soit de celui du prévenu, l'appréciation des juges à cet égard est souveraine et ne saurait tomber sous la censure de la Cour de cassation. — Cass., 24 mai 1855, Thoisnier-Desplaces, [S. 55.1.392, P. 55.2.274]

§ 4. De la complicité.

934. — L'art. 426, C. pén., et quelques-unes des dispositions des lois spéciales déclarent punissables en dehors de la contrefaçon certains faits que nous considérons comme des actes de complicité; l'énumération n'est pas toujours la même, mais il est facile de constater que chacune de ces énumérations laisse toujours à l'écart des faits de participation à la contrefaçon qui sont répréhensibles en soi et qui, comme tels, devraient être frappés de peines plus ou moins fortes. Le moment nous parait venu d'aborder cette difficulté à raison du caractère général de la question; celle-ci revient, en effet, à se demander si, dans la matière de la contrefaçon, les règles ordinaires de la complicité doivent ou non recevoir leur application.

935. — On remarquera d'ailleurs que nous nous abstenons d'étudier pour le moment les faits considérés parfois comme des actes de complicité qui se trouvent être expressément compris dans les énumérations dont il vient d'être parlé. Nous nous en occuperons lorsque nous rechercherons les règles spéciales applicables aux brevets d'invention, aux marques de fabrique, etc. (V. infrà, n. 965 et s.). Notre attention ne se portera actuellement que sur les faits restés en dehors de ces énumérations.

936. — Avant d'entrer dans le détail de cette difficulté, il est permis de dégager de la jurisprudence cette règle que les principes ordinaires de la complicité s'appliquent à toutes les actions en contrefaçon, sauf toutefois en matière de brevets d'invention.

937. — Pour ce cas particulier, on prétend que la loi de 1844 se suffit à elle-même; son art. 40 s'occuperait de la contrefaçon proprement dite; son art. 41 qui concerne le recel, la vente, la mise en vente ou l'introduction sur le territoire français d'objets contrefaits contiendrait une énumération limitative des seuls cas de complicité punissables; si cette énumération n'avait pas ce caractère, elle n'offrirait aucune utilité. — V. Rép. alph. du dr. fr., v⁰ Complicité, n. 236 et 237, n. 424.

938. — La doctrine s'est généralement prononcée contre ce système; mais les motifs invoqués par les auteurs n'ont pas toujours été les mêmes; pour les uns, le texte de l'art. 41 ne peut être utilement invoqué dans la discussion actuelle puisque les faits qu'y sont mentionnés ne constituent pas des actes de complicité (V. Blanc, p. 613); pour les autres, ces faits auraient bien ce caractère mais l'énumération ne serait pas limitative; l'intention du législateur, en rédigeant l'art. 41, aurait été simplement de procéder comme le fait l'art. 426, C. pén., en matière de contrefaçon d'œuvres littéraires et artistiques, c'est-à-dire de mentionner les faits de complicité qui doivent être punis comme des délits distincts. — Bozérian, Propr. ind., n. 435; Pouillet, Brev. d'inv., n. 688; Renouard, Brev. d'inv., n. 46; Dufourmantelle, Brev. d'inv., p. 139; Ruben de Couder, v⁰ Contrefaçon, n. 148; Malapert et Forni, n. 902. — V. aussi Nouguier, n. 789.

939. — Quoi qu'il en soit, il est généralement admis que les art. 59 et s., C. pén., sur la complicité, ne sont pas applicables en matière de contrefaçon d'inventions brevetées. — Cass., 20 juill. 1850, Gibus, [S. 51.1.77, P. 52.2.332, D. 51.5.54]; — 21 nov. 1851, Duchêne, [D. 51.5.55] — Paris, 13 févr. 1862, Rouget de Lisle, [Ann. propr. ind., 62.358]; — 15 févr. 1866, Mac Avoy, [Ann. propr. ind., 66.173]; — 16 juin 1866, Bardin, [Ann. propr. ind., 66.380] — Caen, 23 août 1875, Thierry, [Ann.

propr. ind., 83.141] — Trib. corr. Seine, 31 déc. 1862, Capelli, [Ann. propr. ind., 63.213]; — 18 janv. 1889, Vanderstichelen, [Ann. propr. ind., 89.313] — Sic, Allart, n. 489 et s.

940. — On ne saurait, en conséquence, considérer comme complice celui qui, à plusieurs reprises, a commandé des objets contrefaits, alors même que, par la promesse de prendre livraison des marchandises commandées, il aurait provoqué à commettre la contrefaçon. — Cass., 21 nov. 1851, précité.

941. — Egalement, on ne peut considérer comme complice du délit de contrefaçon celui qui, même sciemment, a commandé ou acheté des objets contrefaits, non dans le but d'en faire un trafic, mais seulement pour s'en servir à son usage personnel, ou même pour les employer dans l'exercice d'une profession étrangère à l'industrie du breveté. — Cass., 25 mars 1848, Christofle, [S. 48.1.379, P. 49.1.436, D. 49.1.24] — V. supra, n. 638 et s.

942. — En admettant que l'art. 60, C. pén., soit applicable à la complicité en matière de contrefaçon, concurremment avec l'art. 41, L. 8 juill. 1844, un tel fait, alors même qu'un prix aurait été convenu avec le contrefacteur, ne constituerait pas la provocation par dons et promesses à commettre le délit de contrefaçon susceptible de motiver l'application dudit art. 60. — Paris, 30 avr. 1847, Christofle, [P. 47.2.98, D. 47.2.93]

943. — Jugé encore, qu'on ne saurait étendre les peines de la contrefaçon à celui qui, sans être vendeur, a été sciemment l'intermédiaire du contrefacteur auprès d'un acheteur des objets contrefaits. — Cass., 26 juill. 1850, précité.

944. — ... A l'employé chargé de placer des objets contrefaits, qui est payé moyennant une remise sur le chiffre des affaires qu'il fait. — Paris, 15 févr. 1866, précité.

945. — Au surplus, il y a lieu de remarquer que si la loi de 1844 établit limitativement en matière de contrefaçon les cas susceptibles de répression qu'on ne peut compléter par les dispositions générales du Code pénal sur la complicité, on ne doit pas méconnaître dans l'application de cette loi le caractère mixte de cette législation ayant à la fois un but civil et pénal. Ainsi, cette loi ayant voulu interdire en France l'écoulement de produits contrefaits à l'étranger, il ne suffit pas de s'attribuer à tort ou à raison le titre de mandataire pour pouvoir opposer la non-recevabilité et décliner ainsi toute responsabilité devant la juridiction civile. Rentre donc dans les prévisions de la loi de 1844 relatives à l'exposition en vente et à la vente celui qui a vendu des objets argués de contrefaçon dont il s'est approprié une partie du prix, sous forme de commission. — Trib. Seine, 22 mars 1890, Grawitz, [Ann. propr. ind., 93.102]

946. — La situation de cet individu n'est point semblable à celle d'un employé touchant un traitement fixe, augmenté ou non de remises. — Même jugement.

947. — Mais on ne saurait condamner celui qui, en connaissance de cause, livre au contrefacteur les matières premières dont il a besoin pour son industrie coupable, en reprend les résidus qu'on n'ont pu être obtenus que par l'emploi des procédés brevetés. — Paris, 16 juin 1866, précité. — Sic, Allart, n. 491. — V. aussi Malapert et Forni, n. 905.

948. — Spécialement, à supposer que le brevet a été pris au profit de celui qui a eu l'idée d'enlever aux plumes leur épiderme et de l'utiliser pour la confection ou l'ornement des coiffures, fleurs, broderies ou tissus, on ne saurait frapper d'une condamnation celui qui vend au contrefacteur les plumes dont il se sert et les reprend dépouillées de leur épiderme. — Même arrêt.

949. — De même encore, il a été jugé que celui qui s'est borné à recouvrir d'étoffe des sièges contrefaits, sans qu'il soit démontré qu'il en ait connu l'origine frauduleuse, ne saurait être retenu comme contrefacteur. — Trib. corr. Seine, 18 janv. 1889, Vanderstichelen, [Ann. propr. ind., 89.313]

950. — Tout au contraire de ce qui vient d'être indiqué pour la contrefaçon des inventions brevetées, la jurisprudence a admis que les règles générales sur la complicité étaient applicables en matière de contrefaçon de marques de fabrique. Ce n'est pas à dire cependant que la question n'ait été controversée et qu'en faveur du système opposé on n'ait produit des mêmes arguments qu'en matière d'inventions brevetées (V. Bédarride, n. 933; Rendu, n. 168). Mais les travaux préparatoires de la loi de 1857 ont paru favorables à l'extension des règles du droit commun aux questions que peut soulever la contrefaçon des marques de fabrique : l'exposé des motifs contient, en effet, le-

passage suivant : « on n'a pas cru devoir mentionner spécialement les receleurs, parce que, d'après les principes du droit pénal, les receleurs sont punis comme complices ». De même, le
rapporteur à la Chambre des députés s'est ainsi exprimé : « il
est superflu de rappeler que les dispositions du droit commun
sur la complicité, et notamment la complicité par recel, s'appliquent à ces délits comme à tous les autres ». — Calmels, n.
140; Pouillet, *Marq. de fabr.*, n. 205; Brun, n. 38; Darras,
Marq. de fabr., n 213.

951. — La décision admise par la jurisprudence est d'autant
plus importante que la loi de 1857, à la différence de celle de
1844, ne comprend pas expressément le recel parmi les faits qui
sont assimilés à la contrefaçon : le recel devant être aussi considéré comme un fait répréhensible, on en a conclu que la simple
détention pour usage personnel d'un objet qu'on sait faussement
marqué constituait une infraction punissable. — Pouillet, *Marq.
de fabr.*, n. 206; Darras, *Marq. de fabr.*, n. 214. — *Contra*,
Brun, n. 39.

952. — Quoi qu'il en soit de cette solution, qui parfois pourra
paraître rigoureuse, il faut retenir que la jurisprudence étend à
la contrefaçon des marques les données du droit commun en matière de complicité et il faut en conclure que l'on doit considérer
comme contrefacteur le commissionnaire qui fait pour un tiers
la commande d'un moule destiné à reproduire une marque qu'il
sait être contrefaite. — Paris, 16 mars 1878, Michaud, [*Ann.
propr. ind.*, 78.59]

953. — ... L'ouvrier qui, en connaissance de cause, aide et
assiste son patron en bouchant des bouteilles de champagne
avec des bouchons portant une marque usurpée. — Trib. corr.
Reims, 23 mai 1863, Clicquot, [*Ann. propr. ind.*, 64.101]

954. — ... L'employé de commerce qui a aidé à remplir des
flacons marqués au nom d'un fabricant d'un liquide fait par un
autre et qui a placé les produits ainsi contrefaits. — Alger, 29
mai 1879, Félix Prot et Cie, [*Ann. propr. ind.*, 79.345]

955. — ... Le commissionnaire en marchandises qui a, en
connaissance de cause, assisté l'imitateur, ou qui lui a procuré
un moyen quelconque de perpétrer le délit. — Paris, 3 avr. 1879,
Farcy et Oppenheim, [S. 80.2.304, P. 80.4202, D. 80.2.78]

956. — Mais il est bien évident que, comme la bonne foi est
exclusive de tout délit en matière de marques (V. *suprà*, n. 659
et s.), on doit admettre qu'une personne ne peut être condamnée
pour complicité de contrefaçon de marque de fabrique à raison
de ce qu'elle est copropriétaire de l'atelier d'imprimerie lithographie, s'il n'est pas établi qu'elle ait participé aux faits délictueux
dont elle a pu ignorer l'existence. — Trib. corr. Marseille, 9
janv. 1885, Chouët et Cie, [*Ann. propr. ind.*, 89.67]

957. — L'art. 1 de la loi de 1824 punit l'exposition en vente
et la mise en circulation d'objets marqués de noms supposés ou
altérés. Comme ce sont là des faits de complicité, on on a conclu
que l'énumération était limitative (Bédarride, n. 271); mais, en
l'absence d'un texte formel, il est difficile de penser que le législateur de 1824 ait eu l'intention de faire échec aux principes du
droit commun en matière de complicité, alors surtout que l'é-
numération se comprend à raison de la controverse, qui s'était
élevée sous l'empire de la loi du 22 germ. an XI, quant à la répression des faits de mise en vente ou en circulation. — Pouillet,
Marq. de fabr., n. 431; Blanc, p. 776; Maunoury, n. 72.

958. — Les textes qui punissent la contrefaçon des œuvres
littéraires et artistiques et aussi des dessins et modèles industriels faisant partie intégrante du Code pénal, on a admis, bien
que l'art. 426, C. pén., contienne une énumération, que les règles
générales sur la complicité étaient applicables en l'espèce. —
Gastambide, p. 123; Pouillet, *Propr. litt.*, n. 611; *Dess. de fabr.*,
n. 132; Dufourmantelle, *Marq. de fabr.*, p. 51.

959. — Il sait de là que celui qui s'associe à un libraire pour
l'introduction en France d'ouvrages contrefaits à l'étranger s'expose aux mêmes peines que le libraire lui-même. — Paris, 20
févr. 1835, Granger et Roret, [*Gaz. des Trib.*, 21 févr.]

960. — De même, il a été jugé que le destinataire d'un ouvrage contrefait est complice du débitant lorsqu'il connaît lui-
même la contrefaçon et achète les exemplaires dans un but commercial. — Amiens, 28 nov. 1835, [cité par Gastambide, p. 126]

961. — L'imprimeur qui sciemment sert un imprimerie
à l'accomplissement du délit de contrefaçon se rend complice du
délit, comme ayant aidé et assisté l'auteur du fait délictueux,
et, par suite, encourt l'application de la loi pénale. — Nîmes,
23 févr. 1864, Michel Lévy, [*Ann. propr. ind.*, 64.387]

962. — On a aussi conclu de l'application des principes sus-
énoncés à nos matières que l'achat fait en connaissance de cause
d'un objet contrefait constituait une infraction répréhensible. —
Pouillet, *Propr. litt.*, n. 618; *Dess. de fabr.*, n. 154; Wœlbrœck,
n. 102. — V. Renouard, *Droits d'auteurs*, t. 2, p. 398.

963. — En tous cas, comme la mauvaise foi est un élément
constitutif de tous les délits qui peuvent naître à l'occasion d'une
œuvre littéraire et artistique ou d'un dessin et d'un modèle industriel, il a pu être décidé que l'ouvrier qui a coopéré à une
contrefaçon, dans l'ignorance de l'infraction dont on le rendait
complice ne pouvait être poursuivi soit devant les tribunaux de
l'ordre civil, soit devant les tribunaux répressifs. — Dijon, 15
avr. 1847, Martinelle, [D. 48.2.178] — Paris, 6 avr. 1850, Clé-
singer, [D. 52.2.139] — Trib. corr. Seine, 28 janv. 1877, Dame
Fourmy, [*Ann. propr. ind.*, 77.74] — V. aussi Trib. corr. Seine,
10 janv. 1889, [*Gaz. Pal.*, 89.1.251]

964. — Au surplus, pour qu'en dehors des cas de complicité
spécialement prévus, il y ait fait répréhensible, il est nécessaire
que l'on se trouve en présence d'agissements qui rentrent dans
les types généraux de complicité qu'ont établis les art. 59 et 60,
C. pén. Aussi, a-t-il pu être jugé que des marchands de meubles,
qui placent dans leurs magasins des objets d'art qu'ils savent
contrefaits, ne peuvent être considérés comme complices, alors
même qu'ils ont indiqué à leurs clients l'adresse des contrefacteurs, puisqu'il est impossible d'envisager les propos incriminés
comme constituant l'aide et l'assistance prêtées ou l'instruction
donnée à l'auteur d'un délit pour en préparer ou en consommer
l'exécution. — Trib. corr. Seine, 24 avr. 1894, [*Gaz. des Trib.*, 27
avr.] — V. *Rép. alph. du dr. fr.*, v° *Complicité*, n.265 et s., 391.

CHAPITRE II.

RÈGLES SPÉCIALES AUX DIVERSES ACTIONS EN CONTREFAÇON
ET AUTRES ACTIONS QUI LEUR SONT ASSIMILÉES.

Section I.

De la contrefaçon en matière de brevets d'invention
et des infractions qui lui sont assimilées.

§ 1. *De la contrefaçon proprement dite.*

965. — Avant d'entrer dans le détail des particularités que
l'action en contrefaçon présente en matière d'inventions brevetées, il est essentiel de faire remarquer, ce qui est vrai d'ailleurs
de toutes les contrefaçons, en quelque matière qu'elles se produisent, que le coupable de contrefaçon n'est pas l'ouvrier dont la
main produit l'objet prétendûment contrefait, mais celui qui le
commande, qui fournit les éléments, les indications nécessaires
à sa construction et qui le fait fabriquer et exécuter sous sa surveillance. — Paris, 12 mars 1884, Moinet et Tellier, [*Ann. propr.
ind.*, 85.140] — Sic, Pouillet, *Brev. d'inv.*, n. 637; Blanc, *Invent. brevetée*, p. 612; Pelletier et Defert, n. 7; Dufourmantelle,
Brev. d'inv., p. 136; Malapert et Forni, n. 875 et s.; Allart, n.
449.

966. — Ce qui vient d'être spécialement dit de la contrefaçon
est également vrai, *mutatis mutandis*, des autres infractions qui
sont assimilées à la contrefaçon proprement dite; par exemple,
qu'au cas de vente d'objets contrefaits par des intermédiaires, le patron des commis voyageurs et autres représentants de commerce peuvent être directement poursuivis de ce
chef. — Pouillet, *Brev. d'inv.*, n. 698; Picard et Olin, n. 604;
Allart, n. 470.

967. — Quand l'art. 40 de la loi de 1844 a frappé ceux qui ont
fabriqué des objets contrefaits, il a voulu, en effet, atteindre
ceux qui ont fait fabriquer lesdits objets par des ouvriers ou entrepreneurs agissant d'après leurs ordres. — Paris, 10 févr. 1859,
Pouillet, [*Ann. propr. ind.*, 59.170]

968. — Spécialement, le médecin qui ne s'est pas borné à
prescrire l'usage d'un appareil mécanique, destiné à un traitement orthopédique, mais qui, de plus, l'a fait fabriquer soit dans
un établissement orthopédique qu'il dirige, soit chez un tiers,
se rend coupable du délit de contrefaçon. — Cass., 30 mars 1853,
Guérin, Charrière et autres, [S. 53.1.264, P. 53.2.459, D. 53.1.
198]

969. — Il en est de même d'ailleurs du bandagiste chez lequel cet appareil se fabrique, sur les commandes de ce médecin, par un ouvrier chargé particulièrement de l'exécution de ces commandes. — Même arrêt. — On comprend très-bien que la responsabilité du fabricant subsiste à côté de celle de son client; rien ne le force en effet à exécuter les commandes que lui font des personnes malhonnêtes. — Pouillet, *Brev. d'inv.*, n. 657; Allart, n. 448. — V. d'ailleurs, *infrà*, n. 971.

970. — Il a été cependant jugé que le seul fait d'avoir exécuté sur la commande d'une personne poursuivie pour contrefaçon une machine contrefaite n'est pas comprise dans la prévision stricte de la loi de 1844. — Trib. Seine, 14 janv. 1870, Bréchon et Cⁱᵉ, [*Ann. propr. ind.*, 73.36]

971. — En tous cas, on ne saurait considérer comme coupable celui qui fabrique ou débite l'objet contrefait, mais qui se trouve être, soit comme ouvrier, soit comme commis, sous la dépendance de celui qui seul devrait être poursuivi. Jugé, à cet égard, qu'un commis ne saurait être considéré comme auteur ou coauteur du délit de contrefaçon reproché à ses patrons lorsqu'il prend des ordres et des commandes pour le compte de ceux-ci, même s'il reçoit une prime sur chaque commande en plus de ses appointements; pour qu'il en fût différemment, il faudrait prouver qu'il a concouru directement à l'emploi des procédés brevetés. — Paris, 13 févr. 1866, Mac-Avoy, [*Ann. propr. ind.*, 66.1.73] — Sic, Pouillet, *Brev. d'inv.*, n. 657, n. 698; Picard et Olin, n. 604; Dufourmantelle, p. 136. — V. *supra*, n. 966.

972. — Le contremaître d'un atelier, dans lequel des outils contrefaits sont saisis, doit être, à raison de sa seule qualité, mis hors de cause. — Douai, 24 août 1881, Oudit, [*Ann. propr. ind.*, 82.11]

973. — Jugé encore qu'un contremaître ne saurait être impliqué dans une instance en contrefaçon dirigée contre ses patrons s'il a cédé tous ses droits à ceux-ci, après avoir obtenu un brevet pour un modèle de son invention, à moins, toutefois, que l'on puisse prouver que ce contremaître est associé ou qu'il s'est immiscé dans l'administration. — Paris, 27 mai 1865, Laperche, [*Ann. propr. ind.*, 65.274]

974. — Il y a lieu d'assimiler à l'ouvrier et au commis, et par suite de déclarer non-responsable de la contrefaçon, l'entrepreneur travaillant sous les ordres et d'après les plans fournis par l'État qui ne lui a laissé aucune initiative, ne lui a pas permis le choix du modèle, l'a obligé à s'en tenir strictement à celui qu'il lui présentait, et s'est réservé le droit de faire surveiller la fabrication par ses agents avec droit d'accès pour eux à toute heure dans les ateliers. — Paris, 12 mars 1884, Moinot et Tellier, [*Ann. propr. ind.*, 85.140]

975. — Mais il y a contrefaçon de la part d'une compagnie de chemins de fer dans le fait d'employer dans son exploitation des objets contrefaits qu'elle aurait reçus d'ouvriers ou entrepreneurs travaillant sous ses ordres. — Paris, 10 févr. 1889, précité.

976. — Il est bien entendu que celui qui commande un objet pour lequel le procédé de fabrication constitue l'invention brevetable, ne peut être considéré comme coupable de contrefaçon que si le procédé breveté a été employé d'après ses ordres ou ses instructions. — Trib. corr. Seine, 22 juin 1882, Périer, [*Ann. propr. ind.*, 88.75] — V. aussi Paris, 27 mai 1865, précité. — Bédarride, n. 535; Allart, n. 449.

977. — Il en est encore ainsi lorsqu'il sait que celui auquel il s'adresse use sans droit de procédés brevetés. Ainsi le fabricant de draps qui remet à un apprêteur ses tissus pour que cet apprêteur leur fasse subir une opération déterminée (le frézonnage ou épaillage) se rend coauteur de la contrefaçon résultant de cette opération, alors qu'il connaît l'existence du brevet et que même il sait que ce brevet a déjà été consacré par la justice. — Rouen, 26 août 1868, Joly, [*Ann. propr. ind.*, 75.289] — Nancy, 27 janv. 1875, Frézon, Bourguignon et Colette, [*Ann. propr. ind.*, 75.31]

978. — En tous cas, il se rend complice de la contrefaçon en recélant sciemment les draps époutillés par le procédé contrefait. — Nancy, 27 janv. 1875, précité.

979. — Le fabricant qui confie à un tiers des marchandises, telles que les draps destinés à subir une préparation, se rend coauteur de la contrefaçon alors qu'il ne peut pas ignorer que les procédés dont doivent être employés font l'objet d'un brevet. Dans ce cas, le fabricant n'est pas d'ailleurs recevable à actionner en garantie le préparateur qui a fait usage des procédés brevetés. — Rouen, 26 août 1868, précité.

980. — Le directeur d'une société commerciale qui a reçu les pouvoirs les plus étendus pour administrer un établissement où des objets contrefaits ont été exposés en vente, peut être condamné personnellement à raison de ces faits. — Cass., 12 juin 1875, Dragé et autres, [D. 76.1.137] — V. Pouillet, *Brev. d'inv.*, n. 661; Blanc, p. 622; Pelletier et Defert, n. 8.

981. — Il en est ainsi surtout qu'il est souverainement constaté que ce directeur avait maintes fois acheté des objets semblables à ceux argués de contrefaçon. — Même arrêt.

982. — Les administrateurs d'une compagnie anonyme qui, par une délibération prise en conseil, ont autorisé la contrefaçon de procédés faisant l'objet d'un brevet d'invention, et sont reconnus avoir ainsi participé à la contrefaçon, sont personnellement responsables du délit : cette responsabilité n'incombe pas seulement au directeur qui fait exécuter la délibération. En un tel cas, les administrateurs ne peuvent, pour s'exonérer de toute responsabilité, invoquer ni la disposition de l'art. 32, C. comm., ni celle des statuts de la société, et se retrancher derrière leur qualité de mandataires. — Cass., 24 nov. 1856, Marchal, [S. 57. 1.156, P. 57.767, D. 76.1.137 (en note)] — Rouen, 28 juill. 1856, Marchal et autres, [D. 76.1.137 (en note)] — V. *supra*, n. 213 et s.

983. — On a vu précédemment que la tentative ne constitue pas un fait punissable, mais que, d'autre part, une contrefaçon partielle est répréhensible à l'égal d'une contrefaçon totale (V. *supra*, n. 837 et s.). Ces deux idées combinées doivent nous servir à déterminer à quel moment précis on se trouve en présence d'autre chose que d'une simple tentative, à quel moment il y a véritablement contrefaçon, c'est-à-dire un fait punissable.

984. — Tout d'abord, il est hors de controverse qu'il ne saurait y avoir contrefaçon que dans le fait de fabriquer, ou suivant certains auteurs, dans celui d'employer l'objet breveté (V. *supra*, n. 627 et s.). En conséquence, le fait de prendre un brevet identique à un autre brevet ne saurait constituer une contrefaçon; dans ce cas, le premier breveté n'a d'autre droit que de demander la nullité du second brevet. — Cass., 24 juin 1886, Samain, [*Ann. propr. ind.*, 88.213] — Paris, 8 juill. 1885, Société la Lessive Phénix, [*Ann. propr. ind.*, 88.156] — Sic, Rendu et Delorme, n. 490 et 502; Nouguier, n. 737; Pouillet, *Brev. d'inv.*, n. 736.

985. — Particulièrement, prendre un brevet reproduisant les parties essentielles d'une invention avec des perfectionnements ou modifications ne saurait constituer, par cela seul, une contrefaçon. — Trib. Saint-Étienne, 22 juin 1870, Petin-Gaudet et Cⁱᵉ, [*Ann. propr. ind.*, 72.123]

986. — C'est donc avec raison qu'il avait été jugé avant la loi de 1844, et que l'on jugerait encore aujourd'hui que comme le délit de contrefaçon se commet par la mise en pratique des procédés brevetés et non par l'obtention d'un brevet semblable, il ne suffit pas qu'un tribunal saisi par un individu breveté d'une action en contrefaçon dirigée contre un autre individu breveté pour appareils de même espèce examine et compare les procédés décrits dans les spécifications jointes aux deux brevets; il doit comparer l'appareil saisi avec la description insérée au brevet du saisissant. — Cass., 30 déc. 1843, Painchant, [P. 44.1.539]

987. — De même, les peines de la contrefaçon ne peuvent frapper celui qui prétend fabriquer suivant la méthode brevetée et non suivant celle de ses concurrents, alors qu'en réalité il ne fabrique que suivant un procédé ancien. En ce cas, il peut y avoir un acte de concurrence déloyale ou une tromperie sur la qualité de la marchandise vendue; on ne saurait prétendre qu'il y a contrefaçon, puisqu'il n'y a pas imitation. — V. Nouguier, n. 774; Rendu et Delorme, n. 490; Blanc, p. 630; Pouillet, *Brev. d'inv.*, n. 733; Malapert et Forni, n. 867. — V. aussi Paris, 26 déc. 1841, Robertson, [cité par Blanc, p. 630]

988. — De même, la fabrication d'un produit auquel on donne l'apparence d'un autre produit pour lequel un tiers est breveté, mais sans y faire entrer la même substance, ne constitue pas le délit de contrefaçon. — Cass., 15 févr. 1851, Véron, [S. 51.1.217, P. 51.1.100, D. 51.1.25] — Sic, Blanc, p. 343.

989. — Particulièrement, il en est ainsi du fabricant de pâtes alimentaires qui imite une autre pâte brevetée, mais ne fait entrer dans sa composition que de la farine, alors que la pâte brevetée ne renferme que du gluten extrait du meilleur froment. — Même arrêt.

990. — La contrefaçon n'existe donc que s'il y a mise en œuvre de l'invention d'autrui; mais il ne suffit pas qu'il y ait eu commencement de fabrication, puisque la tentative n'est pas

punissable (V. *suprà*, n. 837 et s.); il faut que la fabrication ait
été poussée assez loin pour que l'objet ne soit pas informe et
que sa destination apparaisse clairement, et pour qu'on puisse
dire que si la fabrication n'est pas absolument terminée, c'est le
temps seul, et non l'intention, qui a fait réellement défaut. —
V. Pouillet, *Brev. d'inv.*, n. 662 ; Picard et Olin, n. 576 ; Nouguier, n. 746 ; Pelletier et Defert, n. 6 ; Allart, n. 450. — V. cep.
Bédarride, n. 544.

991. — Pour qu'il y ait contrefaçon, il ne suffit pas qu'il y
ait eu fabrication des divers éléments dont se compose une invention brevetée, il faut qu'il y ait eu atteinte à l'objet même du
brevet. Spécialement, lorsque le brevet porte sur une combinaison nouvelle d'éléments connus, les industriels qui ont fabriqué
et livré les éléments des objets argués de contrefaçon ne peuvent
être considérés comme coauteurs ou complices du délit de contrefaçon, quand ces objets n'ont reçu la forme et la combinaison
brevetées que par un travail postérieur. — Trib. corr. Seine, 24
nov. 1868, Dauvois, [*Ann. propr. ind.*, 68.389] — *Sic*, Pouillet,
Brev. d'inv., n. 666.

992. — De même, étant donné que des pièces mécaniques
déjà connues peuvent, par leur introduction dans une machine
nouvelle, devenir l'objet d'un brevet, alors même que, considérées isolément, elles sont dans le domaine public, il y a contrefaçon, non pas à raison de la fabrication de ces pièces, mais par
suite de leur confection en vue de leur incorporation et de leur
emploi dans la machine brevetée. — Paris, 30 juin 1879, Vin-
cenze et Cⁱᵉ, [*Ann. propr. ind.*, 80.188]

993. — Spécialement, commet le délit de contrefaçon celui
qui fabrique des cartons en vue de les introduire dans un nouveau système de métier Jacquard, dit métier réduit et sans dé-
crochage. — Même arrêt.

994. — On a parfois pensé que si, en définitive, la confection des éléments composant une invention brevetée ne devait
pas être punie, elle pouvait néanmoins être invoquée comme
établissant la présomption que le défendeur avait l'intention de
commettre une véritable contrefaçon. Décidé, en ce sens, qu'à
supposer que la fabrication séparée de chacune des pièces employées dans la construction d'une machine brevetée, et pouvant
par leur assemblage composer la machine, ne constitue pas le
délit de contrefaçon, du moins, le fabricant dans l'atelier duquel
ces pièces ont été saisies ne peut être relaxé des poursuites
qu'autant qu'il établit n'avoir pas eu pour fait de contrefaçon de
la machine. — Cass., 26 juill. 1861, Lotz, [S. 61.1.1014, P. 62.
505, D. 61.1.407] — V. Allart, *loc. cit.*

995. — En tous cas, il est incontestable que, quand le brevet
porte uniquement sur un organe d'une machine, le fabricant
dans les ateliers duquel on trouve cet organe qu'il reconnaît
avoir confectionné, est à bon droit considéré comme ayant participé au délit de contrefaçon. — Paris, 1ᵉʳ août 1874, sous
Cass., 12 juin 1875, Daugé et autres, [D. 76.1.137] — *Sic*, Pouillet, *loc. cit.*

996. — La contrefaçon une fois commise, la responsabilité
du délinquant est engagée; elle ne disparaît pas, lors même que
l'intéressé vient ultérieurement à supprimer le corps du délit.
La contrefaçon subsiste, alors même que postérieurement à la
saisie, le défendeur a supprimé dans la machine saisie l'organe
imité qui en faisait un objet contrefait. — Douai, 4 mai 1863,
Dumont, [*Jurispr. Douai*, 63.269] — *Sic*, Pouillet, *Brev. d'inv.*,
n. 653 ; Malapert et Forni, n. 870.

997. — Rigoureusement, comme le délit de contrefaçon résulte, d'après l'art. 40 de la loi de 1844, de la *fabrication* d'objets
brevetés, il faut en conclure qu'il n'est pas plus permis de faire à
titre d'essai qu'à titre définitif l'usage des objets desquels le
breveté a obtenu le résultat constituant son invention; autrement, il serait facile aux contrefacteurs d'échapper, en par un pareil moyen de défense, aux conséquences de la contrefaçon à
laquelle ils se seraient livrés. — Rouen, 5 mai 1863, Godet,
[*Ann. propr. ind.*, 65.138] — *Sic*, Blanc, p. 627.

998. — Mais la jurisprudence paraît portée à se prononcer
en sens contraire; on fait observer, à cet égard, que ce même
art. 40 de la loi de 1844 sur lequel on s'appuie dans l'opinion
adverse suppose implicitement que, pour qu'il y ait contrefaçon,
il y ait atteinte aux droits du breveté, et on prétend
que s'il n'y a pas eu, de la part du défendeur, exploitation commerciale de l'invention, il n'y a pas eu à vrai dire atteinte portée
aux droits du breveté. Décidé, en ce sens, que le délit de contrefaçon ne peut exister que s'il y a eu atteinte portée aux

droits du breveté par l'exploitation commerciale du produit ou
du procédé faisant l'objet du brevet; un simple appareil d'essai,
demeuré sans emploi, ne peut donner lieu à une poursuite en
contrefaçon. — Cass., 2 juin 1883, Massignon, [D. 84.1.382]
— V. Pouillet, *Brev. d'inv*, n. 656 ; Nouguier, n. 748 ; Rendu
et Delorme, n. 490 ; Malapert et Forni, n. 866, 881 et 882 ; Allart,
n. 447.

999. — Il a été décidé, d'une manière plus générale, qu'un
appareil d'essai et d'étude, n'étant destiné à aucun usage, ne
peut motiver une action en contrefaçon. — Cass., 4 mai 1885,
Nimault, [*Ann. propr. ind.*, 85.324]

1000. — En tous cas, il n'est pas nécessaire, pour que le
délit existe, que l'objet breveté ait été employé à tous les usages
auxquels il est destiné; un usage partiel suffit. — Cass., 24 nov.
1883, Découflé et Abadie, [*Ann. propr. ind.*, 89.266]

1001. — Ainsi, lorsqu'un brevet a eu pour objet la garantie
du droit de fabrication des cigarettes, le fait seul d'employer la
machine pour essayer le papier à cigarettes justifie la condamnation pour contrefaçon. — Même arrêt.

1002. — C'est aussi en tenant compte de l'idée que la contrefaçon n'existe que s'il y a atteinte aux droits du breveté, que
l'on a parfois considéré comme licite la fabrication d'objets semblables à ceux du brevet, lorsque cette fabrication se produit
peu avant l'expiration du brevet et en vue d'alimenter le marché
pour le temps où les droits privatifs auront disparu. — Pouillet,
Brev. d'inv., 1ʳᵉ édit., n. 656; Dufourmantelle, *Brev. d'inv.*,
p. 135.

1003. — L'opinion contraire est cependant préférable; si
l'on admettait la légalité de la fabrication faite dans les conditions qui viennent d'être rappelées, on pourrait craindre que,
pendant la durée même du brevet, l'inventeur n'éprouvât un
grave préjudice; « il se trouverait trop de gens qui, fabriquant
ostensiblement, sous prétexte qu'ils accumulent pour attendre
l'expiration du brevet, vendraient clandestinement pendant sa
durée et dont on ne pourrait qu'avec peine dévoiler les manœuvres » (Picard et Olin, n. 538); puis d'ailleurs, et surtout il
est manifeste qu'une telle fabrication porte atteinte aux droits
du breveté, puisqu'il y a atteinte au monopole d'exploitation
concédé par la loi au breveté. — Blanc, *Inventeur breveté*, p.
344; Pouillet, *Brev. d'inv.*, n. 656; Picard et Olin, n. 538; Malapert et Forni, n. 883.

1004. — En s'attachant encore aux termes mêmes de l'art.
40 de la loi de 1844, on aurait pu soutenir qu'il n'y a pas contrefaçon à la charge de celui qui, autorisé par le breveté à fabriquer des objets brevetés, moyennant certaines conditions, vient
ultérieurement à ne pas vouloir remplir ces conditions, c'est-à-
dire, par exemple, à ne pas payer la redevance proportionnelle
fixée par la convention. En ce cas, en effet, ce n'est pas, aurait-
on pu dire, la fabrication elle-même qui est délictueuse, puisqu'elle est le fait d'une personne à ce autorisée, c'est le seul
manquement à la parole donnée et aux engagements pris qui est
répréhensible; l'art. 1382, C. civ., est bien applicable, mais il ne
saurait y avoir lieu à répression pénale. — Blanc, p. 632. —
V. Calmels, n. 299, 581 ; Nouguier, n. 764; Rendu et Delorme,
n. 492.

1005. — La jurisprudence s'est cependant prononcée, avec
raison d'ailleurs, pour l'opinion contraire; l'inobservation par
le défendeur de la convention fait qu'il ne peut s'en prévaloir
pour écarter l'action en contrefaçon. Décidé, en ce sens, que la
convention intervenue entre le propriétaire d'un brevet et un
tiers, et par laquelle ce dernier a été autorisé à fabriquer l'objet
breveté sous certaines conditions déterminées, cesse d'avoir son
effet et de protéger cette fabrication du moment où le tiers ne
se conforme pas à ces conditions; que le tiers ne peut plus, dans
ce cas, invoquer la convention comme légitimant la fabrication
abusive dont il est l'auteur; il commet le délit de contrefaçon
exactement comme celui qui fabriquerait sans aucune autorisation. — Cass., 24 nov. 1883, précité. — V. Pouillet, *Brev. d'inv.*,
n. 740.

1006. — ... Que l'autorisation donnée, moyennant certaines
conditions, de faire usage d'un procédé breveté, ne fait pas
disparaître le délit de contrefaçon, lorsque celui qui était autorisé à se servir du procédé, en a fait usage sans accomplir les
conditions qui lui étaient imposées. — Cass., 20 août 1831,
Cunin-Gridaine et autres, [S. 31.1.648, P. 32.1.279, D. 54.5.
77] — Lyon, 1ᵉʳ déc. 1881, Merle, [*Ann. propr. ind.*, 82.79]

1007. — ... Que l'industriel qui, ayant été autorisé par le bréveté à fabriquer sous certaines conditions, telle que celle de placer sur chaque appareil une plaque estampillée que doit lui fournir le bréveté, se rend coupable de contrefaçon si, après le retrait de la licence, il a continué à fabriquer et à vendre des appareils non estampillés. — Paris, 18 déc. 1868, Clifton, [*Ann. propr. ind.*, 68.392]

1008. — ... Qu'en supposant qu'un inventeur n'ait concédé l'autorisation de fabriquer les objets brévetés qu'à la condition de les faire poinçonner, le concessionnaire qui néglige de se conformer à ces prescriptions du traité s'expose non seulement à une action civile en réparation, mais peut être déféré à la juridiction correctionnelle sous l'inculpation de contrefaçon. — Cass., 23 févr. 1867, Sax, [*Ann. propr. ind.*, 69.310] — Paris, 14 avr. 1859, Duboscq, [*Ann. propr. ind.*, 59.242]

1009. — Il n'est pas nécessaire, en ce cas, de faire constater la fabrication des instruments entiers; il suffit que l'industriel licencié soit trouvé détenteur de pièces détachées, constituant une partie essentielle des instruments brévetés. Il en est surtout ainsi si ces pièces ont été spécialement signalées dans la convention comme devant être soumises au poinçonnage. — Cass., 23 févr. 1867, précité.

1010. — De même, et à plus forte raison, il y a contrefaçon si l'on se sert de moules ayant appartenu à des personnes que le bréveté avait autorisées antérieurement à fabriquer les objets brévetés, et cela, soit qu'on se serve de ces moules pour fabriquer indûment des objets entiers conformes au brevet, ou même qu'on ne les emploie que pour fabriquer des pièces détachées destinées à compléter ou réparer des objets brévetés. — Rouen, 1er mai 1862, Richard et Héritiers Grassal, [*Ann. propr. ind.*, 62.337]

1011. — De même encore, le contrefacteur, autorisé par transaction avec le bréveté à écouler sa marchandise hors d'un certain endroit, se met en état de récidive s'il vient à manquer aux conditions qui lui ont été imposées. — Paris, 18 mars 1860, Borie, [*Propr. ind.*, n. 129]

1012. — Au surplus, s'il est permis de considérer comme contrefacteur celui qui, autorisé à fabriquer, n'observe pas les conditions prescrites, on ne saurait cependant punir comme tel celui qui a fabriqué sous certaines conditions *qui restent à déterminer;* en ce cas, en ne saurait relever à la charge du fabricant aucun fait répréhensible; il ne saurait y avoir place pour une action en contrefaçon. Décidé, en ce sens, que ne saurait être accueillie l'action en contrefaçon dirigée par le bréveté contre un cessionnaire qui a fait usage d'une licence expirée, alors qu'il résulte des circonstances de la cause que le bréveté a autorisé, tacitement du moins, l'usage dont il s'agit, sous réserve d'un règlement de compte ultérieur. — Cass., 10 janv. 1877, Heilmann-Ducommun et autres, [S. 77.1.419, P. 77.1100, D. 77. 1.454]

1013. — A raison même de l'usage auquel ils sont employés, les objets vendus par le bréveté peuvent avoir besoin d'être réparés; l'industriel qui se livre à une telle opération, sans avoir obtenu l'autorisation du bréveté, pourrait-il être poursuivi pour contrefaçon? Cette question met en présence deux droits également respectables : le droit pour tout acquéreur d'un objet matériel de l'employer, suivant ses convenances, à l'usage pour lequel il se l'est procuré et, aussi, le droit pour le bréveté de tirer de l'invention tous les profits pécuniaires dont celle-ci est susceptible. Comment chacun de ces droits doit-il se combiner?

1014. — En vue de les concilier, on a prétendu qu'il ne faut pas « oublier qu'en achetant l'objet bréveté, on n'a acquis le droit de s'en servir que pendant sa durée, que c'est l'objet matériel qui a été cédé, et non le droit incorporel ». Comme c'est là surtout une question de fait, on reconnaît d'ailleurs qu'on peut chercher la solution de la difficulté, non seulement dans la nature des réparations mais encore et surtout dans les circonstances et les termes de l'acte d'achat. — Blanc, p. 632.

1015. — Dans un autre système qui nous paraît préférable, on pense que l'acheteur d'un objet bréveté peut « en perpétuer l'usage au moyen de réparations intelligentes, faites en temps opportun, et qui, par l'époque où elles se sont successivement produites, par leur importance individuelle, excluent l'idée de recomposer la machine ou un de ses organes qui n'appartiennent pas au domaine public ». — Picard et Olin, n. 580; Pouillet, *Brev. d'inv.*, n. 295, 669; Pelletier et Defert, n. 6; Malapert et Forni, n. 889 et s.; Allart, n. 452.

1016. — Jugé, à cet égard, que l'acheteur d'objets brévetés, par exemple, de bateaux à vapeur marchant par un mécanisme particulier, pour les exploiter dans une localité, a droit de faire à ces objets tous les changements et améliorations que peuvent lui suggérer des découvertes ultérieures; que l'inventeur ne peut, à moins d'une stipulation expresse, prétendre au droit exclusif de faire tous changements ou réparations aux objets vendus. — Orléans, 26 août 1845, Inexplosibles de la Loire, [S. 45.2. 662, P. 45.2.502]

1017. — ... Que la fabrication de certaines pièces entrant dans la composition d'une machine brévetée et qui, prises isolément, sont tombées dans le domaine public, ne constitue pas le délit de contrefaçon, lorsque cette fabrication n'a pas pour objet de créer ou refaire la machine, mais seulement de fournir aux acheteurs de la machine des pièces de rechange en remplacement de celles qui se brisent ou se détériorent. — Cass., 26 juill. 1861 (sol. impl.), Lotz, [S. 61.1.1014, P. 62.504, D. 61.1.407]; — 5 juill. 1862, Même partie, [S. 63.1.108, P. 63.508, D. 63.1.385]; — 22 août 1867, Sax, [D. 70.5.40] — Rennes, 4 déc. 1861, Lotz, [S. 62.2.134, P. 62.656]

1018. — ... Qu'en principe, tout acheteur peut, à moins de conditions contraires, faire à la chose vendue toutes les améliorations, tous les changements et toutes les réparations qu'il croit utiles; que la circonstance que l'objet acheté est bréveté empêche bien d'en construire de semblables, mais n'altère en rien sa liberté de le transformer et de le réparer de la manière et pour qui bon lui semble. — Orléans, 26 août 1843, précité.

1019. — Mais il a été décidé que le brevet d'invention obtenu pour une machine nouvelle couvre non seulement la machine prise dans son ensemble, mais encore chacune de ses parties ou pièces essentielles considérées isolément : en conséquence, la fabrication de quelques-unes de ces pièces de la part d'un tiers constitue le délit de contrefaçon. — Orléans, 24 avr. 1855, Laurence et Cotel, [S. 55.2.601, P. 55.1.472, D. 55.2.327]

1020. — Vainement, ce tiers prétendrait-il qu'il ne fabrique des pièces isolées que dans un but de réparation de la machine brévetée, et qu'en agissant ainsi il ne fait qu'user de son droit. — Même arrêt.

1021. — Etant donné qu'une personne a acheté une machine garnie de rubans métalliques dentés qui s'appliquent sur des cylindres et effilochent les matières textiles et filamenteuses et que ces rubans sont brévetés, le droit d'entretien et de réparation doit se borner à appointer et à aiguiser les dents avariées et émoussées par l'usage, mais l'acheteur ne peut faire usage de nouveaux rubans métalliques dentés. — Trib. corr. Seine, 16 juill. 1863, Busson, [*Ann. propr. ind.*, 64.186]

1022. — Quoi qu'il en soit, il y a certainement contrefaçon lorsque la réparation transforme l'objet lui-même et permet de l'employer à un usage pour lequel il n'avait pas été fabriqué. Ainsi, un fabricant se rend coupable de contrefaçon quand, en réparant les objets contrefaits, il leur donne une existence nouvelle et les rend propres à un service qu'ils n'auraient pas pu remplir sans cette réparation; il en est ainsi, par exemple, de celui qui met au nouveau disque des instruments de musique contrefaits. — Paris, 11 juill. 1861, Sax, [*Ann. propr. ind.*, 61. 230]

1023. — Si on doit considérer comme n'opérant qu'une réparation celui qui se borne à restaurer des objets endommagés, mais sortis des magasins du bréveté, il n'en est plus de même de celui qui confectionne dans ses propres ateliers quelques-uns des organes les plus considérables de la machine brévetée, que l'inventeur vend séparément. — Cass., 10 août 1855, Motte, [*Ann. propr. ind.*, 55.69]

1024. — Se rend contrefacteur celui qui, ayant acheté dans une vente publique des débris sans usage possible, les fait réparer en vue d'une remise à neuf suivant le système bréveté. — Trib. Seine, 25 juill. 1873, Caraboux, [*Ann. propr. ind.*, 77.336] — Paris, 16 juin 1874, Même affaire, [*Ann. propr. ind.*, *eod. loc.*]

1025. — Jugé que c'est au plaignant qu'il appartient d'établir que l'acheteur de l'objet bréveté a dépassé les droits qu'il tenait de la vente et que cette preuve n'est pas faite lorsque, l'objet ayant disparu, le bréveté se contente d'invoquer à l'appui de son dire la mention de remise à neuf, relevée sur les livres du prévenu. — Cass., 22 août 1867, précité.

1026. — Des différences de construction, qui ne changent ni la fonction de l'organe d'un appareil bréveté, ni le résultat obtenu, ne peuvent écarter le fait de contrefaçon. — Paris, 12 déc. 1885, Berthelot, [*Ann. propr. ind.*, 86.103] — *Sic*, Allart, n. 440.

1027. — Spécialement, il y a contrefaçon d'un instrument de musique breveté par cela seul que, par une imitation des préparations, dispositions ou combinaisons, un fabricant a construit un instrument produisant exactement la même voix que celui dont la propriété est garantie par le brevet ; il importe peu qu'il n'y ait pas similitude dans la forme. — Cass., 16 août 1860, Besson, [D. 61.5.47]

1028. — Lorsqu'un brevet pris pour un instrument porte tout à la fois sur la voix nouvelle d'un instrument et sur une forme plus commode et plus avantageuse, il y a contrefaçon par cela seul que la voix des instruments saisis est la même que celle des instruments brevetés, encore bien qu'ils s'en différencient par la réunion de plusieurs tons et par des modifications accessoires dans la forme. — Paris, 15 juin 1860, Sax, [*Ann. propr. ind.*, 60.241]

1029. — Il y a contrefaçon, lors même que les appareils incriminés ne reproduisent pas les formes spécialement décrites au brevet, s'il ne peut être contesté que la commande des appareils saisis ait été faite dans le but de disposer ces appareils et de procéder habituellement dans les conditions du procédé breveté. — Trib. Seine, 30 sept. 1887, et Paris, 19 juin 1890, sous Cass., 1er févr. 1892, Sourbé, [S. et P. 92.1.137]

1030. — A cet égard, les constatations des juges du fait sont souveraines. — Cass., 1er févr. 1892, précité.

1031. — Ce qui vient d'être dit des changements de formes qui peuvent être apportés à une invention brevetée est de nature à résoudre la question de savoir s'il y a contrefaçon à fabriquer un objet breveté en vue de s'en servir comme d'un modèle destiné à figurer dans une galerie ou dans tout autre local semblable ; il faut distinguer en ce cas, selon que cet objet peut éventuellement être employé aux mêmes usages que l'objet breveté lui-même ou selon qu'il ne peut servir que comme objet d'étude ou de curiosité ; dans le premier cas seulement, il y a contrefaçon. — V. Trib. corr. Seine, 20 juill. 1834, Bataille, [cité par Blanc, p. 627] — Trib. Le Havre, 27 févr. 1869, Chaulet, [*Monit. des inv.*, juin 1869] — Pouillet, n. 664; Picard et Olin, n. 576; Allart, n. 447. — V. aussi Blanc, p. 626.

1032. — Le perfectionnement d'une invention brevetée n'exclut pas la contrefaçon. — Amiens, 19 juin 1884, Dupont, [*Ann. propr. ind*, 87.118] — Rouen, 4 déc. 1886, Bony et Robert, [*Ann. propr. ind.*, 87.272, 88.121] — Trib. corr. Sables d'Olonne, 8 juin 1870, Berthel, [*Ann. propr. ind.*, 72.209] — *Sic*, Malapert et Forni, n. 869; Allart, n. 437.

1033. — Décidé cependant, mais on peut prétendre que la qualité du défendeur n'a pas été étrangère à la solution admise, que l'administration de la marine qui, pour le remplissage des cloisons étanches des navires, emploie de la cellulose feutrée, c'est-à-dire une mélange de cellulose et de la matière fibreuse existant dans l'enveloppe des noix de coco, ne peut être condamnée à des dommages-intérêts pour contrefaçon d'un brevet pris par celui qui, le premier, imagina de faire usage de la cellulose pour le remplissage des cloisons étanches. — Trib. Seine, 7 août 1890, Tourillon, [*J. Le Droit*, 10 août]

1034. — Il en est ainsi, alors même que le breveté aurait soumis son invention à l'examen de l'État et que celle-ci aurait été le point de départ du perfectionnement dont il s'agit. — *Même jugement.*

1035. — Décidé encore, dans un procès où il s'agissait d'une contrefaçon, par le ministère de la guerre, d'une culasse mobile pour armes de guerre, qu'il n'y a pas contrefaçon par cela seul que l'objet incriminé présente avec l'objet contrefait d'incontestables analogies, si les deux objets sont les résultats pour ainsi dire parallèles d'un même principe, et les analogies soient expliquées et en quelque sorte commandées par la communauté du principe. — Paris, 28 janv. 1879, Brown Roden, [S. 81.2.55, P. 81.1.323, D. 80.2.105]

1036. — Si favorables que soient les droits de l'État, nous ne pouvons cependant admettre que la loi de 1844 qui, à la différence de certaines lois étrangères, n'a pas consacré en nos matières l'expropriation pour cause d'utilité publique, autorise les tribunaux à légitimer, soit indirectement, soit ouvertement, de telles spoliations commises au détriment des inventeurs. Nous ne pouvons donc penser que l'on saurait être accueillie par les tribunaux français la demande en dommages-intérêts formée par le titulaire d'un brevet français contre celui qui, fournisseur et agent

du gouvernement français, a introduit de l'étranger des cartouches brevetées qui devaient servir aux besoins de la défense nationale; on a toutefois estimé que le devoir de patriotisme et de nécessité, supérieur à tout, qui est imposé à un gouvernement de défendre le territoire ne pourrait être accompli si la loi française armait tout breveté français, neutre ou même ennemi, du droit de faire saisir et confisquer en France sur le gouvernement français, ou sur les particuliers achetant et important pour son compte, sous prétexte d'atteinte à son brevet, les armes, munitions et autres objets destinés à l'armement des troupes et à la défense du pays. — Paris, 11 janv. 1876, Boxer et Gévelot, [*Ann. propr. ind.*, 76.93] — *Sic*, sur le principe, Pouillet, *Brev. d'inv.*, n. 638; Malapert et Forni, n. 856 et 857.

1037. — L'exception apportée au droit privatif du breveté et de son cessionnaire, quand il s'agit de l'introduction d'armes ou munitions de guerre par le gouvernement ou pour son compte dans l'intérêt de la défense nationale, se trouve justifiée en fait, lorsque, d'une part, par son acte de cession, le breveté s'est réservé le droit d'autoriser la fabrication par le gouvernement français, et qu'il a connu les commandes faites à son cessionnaire étranger, et que, d'autre part, le cessionnaire français a reconnu lui-même avoir livré personnellement tout ce que ses ateliers et son outillage lui permettaient de fabriquer. — *Même arrêt.*

1038. — Décidé encore que ne peut être condamnée à des dommages-intérêts la compagnie de chemins de fer qui, sur une invitation émanée de l'autorité, s'est livrée à de simples essais d'utilisation d'une machine. — Paris, 10 août 1876, Alexis, [*Ann. propr. ind.*, 79.133]

1039. — Nous pensons, au contraire, que lorsqu'un breveté n'a saisi que quelques-uns des tampons argués de contrefaçon qu'employait une compagnie de chemins de fer, celle-ci ne peut invoquer les nécessités d'un service public qui ne devait pas être interrompu comme excluant le caractère délictueux de la continuation de l'usage, après que l'action en contrefaçon était déjà introduite. — Cass., 6 déc. 1861, de Bergue, [*Ann. propr. ind.*, 62.209]

1040. — Les renseignements qui précèdent s'appliquent, en principe, quel que soit l'objet de l'invention; il n'en est pas de même de ceux qui nous restent à fournir pour donner une idée complète de la contrefaçon proprement dite. Nous avons dit précédemment (V. *Rép. alph. du dr. fr., v° Brevet d'invention*, n. 132 et s.) que ce qui peut faire l'objet d'un brevet, ce sont les produits nouveaux, les moyens nouveaux et les combinaisons nouvelles de moyens connus; les règles à suivre pour savoir s'il y a ou non contrefaçon varient selon que l'invention appartient à l'une et à l'autre de ces catégories; nous allons tâcher de les déterminer, mais nous devons faire remarquer auparavant que l'énumération qui précède ne mentionne pas expressément les résultats nouveaux; on sait, en effet, que les résultats nouveaux ne sont pas brevetables en soi, indépendamment des moyens nouveaux ou de la combinaison nouvelle de moyens connus qui servent à les réaliser; aussi n'avons-nous pas à nous occuper de cette hypothèse, puisque si le brevet ne porte que sur un résultat industriel pris isolément, il est nul et ne peut donner lieu, par suite, à aucune action en contrefaçon, et que si, au contraire, le déposant bien inspiré n'a pas séparé dans sa demande le résultat industriel du procédé à employer pour l'obtenir, le cas rentre dans une des deux dernières alternatives que nous aurons à étudier.

1041. — Ceci dit, supposons d'abord que l'invention consiste dans un produitnouv eau; en ce cas, il y a contrefaçon à fabriquer ce produit sans autorisation, alors même que l'on emploie dans ce but des procédés autres que ceux décrits dans le brevet; c'est qu'alors, en effet, le droit privatif porte, non pas sur les moyens ou sur les combinaisons de moyens qui ont été mis en œuvre par l'inventeur, mais bien sur le produit pris en lui-même. — V. Pouillet, *Brev. d'inv.*, n. 721; Allart, n. 439; Dufourmantelle, *Brev. d'inv.*, p. 135; Blanc, p. 629. — V. *Rép. alph. du dr. d'invention*, n. 143 et 144.

1042. — Tout au contraire, lorsque l'invention a pour objet un moyen nouveau ou une combinaison nouvelle de moyens connus, il n'y a pas contrefaçon à obtenir le même produit, du moment où le procédé employé est différent. En ce cas, le droit privatif porte uniquement sur le procédé; nous verrons bientôt qu'il peut être délicat de déterminer l'étendue d'une telle invention, alors que l'imitation ne rentre pas directement dans les revendications expresses du brevet. — V. Allart, n. 441; Dufour-

mantelle, *Brev. d'inv.*, p. 136. — V. *Rép. alph. du dr. fr.*, v°
Brevet d'invention, n. 145 et 158.

1043. — En tous cas, lorsqu'un brevet porte à la fois sur un
procédé et sur un produit, il y a contrefaçon de ce brevet dans
le seul fait de fabriquer des produits pareils au produit dudit
brevet. — Toulouse, 29 déc. 1894, Laffitte, [*Rev. prat. de dr.
ind.*, 95.53; *Gaz. Pal.*, 20 mars 1895] — Spécialement, lorsqu'un
brevet porte à la fois sur des plaques à souder les métaux et sur
le mode d'emploi de ces plaques, l'industriel qui fabrique des plaques semblables commet une contrefaçon. — Même arrêt.

1044. — C'est à bon droit que, dans une telle hypothèse, le
juge correctionnel déclare convaincu de contrefaçon l'individu
qui a fabriqué un tel objet, sans constater l'emploi qui aurait
été fait de ce même objet. — Cass., 30 nov. 1894, Delmas, [*Gaz.
Pal.*, 20 mars 1895]

1045. — La différence qui vient d'être rappelée entre les inventions de produits et les inventions de procédés permet de
comprendre que quand on a pris un brevet pour un mélange de
certaines substances antérieurement, par exemple le chocolat et le
gluten pulvérisés et réduits en poudre, et qu'il est prouvé qu'un
produit semblable était antérieurement obtenu dans l'industrie
avec des substances analogues, cette mixtion ne peut, par elle-
même et abstraction faite du procédé particulier de fabrication,
faire l'objet d'un brevet d'invention valable, et que, par suite, il
ne peut y avoir contrefaçon de la part du fabricant que si le breveté prouve que les mêmes substances ont été obtenues à l'aide
de procédés semblables à ceux qu'il a fait breveter. — Paris, 12
janv. 1856, Durand, [*Ann. propr. ind.*, 56.410]

1046. — Par application d'une règle précédemment exposée,
il n'est pas nécessaire, pour constituer le délit de contrefaçon,
que le produit contrefait soit absolument identique à l'objet breveté; le délit existe si l'objet argué de contrefaçon a emprunté
les éléments essentiels au brevet. — Cass., 3 janv. 1889, Fouillet-Chevance et Carcault, [D. 90.2.44]

1047. — Spécialement, une différence dans la composition
élémentaire de deux produits industriels, dont l'un est breveté,
n'empêche pas qu'il n'y ait contrefaçon, quand cette différence
tient à une modification chimique sans importance. — Lyon,
13 déc. 1861, Depoully et autres, [S. 62.2.180, P. 62.725] — V.
dans la même affaire, Cass., 13 août 1862, [S. 63.1.254, P. 63.
789, D. 63.1.67]

1048. — Plus spécialement, étant donné que ce qui fait l'o-
riginalité de l'invention des tissus électriques, ce n'est pas tant
leur élasticité que les moyens de produire l'électricité avec une
pile voltaïque portative, il y a contrefaçon lorsqu'une personne
a obtenu le résultat thérapeutique désiré, en fabriquant des tissus composés de fils en zinc et en cuivre; il importe peu qu'un
tiers ait substitué au caoutchouc un fil tissé à l'aide de coton
employé par le breveté dans la contexture intérieure de ses fils.
Cette circonstance ne fait pas disparaître la contrefaçon. — Paris,
23 août 1866, Courant, [*Ann. propr. ind.*, 67.337]

1049. — Mais il est bien évident que la contrefaçon disparaît lorsque l'imitation, à supposer qu'il y ait véritable imitation,
ne porte que sur des éléments accessoires de l'invention. Ainsi,
on ne saurait considérer comme contrefaçon d'un brevet pris
pour un genre de chocolat au gluten pur de froment, la fabrication par un pharmacien d'un chocolat glutino-alcalin, alors que
les proportions du gluten sont extrêmement différentes dans l'un
et l'autre produit, et que le premier est un aliment, alors que
l'autre doit agir comme médicament. — Toulouse, 10 août 1855,
Larbaud, [*Ann. propr. ind.*, 56.108]

1050. — De même, étant donné qu'un industriel a obtenu
un brevet pour un produit nommé velours-caoutchouc qui, sur
les papiers de tenture, produit l'apparence exacte du velours, il
ne saurait y avoir contrefaçon d'un tel produit, dans le fait d'i-
miter, sur les papiers de tenture, l'étoffe dite cheviotte; dans l'un
et l'autre cas, il y a bien substitution de brins de laine à la
poussière de laine précédemment employée, mais, d'un côté, les
brins de laine sont de longueur égale et fixés sur le papier dans
un parallélisme absolu, de l'autre, ces brins de laine sont d'iné-
gale longueur et, irrégulièrement disposés sur le fond, ils offrent
un aspect bourru, frisé et rude; les deux produits sont donc
absolument distincts et la fabrication de l'un ne peut être regardée comme la contrefaçon de l'autre. — Cass.,
28 févr. 1884, Renard, [*Ann. propr. ind.*, 86.228]

1051. — Nous avons précédemment établi que si l'invention
porte sur un moyen nouveau, ce qui est brevetable, ce n'est pas

ce moyen nouveau, mais bien les diverses applications pratiques
que l'inventeur a été le premier à en faire (V. *Rép. alph. du dr.
fr.*, v° *Brev. d'inv.*, n. 149 et s.); nous avons reconnu d'ailleurs
que ce système devait recevoir une certaine atténuation : « Si l'inventeur ne peut confisquer à son profit toutes les applications du
moyen pour lequel il s'est fait breveter, il a, avons-nous pensé, le
droit de revendiquer celles qui sont la conséquence nécessaire, le
développement naturel de son invention » (V. *Rép. alph. du dr. fr.*,
v° *Brev. d'inv.*, n. 153). Nous ne reviendrons pas sur cette controverse dans cette étude spécialement consacrée à la contrefaçon; les
renseignements antérieurement fournis sont, en effet, suffisants.

1052. — Nous ne procéderons pas de même pour ce qui est
de l'application nouvelle de moyens connus, et spécialement,
pour sa forme la plus usuelle, la combinaison nouvelle de moyens
connus. Après avoir rappelé qu'un brevet ayant un tel objet
ne donne certainement pas à l'inventeur un droit privatif sur le
résultat, et que, selon nous, son droit ne va pas jusqu'à interdire aux tiers de prendre dans le domaine public les mêmes éléments, du moment où, réserve faite du cas de fraude, la combinaison est différente, alors même que le résultat est semblable,
nous signalerons un certain nombre d'espèces où ces principes
ont été ou auraient pu être appliqués. — V. *Rép. alph. du dr.
fr.*, v° *Brevet d'invention*, n. 157 et s.

1053. — Lorsque l'invention consiste dans une application
nouvelle de moyens connus, la contrefaçon n'existe que si l'u-
surpation a porté sur cette application elle-même. Ainsi lorsqu'une invention consiste dans l'application nouvelle d'un procédé connu, comme le découpage et l'ajourage pratiqués dans une
pièce de métal avec revêtement des languettes pour servir de
dents propres au mécanisme des rouages, le brevet obtenu
doit être limité à l'application qui y est décrite; lorsque cette
description, ainsi que le dessin qui y est joint, ne s'occupe que
des roues dentées avec pignon servant à la marche des aiguilles
d'horlogerie, on ne saurait considérer comme une contrefaçon,
l'application faite par un tiers du même procédé d'ajourage, qui
n'a pas pour objet de remplacer un pignon, mais qui ne sert qu'à
la marche de la sonnerie et qui présente une disposition différente. — Paris, 5 avr. 1876, Oguard, [*Ann. propr. ind.*, 76.98]
— *Sic*, Pouillet, *Brev. d'inv.*, n. 726; Allart, n. 442.

1054. — Spécialement, un inventeur s'est fait breveter
pour l'emploi du suint comme source de potasse et qu'il n'a
revendiqué ni le droit exclusif d'extraire le suint de la laine, ni
l'invention de procédés ou d'appareils spéciaux pour parvenir à
cette extraction, on ne peut considérer comme contrefacteurs
ceux qui ne fabriquent pas de potasse, mais qui, se bornant à
extraire le suint de la laine, opèrent cette extraction, soit par
les procédés appartenant au domaine public, soit, dans tous les
cas, par des procédés autres que ceux dont les demandeurs font
eux-mêmes usage. — Cass., 9 avr. 1869, Maumené et Rogelet,
[*Ann. propr. ind.*, 69.328]

1055. — Mais il a été jugé que l'emploi d'un autre réactif
que celui indiqué spécialement par le breveté pour obtenir un
produit chimique n'empêche pas la contrefaçon quand les deux
réactifs agissent dans les mêmes conditions; il en est surtout
ainsi lorsque le breveté a lui-même indiqué que le réactif qu'il
employait n'était pas le seul à donner un résultat utile. — Paris,
31 mars 1863, Renard et Franc, [*Ann. propr. ind.*, 63.301]

1056. — Quoi qu'il en soit du mérite de cette solution d'espèce, il est évident que lorsqu'un appareil, n'offrant en lui-même
aucune originalité, a été breveté comme application nouvelle de
moyens connus pour obtenir un résultat industriel nouveau, un
autre appareil, composé des mêmes organes, ne peut être argué
de contrefaçon que s'il a pour objet de produire le même résultat industriel. — Paris, 23 juin 1887, Decauville, [*Ann. propr.
ind.*, 87.267]

1057. — C'est parce que la contrefaçon n'existe que quand
il y a identité dans les résultats poursuivis qu'il a pu être décidé
que la circonstance qu'un inventeur, ayant reconnu les propriétés
de la silice réduite en poudre impalpable, en a fait la base d'un
procédé nouveau breveté à son profit pour la fabrication des bri-
ques réfractaires, ne saurait lui donner le droit d'empêcher que
d'autres emploient, dans le même but, le broyage en fragments
plus ou moins gros de la silice, sous le prétexte que ce broyage
produirait une certaine quantité de poudre impalpable, alors du
moins qu'il est établi que le procédé du broyage est dans le domaine public et que les fabricants qui s'en servaient utilisaient,
par cela même, dans une certaine mesure, la poudre à l'état im-

palpable, sans se douter de sa valeur spéciale. — Lyon, 17 juin 1887, Muller, [Ann. propr. ind., 88.147]

1058. — En tous cas, comme le brevet ne détermine aucune quantité et ne formule aucun dosage au delà duquel l'emploi de la silice réduite en poudre impalpable pourrait faire naître la contrefaçon, l'inventeur ne pourrait être admis à la relever contre ses concurrents que s'ils avaient, comme lui, fait de cette poussière impalpable la base exclusive, principale tout au moins de leur fabrication. — Même arrêt.

1059. — Au surplus, pour qu'il y ait contrefaçon, il faut qu'il y ait identité, non seulement dans les résultats obtenus, mais encore dans les moyens employés. — Cass., 17 avr. 1886, Huga et Bourdin, [S. 87.1.492, P. 87.1.1195]

1060. — Ne saurait d'ailleurs être considérée comme s'étant préoccupée, pour constater la contrefaçon, uniquement de l'identité des résultats obtenus et non de l'identité des moyens, la décision judiciaire qui, après avoir exactement analysé l'objet du brevet, déclare que « l'objet argué de contrefaçon réalise tous les caractères constitutifs de l'invention brevetée aussi bien que l'application qui en a été faite, et que les améliorations introduites dans les modèles fabriqués par le prévenu n'excluent pas la contrefaçon ». — Même arrêt.

1061. — Et une pareille déclaration ne peut être revisée par la Cour de cassation. — Même arrêt.

1062. — L'identité du résultat ne suffit donc pas pour qu'il y ait contrefaçon, alors que les procédés employés sont différents, ce qui revient à dire d'ailleurs qu'un résultat n'est pas brevetable en lui-même. Ainsi comme la forme révolver appliquée aux vaporisateurs n'est point brevetable en elle-même, on ne saurait voir une contrefaçon entre deux appareils destinés à atteindre un but identique lorsque dans l'un on emploie une boule de caoutchouc installée dans le canon et que dans l'autre cette boule est remplacée par un système de pompe. — Trib. corr. Seine, 16 déc. 1884, Chapelain, [Gaz. Pal., 85.1.07] — V. Rép. alph. du dr. fr., v° Brevet d'invention, n. 133. — V. aussi Blanc, Invent. brev., p. 433; Le Senne, n. 22; Pouillet, Brev. d'inv., n. 723; Allart, n. 444.

1063. — L'idée d'introduire de l'air dans les biberons d'enfants à l'aide d'une soupape qui, en se refermant, empêche le liquide de sortir, étant connue et ayant été déjà réalisée industriellement, celui qui a pris un brevet pour l'application nouvelle d'un godet en caoutchouc fendu en sifflet et jouant le rôle d'une soupape n'est pas recevable à poursuivre comme contrefaçon l'application aux biberons d'un tube en bois laissant entrer librement l'air et n'empêchant la sortie du liquide que par l'effet d'une boule en cristal venant obstruer l'orifice lorsque le biberon se renverse. — Cass., 1er juin 1876, Robert, [Ann. propr. ind., 76.168] — Dijon, 9 févr. 1876, Robert, [Ann. propr. ind., 76.37]

1064. — Étant donné que peut-être, un inventeur était parvenu précédemment à obtenir l'expulsion des débris de la cartouche grâce à la présence dans son arme d'un organe particulier, d'une tige de laiton qui, par une extrémité, se fixait à une rondelle sous la balle, par l'autre s'enroulait à un nœud de papier terminant la cartouche, mais qu'en tous cas la chambre vide et la tige du fond du canon étaient insuffisantes par elles-mêmes à opérer ce résultat, il est incontestable qu'on ne saurait traiter comme une contrefaçon le fusil qui obtient ce résultat d'une manière parfaite par l'emploi de la chambre vide et de la tige centrale, combinées avec une composition spéciale de l'enveloppe de la cartouche et avec le point où la cartouche s'enflamme. — Paris, 19 janv. 1872, Manceaux, [Ann. propr. ind., 72.198] — V. aussi Paris, 15 juill. 1864, Pottet, [Ann. propr. ind., 64.292] — Trib. corr. Seine, 13 avr. 1864, Même affaire, [Ann. propr. ind., 64.167]

1065. — Le débrayage par déplacement de l'arbre mécanique horizontal à l'effet de séparer les roues de friction étant connu, un industriel a bien pu faire breveter valablement un mécanisme particulier, par exemple une vis à volant, pour produire ce débrayage, mais un pareil brevet ne pouvant porter que sur le mécanisme spécial qui y est décrit, étant incapable à autoriser une poursuite en contrefaçon contre un autre industriel qui obtient le même résultat à l'aide d'un mécanisme différent, tel qu'un excentrique ayant pour effet de séparer le grand ressort de l'arbre horizontal et de rendre ce dernier indépendant. — Paris, 27 févr. 1875, Dhaisne, [Ann. propr. ind., 75.234]

1066. — De même, ne se rend pas coupable de contrefaçon celui qui, empruntant à un brevet le résultat mécanique connu

sous le nom de débrayage et appartenant au domaine public, emploie d'autres moyens de commande du débrayage que ceux décrits dans le brevet. — Trib. corr. Seine, 6 févr. 1894, Faul, [Rev. prat. de dr. ind., 94.112]

1067. — Si deux entrepreneurs parviennent par des moyens différents à transformer les déblais en boue sirupeuse, de manière à permettre leur introduction dans un corps de pompe puis leur expulsion, celui d'entre eux qui a prétendu faire breveter son invention ne peut poursuivre en contrefaçon son concurrent qui, par des voies différentes, aboutit au même résultat. — Trib. Le Havre, 21 mai 1887, Eudes et Hazard, [Ann. propr. ind., 90.256]

1068. — L'inventeur d'un procédé de ferrure de forme périplantaire qui a obtenu pour résultat le maintien de l'élasticité du pied du cheval resté ainsi à nu, ne peut poursuivre en contrefaçon celui qui a atteint le même but à l'aide d'un système de ferrure sous-plantaire, par l'emploi d'un fer droit. — Cass., 17 avr. 1868, précité.

1069. — Étant donné que le sertissage s'obtient par des procédés qui sont dans le domaine public, il n'y a pas contrefaçon du brevet pris pour un système d'étui à fond serti dans le fait de fabriquer des étuis à fonds sertis en employant pour le sertissage des procédés différents. — Paris, 11 janv. 1894, Caillot, [Rev. prat. de dr. ind., 94.167]

1070. — Le fabricant de châles qui obtient, en variant sur chaque quart de chaque côté les couleurs mais non les dessins, des dispositions susceptibles de se multiplier par des pliages divers ne contrefait pas l'invention de celui qui obtient un même résultat en variant les dessins et les couleurs des châles sur la totalité de leur surface. — Cass., 29 juill. 1859, Couder, [D. 59. 5.48]

1071. — Étant donné que, depuis longtemps, les ressorts d'acier étaient employés, à raison de leur élasticité, dans la toilette des femmes, notamment dans les corsets, celui qui le premier imagina d'user de ressorts d'acier dans la fabrication des tournures ne peut interdire à ses concurrents un tel usage. — Paris, 6 avr. 1857, Folino, [Ann. propr. ind., 57.186]

1072. — Par suite, celui à qui a été délivré un brevet qui a pour objet une cambrure factice ayant pour but de produire une boursouflure partielle et locale, obtenue à l'aide de segments de cercles en acier, coupés à une certaine hauteur, ne peut faire condamner comme contrefacteur celui qui emploie un système ayant pour objet un ballonnement dont le but est de faire bouffer toute la robe et qui a pour moyen une espèce de cage composée de cercles en acier descendant jusqu'au bas de la robe. — Même arrêt.

1073. — Lorsqu'il s'agit d'une combinaison nouvelle d'éléments connus, il ne saurait y avoir contrefaçon qu'autant que les mêmes éléments sont combinés d'une manière identique ou sans différence notable. — Paris, 4 févr. 1874, Teste, [Ann. propr. ind., 74.281] — Trib. corr. Seine, 16 déc. 1884, Chapelain, [Gaz. Pal., 85.1.67]; — 17 déc. 1886, Desprin, [Ann. propr. ind., 88.49]; — 22 févr. 1890, [J. La Loi, 1er mai] — Sic, Pouillet, Brev. d'inv., n. 727 et s.; Allart, n. 443.

1074. — ... Surtout si l'appareil réputé contrefait ne reproduit pas l'élément essentiel et caractéristique de l'invention brevetée. — Dijon, 2 déc. 1885, Alain Chartier, [Ann. propr. ind., 87.24]

1075. — Spécialement, lorsqu'entre deux personnes il est judiciairement établi que le brevet de l'une consiste dans la combinaison régulière et successive de procédés et de moyens connus non brevetables isolément, l'autre ne peut être poursuivie en contrefaçon que si elle est convaincue d'avoir fabriqué l'objet incriminé dans l'ordre méthodique qui constitue l'invention du requérant. — Cass., 1er déc. 1880, Balin, [Ann. propr. ind., 81.53] — Paris, 17 juill. 1880, Lauronce, [Ann. propr. ind., 81.49] — V. aussi Cass., 23 juill. 1857, Mallet, [Ann. propr. ind., 57.364] — V. Rép. alph. du dr. fr., v° Brevet d'invention, n. 169.

1076. — Une machine à délampourder les laines ne peut pas être considérée comme la contrefaçon d'une machine du même genre quand l'une et l'autre se composent d'organes qui se retrouvent dans toutes les délampourdeuses et que la combinaison de ces différents éléments, qui seule a pu constituer une invention, est tout à fait différente. — Cass., 14 févr. 1878, Vergely, [Ann. propr. ind., 78.100]

1077. — Quand un appareil destiné à l'évaporation des acides dans le vide a été déclaré brevetable à raison de l'emploi exclusif d'une matière, telle que le plomb combiné avec une forme spéciale, il ne pourrait y avoir contrefaçon dans l'emploi de cette même matière combinée avec une enveloppe de fonte, si d'ailleurs cette enveloppe déjà connue dans la même industrie n'a pas eu pour but unique de dissimuler la contrefaçon. — Trib. Lyon, 29 avr. 1871, Dame Bouvier, [*Ann. propr. ind.*, 72.24]

1078. — A plus forte raison doit-on décider, à raison de la dissemblance des résultats et des procédés, que, lorsqu'un brevet a été pris pour un procédé d'épeutissage consistant dans l'emploi d'une ou plusieurs lames dentelées qui tranchent d'un coup les contours de l'étoffe pris en-dessous, et dont le résultat est que l'étoffe conserve son aspect, sans que son grain et sa croisure aient été altérés, on ne peut considérer comme contrefaçon un autre procédé dans lequel on fait usage de limes qui usent l'étoffe par des frottements répétés, de sorte que dans ce cas le tissu semble avoir été tiré à poil. — Cass., 23 nov. 1855, David-Labbez, [*Ann. propr. ind.*, 55.199]

1079. — L'analogie des moyens employés ne suffit donc pas pour constituer une contrefaçon alors que les procédés diffèrent tant par la nature et l'action des agents que par l'étendue des résultats. — Trib. Compiègne, 10 janv. 1872, Balouchard et Dumars, [*Ann. propr. ind.*, 72.189] — Trib. corr. Seine, 22 févr. 1890, précité.

1080. — On ne saurait considérer non plus comme contrefaite une machine dans laquelle se trouve un organe existant dans l'appareil breveté, mais occupant une autre place et jouant un rôle tout différent. — Bourges, 31 janv. 1884, Breloux, [*Ann. propr. ind.*, 85.26]

1081. — Spécialement, il n'y a pas contrefaçon dans le fait d'adapter sur la boîte d'ensachage d'une machine à battre, une buse destinée à évacuer au dehors les poussières, fétus de paille et autres matières légères non adhérentes au grain, alors que le brevet revendique une buse placée à un autre endroit de la machine et ayant pour fonction d'arrêter et de ramener au batteur pour être rebattus, les épis ou parties d'épis ayant échappé au battage. — Même arrêt.

1082. — De même, il ne saurait y avoir contrefaçon alors que certains organes d'un jumelle sont analogues à ceux d'une autre jumelle, du moment où, dans l'une et l'autre jumelles, ces organes ont des fonctions absolument contraires et produisent des effets différents. — Paris, 12 août 1891, Lévy, [*Ann. propr. ind.*, 92.50]

1083. — Un brevet pris pour une toupie dans laquelle un ressort de montre placé à l'intérieur et servant d'agent moteur, remplace une ficelle enroulée, n'empêche pas d'autres que le breveté de fabriquer des toupies semblables, avec ressort intérieur, si celui-ci ne sert qu'à produire l'enroulement de la ficelle au lieu de remplir le rôle d'agent moteur direct. — Cass., 2 janv. 1868, Huriaux et Faille, [*Ann. propr. ind.*, 68.33]

1084. — On ne saurait considérer comme contrefacteur celui qui, comme un de ses concurrents, emploie un manomètre dans la préparation des conserves alimentaires, mais l'applique à un système de chaudières différent et s'en sert seulement pour déterminer la chaleur d'une manière générale et approximative, alors que le breveté l'emploie pour régler d'une manière précise et régulière le degré de concentration du calorique. — Cass., 8 mars 1867, Chevalier-Appert, [D. 67.5.44]

1085. — Plus généralement, deux machines appliquées au même objet peuvent, bien que composées du même organe spécial (la crémaillère de cheminée), être déclarées constituer non la contrefaçon l'une de l'autre, mais leurs inventions différentes, si le moyen de mettre en action cet organe est essentiellement différent dans l'une et l'autre système, et forme à lui seul le principe le plus important de ces inventions. — Cass., 30 déc. 1843, Pinchaut, [P. 44.1.539]

1086. — Malgré la règle générale précédemment posée, on doit cependant admettre, en vue d'éviter une fraude trop facile, qu'il y a contrefaçon d'un appareil breveté pour l'obtention d'un résultat industriel nouveau au moyen de la combinaison d'éléments déjà connus, dans la fabrication d'un autre appareil qui, malgré certaines dissemblances avec le premier, reproduit la même combinaison dans ce qu'elle a de principal au point de vue du but atteint par l'inventeur. — Paris, 13 mars 1862, Redier, [S. 62.2.182, P. 62.658, D.62.5.41]; — 16 juill. 1864, Mazier, [*Ann. propr. ind.*, 64.284] — Sic, Pouillet, n. 727; Allart, n. 443.

1087. — Spécialement, le brevet pris pour un système de

fermeture automatique des parapluies au moyen d'un ressort placé à l'articulation des branches et des fourchettes, de manière à se détendre et à déterminer la fermeture quand les fourchettes sont parvenues à une certaine position, permet de considérer comme contrefaites les montures munies non d'une goupille d'arrêt, mais d'un ressort à l'anglaise placé d'ailleurs au même endroit et fonctionnant de la même manière pour amener le même résultat. — Paris, 27 févr. 1889, Charageat, [*Ann. propr. ind.*, 90.231]

1088. — De même, il y a contrefaçon d'un procédé industriel breveté pour l'obtention d'un résultat nouveau par des moyens connus, dans l'emploi d'un autre procédé par lequel, malgré certaines modifications, on obtient le même résultat, en s'appropriant l'idée sur laquelle repose l'invention brevetée, et en imitant les organes essentiels du mécanisme à l'aide duquel elle se réalise. — Cass., 7 avr. 1869, Gault, [S. 69.1.219, P. 69. 525, D. 69.1.406] — V. aussi Paris, 19 juin 1888, Villard, [*Ann. propr. ind.*, 58.305] — Trib. Seine, 24 janv. 1893, Dureau, [*Rev. prat. du.dr. ind.*, 93.182]

1089. — Ainsi, quand un brevet porte sur un procédé complexe, tel que l'emploi et la répétition des moyens d'impression chromolithographiques, dans le but d'obtenir un produit nouveau ou un résultat industriel, il y a contrefaçon si l'on emploie les mêmes procédés pour obtenir les mêmes produits et résultats, quoique l'un des éléments du procédé breveté soit supprimé ou remplacé par un équivalent. — Paris, 26 déc. 1878, Lauronce, [*Ann. propr. ind.*, 79.247] — V. *Rép. alph. du dr. fr.*, v° *Brevet d'invention*, n. 169.

1090. — Il y a contrefaçon d'un procédé d'avivage du vermillon, quand on emploie les mêmes moyens et agents que le breveté même, si l'un de ces agents est employé à l'état de matières premières, du moment où il est établi que c'est pendant l'opération qu'a lieu la combinaison chimique, et si elle produit le même résultat que l'agent combiné décrit au brevet. — Paris, 5 déc. 1861, Ringaud, [*Ann. propr. ind.*, 62.370]

1091. — Etant donné que l'idée et le but de l'inventeur ont été, pour traiter les vignes atteintes de l'oïdium, de trouver une composition dans laquelle la puissance curative du soufre est augmentée par les propriétés adhérentes d'une autre substance, il y a contrefaçon, du moment où on se sert de ce soufre, alors même qu'on a changé la nature de la substance aux propriétés adhérentes. — Montpellier, 17 nov. 1868, Colombier frères, [*Ann. propr. ind.*, 70-71.47

1092. — Décidé même, mais ces solutions sont critiquables, que quand un brevet porte sur un procédé qui donne à un produit des qualités spéciales qui en fait la nouveauté, il y a contrefaçon si l'on obtient le même résultat par des moyens analogues, même si la matière est différente de celle indiquée au brevet. — Trib. corr. Seine, 13 mai 1863, Favier, [*Ann. propr. ind.*, 64.247]

1093. — ... Particulièrement, qu'il y a contrefaçon à fabriquer des feuillages en remplaçant par un vernis donnant le même résultat, la substance plastique et flexible qui, d'après le brevet, doit être placée entre deux tissus ou feuille de papier; qu'il importe peu que le produit contrefait soit moins parfait que celui que fabrique le breveté lui-même. — Même jugement.

1094. — ... Que lorsqu'un brevet a été délivré pour une invention consistant dans l'idée de former des poupées articulées à l'aide de pièces moulées s'adaptant les unes aux autres, il y a contrefaçon à fabriquer des poupées obtenues par la même combinaison de moulage et de montage, même si l'emploi d'une matière peu malléable comme le zinc fait que l'on doit recourir à un estampage à l'aide de matrice au lieu de se contenter de simple moulage.—Cass.,19 juill.1862, Huret,[*Ann. propr. ind.*, 62.385]

1095. — ... Qu'il y a contrefaçon qui permet de rechercher par la compression de l'air les fuites de gaz dans les tuyaux conducteurs même, si, à la pompe employée par l'inventeur on substitue un soufflet, du moment où celui-ci agit de la même manière que la pompe. — Paris, 2 avr. 1868, des Mazures, [*Ann. propr. ind.*, 68.216]

1096. — On est allé jusqu'à décider, mais nous ne pouvons l'admettre, qu'il n'est pas nécessaire, pour qu'il y ait contrefaçon, que tous les organes d'une combinaison brevetée aient été imités; l'emploi d'un moyen isolé peut constituer le délit, si ce moyen est un élément essentiel du brevet, et s'il est employé pour le même usage que celui auquel le brevet l'a destiné. — Cass., 15 févr. 1879, Danoix, [S. 79.1.140, P. 79.313, D. 79.1.390]

1097. — En tous cas, s'il est vrai que l'emploi de l'un des moyens brevetés peut suffire pour constituer la contrefaçon, c'est à la double condition que ce moyen soit l'objet du brevet, comme élément essentiel et qu'il ait été employé pour le même usage que celui auquel le brevet l'a destiné. — Cass., 8 mars 1867, Chevalier-Appert, [D. 67.5.44]

1098. — Décidé encore que quand un brevet repose sur un procédé chimique et complexe, on se rend coupable de contrefaçon si l'on emploie les parties nouvelles et essentielles de ce procédé, et cela, même si on supprime certaines opérations ou si on apporte un changement de matière, pourvu d'ailleurs que la matière employée ait les mêmes qualités et agisse de la même manière que celle décrite au brevet. — Paris, 30 déc. 1859, Dutertre, [Ann. propr. ind., 60.148]

1099. — ... Qu'il y a contrefaçon d'un appareil breveté pour l'obtention d'un résultat industriel nouveau au moyen de l'emploi d'une force naturelle, par cela seul qu'un autre appareil, quelle que soit sa différence de forme avec le premier, agit en vertu de la même loi que celui-ci et réalise l'idée fondamentale de l'inventeur. — Lyon, 25 mai 1859, Grange, [S. 59.2.422, P. 59.1036, D. 59.2.161] — Il s'agissait, en l'espèce, de l'emploi de la pression de l'air athmosphérique comme agent de résistance, pour la fermeture d'un meuble.

1100. — Quoi qu'il en soit, il paraît juste de décider que quelque légère que soit la différence entre la combinaison employée par chacune des parties en cause, elle suffit cependant pour profiter à la personne poursuivie, alors que le demandeur lui-même n'a fait breveter qu'un système différant déjà très-peu de ce qui se faisait auparavant. — Paris, 11 mars 1885, Fernand Martin, [Ann. propr. ind., 85.292]

1101. — De même, on ne saurait douter que dans un procédé breveté qui présente plusieurs combinaisons, il n'y a pas délit de contrefaçon de la part de celui qui emploie quelques-unes de ces combinaisons, lorsqu'elles étaient tombées dans le domaine public antérieurement au brevet. — Cass., 9 nov. 1850, Massonneau et Bérendorff, [S. 51.1.462, P. 52.1.158, D. 51.5.57]

§ 2. Des faits assimilés à la contrefaçon.

1102. — L'art. 41 de la loi de 1844 frappe des mêmes pénalités que la contrefaçon proprement dite, le recel, la vente ou l'exposition en vente ainsi que l'introduction sur le territoire français d'objets contrefaits. On a vu précédemment (V. supra, n. 914 et s.) que, d'après la jurisprudence, cette énumération est limitative; les faits qui viennent d'être rappelés sont donc, avec une infraction particulière prévue par l'art. 43 de la même loi, les seuls délits qui puisse entraîner la reproduction non autorisée d'une invention brevetée.

1103. — Avant d'entrer dans le détail des diverses infractions prévues par l'art. 41 il est utile de faire quelques remarques qui sont également vraies à l'égard de chacune de ces infractions; faisons tout d'abord observer qu'un objet du domaine public, obtenu par un procédé breveté, constitue un objet contrefait, sans qu'il y ait lieu d'examiner s'il subit, par suite de la fabrication nouvelle, quelques modifications dans sa nature, dans sa forme ou dans sa valeur. — Cass., 27 juin 1893, Société métallurgique de l'Ariège, [Clunet, 93.1141] — Paris, 1er juill. 1891, Brunon, [Ann. propr. ind., 93.73] — Trib. Seine, 6 févr. 1890, Même partie, [J. La Loi du 27 mars, Propr. ind. (de Berne), 1891, p. 34] — Sic, Blanc, p. 678; Pouillet, Brev. d'inv., n. 714; Dufourmantelle, p. 143. — Contrà, Allart, n. 693; Ruben de Couder, v° Contrefaçon, n. 351; Nouguier, n. 1024.

1104. — Il en résulte que l'on doit considérer comme délictueux les faits de recel, de vente, etc. portant sur de tels objets; la question est controversée, mais elle a été plus particulièrement soulevée dans le cas où on recherche l'étendue que peut avoir la confiscation des objets contrefaits, objet que prévoit l'art. 49 et que nous étudierons bientôt. — V. infrà, n. 1487 et s.

1105. — Remarquons encore qu'aucun des délits dont nous avons à nous occuper n'existe lorsque, l'invention consistant dans l'application nouvelle de moyens connus, le recel, la vente, etc., a porté sur l'objet qui, précédemment tombé dans le domaine public, reçoit de la part de l'inventeur une destination nouvelle; en ce cas, ou effet, ce ne sont pas les faits de recel, de vente, etc., qui portent atteinte aux droits du breveté, ce sont les faits d'adaptation ultérieurs, dont les receleurs, vendeurs, etc. ne peuvent être rendus responsables. Ainsi, lorsqu'une personne a pris un brevet pour l'emploi, dans la photographie, de panneaux en papier velouté à nuances graduées, sans indiquer d'ailleurs le mode spécial de fabrication, elle ne peut faire saisir chez les débitants des panneaux en papier gradués, alors même que ceux-ci seraient destinés à être vendus à des photographes et que ces débitants soupçonneraient l'emploi illicite que ceux-ci doivent en faire. — Trib. corr. Seine, 31 déc. 1862, Capelli, [Ann. propr. ind., 63.213]

1106. — Il résulte des termes mêmes de l'art. 41, que chacun des délits qu'il prévoit existe alors même qu'il n'est possible de relever contre l'inculpé qu'un seul fait de recel, de vente, etc. — Pouillet, Brev. d'inv., n. 702; Allart, n. 468; Pelletier et Defert, n. 11; Dufourmantelle, Brev. d'inv., p. 141.

1107. — Spécialement, c'est le fait même de l'introduction illicite que la loi interdit; peu importe dès lors le nombre des objets indûment introduits; même lorsqu'il s'agit de l'expédition en France d'un unique instrument fabriqué en pays étranger, les prescriptions de la loi sont applicables. — Cass., 12 févr. 1886, Périer, Roettger et Cie, [D. 88.1.237]

1108. — Les délits de l'art. 41 existent quel que soit le mobile qui a fait agir leur auteur. Ainsi, il n'est pas indispensable pour constituer le délit, soit de recel, soit d'introduction en France d'objets contrefaits, que le fait incriminé ait été déterminé par un intérêt de concurrence commerciale, il suffit que le détenteur ou l'introducteur ait agi de mauvaise foi comme, par exemple, en vue de produire ces objets en justice et de faire tomber par de prétendues antériorités un brevet valable. — Cass., 12 mars 1863, Sax, [Ann. propr. ind., 63.127] — V. Pouillet, Brev. d'inv., n. 703, 713; Renouard, Brev. d'inv., n. 14; Allart, n. 469, 484; Bédarride, n. 366; Pelletier et Defert, loc. cit. — Contrà, Malapert et Forni, n. 921, 932.

1109. — Il faut aussi faire observer que, d'après la jurisprudence, les prévenus de recèl, de vente ou d'exposition en vente d'objets contrefaits, poursuivis en même temps que le contrefacteur, sont tenus solidairement avec lui de l'amende, des dommages-intérêts et des frais : ils doivent être considérés comme complices du délit de contrefaçon, et non comme ayant commis un délit distinct. — Rouen, 4 août 1859, Leroy et Saintard, [S. 60.2.619, P. 61.484] — Paris, 26 mars 1861, Dutertre, [Ann. propr. ind., 61.369] — V. Pouillet, Brev. d'inv., n. 700; Rendu et Delorme, n. 503; Nouguier, n. 587 et s.

1° Recel et usage d'objets contrefaits.

1110. — Un fabricant ou marchand qui, en connaissance de cause, reçoit en dépôt pour les réparer, des instruments contrefaits, commet le délit de recel prévu par l'art. 41 de la loi de 1844. — Paris, 11 juill. 1861, Sax, [Ann. propr. ind., 61.230; Les inventions brevetées, 89.299] — Sic, Allart, n. 465.

1111. — Doit être réputé au moins receleur ou débitant, celui qui, s'il n'avait pas encore pris possession des objets contrefaits, saisis en gare, les avait déjà payés et en était propriétaire. — Lyon, 12 déc. 1874, Train et Cie, [Ann. propr. ind., 73.297]

1112. — Bien que le plus souvent la poursuite pour recel soit dirigée contre des commerçants, la généralité même des termes de l'art. 41 interdit de distinguer à cet égard entre les commerçants et les non commerçants; les uns et les autres peuvent être considérés comme des receleurs. — Blanc, p. 618; Pouillet, Brev. d'inv., n. 717. — V. Nouguier, n. 800; Malapert et Forni, n. 912.

1113. — Sous l'expression recel de l'art. 41, nous avons pensé qu'il y avait lieu de comprendre les faits d'usage d'un objet contrefait, que l'usage soit commercial ou purement personnel (V. supra, n. 626 et s.). On sait qu'au contraire la jurisprudence considère en général les faits d'usage comme constitutifs de la contrefaçon proprement dite. Cette discussion ne présente aucune utilité au point de vue de la répression, puisque la même peine frappe les faits de contrefaçon et ceux qui sont assimilés à la contrefaçon.

1114. — Il n'en est pas de même si l'on se place au point de vue de la question de bonne foi; c'est ainsi qu'étant donné que, selon nous, les faits d'usage rentrent dans les prévisions de l'art. 41 de la loi de 1844, nous ne pouvons admettre que l'industriel qui fait usage, pour les besoins de son industrie, de la machine contrefaite, encore bien qu'il n'en serait que simple locataire, doive être assimilé au contrefacteur, et comme lui passible des peines édictées par l'art. 40 de la loi de 1844, sans pouvoir exciper de sa bonne foi. — Cass., 5 janv. 1878, Meunier, [Ann. propr. ind., 78.33]

1115. — Jugé encore, sans que la différence du principe adopté ait conduit à une solution que nous ne puissions approuver, qu'il y a trouble à la jouissance privative du breveté, et dès lors contrefaçon non seulement par la confection ou la vente d'une machine semblable à celle qui est due à son industrie, mais encore par l'emploi de cette machine contrefaite dans le but d'obtenir les produits pour la fabrication spéciale desquels la machine originale a été conçue et imaginée, emploi qui, s'il pouvait être toléré, stériliserait la propriété consacrée par le brevet, et rendrait impuissante la protection de la loi. — Cass., 20 juill. 1830, Germain, [S. et P. chr.] — Trib. Nancy, 20 mars 1827, Même affaire, [loc. cit.]

1116. — Décidé encore que le brevet d'invention obtenu pour la fabrication d'une chose qui ne peut avoir d'utilité que par l'emploi qui en est fait dans la fabrication d'un autre produit confère au breveté un droit privatif, non seulement à la fabrication de cette chose, mais encore à celle des produits définitifs dans lesquels elle est employée, encore bien que ces produits soient obtenus par des procédés ordinaires et connus. En conséquence, ceux qui se livrent à la fabrication de ces produits définitifs, au préjudice du porteur du brevet, peuvent être considérés comme contrefacteurs, bien qu'ils n'aient point fabriqué eux-mêmes la matière première. — Cass., 27 déc. 1837, Rattier, [S. 38.1.23, P. 44.1.808]

1117. — Sur le caractère licite ou illicite que peut revêtir l'usage ou la vente d'un objet breveté lorsqu'il est le fait de l'ouvrier impayé qui a fabriqué cet objet et qui s'en sert ou le vend pour se couvrir de ses frais, comme sur la même question lorsque les actes d'usage ou de vente émanent d'un créancier gagiste ou d'un dépositaire de l'objet breveté, V. Pouillet, Brev. d'inv., n. 687, 706 et 707; Allart, n. 471; Ruben de Couder, v° Contrefaçon, n. 123 et 124; Malapert et Forni, n. 925.

2° Vente et exposition en vente d'objets contrefaits.

1118. — Tout fait de vente d'objets contrefaits qui se produit en France tombe sous l'application de l'art. 41. Il importe peu que la livraison ait lieu uniquement en pays étranger; il suffit, pour l'existence du délit, que la vente d'un produit semblable à un produit breveté en France, ait lieu en France alors même que le produit semblable serait fabriqué à l'étranger, ne pénétrerait pas en France, et ne devrait être livré qu'en dehors du territoire français. — Trib. corr. Seine, 25 nov. 1882, Dargy et Cie, [Ann. propr. ind., 83.67] — Sic, Picard et Olin, n. 613; Pouillet, Brev. d'inv., n. 704; Allart, n. 474; Malapert et Forni, n. 927.

1119. — Mais, comme l'énumération de notre article est limitative et que d'ailleurs il ne peut exister de délit sans texte, il faut admettre que le don qui serait fait d'un objet contrefait ne serait pas délictueux en soi. — Nouguier, n. 806; Rendu et Delorme, n. 506; Picard et Olin, n. 611; Pouillet, Brev. d'inv., n. 708; Allart, n. 472; Malapert et Forni, n. 923; Pelletier et Defert, n. 12; Dufourmantelle, p. 142. — Contra, Blanc, Invent. brev., p. 349; Tillière, n. 140.

1120. — Il faut décider de même de l'échange qui serait fait d'un semblable objet. — Picard et Olin, n. 611; Malapert et Forni, loc. cit. — Contra, Pelletier et Defert, n. 13; Pouillet, Brev. d'inv., n. 709; Allart, n. 473.

1121. — Il ne faut pas d'ailleurs attacher une trop grande importance aux solutions qui précèdent; c'est qu'en effet, si les dons et échanges d'objets contrefaits ne sont pas punissables par eux-mêmes, il est difficile de concevoir qu'ils puissent se réaliser sans qu'il y ait ou sans qu'il y ait eu de la part de ceux qui y participent, recel des objets contrefaits; ce n'est que pour les cas très-rares où il n'en est pas ainsi, que les discussions qui viennent d'être rappelées offrent une utilité pratique. — V. Pouillet, Brev. d'inv., n. 708; Nouguier, n. 565; Allart, loc. cit.

1122. — La même observation permet de montrer qu'il n'y a pas utilité à débattre la question théorique de savoir si, pour qu'il y ait exposition en vente, il est nécessaire que le commerçant ait publiquement mis les objets contrefaits sous les yeux de ceux qui sont susceptibles de les acheter. A supposer en effet que la détention clandestine de tels objets par un commerçant ne constitue pas une véritable exposition en vente, il n'en est

pas moins vrai que cette détention par une personne de mauvaise foi constitue toujours un fait de recel. — V. sur cette controverse, et en sens divers, Bédarride, n. 567; Blanc, p. 620; Renouard, Brev. d'inv., n. 42; Pouillet, Brev. d'inv., n. 711; Tillière, n. 141; Allart, n. 478.

1123. — En tous cas, la présence dans les magasins d'un fabricant d'objets prétendus contrefaits et le refus par celui-ci de les détruire en invoquant son droit d'en disposer établissent qu'il y a eu exposition en vente et vente de ces objets. — Paris, 15 mars 1882, Sicard, [Ann. propr. ind., 84.359]

1124. — Constitue, de même, le délit d'exposition en vente d'objets contrefaits, l'exhibition, en public, d'échantillons de tissus contrefaits dans le but de provoquer des achats. — Cass., 23 nov. 1888, Desouches, [Ann. propr. ind., 89.144] — Sic, Allart, n. 479.

1125. — Mais la sollicitation de commandes faite sous la production d'échantillons des objets contrefaits ne saurait être considérée comme un délit puisqu'elle ne rentre dans aucune des espèces prévues par l'art. 41. — Pouillet, Brev. d'inv., n. 743.

1126. — Il a été décidé, par un jugement dont la solution est critiquable, que bien que la vente des objets déposés dans l'enceinte d'une exposition universelle (de celle de 1867, en l'espèce) ait été autorisée dans une certaine mesure, cette tolérance n'a pu avoir pour résultat de faire assimiler à un bazar les bâtiments affectés à l'exposition. Par suite, l'exhibition d'un objet argué de contrefaçon ne constitue pas par elle-même la mise en vente prévue et punie par l'art. 41. — Trib. corr. Seine, 9 janv. 1868, Desouches, [Ann. propr. ind., 68.55] — V. dans le sens d'une répression, Blanc, Invent. brev., p. 361; Lyon-Caen, De l'introduction en France d'objets fabriqués à l'étranger et semblables à des objets brevetés en France : J. du dr. intern. pr., année 1878, p. 19. — V. cep. Pouillet, n. 711 bis; Allart, n. 480 et 482; Malapert et Forni, n. 929; Pelletier et Defert, n. 15.

1127. — L'indication d'un représentant, obligatoire pour chaque exposant, en vertu d'un règlement de l'administration, n'implique nullement chez l'exposant l'intention de vendre l'objet exposé. — Même jugement.

3° Introduction en France d'objets contrefaits.

1128. — Doit être considéré comme coupable d'une introduction en France d'objets contrefaits, le négociant étranger, établi à l'étranger, qui, de l'étranger, expédie de tels objets dans une localité française. — Douai, 26 févr. 1892, Martins, [Clunet, 94.809]

1129. — Les tribunaux français sont compétents pour statuer sur une telle poursuite, engagée contre cet étranger par un étranger titulaire d'un brevet français. — Même arrêt.

1130. — Lorsqu'une personne a obtenu deux brevets dans des pays différents et qu'elle a attribué à une maison étrangère le droit exclusif de se livrer à la fabrication et à la vente des objets brevetés, et cela seulement dans les limites du territoire où le brevet étranger a été pris, ce breveté n'a aliéné au profit de la maison étrangère aucun des droits résultant en sa faveur du brevet délivré en France; il continue donc à y être protégé suivant les termes de la loi française. Par suite, à supposer qu'un tiers importe des objets fabriqués, achetés de la maison qui exploite le brevet à l'étranger, il y a dans ce fait une introduction en France d'objets contrefaits, de nature à motiver une action de la part de l'inventeur, basée sur la violation de l'art. 41 de la loi de 1844. — Paris, 11 janv. 1876, Boxer et Gevelot, [Ann. propr. ind., 76.85]

1131. — Plus généralement, lorsqu'un inventeur a pris, pour un même produit, deux brevets, l'un en France, l'autre à l'étranger, l'introduction et la mise en vente en France par un tiers du produit fabriqué à l'étranger par l'inventeur ou ses ayants-cause constitue, de la part de ce tiers, au regard du brevet français, l'introduction et la vente d'un objet contrefait, au sens de l'art. 41 L. du 5 juill. 1844. — Douai, 15 mai 1885, Kolb, [S. 87.2.85, P. 87.1.465]

1132. — En d'autres termes, l'introduction d'objets contrefaits constitue un fait punissable en lui-même, sans qu'il y ait lieu de rechercher un auteur principal dont l'introducteur ne serait que le complice. — Cass., 27 juin 1893, Société métallurgique de l'Ariège, [Clunet, 93.1141, et rapport de M. le conseiller Babinet] — Sic, Clunet, loc. cit. — V. aussi, dans le même sens et dans la même affaire, Paris, 1er juill. 1894, [Ann. propr.

ind., 93.73]— Trib. Seine, 6 févr. 1890, [J. La Loi, 7 mars, Propr. ind. (de Berne), 1891, p. 34]

1133. — Ce qui revient à dire qu'il peut y avoir délit à introduire sur le territoire français, des produits licitement fabriqués à l'étranger. — Cass., 27 juin 1893, précité.

1134. — Cette solution n'a pas été admise d'une manière unanime; à l'appui du système contraire, on a fait observer que la contrefaçon suppose nécessairement la fabrication par un tiers à ce non autorisé, du produit dont la création exclusive est réservée au breveté; il ne peut, par conséquent, y avoir contrefaçon, si c'est le breveté ou son ayant-droit qui fabrique le produit... Il est impossible, a-t-on observé en outre, d'établir une distinction fondée entre le cas où le produit a été créé par l'inventeur lui-même, ou par son ayant-droit; la loi n'a pas dit : introduction d'objets similaires à ceux qui sont l'objet du brevet français, mais : introduction d'objets contrefaits. Or, en matière pénale, comme en matière de privilège, les termes de la loi doivent être entendus d'une manière restrictive, et on ne pourrait, sans une extension excessive, substituer le mot similaire au mot contrefait. — V. Trib. Lille, 19 juin 1884, Kolb, [Ann. propr. ind., 86.303]

1135. — Ces objections ne nous paraissent avoir aucune valeur et nous pensons, avec la majorité de la jurisprudence et de la doctrine, que l'introduction faite en France, sans la volonté du breveté, d'objets licitement fabriqués à l'étranger, constitue le délit prévu et puni par l'art. 41 de la loi de 1844. Cette solution se fonde sur l'art. 41, L. 5 juill. 1844, combiné avec l'art. 32 de la même loi, modifié par la loi du 31 mai 1856, qui interdit au breveté lui-même, à peine de déchéance, l'introduction en France d'objets fabriqués à l'étranger et semblables à ceux qui sont garantis par le brevet (V. Rép. alph. du dr. fr., v° Brevet d'invention, n. 1443 et s.). L'art. 41 interdit et punit le recel, la vente, l'exposition en vente et l'introduction sur le territoire français d'objets contrefaits; pour nous, il y a lieu à l'application de cet article par cela seul qu'un produit fabriqué à l'étranger est introduit en France si un brevet a été pris en France pour la fabrication de ce produit. C'est qu'en effet, si l'inventeur, après avoir obtenu en France un brevet, ne peut pas y introduire les objets qu'il aurait fait fabriquer à l'étranger, à plus forte raison l'introduction en France doit-elle être interdite aux tiers, sans qu'il y ait à examiner si la fabrication a été faite dans le pays étranger en vertu d'un brevet régulièrement pris dans ce pays par l'inventeur breveté en France. On comprend d'ailleurs que l'inventeur, titulaire de deux brevets pris, l'un en France, l'autre à l'étranger, ait intérêt à s'opposer à l'introduction et à la vente en France des objets fabriqués à l'étranger. Il a pu, en effet, céder à des tiers, pour un prix ferme, l'exploitation du brevet pris à l'étranger, ou s'associer avec des tiers pour le faire valoir, tandis qu'il se réservait exclusivement l'exploitation du brevet pris en France. Dans ces conditions, l'introduction et la vente en France des produits fabriqués à l'étranger, qui viennent faire concurrence aux objets par lui fabriqués en vertu du brevet français, portent atteinte à ses droits, et lui causent un préjudice dont l'art. 41 lui permet de poursuivre la réparation. — En dehors même de l'intérêt matériel que peut avoir le breveté à poursuivre la répression de la fraude dont il est victime, un autre motif légitime son action : c'est la déchéance attachée par l'art. 32 de la loi de 1844 et par la loi du 31 mai 1856 au fait que le breveté d'avoir lui-même introduit en France des produits de fabrication étrangère semblables aux produits garantis par le brevet. S'il n'use pas de l'arme que l'art. 41 a mise dans ses mains, s'il laisse des tiers introduire en France et mettre en vente ses produits fabriqués à l'étranger, son inaction, sa négligence dans l'exercice de ses droits seront facilement interprétées comme un acte de collusion. — V. supra, v° Brevet d'invention, n. 1454 et s. — Sic, Pouillet, Brev. d'inv., n. 714 bis; Ch. Lyon-Caen, note sous Douai, 18 mai 1885, précité; Allart, n. 488.

1136. — L'existence de ce parallélisme que nous avons cru découvrir entre les dispositions des art. 32 et 41 de la loi de 1844 nous paraît de nature à exercer une influence considérable sur la question de savoir si le transit par la France d'un objet contrefait constitue ou non l'introduction prévue et punie par l'art. 41, la question est d'ailleurs controversée et, pour soutenir qu'un tel fait est punissable en vertu de l'art. 41, on a pu faire remarquer que l'expression employée par le législateur est générale et que la loi de 1844 ne distingue nullement suivant la destination ultérieure que les marchandises peuvent recevoir. —

Bozérian, Propr. ind., n. 172; Rendu, n. 64; Malapert et Forni, n. 933 et 934; Blanc, p. 620.

1137. — Nous pensons cependant que le simple transit d'objets contrefaits à travers la France ne constitue pas le délit d'introduction. Nous ferons remarquer, tout d'abord, que, bien que l'art. 32 parle en général d'introduction, le transit d'objets semblables à ceux brevetés ne nous a pas paru, suivant, d'ailleurs, l'opinion commune, de nature à entraîner la déchéance des droits du breveté (V. supra, v° Brevet d'invention, n. 1459), et que, logiquement, la même expression doit, dans l'art. 41, recevoir la même interprétation. Si, d'ailleurs, le législateur a assimilé à la contrefaçon l'introduction en France d'objets contrefaits, c'est qu'en réalité cette introduction porte aux droits exclusifs du breveté le même préjudice que la fabrication de ces objets en France. Or, il nous semble que quand des objets contrefaits sont simplement introduits en transit, cette similitude de dommage n'existe pas; on comprend, dès lors, que la loi n'ait pas puni l'introduction en transit comme elle a réprimé l'introduction définitive. — Ch. Lyon-Caen, note sous Rouen, 12 févr. 1874, Teschen et Maugne, [S. 74.2.281, P. 74.1165]; Bédarride, n. 568; Tillière, n. 142; Picard et Olin, n. 620; Barberot, p. 64; Auger, p. 61; Pouillet, Brev. d'inv., n. 715; Allart, n. 485; Ruben de Couder, v° Brev. d'inv., n. 138; Pelletier et Defert, n. 17; Dufourmantelle, p. 143.

1138. — Quelque fâcheuse que puisse être la solution que nous adoptons, il faut l'admettre comme une conséquence logique de la valeur purement territoriale des brevets d'invention. Il y a lieu, d'ailleurs, d'en tempérer la rigueur en déclarant recevable une action civile en dommages-intérêts basée sur le dommage que le transit peut causer au breveté à raison de l'erreur que le transit peut faire naître quant à la véritable provenance des objets contrefaits. — Ch. Lyon-Caen, loc. cit.; Allart, loc. cit.; Ruben de Couder, v° Contrefaçon, n. 139.

1139. — Décidé, en ce sens, que le simple transit par la France d'un produit expédié d'un pays où il n'est pas breveté dans un pays où il ne l'est pas davantage, ne saurait être considéré comme une introduction de ce produit en France et constituer à ce titre un acte de contrefaçon. — Trib. Lyon, 10 mai 1892, Martius, [Clunet, 93.121; Propr. ind. (de Berne), 93.22]

1140. — ... Que la loi de 1844 n'autorise pas la saisie des objets contrefaits qui, ne se trouvant en France qu'en transit, et qui, loin d'être destinés à y être vendus ou débités, sont, au contraire, destinés à être réexpédiés à l'étranger; ils ne peuvent être considérés comme introduits en France dans le sens de l'art. 41, qui suppose une introduction faite dans l'intention de les vendre ou débiter au préjudice du breveté. — Trib. Seine, 23 juin 1860, L'épée, [Ann. propr. ind., 60.307]

1141. — Mais décidé, en sens contraire, que l'introduction en France, même en transit, d'objets fabriqués en pays étranger, similaires à des objets brevetés en France, constitue un fait assimilé à la contrefaçon, en vertu de l'art. 41, L. 5 juill. 1844. — Rouen, 12 févr. 1874, précité. — V. aussi, dans le même sens, Paris, 20 nov. 1850, Jouvin, [cité par Blanc, p. 621]; — 14 juill. 1854, sous Cass., 7 déc. 1854, Morin, [D. 55.1.348]

1142. — Il ne faudrait pas d'ailleurs étendre ce qui vient d'être dit du simple transit au dépôt en douane, ou dans les entrepôts, des objets argués de contrefaçon; en ce cas, rien ne s'oppose à ce que l'on considère qu'il y a eu introduction en France. Décidé, en conséquence, que la fiction légale d'exterritorialité pour les objets consignés en douane n'existant qu'au point de vue de la non perception immédiate des droits d'entrée, mais non au point de vue du droit civil ou pénal, le dépôt en douane d'objets contrefaits constitue le délit d'introduction sur territoire français. — Trib. corr. Seine, 18 août 1883, X..., [Clunet, 84. 187] — Sic, Pouillet, Brev. d'inv., n. 715; Pelletier et Defert, n. 17 bis; Dufourmantelle, p. 144. — V. aussi Allart, n. 486; Malapert et Forni, n. 935.

1143. — En d'autres termes, les produits étrangers déposés aux entrepôts de la douane française doivent être considérés comme introduits en France pour ce qui concerne les droits des tiers; la saisie qui en est faite en vertu d'une ordonnance du président dans les termes de l'art. 47 de la loi de 1844, est donc valable, et on peut la ordonner, au profit du plaignant, la confiscation s'il est justifié que ce sont des produits contrefaits ou importés de l'étranger, contrairement à ses droits. — Trib. corr. Seine, 12 févr. 1856, Hutchinson et consorts, [Ann. propr. ind., 56.972]

1144. — L'introduction en France d'objets contrefaits est répréhensible, alors même qu'ils doivent figurer dans une exposition internationale; on ne saurait considérer, en effet, que, dans ce cas, il y ait simple transit, puisque rien ne s'oppose à ce que ces objets soient, conformément d'ailleurs à l'intention présumable de l'exposant, définitivement vendus en France, et que, au surplus, s'ils sont réexportés, ils ont séjourné en France pendant un temps trop long pour qu'on puisse dire qu'ils n'y étaient admis qu'en transit. — Lyon-Caen, J. de dr. intern. priv., année 1878, p. 17; Bozérian, ibid., 1878, p. 20; Pouillet, Brev. d'inv., n. 716; Pelletier et Defert, n. 17. — V. aussi Allart, n. 487. — Contrà, Malapert et Forni, n. 937 et 938.

1145. — Comme pour le délit d'introduction, l'excuse de bonne foi est recevable; on en a conclu avec raison que celui qui ne s'est occupé de l'introduction d'objets contrefaits qu'au seul point de vue des déclarations à faire et des droits à payer, comme agent en douane, et sans aucun intérêt direct ou indirect à la contrefaçon, ne tombe pas sous l'application de l'art. 41 de la loi de 1844. — Cass., 1er mai 1863, Renard et Freme, [D. 67.5.42]

1146. — Mais il est bien évident que la déclaration faite par un arrêt que l'introduction sur le territoire français de produits contrefaits et leur transport au domicile du détenteur ont eu lieu par l'entremise d'un individu et de concert avec lui, légitime contre cet individu l'application des peines de la complicité, conformément à l'art. 41, L. 5 juill. 1844. — Cass., 15 juin 1866, Ramser et l'Étré, [S. 67.1.186, P. 67.422]

4° De la complicité de l'ouvrier de l'inventeur qui s'associe avec un concurrent de son patron.

1147. — L'art. 43 prévoit un cas particulier de complicité; il faut supposer, pour son application, qu'un contrefacteur « s'est associé avec un ouvrier ou un employé du breveté et a eu connaissance, par ce dernier, des procédés décrits au brevet; dans ce cas, l'ouvrier ou l'employé peut être poursuivi comme complice ». La jurisprudence n'a eu que bien rarement l'occasion de statuer sur des poursuites basées sur ce texte; aussi nous semble-t-il convenable de renvoyer purement et simplement aux développements que les commentateurs fournissent à cet égard. — V. Pouillet, Brev. d'inv., n. 719 et s.; Nouguier, n. 555 et s.; Blanc, Inv. brev., p. 619; Contrefaçon, p. 622; Allart, n. 685; Malaport et Forni, n. 965 et s.

Section II.

De la contrefaçon en matière de marques de fabrique ou de commerce et des autres délits y assimilés.

§ 1. De la contrefaçon et de l'imitation frauduleuse des marques de fabrique ou de commerce.

1148. — La règle d'après laquelle on ne peut poursuivre devant les tribunaux de répression que des êtres réels, sur lesquels peut porter une peine, et que, par suite, une société commerciale, être moral, ne saurait répondre pénalement d'un délit, ne reçoit, nous l'avons dit, aucune exception pour le cas de contrefaçon. — Cass., 10 mars 1877, Meunier, [Ann. propr. ind., 77.205] — V. aussi supra, n. 213 et s.

1149. — Mais le gérant d'une société est personnellement responsable de la contrefaçon qu'il commet pour le compte de cette société, en vendant les produits de la société revêtus d'une marque qu'il savait être celle d'une maison rivale. — Paris, 28 févr. 1893, Société française des munitions de chasse, de tir et de guerre, [Rev. prat. de dr. industr., 93.113] — V. supra, n. 217.

1150. — S'il a pu être utile de faire décider, avant la promulgation de la loi de 1857, qu'une marque purement emblématique constitue la propriété du commerçant qui l'a adoptée et déposée au greffe du tribunal de commerce, aussi bien qu'une marque nominale, c'est-à-dire reproduisant le nom ou les initiales du nom du fabricant ou du lieu de la fabrication, et qu'en conséquence, celui qui imite cette marque déjà adoptée par un autre se rend coupable de contrefaçon (Rouen, 30 nov. 1840, Lelarge, S. 41.2.81, P. 41.1.232), la question ne saurait plus faire doute à l'heure actuelle, puisque la généralité des termes de la loi de 1857 permet, sans hésitation possible, de considé-

rer comme contrefaçon l'imitation des marques emblématiques comme celle des marques nominales.

1151. — Sous l'empire de la loi du 22 germ. an XI, il avait été décidé que le crime de contrefaçon des marques particulières des manufacturiers et artisans ne peut exister qu'autant qu'il est constant que des marques choisies par des manufacturiers ont été contrefaites et appliquées à des objets qui leur étaient étrangers. — Cass., 22 janv. 1807, Vimeux, [S. et P. chr.]; — 22 janv. 1807, Laugier, [S. et P. chr.]

1152. — ... Et spécialement, qu'à l'égard de liquides, les fausses marques doivent, pour constituer la contrefaçon, être appliquées sur les vases qui les renferment, de manière à former un seul corps avec eux, et que les liquides ne puissent en être extraits sans rompre la marque. — Cass., 22 janv. 1807, Laugier, précité.

1153. — Mais, depuis la mise en vigueur de la loi du 23 juin 1857, il n'est plus nécessaire, pour qu'il y ait contrefaçon, qu'il y ait eu apposition de la marque sur des produits ou marchandises; c'est, qu'en effet, l'art. 7 de cette loi, qui punit ceux qui ont contrefait une marque de fabrique ou fait usage d'une marque contrefaite, prévoit deux faits distincts et indépendants l'un de l'autre : la contrefaçon et l'usage de la marque contrefaite. Dès lors, il suffit, pour constituer la première infraction, que la marque d'autrui ait été contrefaite, par exemple qu'elle ait été fabriquée sur commande par un industriel, sans qu'il soit nécessaire qu'elle ait été en outre apposée sur un produit similaire à celui vendu par le propriétaire de la marque, fait qui constituerait la deuxième infraction prévue par l'art. 7, L. 23 juin 1857. — Cass., 22 nov. 1889, Rougnon, [S. 90.1.363, P. 90.1.847, D. 90.1.408] — Sic, Pouillet, Marq. de fabr., n. 137; Ch. Lyon-Caen, sous Paris, 19 mars 1875, Reynal et autres, [S. 75.2.97, P. 75.446]; Rendu, n. 151; Sallantin, Rapport sous Cass., 22 nov. 1889; Huard, Rép. de légist., de doctr. et de jurispr., en mat. de marq. de fabr., sur l'art. 7, n. 15; Pelletier et Defert, n. 485; Darras, Marq. de fabr., n. 183; Dufourmantelle, Marq. de fabr., p. 93 et 94.

1154. — Le fait que des marques contrefaites ont été fabriquées suffit donc pour constituer le délit de contrefaçon, sans qu'il soit besoin que ces marques aient été apposées sur des marchandises. — Paris, 13 mai 1868, Martell et Cie, [D. 68.2.233] — Trib. corr. Havre, 14 janv. 1860, Staempfli, [Ann. propr. ind., 60.303]

1155. — Il n'est pas même nécessaire, en ce cas, que les étiquettes incriminées aient été entièrement terminées au moment de la saisie, lorsque leur état de fabrication était tel qu'elles pouvaient être employées comme elles se trouvaient et tromper les acheteurs par leur identité avec la marque contrefaite. — Paris, 13 mai 1868, précité.

1156. — Il ne faudrait pas, d'ailleurs, exagérer la portée de la décision qui vient d'être indiquée; pour en déterminer l'importance, il y a lieu de tenir compte de cette idée qu'en matière de contrefaçon, la tentative n'est pas punissable. Aussi a-t-il été jugé que la simple détention de pierres lithographiques pouvant servir à l'impression d'étiquettes contrefaites ou même d'une feuille d'épreuve de ces étiquettes, ne saurait à elle seule constituer le délit de contrefaçon. — Paris, 2 mars 1888, Glasey, [Ann. propr. ind., 94.285]

1157. — Si c'est la fabrication même de la marque qui, par elle-même, constitue le délit de contrefaçon, on comprend assez aisément qu'il ait pu être décidé que la reproduction d'une marque de fabrique dans un prospectus constitue un délit tombant sous le coup de la loi du 23 juin 1857, lors même que le prospectus ne serait pas destiné à être apposé sur des produits similaires aux produits du propriétaire de la marque; il suffit, pour constituer le délit, que la marque ait été usurpée d'une manière quelconque. — Cass., 22 janv. 1892, Schoyer, [S. et P. 92.1.221] — Sic, Pouillet, Marq. de fabr., n. 164.

1158. — A l'appui de ce système, on fait d'ailleurs remarquer que l'art. 1, qui énumère les différents signes pouvant être employés comme marques de fabrique, est rédigé dans les termes les plus généraux et qu'il n'exige pas, comme condition constitutive du délit, que la marque usurpée soit apposée ou destinée à être apposée sur des produits livrés au public; les art. 7 et 8 de la même loi punissent d'ailleurs comme délits distincts la contrefaçon ou l'imitation frauduleuse de la marque déposée et l'usage de la marque contrefaite ou imitée; il suffit, dès lors, que la marque ait été usurpée d'une manière quelconque sans qu'il soit nécessaire qu'elle ait été en outre apposée ou destinée à être apposée sur un produit similaire à celui vendu par le propriétaire de la marque.

1159. — On remarquera que ces considérations sont tellement générales qu'elles s'appliquent aussi au cas où la marque incriminée est reproduite sur des albums, sur des factures, etc., et que, si elles sont exactes en soi, elles font que de telles imitations n'échappent pas à la répression pénale.

1160. — Il faut reconnaître cependant que l'opinion qui vient d'être exposée n'a pas été admise sans conteste; deux systèmes contraires se sont même fait jour; dans l'un et l'autre, on pose en principe que la reproduction d'une marque dans un prospectus, dans un album, sur une facture ne constitue pas en thèse générale une contrefaçon à raison même de la nature particulière de l'objet sur lequel la marque est reproduite; on prétend qu'une imitation ainsi opérée ne rentre pas dans les termes de l'art. 7 de la loi de 1857 qui, prévoyant le cas de contrefaçon de marques, suppose que la reproduction constitue elle-même une marque; cette observation détruit l'argument tiré de ce que la contrefaçon de marques existe indépendamment de tout usage des signes incriminés; c'est qu'en effet, il faut bien admettre que pour qu'il en soit ainsi, il est nécessaire qu'il y ait eu fabrication d'une marque véritable, ce qui n'existe pas lorsque la marque litigieuse ne figure que sur des prospectus, circulaires, ou autres papiers de commerce.

1161. — Toutefois, dans l'un et l'autre des systèmes que nous examinons, on estime qu'il y a lieu de tempérer par une exception la théorie qui vient d'être exposée, mais l'on n'est pas d'accord sur la portée de cette exception; pour certains, il y aurait contrefaçon du moment où les circulaires ou prospectus servent d'enveloppes aux produits dont ils vantent les qualités. — Braun, n. 172; Pouillet, 1re édit., n. 164; Brun, n. 27.

1162. — Le troisième système, plus logique, recherche dans quelles circonstances on a entouré ces produits du prospectus ou de la circulaire. L'enveloppe est-elle placée, pour ainsi dire, à poste fixe? Le négociant a-t-il pris soin de la mettre avant la demande d'achat qui lui est faite? La circulaire dépouille son caractère primitif et devient une véritable marque de fabrique. Certains commerçants, au contraire, ont l'habitude de recouvrir, au fur et à mesure de la vente, les objets achetés, de leurs prospectus et circulaires. Les hasards du moment donnent à chacune de ces enveloppes une forme spéciale. Il ne saurait jamais y avoir là de contrefaçon. L'union entre le produit et son enveloppe éphémère n'est point suffisamment intime pour que celle-ci change de nature. — Darras, *Marq. de fabr.*, n. 188. — V. aussi Bédarride, n. 906.

1163. — En tous cas, l'emploi que fait un fabricant pour la vente de ses produits, d'enveloppes et de prospectus imitant par leur couleur et leurs ornements ceux adoptés par un fabricant de produits semblables peut donner lieu à une action en dommages-intérêts de la compétence des tribunaux civils, quand même un tel fait n'aurait pas le caractère d'un délit de contrefaçon de marque de fabrique. — Lyon, 15 janv. 1851, Lecocq, [S. 53.2.37, P. 53.2.308, D. 54.2.137]

1164. — Par une nouvelle exception à la règle précédemment posée, on a parfois pensé qu'il y avait contrefaçon toutes les fois que, dans une facture, on insérait une dénomination usurpée et que cette facture était délivrée en même temps que la marchandise elle-même. Cette facture sert alors de papier d'identité aux objets vendus, elle remplit la même fonction que la marque ordinaire : elle doit être soumise aux mêmes règles (Braun, *loc. cit.*). Cette considération nous paraît fondée, mais nous ne voyons aucun motif de limiter la dérogation au cas de remise immédiate de la facture. — Darras, *loc. cit.* — V. Paris, 4 mars 1869, Jaluzot, [*Ann. propr. ind.*, 69.97] — V. *Rép. alph. du dr. fr.*, v° *Concurrence déloyale*, n. 281 et 282.

1165. — Mais pour les mêmes raisons que celles qui viennent d'être exposées il faut admettre que s'il y a concurrence déloyale, il n'y a pas contrefaçon à choisir comme enseigne la marque d'un concurrent; une enseigne se différencie en effet essentiellement d'une marque; celle-ci sert à distinguer les produits d'un établissement, alors que l'autre sert à distinguer l'établissement lui-même. — Pouillet, *Marq. de fabr.*, n. 163; Darras, *Marq. de fabr.*, n. 187; Bédarride, n. 906; Braun, n. 171. Brun, n. 27. — *Contrà*, Rendu, n. 136.

1166. — On s'est aussi demandé ce qu'il fallait penser de l'acte d'un négociant qui usurpe verbalement la marque d'autrui en vendant ses produits; notre opinion résulte de ce qui vient d'être dit; nous ne pouvons croire qu'il y ait là autre chose qu'un fait de concurrence déloyale; pour nous, comme « une marque est avant tout un signe matériel, c'est l'usurpation, sous une forme matérielle, la mise sous les yeux du public de ce signe destiné à le tromper qui fait le délit ». — Pouillet, *Marq. de fabr.*, n. 164; Darras, *Marq. de fabr.*, n. 189; Braun, n. 173. — *Contrà*, Conclusions de M. l'avocat général Onfroy de Bréville, dans l'affaire du Phospho-Guano, [*J. Le Droit*, 19 mars 1873]

1167. — Au surplus, comme c'est la fabrication elle-même des marques illicitement reproduites qui constitue la contrefaçon, le délit existe alors même que les marques incriminées sont apposées ou sont destinées à être apposées sur des marchandises d'une nature différente de celle des objets fabriqués ou vendus par celui qui a opéré le dépôt de ces signes distinctifs. — V. *suprà*, n. 1153 et s. — V. Pelletier et Defert, n. 487.

1168. — Ainsi, celui qui emploie la marque d'autrui se rend coupable de contrefaçon, alors même qu'il s'en sert sur un produit qui ne peut être confondu avec celui mis en vente par le propriétaire de la marque. — Douai, 8 déc. 1885, Société la *Bénédictine*, [*Ann. propr. ind.*, 93.357]

1169. — Par exemple, est contrefacteur de la marque *Bénédictine* celui qui vend des boîtes en bois blanc contenant des plantes sèches et recouvertes d'une étiquette portant cette inscription : « Plantes de Normandie pour la préparation économique d'une excellente imitation de Bénédictine, récoltées sur les falaises qui avoisinent la mer ». — Même arrêt.

1170. — Le détaillant qui appose la marque d'un fabricant sur les produits qu'il a réellement achetés de celui-ci commet le délit de contrefaçon; sans doute, les acheteurs ne courent pas le risque d'être trompés, dans le cas où les allégations qu'implique cette apposition de la marque sont exactes, mais on ne peut permettre une telle pratique qui porte atteinte au droit que possède le déposant de se servir seul de la marque litigieuse; puis d'ailleurs, on doit reconnaître que si cette façon d'agir était déclarée légitime, on ouvrirait la porte à toutes les fraudes; pour un détaillant scrupuleux, on en trouverait un grand nombre qui écouleraient, sous des marques usurpées, des produits fabriqués par d'autres que le propriétaire de la marque. — Pouillet, *Marq. de fabr.*, n. 165; Pataille, *Ann. propr. ind.*, 1876, p. 384; Darras, *Marq. de fabr.*, n. 192; Braun, n. 165; Bozérian, *Propr. ind.*, n. 325; Huard, *Propr. ind.*, n. 157.

1171. — Cette solution purement théorique n'est d'ailleurs susceptible de recevoir que bien rarement application en pratique, et l'on admet avec nous que l'excuse de bonne foi est recevable dans les actions en contrefaçon de marque. — V. *suprà*, n. 669 et s.

1172. — Jugé, dans une espèce où il avait été constaté que les objets revendus provenaient bien du négociant sous le nom duquel ils étaient débités, qu'un fabricant n'est pas fondé à se plaindre de ce qu'un débitant, qui lui a acheté et payé des produits de sa maison, revende ces produits dont il est devenu propriétaire en leur conservant le nom qui sert à les distinguer, des fondants Boissier, en l'espèce, et sous lequel il sont connus dans le commerce. — Cass. 21 mai 1884, Robineau, [S. 84.1.280, P. 84.1.680, P. 84.1.288] — V. aussi, en matière de noms commerciaux ou de marques de fabrique, Trib. comm. Seine, 20 août 1845, Larrieu, [J. Le Droit, 22 août] — Trib. Seine, 7 févr. 1874, Thomas de la Rue, [*Ann. propr. ind.*, 76.324]

1173. — Si cette solution a soulevé des objections assez sérieuses, il n'en est pas de même de celle d'après laquelle l'imitation d'une marque française réalisée en France par un étranger constitue une contrefaçon, alors même que les produits sur lesquels ont été apposées les marques contrefaites étaient destinés à être vendus en pays étranger. — Cass., 3 mai 1861, Lagarde, [*Ann. propr. ind.*, 67.293] — *Sic*, Pouillet, *Marq. de fabr.*, n. 160; Darras, *Marq. de fabr.*, n. 193. — V. Trib. Seine, 28 juin 1860, Jourdan-Brive, [*Propr. ind.*, n. 135]

1174. — On sait qu'au contraire, l'usurpation d'une marque française commise à l'étranger par un étranger ne constitue pas un véritable délit, mais qu'un fait n'en conserve pas moins un caractère répréhensible au regard de la loi française et on comprend que, par application de l'art. 1131. C. civ., on ait décidé que le fabricant étranger est non-recevable à agir devant les tribunaux français pour réclamer le prix des marchandises contrefaites qu'il a expédiées en France quand bien même ces marchandises seraient destinées à être réexpédiées en pays étranger.

— Paris, 16 juill. 1856, Braun et Bloëne, [*Ann. propr. ind.*, 56.213] — *Sic*, Pouillet, *Marq. de fabr.*, n. 161.

1175. — Nous avons vu précédemment qu'en thèse générale il pouvait y avoir contrefaçon bien qu'il n'y ait pas reproduction complète et intégrale de l'objet imité; nous avons vu aussi qu'il en était de même en matière de marque de fabrique, mais que cependant, en ce cas, le fait que le législateur s'était occupé, à côté de la contrefaçon, de l'imitation frauduleuse de marque, infraction punie moins sévèrement que la contrefaçon, avait eu pour résultat de restreindre dans de certaines limites la portée naturelle du délit de contrefaçon. Nous ne reviendrons pas sur ce point; nous nous contenterons de faire observer que, quand on détermine s'il y a ou non contrefaçon, il n'y a pas lieu de rechercher si l'un ou quelques-uns des éléments qui composent une marque sont dans le domaine public, alors que c'est dans l'ensemble et la combinaison de ces divers éléments que consiste la marque reproduite. En d'autres termes, la contrefaçon s'apprécie d'après les ressemblances et non d'après les différences. — Cass., 19 févr. 1875, Trébucien frères, [*Ann. propr. ind.*, 77.301]

1176. — Cela étant, on comprend, sans qu'il soit besoin d'insister, que l'adjonction de son nom par le contrefacteur ne fasse pas disparaître la contrefaçon. — Lyon, 14 mai 1857, Boilley, [*Ann. propr. ind.*, 57.253] — Aix, 8 août 1872, Ménier, [*Ann. propr. ind.*, 73.29] — Grenoble, 31 août 1876, Nègre, [*Ann. propr. ind.*, 76.225] — Poitiers, 28 déc. 1885, Joubert-Bonnaire, [*Ann. propr. ind.*, 86.108] — Trib. Rouen, 19 mars 1872, Ménier, [*Ann. propr. ind.*, 73.18] — Trib. Lille, 30 mai 1883, Decressonnière, [*Ann. propr. ind.*, 83.349] — *Sic*, Pouillet, *Marq. de fabr.*, n. 148; Darras, *Marq. de fabr.*, n. 186.

1177. — A côté de la contrefaçon proprement dite des marques de fabrique ou de commerce, la loi de 1857 prévoit et punit l'usurpation frauduleuse de ces mêmes marques; nous avons par avance indiqué les caractères principaux qui permettent de distinguer entre eux chacun de ces délits. Nous ne reviendrons pas sur les développements que nous avons fournis; nous ne rappellerons pas non plus les nombreuses décisions par lesquelles la jurisprudence a déclaré qu'il y avait ou non usurpation frauduleuse; ce sont là des arrêts d'espèces où les considérations de fait jouent un rôle prépondérant sinon exclusif. — V. d'ailleurs Pouillet, *Marq. de fabr.*, n. 182 et s.

1178. — Nous nous contenterons d'insister sur ce point que si la possibilité d'une confusion est un élément du délit d'usurpation frauduleuse de marque, il ne faudrait pas en conclure que la poursuite n'est possible que si l'on a relevé certains faits de confusion; l'éventualité d'une erreur possible suffit pour que les peines prévues à l'art. 8 soient applicables. — Pouillet, *Marq. de fabr.*, n. 190; Bédarride, n. 918; Darras, *Marq. de fabr.*, n. 198; Brun, n. 32.

1179. — Il n'est pas même nécessaire que ce soit celui qui est entré en rapports directs avec le contrefacteur qui puisse être trompé; il suffit qu'un acheteur ultérieur puisse être la dupe des indications erronées que contient la marque. Ainsi, un fabricant, poursuivi pour imitation frauduleuse de marques, ne peut se prévaloir de ce qu'il ne vendrait qu'en gros des produits revêtus de la marque contrefaite et de ce que ses acheteurs directs n'ont pu être trompés à raison de ce que les livraisons qui leur sont faites sont opérées par paquets dont les enveloppes dissimulent les marques illicitement reproduites; il reste toujours que le public qui achète en détail, de seconde ou de troisième main, a pu être trompé par de telles manœuvres. — Trib. corr. Seine, 5 déc. 1886, Hertzog et Cie, [*Ann. propr. ind.*, 89.248] — V. Darras, *Marq. de fabr.*, n. 198. — V. aussi Paris, 24 janv. 1872, Carmoy, [*Ann. propr. ind.*, 72.231] ; — 6 juin 1883, Foucher, [*Ann. propr. ind.*, 83.288] — Trib. corr. Seine, 29 nov. 1886, Coleman, [*Propr. ind.* (de Berne), 90.91]

1180. — A la différence de ce qui se passe au cas d'imitation frauduleuse, l'usurpation, d'ailleurs, n'exige pas qu'il y ait possibilité d'une confusion; l'action en usurpation n'est, en effet, que la consécration du droit de propriété; le fabricant peut poursuivre tous ceux qui s'approprient, en tout ou en partie, les éléments dont se compose sa marque de fabrique.

1181. — Il est à remarquer enfin que l'usurpation ne peut entraîner qu'une condamnation à des dommages-intérêts et ne tombe pas, comme l'imitation frauduleuse, sous le coup de la loi pénale. En un mot, elle constitue un délit civil, alors que l'imitation frauduleuse est un délit pénal.

1182. — Jugé qu'un fabricant peut distinguer ses produits par divers moyens tels que dessins, étiquettes sur les enveloppes. Et, si la reproduction par un autre, en totalité ou partiellement, de ces signes distinctifs, est susceptible d'engendrer une confusion, il est fondé, même si l'intention illicite ne constituait pas une contrefaçon proprement dite, à demander la réparation du préjudice qu'il lui a causé, d'après le principe général de l'art. 1382, C. civ. — Rennes, 13 mai 1894, Cointreau, [*Rev. prat. de dr. industr.*, 95.62]

§ 2. *Des délits autres que l'imitation frauduleuse qui sont assimilés à la contrefaçon des marques de fabrique ou de commerce.*

1183. — En dehors de la contrefaçon et de l'imitation frauduleuse, la loi de 1857 prévoit et réprime certaines infractions qu'il nous reste à étudier, à l'exception toutefois de deux d'entre elles que l'on s'étonne de rencontrer dans une loi sur les marques de fabrique; ces délits qu'intentionnellement nous écartons de notre étude sur la contrefaçon sont ceux prévus par l'art. 8-2° et 3° de la loi; ils consistent dans l'usage d'une marque portant des indications propres à tromper l'acheteur sur la nature du produit et dans la vente ou la mise en vente de marchandise ses revêtues d'une semblable marque. — V. *Rép. alph. du dr. fr.*, vis *Fraude commerciale*, *Marque de fabrique*.

1184. — Cette réserve faite, nous avons à nous occuper de l'usage des marques contrefaites ou frauduleusement imitées, de l'apposition d'une marque appartenant à autrui, de la vente et de la mise en vente des marques contrefaites, frauduleusement apposées ou imitées. Nous rappellerons au surplus que la matière de la complicité nous a paru devoir être appliquée en matière de contrefaçon de marques de fabrique et de nature à combler les lacunes que la loi de 1857 peut renfermer, notamment pour ce qui est du recel des objets faussement marqués. — V. *supra*, n. 950 et s.

1185. — Nous rejetons d'ailleurs dans la section relative à la contrefaçon en matière de noms commerciaux l'étude de l'art. 19 de la loi de 1857, qui s'occupe de l'introduction en France d'objets faussement marqués; c'est qu'en effet, ce texte, qui concerne l'usurpation des noms commerciaux aussi bien que l'usurpation des marques, n'a reçu en nos matières qu'une application assez rare, alors qu'au contraire il en a fréquemment été fait usage pour réprimer les emprunts illicites du nom ou de la localité ou autres. — V. *infrà*, n. 1247 et s.

1186. — La circonstance que la loi de 1857 prévoit expressément l'usage des marques illégalement reproduites en dehors de leur contrefaçon ou de leur imitation frauduleuse nous a permis de penser que les délits principaux de contrefaçon et d'imitation frauduleuse existent même toute apposition du signe distinctif; c'est là, sans contredit, une utilité incontestable des dispositions de la loi de 1857 sur ce point particulier; l'indication faite des cas d'usage permet aussi d'atteindre par un texte formel ceux qui commandent des marques frauduleuses et qui les emploient dans leur commerce ou dans leur industrie; mais le silence qu'aurait pu observer le législateur à cet égard n'aurait pas dû être interprété en faveur des coupables, puisqu'il eût été possible de considérer de tels faits d'usage comme une contrefaçon ou comme une imitation frauduleuse. — V. Pouillet, *Marq. de fabr.*, n. 167; Mesnil, *Dr. industr*, 1887, p. 467.

1187. — Au surplus, il est difficile de concevoir un délit d'usage qui ne constitue pas en même temps un des autres délits de la loi de 1857. C'est ainsi qu'il a pu être jugé que le représentant d'une maison de commerce étrangère, qui est trouvé détenteur en France de spécimens de produits portant la marque frauduleusement imitée d'une maison française, et qui sollicite des commandes et contracte des marchés en France pour la vente de produits semblables, commet le double délit d'usage d'une marque frauduleusement imitée, et de vente ou de mise en vente de produits revêtus de cette marque, et il tombe sous le coup de la loi française, encore bien que les produits doivent être livrés en pays étrangers. — Cass., 3 mai 1882, Brissac et autres, [S. 84.1.453, P. 84.1.1099] — L'hypothèse même dans laquelle cet arrêt a été rendu est quelquefois indiquée comme exemple d'un cas où un fait d'usage est entièrement distinct de tout autre délit prévu par la loi de 1857. — V. Pouillet, *loc. cit.* — Il est facile de voir que cette opinion est erronée. — V. Darras, *Marq. de fabr.*, n. 480, note.

1188. — Les juges de fait constatent souverainement que

le prévenu était de mauvaise foi en faisant usage de marques frauduleusement imitées et en mettant en vente les produits revêtus de cette marque. — Même arrêt.

1189. — Il y a aussi délit d'usage et délit de mise en vente de la part de celui qui, se servant des récipients d'autrui, y introduit un liquide frelaté de sa fabrication, y appose une marque contrefaite et vend ces bouteilles ou flacons comme provenant de la maison dont le nom est porté sur les étiquettes. — Trib. corr. Toulouse, 15 juill. 1881, F. Prot et Cⁱᵉ, [Ann. propr. ind., 81.185]

1190. — Il a cependant été jugé qu'il y avait délit d'usage et non délit de mise en vente de la part du négociant qui exhibe des produits revêtus d'une marque contrefaite dans une exposition publique alors que ces produits ne sont pas destinés à être vendus. — Trib. corr. Bordeaux, 5 févr. 1886, Tivet, [Ann. propr. ind., 87.258] — V. toutefois, Pouillet, Marq. de fabr., n. 201; Pelletier et Defert, n. 491 (D'après ces auteurs le fait qui vient d'être indiqué constitue le délit de vente).

1191. — L'art. 7-2°, qui prévoit l'apposition frauduleuse par un négociant « sur les produits de son commerce ou de son industrie d'une marque appartenant à autrui » réprime, sous cette formule peu intelligible en soi, « le fait de celui qui s'est procuré la marque véritable d'une autre personne, et s'en est servi pour marquer ses produits » (Rapport de M. Busson au Corps législatif, reproduit par Pouillet, Marq. de fabr., p. 884). Tombe aussi, sous l'application de cette disposition, le fait des commerçants ou industriels qui achètent ou se procurent de toute autre façon les récipients, vases, bouteilles, flacons, enveloppes, etc., employés comme signes distinctifs par leurs concurrents, y introduisent des produits ne provenant pas de ceux-ci et mettent ainsi en vente des marchandises faussement marquées. — Rendu, n. 138 et 139; Pouillet, Marq. de fabr., n. 196; Darras, Marq. de fabr., n. 201; Dufourmantelle, Marq. de fabr., n. 99; Brun, n. 34. — V. Paris, 11 juin 1875, Chédeville et Buisson, [Ann. propr. ind., 75.260]; — 20 nov. 1882, Caillot, [Ann. propr. ind., 83.223] — Poitiers, 8 juin 1887, Sollier, [Ann. propr. ind., 88.189] — Bourges, 20 déc. 1888, Trébucien, [Ann. propr. ind., 93.258] — Rouen, 23 févr. 1889, Picon et Cⁱᵉ, [Ann. propr. ind., 93.270] — Trib. corr. Seine, 28 févr. 1877, Gervais, [Gaz. des Trib., 2 mars]; — 23 août 1882, Gervais, [Ann. propr., ind., 88.323 — Trib. corr. Cholet, 12 janv. 1880, Trébucien, [J. La Loi, 24 févr.]

1192. — Ainsi donc, l'art. 7 de la loi de 1857 s'applique au négociant qui, après s'être procuré des sacs plombés contenant des marchandises mises en vente par une maison connue, y introduit des marchandises semblables mais avariées, et livre ce mélange frauduleux au commerce avec le plombage destiné à en garantir la provenance et la pureté. — Cass., 1er août 1867, Savignac, [D. 67.1.512]

1193. — Bien qu'il soit généralement admis sur le marché des farines de Paris que les sacs vides sont considérés comme des choses fongibles et peuvent s'employer aux lieu et place des autres, sans avoir égard au nom du fabricant imprimé sur la toile, un négociant peut, en effectuant le dépôt d'une marque qui comprend son nom apposé sur les sacs par lui employés, manifester la volonté de ne pas se prêter à ces échanges de sacs; on doit, en ce cas, considérer comme contrefacteur celui qui vendrait ses produits renfermés dans des sacs portant le nom du titulaire de la marque. — Trib. corr. Seine, 9 mai 1885, Morel, [Ann. propr. ind., 85.350]

1194. — Commet les délits prévus par la loi du 28 juill. 1824 et par l'art. 7, L. 23 juin 1857, le fabricant d'eau de seltz qui se sert, pour la vente de ses produits, de syphons portant la marque et le nom d'autres négociants. — Amiens, 10 févr. 1872, Pie, [Ann. propr. ind., 75.46] — Paris, 26 juill. 1894, Société des glacières de Paris, [Ann. propr. ind., 95.31] — Trib. corr. Seine, 7 févr. 1873, Chapotel, [Ann. propr. ind., 74.388]

1195. — L'inculpé prétendrait vainement que le fait à lui reproché ne constituerait qu'une infraction à la convention intervenue entre les fabricants d'eau de seltz et soumettant à l'échange de syphons égarés à certaines conditions et à certains délais qu'il reconnaît avoir négligé d'observer. — Amiens, 10 févr. 1872, précité. — Paris, 26 juill. 1894, précité.

1196. — Il ne saurait en effet appartenir à des particuliers de modifier par leurs conventions le caractère d'actes reconnus délictueux par la loi pénale, alors surtout que, dans un intérêt d'hygiène publique, une ordonnance de police en date du 21

nov. 1823 a rendu la marque obligatoire pour les bouteilles d'eau minérale artificielle. — Paris, 26 juill. 1894, précité.

1197. — A côté du délit d'apposition d'une marque appartenant à autrui (art. 7-2°), la loi de 1857 prévoit et punit l'usage qui est fait d'une telle marque (art. 7-3°). Il a été jugé, à cet égard, que constitue le délit d'emploi frauduleux de la marque d'autrui le fait de vendre, dans des récipients et avec des étiquettes d'un autre pharmacien, un produit qui n'émane pas de ce dernier, alors même que ce produit serait conforme au Codex. — Grenoble, 31 août 1876, Paul Gage, [Ann. propr. ind., 76.225]

1198. — Ce que nous avons précédemment dit de la vente et de l'exposition en vente des objets fabriqués en violation des droits d'un breveté doit être en principe étendu à la vente et à la mise en vente des objets revêtus de marques contrefaites, frauduleusement apposées ou frauduleusement inutiles. Nous remarquerons simplement que, tandis que la loi de 1844 punit l'exposition en vente des objets contrefaits, la loi de 1857 frappe la mise en vente de semblables objets. Cette différence de rédaction est due à un amendement introduit en vue d'atteindre les marchands qui « sans rien exposer, à proprement parler, en vente, ou plutôt sans rien mettre en montre, auraient, dans leurs magasins ou dépôts, des marchandises revêtues d'une marque contrefaite et destinées pour eux à être vendues ». — Pouillet, Marq. de fabr., n. 200; Darras, Marq. de fabr., n. 204.

1199. — Cette modification n'était peut-être pas nécessaire pour atteindre les faits de mise en vente opérés sans publicité extérieure. Quoi qu'il en soit, le texte, ainsi amendé, permet, sans hésitation possible, de considérer comme coupable du délit de mise en vente de marque frauduleusement imitée, le commissionnaire en marchandises qui, en connaissance de cause, achète en France des objets revêtus de marques de fabrique frauduleusement imitées pour les expédier à l'étranger. — Paris, 3 avr. 1879, Farcy et Oppenheim, [S. 80.2.301, P. 80. 1.202, D. 80.2.78]

1200. — L'entrepreneur qui, dans ses travaux, emploie des matériaux distingués à l'aide de signes contrefaits, est à considérer comme un débitant. — Trib. Lille, 9 avr. 1883, Société de la Vieille-Montagne, [Ann. propr. ind., 84.62]

1201. — La loi du 26 nov. 1873, qui a permis aux fabricants et commerçants de faire apposer le timbre ou la marque de l'État sur les étiquettes, bandes, enveloppes en papier ou sur les étiquettes ou marquettes en métal, punit des peines portées en l'art. 140, C. pén., ceux qui ont contrefait ou falsifié les timbres ou poinçons que l'État a l'habitude d'apposer, ou ceux qui ont fait usage de tels timbres ou poinçons (art. 6-1°). Ce même article punit, dans son 2e alinéa, des peines portées en l'art. 142 du même Code, tout autre usage frauduleux de ces timbres ou poinçons et des étiquettes, bandes, enveloppes et estampilles qui en seraient revêtues. Dans le premier cas, il y a donc crime, alors que, dans le second cas, les infractions prévues ne constituent que des délits.

1202. — Comme exemple d'infractions rentrant dans les prévisions de l'art. 6, 2e al., on a cité l'hypothèse d'un employé de l'administration, seudoyé par un contrefacteur, qui appose le timbre ou poinçon sur des étiquettes contrefaites et aussi celle d'un concurrent qui se procure des étiquettes timbrées ou poinçonnées et qui les fait servir à ses propres produits. — Pouillet, Marq. de fabr., n. 349.

SECTION III.

De la contrefaçon en matière de noms commerciaux et des autres délits y assimilés.

1203. — Aux termes de l'art. 1, L. 28 juill. 1824, « quiconque aura, soit apposé, soit fait apparaître par addition, retranchement, ou par une altération quelconque, sur les objets fabriqués, le nom d'un fabricant autre que celui qui en est l'auteur, ou la raison commerciale d'une fabrique autre que celle où lesdits objets auront été fabriqués, ou enfin le nom d'un lieu autre que celui de la fabrication, sera puni des peines portées en l'art. 423, C. pén., sans préjudice des dommages-intérêts, s'il y a lieu. Tout marchand, commissionnaire ou débitant quelconque, sera passible des effets de la poursuite, lorsqu'il aura sciemment exposé ou mis en vente les objets marqués de noms supposés ou altérés. »

1204. — La loi de 1824 ne considère le nom qu'à un point de vue purement industriel; l'usurpation d'un nom, alors même d'ailleurs qu'il serait porté par un fabricant, reste en dehors de notre étude actuelle, du moment où cette usurpation n'est pas faite dans l'intérêt d'une fabrique, mais uniquement dans un sentiment d'amour-propre ou pour la satisfaction de prétendues convenances sociales; de même, un particulier, qui n'est pas fabricant, ne peut s'appuyer sur les dispositions de la loi de 1824 pour s'opposer à ce qu'un tiers fasse usage de son nom dans son industrie. — V. Maunoury, n. 61. — V. *Rép. alph. du dr. fr.*, v° *Nom et prénom*.

1205. — De même, il y a lieu de présenter pour les noms de localité, une observation analogue qui est destinée à jouer un grand rôle dans une controverse que nous examinerons bientôt (V. *infrà*, n. 1248 et s.); c'est que, comme la loi de 1824 n'est appelée à protéger principalement, sinon exclusivement que les fabricants et par suite que les noms de localités où il y a des fabricants, l'indication sur des produits d'un nom autre que celui de la fabrication véritable ne tombe sous l'application de la loi de 1824 que si, dans le lieu dont le nom est mensongèrement indiqué, il existe des fabricants se consacrant à la confection des objets faussement marqués; les consommateurs ne peuvent d'ailleurs se plaindre puisque, par hypothèse, l'usurpation a porté sur un nom inconnu dans l'industrie des objets vendus. — Maunoury, n. 63.

1206. — On a parfois pensé cependant qu'une localité pouvait toujours s'appuyer sur la loi de 1824 pour empêcher tout emploi de son nom par un étranger. — V. Gastambide, p. 449; Pouillet, *Marq. de fabr.*, n. 403. — Cette solution qui peut être conforme au texte littéral de la loi de 1824, interprété dans le secours du raisonnement, est contraire à l'esprit du législateur qui, désirant protéger l'industrie honnête, n'avait pas à intervenir dans des hypothèses où celle-ci ne peut avoir à souffrir. — Amiens, 3 déc. 1886, [*Ann. propr. ind.*, 87.2.120] — Darras, note sous Toulouse, 8 déc. 1886, [*Ann. dr. comm.*, 87.2.120]

1207. — Cette double restriction aux effets de la loi de 1824 ne saurait, selon nous, offrir aucune difficulté; il n'en est pas ainsi d'une autre limitation que la jurisprudence a voulu apporter à la sphère d'application de cette même loi : s'attachant strictement aux expressions employées par le législateur, nos tribunaux se sont refusés à faire application de la loi au cas d'usurpation du nom d'un commerçant. Décidé, à cet égard, que la loi de 1824 s'applique aux commerçants, car les termes de son art. 1 sont formels et précis et les expressions qui s'y rencontrent de *fabricants*, *objets fabriqués*, *fabriques*, *fabrication*, indiquent manifestement qu'elle ne peut être invoquée que par les fabricants. D'ailleurs, étant une loi pénale, elle doit être interprétée restrictivement, et enfin ses motifs non moins décisifs que ses termes confirment cette interprétation. — Orléans, 20 févr., 1882, Chauchard et Cie, [S. 82.2.193, P. 82.1.975 et la note de Ch. Lyon-Caen]

1208. — La loi de 1824 n'étant applicable qu'aux altérations et suppositions de noms de fabricants sur des produits fabriqués, ne peut être invoquée par le débitant d'une eau minérale naturelle. — Paris, 29 juin 1882, Saxlehner, [S. 82.2.201, P. 82.1.989 et la note de Ch. Lyon-Caen] — *Sic*, Bédarride, n. 787. — *Contrà* Pouillet, *Marq. de fabr.*, n. 423; Rendu, n. 399. — V. *Rép. alph. du dr. fr.*, v° *Concurrence déloyale*, n. 268 et s. — D'ailleurs, *infrà*, n. 1287, la question de savoir si la promulgation du traité d'Union de 1883 n'a pas modifié la législation française interne en ce qui concerne l'usage des noms employés dans la vente des produits de l'agriculture et dans celle des produits minéraux.

1209. — Etant donné cette jurisprudence, il est important de constater que les produits agricoles, au moins lorsqu'ils ont subi une certaine manipulation, passent de la catégorie des produits naturels dans celle des produits fabriqués. Ainsi donc, les vins doivent être placés dans la classe des produits fabriqués, et les propriétaires et vignerons doivent jouir, pour les vins provenant de leur récolte, de la protection que la loi de 1824 accorde aux fabricants d'objets manufacturés; il suit de là que les propriétaires d'un crû ont seuls, mais aussi qu'ils ont tous, le droit de marquer les vaisseaux contenant leur vin par une estampille qui rappelle ce crû. — Cass., 8 juin 1847, Rieunègre, [P. 47.2.100, D. 47.1.164] — V. Rendu, n. 400; Calmels, n. 123; Bédarride, n. 783; Pouillet, *Marq. de fabr.*, n. 424; Ch. Lyon-Caen, *loc. cit.*

1210. — De même, les vins de Champagne sont des produits fabriqués, et les lieux où on les récolte et où on les prépare, des

lieux de fabrication, en sorte que l'apposition, sur des bouteilles de ces vins, d'un nom autre que celui du lieu de la fabrication, tombe sous l'application de la loi du 28 juill. 1824. — Cass., 12 juill. 1845, Besnard, [S. 45.1.842, P. 45.2.655, D. 45.1.327]; — 26 juill. 1889, Tessier, [S. 90.1.90, P. 90.1.183, D. 90.1.239] — Angers, 11 avr. 1889, sous Cass., 26 juill. 1889, Même affaire, [*Ibid.*] — Paris, 18 nov. 1892, Chapin et Cie, [S. et P. 93.2.74] — V. *Rép. alph. du dr. fr.*, v° *Concurrence déloyale*, n. 262 et s.

1211. — Tombe encore sous l'application de la loi de 1824, le fait de vendre du café et d'annoncer faussement qu'il vient d'une maison de commerce connue, alors que si le café n'est pas en réalité un objet fabriqué, le choix d'une espèce déterminée, un mélange habilement fait de cafés de diverses provenances, un soin spécial apporté à la conservation de la denrée elle-même peuvent constituer un produit d'une nature particulière que le législateur de 1824 a entendu protéger, quelle que soit l'expression dont il s'est servi. — Paris, 23 juill. 1887, Potin, [*Ann. propr. ind.*, 88.99]

1212. — Nous pensons que cette interprétation ainsi donnée du texte de la loi de 1824, où il n'est jamais question que de fabricant ou de fabrique, est véritablement qu'il vient la meilleure; il ne faut pas oublier, en effet, que la question débattue revient, somme toute, à se demander si ceux qui usurpent les noms des commerçants peuvent être frappés à l'égal de ceux qui reproduisent illégalement les noms des fabricants, c'est-à-dire à celle de savoir si les lois pénales peuvent être étendues par analogie; or, on sait que ces lois doivent toujours être entendues d'une manière restrictive. — Calmels, n. 123; Bédarride, n. 783; Dufourmantelle, *Marq. de fabr.*, p. 126; Maunoury, n. 64; Mesnil, p. 159; Braun, n. 49; Ch. Lyon-Caen, note sous Orléans, 20 févr. 1882, précité. — V. aussi Rendu, n. 399.

1213. — On a cependant prétendu qu'il en devait être différemment; « si, a-t-on dit, la loi de 1824 s'occupe plus particulièrement du fabricant et des objets fabriqués, c'est qu'elle considère, avant tout, le produit commercial au moment de sa création même. Elle n'en protège pas moins pour cela le nom du commerçant qui, s'approvisionnant chez tel ou tel fabricant, se substitue, en quelque sorte, à lui, et prend ainsi le produit sous sa responsabilité... La preuve d'ailleurs que le nom du commerçant est protégé à l'égal de celui du fabricant, c'est que la loi de 1857 ne protège que le nom sous une forme distinctive, déclarant que le nom en dehors de la forme distinctive, reste protégé par la loi de 1824 ». — Pouillet, *Marq. de fabr.*, n. 423; Ruben de Couder, v° *Nom industr.*, n. 68.

1214. — Cette argumentation ne nous convainc pas; sans doute, il est ingénieux de considérer qu'une fois d'achat des marchandises fait, le commerçant prend les lieu et place du fabricant, mais cette substitution n'est indiquée nulle part dans la loi et on tous cas, à la supposer fondée, le seul effet pouvant en résulter serait, semble-t-il, que le débitant peut poursuivre les usurpations dont le nom du fabricant lui-même serait l'objet, mais on ne pourrait en conclure que le nom du commerçant est protégé, comme le nom du fabricant; malgré cette sorte de représentation du fabricant par le commerçant, celui-ci reste commerçant et il ne peut être considéré comme étant devenu lui-même fabricant; quant à l'argument tiré de la loi de 1857, on peut faire remarquer tout d'abord qu'il est au moins bizarre de rechercher dans une loi de 1857 l'interprétation d'une loi de 1824, puis et surtout il est facile de constater qu'aucun article de la loi de 1857 ne renvoie à la loi de 1824 et que, même dans l'exposé des motifs du projet de loi de 1857, il est expressément dit que la loi de 1824 reste complètement en dehors du projet. — Maunoury, *loc. cit.*; Lyon-Caen, note sous Orléans, 20 févr. 1882, précité.

1215. — Etant donné cette solution, il est facile de voir que les commerçants ne sont protégés, au point de vue pénal, contre l'usurpation de leur nom, que s'ils ont pris soin de lui donner une forme matérielle distinctive et de le déposer à titre de marque de commerce.

1216. — Quoi qu'il en soit de cette controverse, il nous paraît incontestable que, parfois au moins, la loi de 1824 peut être invoquée au cas où l'usurpation porte sur le nom d'un auteur ou d'un artiste que l'on supprime de ses œuvres ou que l'on fait figurer à tort sur des œuvres émanant d'autrui. Décidé, en ce sens, que la loi du 24 juill. 1824 est applicable quand il y a reproduction du nom d'un fabricant sur des œuvres de sculpture contrefaites au moyen du surmoulage ou de toute autre manière.

— Paris, 1er sept. 1848, Galantomini, [P. 48.2.440]; — 10 mars 1855, Susse, [S. 55.2.390, P. 55.2.423] — V., dans le sens d'une application toujours possible de la loi de 1824, Pataille, *Ann. propr. ind.*, 1856, p. 328; Pouillet, *Marq. de fabr.*, n. 425; *Propr. litt.*, n. 321; Mayer, n. 46. — *Contrà*, Bardoux, *J. off.*, Sénat, 1886, Doc. parl., p. 13; Goujon, *J. off.*, Chambre, 1894, Doc. parl. p. 1059; Gastambide, p. 451; Rendu, n. 401 et 402, Ch. Lyon-Caen, note sous Cass., 29 nov. 1879, Moreau, [S. 80.1.185, P. 80.403]; Vaunois, *Commentaire de la loi du 9 févr. 1895 sur les fraudes en matière artistique*, n. 14; *Bulletin commentaire des lois nouvelles, décrets, etc.*, 1894, p. 161. — V. Maunoury, n. 92.

1217. — Décidé encore qu'on doit considérer comme un fabricant, au sens de la loi du 28 juill. 1824, le statuaire, auteur de modèles, de statuettes et d'objets d'art destinés à être coulés en bronze et livrés au commerce. En conséquence, celui qui inscrit frauduleusement le nom d'un statuaire sur des statuettes et sur des objets d'art qui ne sont pas son œuvre, commet le délit d'usurpation du nom d'un fabricant prévu et puni par la loi du 28 juill. 1824. — Cass., 29 nov. 1879, précité.

1218. — Mais, même dans cette hypothèse, il y a lieu de tenir compte de l'idée que la loi de 1824 ne protège que des fabricants ou des produits fabriqués. Aussi nous approprions-nous l'observation suivante de M. Maunoury : « Chaque fois que l'objet revêtu d'un faux nom sera un produit industriel fabriqué, œuvre musicale publiée sous forme d'un objet matériel et marchand, gravures ou statuettes reproduites à de nombreux exemplaires, la loi de 1824 s'appliquera; toutes les fois, au contraire, que l'un des deux caractères, fabrication et industrie, manquera, œuvre musicale publiée oralement, œuvre artistique en un seul original, elle fera défaut ». — Maunoury, *loc. cit.*

1219. — Rappelons, au surplus, qu'une loi récente du 9 févr. 1895, dont il n'y a pas lieu de fournir le commentaire en ce moment, avait été élaborée en vue de réprimer les fraudes en matière artistique.

1220. — Étant donné le genre d'interprétation que nous avons dû accepter à raison de la nature des dispositions de la loi de 1824, il nous paraît certain que, comme cette loi ne garantit expressément que le nom des fabricants, les initiales de ces mêmes noms, prises comme signes distinctifs, ne sont protégées contre les usurpations que si l'intéressé a fait le nécessaire pour se placer à leur égard au bénéfice de la loi de 1857 sur les marques, c'est-à-dire que s'il a pris soin de les déposer. *Jugé* cependant que l'usurpation des initiales du nom d'un fabricant tombe sous l'application de la loi de 1824. — Paris, 26 avr. 1851, Bardou, [cité par Blanc, p. 773] — Il s'agissait, en l'espèce, de l'usurpation du signe J◇B, appliqué sur des papiers à cigarettes qui, par suite de l'erreur des consommateurs, s'est depuis lors, transformé dans la dénomination du papier JOB. — Paris, 22 août 1853, Bloch, [cité par Blanc, p. 775] — *Sic*, sur le principe, Pouillet, *Marq. de fabr.*, n. 382; Bédarride, n. 779. — *Contrà*, Blanc, p. 775.

1221. — En tous cas, puisqu'un chiffre, à la différence ou le diminutif d'un nom, il est loin de contester que l'emploi d'une marque semblable à celle d'un fabricant breveté et consistant en un simple chiffre ne constitue pas le délit puni par la loi du 28 juill. 1824, lorsque cette marque ne contient ni le nom de ce fabricant, ni la raison commerciale de sa fabrique, ni enfin le nom du lieu où elle est fabriquée. — Cass., 12 juill. 1831, Morel, [S. 52.1.146, P. 52.2.606, D. 52.1.160] — *Sic*, Pouillet, *Marq. de fabr.*, n. 383.

1222. — Indépendamment des noms des fabricants, la loi de 1824 garantit les raisons commerciales des fabriques; par là, il faut entendre la désignation usuelle sous laquelle les fabriques écoulent ordinairement leurs produits; ce sera, le plus souvent, s'il s'agit d'une société, la raison sociale elle-même, mais ce pourra être aussi la forme plus abrégée de cette même raison sociale adoptée pour les besoins de la vie courante; ce sera, le plus souvent, s'il s'agit de particuliers, le nom patronymique de ceux-ci, ou, quelquefois le pseudonyme sous lequel ils cachent leur personnalité. — V. Pouillet, n. 376 et s.; Huard, *Propr. ind.*, n. 465; Blanc, p. 717; Calmels, n. 133; Rendu, n. 391. — V. Cass., 6 juin 1859, Nadar, [*Ann. propr. ind.*, 59.214]

1223. — La loi de 1824 prévoit aussi l'usurpation des noms de lieu de fabrication; faisons observer à cet égard que par *lieu de fabrication*, il ne faut pas seulement entendre la ville même où se fabriquent les produits mais toute la région avoisinante.

C'est à dessein que la loi n'a indiqué aucune limite précise. L'exposé des motifs présenté par le gouvernement à la Chambre des pairs est formel sur ce point : « quelques personnes, y est-il dit, auraient désiré que l'on désignât les conditions sous lesquelles le fabricant qui fait exécuter dans la campagne une partie des opérations de sa fabrique sera néanmoins en droit d'user du nom de la ville où il est domicilié; d'autres ont paru croire que le nom de la ville ne pourra être employé par les fabricants de la banlieue qui s'en servaient par le passé. Ces craintes sont vaines » (*Monit.*, 11 juill. 1824). De ce passage de l'exposé des motifs il résulte que le nom d'une ville qui forme le centre d'un lieu de fabrication peut être employé par les fabricants de la banlieue de cette ville. C'est ce que la jurisprudence a notamment décidé pour les draps de Sedan. — Cass., 28 mars 1844, Loupot-Fortier et autres, [S. 44.1.727, P. 44.1.794] — et pour le cognac : Bordeaux, 11 août 1886, sous Cass., 2 juill. 1888, Martell et Cie, [S. 88.1.361, P. 88.1.894, D. 88.1.111] — Pouillet, *Marq. de fabr.*, n. 397; Ch. Lyon-Caen, note sous Cass., 2 juill. 1888, précité; Maunoury, n. 65. — V. aussi, *Rép. alph. du dr. fr.*, v° *Concurrence déloyale*, n. 240 et s.

1224. — Le droit de se servir du nom d'un lieu de fabrication appartient d'ailleurs, non pas seulement à celui qui le premier en a fait usage, mais à tous ceux qui sont établis dans le pays. Décidé, en ce sens, que tous les fabricants qui tirent leurs matières premières d'un même lieu sont également autorisés à donner à leurs produits le nom de ce lieu : ce nom ne saurait être la propriété privative de l'un d'eux, par cela seul que le premier il en aurait fait usage. Ainsi, des fabricants de chaux qui tirent d'une même carrière la pierre calcaire qu'ils emploient peuvent tous également donner à la chaux qu'ils fabriquent le nom de la localité dans laquelle est située cette carrière, sans que celui qui le premier a fait usage de ce nom soit fondé à prétendre que les autres se rendent coupables d'usurpation du nom ou de contrefaçon. — Cass., 24 févr. 1840, Laleu, [S. 40.1.612, P. 41.2.320] — *Sic*, Pouillet, *Marq. de fabr.*, n. 404; Calmels, n. 135.

1225. — Les noms de lieu sont, en effet, dans le domaine public, en ce sens que l'usage commercial en est permis à tous pour indiquer la provenance des produits réellement tirés des lieux indiqués. — Cass., 1er mai 1889, Arger, [S. et P. 92.1. 348, D. 90.1.470]

1226. — En conséquence, lorsque les eaux de deux sources, distantes l'une de l'autre de 130 mètres, sont situées l'une et l'autre dans le territoire d'une circonscription de paroisse autrefois désignée sous le nom d'Orezza, les eaux de la première de ces sources peuvent être mises en vente sous le nom d'*Eau d'Orezza, source supérieure*, sauf à prendre les moyens nécessaires pour éviter toute confusion entre la source supérieure et la source inférieure. — *Même arrêt.*

1227. — Le plus souvent, le délit dont s'occupe la loi de 1824 se réalise par le fait d'un industriel qui place sur les objets par lui fabriqués le nom d'un fabricant avantageusement connu et parvient ainsi à écouler des produits de qualité inférieure, mais les termes de la loi de 1824 qui prévoient l'addition ou le retranchement des noms de fabricant sont assez généraux pour comprendre d'autres hypothèses et notamment celle où une personne donne comme sortis de ses ateliers ou usines des objets qui, à vrai dire, ont été fabriqués par un de ses concurrents et sur lesquels il a indiqué son nom aux lieu et place de celui qui précédemment y figurait. Décidé, à cet égard, qu'il n'est pas exact de dire que la loi de 1824 n'a entendu réprimer que l'usurpation d'un nom étranger à celui qui en a fait un usage frauduleux; son but est de réprimer toutes les fraudes relatives à l'apposition, sur des objets fabriqués, de noms autres que celui de leurs véritables auteurs et de protéger, aussi bien que les fabricants, les consommateurs contre les manœuvres frauduleuses. — Paris, 9 août 1894, Société Humber et Cie, [*Gaz. Pal*, 94.2.323] — V. Pouillet, *Marq. de fabr.*, n. 419. — *Contrà*, Maunoury, n. 59, *in fine.* — Trib. corr. Seine, 1er mars 1894, Société Humber et Cie, [cité par Maunoury, *loc. cit.*]

1228. — En conséquence, celui qui a l'habitude de courir pour une maison de vélocipèdes commet le délit prévu par cette loi lorsqu'après avoir acheté une bicyclette chez un autre fabricant et en avoir fait changer les roues et le siège, tout en en conservant le cadre, il fait supprimer sur ce cadre le nom et la raison sociale du vendeur et y fait substituer ceux de la maison qui l'emploie. — Paris, 9 août 1894, précité.

1229. — En ce cas, les directeurs de cette maison doivent être poursuivis comme complices lorsqu'il est constant qu'ils n'ont pu ignorer les travaux exécutés dans leurs ateliers et que la fraude avait pour but d'établir, dans une course de vélocipèdes, la supériorité de leurs produits. — Même arrêt.

1230. — Décidé aussi que la loi de 1824 serait complètement éludée s'il était permis à un commerçant de prendre dans un objet fabriqué par un tiers la partie portant le nom de ce fabricant pour la faire entrer dans la composition d'un produit similaire, à fin d'attribuer la fabrication de ce produit à celui de qui il n'émane pas. — Paris, 6 mars 1878, Prenat. [*Ann. propr. ind.*, 78.332] — Trib. Seine, 25 juill. 1879, Goguey, [*Ann. propr. ind.*, 81.164]

1231. — Spécialement, tombe sous l'application de la loi de 1824 l'emploi sciemment fait dans la construction d'une voiture d'occasion de chapeaux d'essieu provenant d'une autre voiture et sur lesquels on a laissé figurer le nom de l'ancien constructeur. — Paris, 6 mars 1878, précité.

1232. — Spécialement encore, il y a lieu d'appliquer la loi de 1824 au fabricant de biberons qui, achetant les flacons de verre dont il a besoin chez un de ses concurrents connus, y adapte les autres organes nécessaires qu'il a lui-même fabriqués, et vend les biberons ainsi construits tout en laissant figurer sur les verres le nom de celui qui les lui a vendus. En tous cas, un pareil fait constitue un acte de concurrence déloyale si l'intéressé n'a pas pris soin de se prévaloir des dispositions de la loi de 1824. — Trib. Seine, 25 juill. 1879, précité.

1233. — Cependant, étant donné que la loi de 1824 considère comme un délit le fait d'apposer ou de faire apparaître un nom faux sur un objet fabriqué, il nous paraît difficile d'approuver un arrêt d'après lequel s'expose aux peines de la loi de 1824 celui qui emploie les prospectus d'un concurrent pour vendre un produit similaire. — Paris, 20 nov. 1847, Monnier des Taillades, [*Ann. propr. ind.*, 60.95] — Sic, Rendu, n. 397; Gastambide, p. 462; Pouillet, *Marq. de fabr.*, n. 412; Maunoury, n. 68; Dufourmantelle, *Marq. de fabr.*, p. 130.

1234. — De même nous ne pouvons admettre, avec un arrêt récent, que de simples affirmations mensongères, avancées par un négociant sur la provenance des marchandises par lui vendues, constituent le délit prévu par la loi de 1824. — Paris, 23 juill. 1887, Vᵉ Félix Potin, [*Ann. propr. ind.*, 88.99]

1235. — Mais, au contraire, il nous paraîtrait excessif d'exiger, pour l'application de la loi de 1824, qu'il y ait apposition d'un nom usurpé sur la marchandise elle-même; il nous semble suffisant que le nom illicitement reproduit figure sur l'enveloppe même qui renferme le produit vendu; l'identification entre le contenant et le contenu nous paraît être d'elle-même assez intime pour que l'on puisse dire qu'un nom apposé sur les récipients, vases, flacons, etc., est en réalité apposé sur les liquides, produits chimiques ou pharmaceutiques, etc., que ceux-ci renferment. Il serait, d'autre part, assez extraordinaire que la loi de 1824 qui, sans autre spécification, parle d'une manière générale de produits fabriqués, ne serait applicable qu'aux produits qui peuvent être débités sans être préalablement contenus dans une enveloppe. — Calmels, n. 123; Gastambide, n. 401; Bédarride, n. 782; Rendu, n. 398; Pouillet, n. 413; Maunoury, *loc. cit.*; Dufourmantelle, *loc. cit.* — V. sur une application implicite de cette théorie, Paris, 20 nov. 1882, Nouhaut, [*Ann. propr. ind.*, 83.223] — Trib. corr. Seine, 10 mars 1858, Bleuze, [*Ann. propr. ind.*, 58.219]; — 16 févr. 1884 et Trib. corr. Evreux, 30 mai 1884, Picon, [*Ann. propr. ind.*, 85.146] — Trib. corr. Seine, 17 mars 1884, Taquey, [*Ann. propr. ind.*, 84.317] — V. *supra*, n. 1190 et s.

1236. — Le plus souvent la reproduction d'un nom commercial n'est pas absolument identique; le contrefacteur prend soin de modifier quelque peu l'orthographe du nom, tout en en conservant, d'ailleurs, l'aspect général et l'assonance, ou bien encore il fait précéder le nom de son concurrent de la mention, façon de, système de, etc. Il est évident que ce subterfuge ne supprime pas le délit; de nombreux arrêts ou jugements ont déjoué cette fraude; il serait sans intérêt d'analyser ces décisions d'espèces; nous nous contenterons de renvoyer aux ouvrages où ils sont résumés. — V. Pouillet, *Marq. de fabr.*, n. 414 et s.; Bédarride, n. 778; Blanc, p. 732; Rendu, n. 186; Calmels, n. 71; Maunoury, n. 69.

1237. — Les pénalités de la loi de 1824 ne s'appliquent que quand l'emploi d'un nom est le fait d'une personne qui légale-

ment ne peut prétendre à son usage, c'est-à-dire, en d'autres termes, que la propriété d'un nom commercial n'est pas un droit exclusif au profit de celui qui le premier s'en est prévalu, mais qu'il appartient concurremment à tous ceux qui, soit à raison de l'homonymie, soit à raison d'une cession régulière, peuvent licitement en faire usage. Jugé, en ce sens, que, s'il peut arriver que le nom seul du lieu de fabrication transformé par un usage constant en nom de liqueur, désigne à lui seul le nom du fabricant, la raison commerciale et le lieu de fabrication, comme il a été décidé pour le mot Chartreuse, de manière que l'usurpation de ce seul nom constitue le délit prévu et puni par la loi du 28 juill. 1824, c'est à la condition évidente que l'auteur du fait incriminé n'avait aucune apparence de droit à prendre le mot *Chartreuse*, soit comme désignation du produit fabriqué, soit comme indication du lieu de fabrication. — Trib. corr. Seine, 29 janv. 1879, Detang, [*Ann. propr. ind.*, 79 313] — Sic, Pouillet, *Marq. de fabr.*, n. 418.

1238. — Ainsi le fabricant qui établit qu'il est propriétaire d'un immeuble désigné sous le nom de : la petite Chartreuse ne peut être poursuivi correctionnellement pour avoir appliqué ce nom sur ses produits. — Même jugement.

1239. — De même, l'acquéreur d'un fonds de commerce qui fait usage du nom de son prédécesseur ne peut être poursuivi, en vertu de la loi de 1824, alors que ce nom est le même que celui d'un concurrent, et qu'il établit que l'achat du fonds de commerce lui a donné le droit de faire usage de ce nom. — Trib. corr. Seine, 9 déc. 1875, Lemit, [*Ann. propr. ind.*, 76.27] — V. *Rép. alph. du dr. fr.*, vᵒ Concurrence déloyale, n. 286 et s.

1240. — Mais, bien qu'en principo il n'y ait pas délit de supposition de nom de la part de celui qui, portant réellement un nom, vient à l'employer dans son commerce ainsi que le fait un négociant en renom, néanmoins, l'acte de celui-ci devient délictueux s'il est prouvé que c'est par fraude qu'il a agi et qu'il n'est véritablement que le prête-nom des véritables intéressés. — Paris, 12 janv. 1829, Conté, [*Gaz. des Trib.*, 13 juill.] — Sic, Pouillet, *Marq. de fabr.*, n. 390, 414. — V. *Rép. alph. du dr. fr.*, vᵒ Concurrence déloyale, n. 86 et s.

1241. — De même encore, il y a contrefaçon et usage frauduleux d'une marque de fabrique consistant dans le nom patronymique d'un fabricant, de la part d'un autre fabricant qui, d'accord avec un individu portant le même nom que le premier fabricant, se sert de ce nom pour ses produits, alors qu'il n'a point associé cet individu à sa fabrication et qu'il l'a même formellement exclu de toute immixtion dans son commerce. — Besançon, 30 nov. 1861, Lorimer, [S. 62.2.342, P. 63.215, D. 62. 2.43] — Dans cette espèce, la question a été posée sur le terrain de la loi de 1857, relative aux marques, mais il est évident que la solution eût été la même si l'intéressé avait invoqué le bénéfice de la loi de 1824.

1242. — A côté du point principal d'apposition de nom, la loi de 1824 prévoit l'exposition ou mise en vente ainsi que la mise en circulation d'objets marqués de noms supposés ou altérés. La formule employée par le législateur qui déclare ce tels actes « passibles des effets de la poursuite », a parfois été entendue en ce sens que, pour être répréhensibles, de tels faits devaient intervenir à la suite d'une usurpation de nom réalisée en France, autrement dit, dans le cas contraire, le fait principal n'étant pas punissable d'après la loi française, les faits d'exposition en vente, de mise en vente ou en circulation ne pouvaient être passibles des effets de la poursuite. Cependant on peut considérer cette solution comme étant par trop absolue; les expressions de la loi ne sont peut-être pas d'une perfection absolue, mais, à défaut d'un texte précis, il semble difficile d'admettre que le législateur ait voulu consacrer en nos matières une solution contraire à la raison et aux dispositions des autres lois spéciales que nous avons à étudier. — Pouillet, *Marq. de fabr.*, n. 428; Maunoury, n. 70.

1243. — Décidé, en ce sens, que les dispositions de la loi du 28 juill. 1824, qui punissent la mise en circulation de marchandises portant de fausses indications d'origine, sont applicables aussi bien au cas où la circulation a lieu qu'en *transit* pour une expédition à l'étranger, qu'au cas où elle a lieu pour une vente ou consommation en France. — Cass., 7 déc. 1854, Morin, [S. 54.1.820, P. 55.2.503, D. 55.1.348] — Sic, Bédarride, n. 722; Pouillet, *Marq. de fabr.*, n. 429; Maunoury, n. 71.

1244. — Décidé encore que l'art. 1 de la loi de 1824 prohibe et punit, en termes généraux et absolus, la mise en circulation en France des objets portant de fausses marques de fabrique ou de fausses indications du lieu de fabrication ; si, au point de départ, la marchandise circule à l'étranger, le délit commence dès qu'elle franchit la frontière et dès que la circulation emprunte une portion du territoire français ; il importe peu de savoir quelle est sa destination finale, le délit étant constitué par le seul fait de mettre en circulation, c'est-à-dire de faire circuler en France, les objets portant des marques frauduleuses ou de fausses indications de lieu de fabrication. — Cass., 27 févr. 1880, Crocius, [S. 80.1.386, P. 80.915, et le rapport de M. le conseiller Barbier, D. 80.1.436]

1245. — En cette matière, la loi du 23 juin 1857 ne déroge en rien à la loi du 28 juill. 1824. — Même arrêt.

1246. — Jugé cependant qu'un fabricant français ne peut faire saisir en France des produits étrangers portant illicitement un nom usurpé, lorsqu'ils ne s'y trouvent qu'en transit et à destination d'un pays étranger. — Paris, 29 nov. 1850, Jouvin, [S. 52.2.345, P. 52.1.310]

1247. — Cette question qui peut faire doute si l'on ne tient compte que du texte de la loi de 1824, ne peut plus souffrir de difficulté depuis la mise en vigueur de l'art. 19 de la loi de 1857 sur les marques ; ce texte est, en effet, ainsi conçu : « Tous produits étrangers portant soit la marque, soit le nom d'un fabricant résidant en France, soit l'indication du nom ou du lieu d'une fabrique française, sont prohibés à l'entrée et exclus du transit et de l'entrepôt, et peuvent être saisis en quelque lieu que ce soit, soit à la diligence de l'administration des douanes, soit à la requête du ministère public ou de la partie lésée ». — V., dans le sens de l'interdiction du transit des objets faussement marqués, Ch. Lyon-Caen, note sous Rouen, 12 févr. 1874, [S. 74.2.281, P. 74.1165] ; Pouillet, *Marq. de fabr.*, n. 308 ; Darras, *Marq. de fabr.*, n. 208 ; Mesnil, p. 182.

1248. — Il y a d'ailleurs lieu de faire observer que, sur un certain nombre de questions, l'art. 19 de la loi de 1857 n'a eu pour but que de préciser ou de corroborer les décisions déjà contenues dans la loi de 1824 ; c'est ainsi, par exemple, que ces textes se prêtent un mutuel appui dans la très-importante question de savoir s'il y a un fait répréhensible de la part du négociant français qui s'adresse à une fabrique étrangère et fait apposer sur les marchandises, destinées à être importées en France, le nom du lieu où, dans ce pays, il est lui-même établi.

1249. — Jusque dans ces derniers temps, on semblait d'accord pour admettre que de tels agissements ne tombaient pas sous le coup des lois pénales ; les consommateurs, disait-on, ne sont point trompés ; la marque ou le nom leur fait supposer sans doute que les produits sortent des usines de celui auquel ils ont accordé confiance ; ils ne peuvent se plaindre cependant que celui avec lequel ils traitent, se soit adressé à l'industrie étrangère, puisqu'en laissant apposer son nom sur de telles marchandises, il les a prises sous sa responsabilité, ce qui amène à penser qu'elles ont été fabriquées avec la même usine que si elles provenaient des usines ou des ateliers de ce négociant. — Pouillet, *Marq. de fabr.*, 2e édit., n. 313 ; *Propr. ind.*, n. 328 ; Pataille, *Ann. propr. ind.*, 1863, p. 205 ; Darras, *Marq. de fabr.*, n. 212.

1250. — On doit reconnaître cependant, malgré cette quasi-unanimité de la doctrine, que ce système n'était réellement pas soutenable et qu'il était en opposition, non seulement avec le texte, mais aussi avec l'esprit des lois de 1824 et de 1857 ; celles-ci ont eu, en effet, pour objet de protéger ce qu'on appelle communément la propriété industrielle ; or, en autorisant la pratique que nous avons indiquée, on permettrait à un négociant établi dans un lieu renommé pour la fabrication de certains produits, de faire passer comme provenant de cet endroit des objets qui réellement n'y avaient pas été fabriqués ; s'il n'y avait pas, en ce cas, une manœuvre de nature à tromper les acheteurs, ce qui est d'ailleurs douteux, il y avait certainement violation du droit que possèdent les négociants d'une localité déterminée d'être seuls à marquer du nom de cette localité les produits qui y ont été effectivement fabriqués.

1251. — Dans un sens diamétralement opposé à celui qui, jusque dans ces derniers temps, réunissait tous les suffrages, on a parfois pensé que toute indication d'un lieu autre que celui de fabrication était punissable en vertu des lois de 1824 et de 1857 ; c'est même en ce sens que la Cour de cassation a fini par se prononcer dans son arrêt du 23 janv. 1892, Hurard, [S. et P. 92.1.169, D. 92.1.394] — Sic, Brun, n. 72. — Ce système,

auquel la généralité des termes des lois invoquées prête un précieux appui, ne nous paraît pas acceptable.

1252. — Il faut, en effet, bien se pénétrer des circonstances économiques dans lesquelles les lois de 1824 et de 1857 ont été votées. Le système protectionniste était alors très en honneur dans notre pays ; des droits de douane très-importants frappaient les produits étrangers à leur entrée en France ; aussi est-il vraisemblable que les législateurs de cette époque n'ont point songé aux négociants établis en France, s'approvisionnant au dehors et faisant revêtir les produits qu'ils débitent de signes pouvant les faire prendre pour des marchandises françaises. Ce préjugé est, du reste, corroboré par les travaux préparatoires. En 1824, comme en 1857, on a toujours présenté les dispositions proposées comme les sanctions du droit de propriété industrielle ; jamais, il n'a été question de les considérer comme des lois de douane.

1253. — S'il en est ainsi, une conséquence en résulte invinciblement ; malgré la prétendue généralité des textes invoqués, il ne saurait y avoir délit au sens de ces textes, que s'il y a violation d'un droit intellectuel. On peut donc admettre qu'il y a délit à introduire en France des marchandises étrangères, lorsqu'elles portent le nom d'une ville française renommée pour leur fabrication, alors même qu'elles seraient adressées à un négociant établi dans cette localité ; car alors, bien que ce négociant prenne ces objets sous sa responsabilité, il peut en résulter un grave préjudice pour ses confrères, installés dans la même ville ; l'excellence du produit fabriqué en France peut provenir de la qualité des matières premières, de l'habileté des ouvriers ; malgré l'attestation intéressée du commerçant, importateur, rien ne prouve qu'à l'étranger ces conditions se trouvent réunies.

1254. — Mais, en dehors de cette hypothèse, l'introduction en France de marchandises étrangères, qui paraissent être de fabrication française, ne doit pas être réputée illicite au sens des lois de 1824 et de 1857. — Allart, note sous diverses décisions, *Ann. propr. ind.*, 1888, p. 91 ; Darras, note sous Toulouse, 8 déc. 1886, *Ann. dr. commerc.*, 1887, 2e part., p. 120 ; Pouillet, *Marq. de fabr.*, 3e édit., n. 313 ; Mesnil, p. 192 et s.

1255. — Une étude rapide de la jurisprudence fera nettement comprendre l'usage qu'on a voulu faire de nos lois spéciales dans la lutte entreprise contre la concurrence étrangère. En 1864, dans une hypothèse où le mot « Paris » avait été marqué sur des objets de coutellerie, la Cour de cassation décide, après avoir constaté que Paris « n'est pas un lieu spécial de fabrique de coutellerie, comme l'est, par exemple, la ville de Châtellerault », que l'art. 19, L. 23 juin 1857, qui prohibe à l'entrée et exclut du transit et de l'entrepôt les produits étrangers portant soit la marque, soit le nom d'un fabricant résidant en France, soit l'indication du nom ou du lieu d'une fabrique française, n'est applicable qu'au cas d'usurpation frauduleuse de ces marques et indications, et n'atteint pas dès lors l'apposition qui en est faite, du consentement du négociant français à qui elles appartiennent, sur des produits expédiés, d'après son ordre, à sa destination française. — Cass., 9 avr. 1864, Schmitt, [S. 64.1.245, P. 64.827, D. 64.194]

1256. — Les juges du fond avaient dans cette même affaire nettement posé la question sur son véritable terrain ; ils avaient pensé que si les tribunaux doivent, sous peine de rendre inutiles les précautions du législateur, saisir et réprimer toutes les fraudes prévues et punies par l'art. 19 de la loi de 1857, cet article ne doit cependant pas être étendu à d'autres cas que ceux pour lesquels il a été fait, et notamment on doit admettre que le législateur français n'a pas entendu statuer pour le cas où des marques françaises auraient été apposées, sans fraude, sur des produits étrangers, d'après l'ordre et pour le compte des titulaires de la marque. — Rouen, 29 janv. 1864, Schmitt et Navarre, [*Ann. propr. ind.*, 64.71] — V. aussi Rouen, 28 avr. 1864, Rac, [Le Hir, 65.2.14]

1257. — La cour de Paris avait précédemment adopté cette manière de voir, en décidant que, si les dispositions de l'art. 19 de la loi de 1857, prises isolément, semblent frapper d'un interdit absolu l'introduction, le transit ou l'entrepôt en France de tout produit étranger portant soit la marque, soit le nom d'un fabricant résidant en France, soit l'indication du nom ou du lieu d'une fabrique française, ce serait en méconnaître l'esprit et la portée que de l'appliquer aux marchandises sur lesquelles ces noms et marques ont été apposés par ordre ou avec le consentement du propriétaire de la marque. — Paris, 6 nov. 1863, Claudin, Kloubert et autres, [*Ann. propr. ind.*, 63.353]

6

1258. — A la suite de l'arrêt de cassation du 9 avr. 1864, précité, une circulaire ministérielle fut adressée, le 8 juin 1864, aux chambres de commerce; il y était expressément dit qu'il n'y avait aucun délit à introduire des marchandises fabriquées à l'étranger et portant soit la marque, soit le nom d'un fabricant français, quand c'est du consentement et par l'ordre de celui-ci que son nom et sa marque ont été apposés sur de tels produits; mais, en vue de s'assurer de la sincérité de ce consentement, la circulaire prescrivait certaines mesures de précaution.

1259. — Il faut aussi approuver et considérer comme conforme à la jurisprudence antérieure un arrêt de la Cour de cassation d'après lequel, tombe sous le coup de la loi française, le négociant, même étranger, habitant en France qui, ayant fait apposer sur des pièces de drap fabriquées à l'étranger le nom d'un lieu autre que celui de leur fabrication, le nom de Sedan, par exemple, se les fait expédier en France. — Cass., 27 févr. 1880, Crocius, [S. 80.1.386, P. 80.915, et le rapport de M. le conseiller Barbier, D. 80.1.434]

1260. — Mais, en 1881 et en 1882, l'administration des douanes saisit des cartes portant la mention : *Paris, nouveautés de Paris*, et garnies de boutons fabriqués en Italie. Ces indications avaient été portées sur la commande de négociants parisiens. Les cours de Chambéry et de Paris, saisies de la question, rendirent des décisions diamétralement opposées.

1261. — Pour des motifs absolument généraux, tout en indiquant d'ailleurs, mais d'une façon subsidiaire seulement, que la fabrication des boutons était une spécialité de l'industrie parisienne, la cour de Chambéry prononça la condamnation du négociant poursuivi. — Chambéry, 30 déc. 1882, sous Cass., 23 févr. 1884, Potié, [S. 85.1.466, P.85.1.1106] — V. aussi dans une hypothèse analogue où la fabrication des boutons donnés comme nouveautés de Paris avait eu lieu en Prusse : Lyon, 1er juill. 1885, Bergmann, [*Ann. propr. ind.*, 85.338]

1262. — La cour de Paris acquitta, au contraire, le prévenu; d'après son arrêt, ni la loi du 28 juill. 1824, ni l'art. 19, L. 23 juin 1857, ne sont des lois de douane atteignant un fait purement matériel d'importation étrangère, mais bien des lois protectrices de la propriété industrielle; pour que ces textes soient applicables, il faut qu'il ait été fait un usage frauduleux de la marque ou d'un nom usurpés, de manière à causer préjudice tout à la fois au public et aux maisons de commerce ayant un droit privatif aux noms et marques usurpés. — Paris, 21 févr. 1883, Persent et Van Gindertaele et autres, [S. 83.2.215, P. 85.1.1248, D. 84.2.76]

1263. — On ne saurait donc faire application de ces textes au négociant domicilié à Paris où il exerce son commerce, qui fait fabriquer à l'étranger des produits revêtus de la mention « *Paris* », alors d'ailleurs que cette localité n'est point renommée pour la fabrication de semblables objets. — Même arrêt.

1264. — Ces deux arrêts furent déférés à la Cour suprême; pour des raisons de procédure, celle-ci n'eut à statuer que sur la décision de Chambéry. Elle rejeta le pourvoi par un arrêt qui peut ainsi se résumer : La disposition de l'art. 1, L. 28 juill. 1824, prohibant l'apposition sur un produit industriel du nom d'un lieu autre que celui de la fabrication, disposition maintenue et confirmée par l'art. 19, L. 23 juin 1857, s'applique au négociant établi en France dès lors fabriqués à l'étranger, et portant la mention : Nouveautés de Paris ou modes parisiennes, c'est-à-dire l'indication du nom de Paris, comme lieu de fabrication, alors d'ailleurs que cette fausse indication est de nature à porter préjudice à l'industrie parisienne, et concourt à tromper l'acheteur; et à cet égard les appréciations et constatations des juges du fait sont souveraines. — Cass., 23 févr. 1884, précité, et le rapport de M. le conseiller Vételay.

1265. — Il n'importe que les objets fabriqués à l'étranger l'aient été avec les modèles envoyés de Paris. — Même arrêt.

1266. — En déclarant illicites les faits d'introduction poursuivis, la Cour de cassation semble s'être mise en opposition avec sa jurisprudence de 1864. Il n'en était rien. Sans doute, la cour de Chambéry n'avait relevé que bien subsidiairement la circonstance que la fabrication des boutons constituait une industrie parisienne, mais la Cour suprême a pris soin de ne pas conserver à cette constatation le caractère subsidiaire que la décision attaquée lui avait donné; cela résulte manifestement du rapport de M. le conseiller Vételay et du texte même de l'arrêt.

1267. — Quoi qu'il en soit, les pouvoirs publics ont cru devoir considérer l'arrêt du 23 févr. 1884, comme l'indice d'un re-

virement de la jurisprudence dans l'interprétation de nos lois; il résulte, en effet, d'une lettre du 26 févr. 1886, adressée par le ministre du Commerce aux chambres de commerce, et d'une circulaire du directeur général des douanes, envoyée le 11 mai 1886 aux chefs de service « qu'à l'avenir tous les produits venant de l'étranger, et portant soit la marque, soit le nom d'un fabricant français, soit enfin une mention quelconque, pouvant faire supposer que lesdits produits seraient de provenance française, seront saisis conformément à l'art. 19, L. 23 juin 1857. »

1268. — Cette interprétation, donnée par l'administration dans l'arrêt de cassation, était manifestement contraire à la vérité des choses et aussi à l'esprit des lois de 1824 et de 1857. Aussi la jurisprudence des cours d'appel et celle des tribunaux de première instance ne s'est-elle pas engagée dans la voie qui lui était ainsi indiquée. C'est ainsi que le tribunal correctionnel de Bordeaux s'est refusé à condamner un négociant qui, sur des plumeaux fabriqués à Chicago, avait fait apposer le mot Bordeaux, et cela pour la raison que « la ville de Bordeaux n'a acquis aucune réputation pour la fabrication des plumeaux ». — Trib. corr. Bordeaux, 17 mars 1886, Payement, [*Ann. propr. ind.*, 88.83]

1269. — ... Que, dans un cas où, sur des verres de lampe importés d'Allemagne on avait, à la demande de commerçants français, gravé le mot : Besançon, le tribunal correctionnel de Nancy a renvoyé le prévenu des fins de la plainte, après avoir constaté « qu'il n'existait aucune fabrique de verres de lampes, ni même aucune verrerie, à Besançon ou dans la banlieue de cette ville. — Trib. corr. Nancy, 14 avr. 1886, Macdonald, [*Ann. propr. ind.*, 88.84]

1270. — ... Que le tribunal correctionnel du Hâvre a acquitté un éditeur de Paris, poursuivi pour avoir fait apposer sur des livres imprimés en Belgique, la mention de son domicile à Paris, « Paris n'étant pas un lieu de fabrication spéciale pour ce genre d'impression ». — Trib. corr. Hâvre, 10 sept. 1886, Dejardin, [*Ann. propr. ind.*, 88.86]

1271. — ... Que la cour de Toulouse a, par arrêt du 8 déc. 1886, reconnu comme ne tombant pas sous l'application le fait d'un marchand établi à Toulouse, qui, sur du papier à lettre fabriqué à l'étranger, avait fait apposer la mention, « Maison universelle, rues Lafayette, d'Alsace-Lorraine et du Poids-de-l'Huile, Toulouse », alors que « la fabrication du papier à lettre n'est certainement pas une industrie toulousaine ». — Toulouse, 8 déc. 1886, Labit, [*Ann. dr. comm.*, 87.2.120 et la note Darras]

1272. — A plus forte raison, a-t-il pu être décidé qu'il ne peut être interdit à un débitant français de mettre son nom et son adresse sur la marchandise qu'il demande à une fabrication étrangère, alors qu'il la présente sous sa véritable origine, en y laissant, par exemple, le nom et l'adresse du fabricant étranger, sans rien tenter pour les accréditer comme produits français. — Trib. corr. Saint-Nazaire, 6 juill. 1887, Mot, [*Ann. propr. ind.*, 88.87]

1273. — Enfin, la Cour de cassation elle-même s'est prononcée implicitement contre l'interprétation exagérée que l'on avait donnée de son arrêt de 1884, en décidant que si les lois de 1824 et de 1857 punissent soit l'usurpation d'un lieu de fabrication, soit la mise en circulation, soit l'exposition en vente d'objets ainsi marqués de noms supposés ou altérés, soit même l'introduction en France d'objets fabriqués à l'étranger, portant soit la marque, soit le nom d'un fabricant, résidant en France, soit l'indication d'un lieu de fabrication française, elles ne punissent pas la simple apposition de l'adresse d'une maison de vente en France sur un objet fabriqué à l'étranger. — Cass., 3 avr. 1887, Labit, [S. 90.1.429, P. 90.1.1015, D. 87.1.461]

1274. — Dans certaines espèces cependant, nos cours ou tribunaux ont reconnu comme valables les saisies qui avaient été faites de marchandises étrangères, revêtues, avec l'assentiment d'un négociant français, du nom d'une ville française; mais dans ces hypothèses, ils ont pris soin de relever que le nom usurpé était celui d'une localité connue pour la fabrication des produits, de la nature de ceux sur lesquels figurait le nom litigieux. — Amiens, 3 déc. 1886, Soufflet-Leblond (ciments de Saint-Quentin), [*Ann. dr. comm.*, 87.2.120] — Douai, 21 janv. 1887, Heinrichsen (corsets revêtus de la mention : Nouveautés de Paris), [*Ann. propr. ind.*, 88.94] — Besançon, 2 avr. 1887, Stachelin (mouchoirs donnés faussement comme fabriqués à Agen), [*Ann. propr. ind.*, 88.95]

1275. — La jurisprudence paraissait donc être fermement

fixée dans le sens du système intermédiaire, lorsqu'un arrêt tout récent de la Cour de cassation est venu décider que la disposition de l'art. 1, L. 28 juill. 1824, qui, en vue de maintenir et de protéger la loyauté du commerce, prohibe l'apposition sur un produit fabriqué d'un nom d'un lieu autre que celui de la fabrication, est générale et absolue, et s'applique à toute usurpation de nom dans le but de tromper l'acheteur sur l'origine du produit vendu ou mis en vente. Il importe peu que le lieu désigné ait ou non une notoriété particulière au point de vue industriel. — Cass., 23 janv. 1892, Hurard, [S. et P. 92.1.169, D. 92.1. 394]

1276. — Depuis, il a été jugé, conformément à cet arrêt de cassation, que l'on a pris d'ailleurs soin de rappeler dans les motifs de la décision intervenue, que le délit de l'art. 1, L. 28 juill. 1824, existe dès qu'il est établi qu'un fabricant a mis sur son produit une indication fausse quant au lieu de fabrication, sans qu'il lui soit possible d'exciper de la circonstance qu'il n'a agi que sur l'ordre et la commande d'un tiers. — Toulouse, 25 mai 1894, Félix Lemaire, [Rev. prat. de. dr. industr., 94.252]

1277. — A qualité pour poursuivre la répression de ce dernier délit envers celui qui a usurpé le mot Paris, la société dont le siège social est à Paris et qui possède des ateliers de fabrication aux environs de Paris, sans qu'on puisse lui opposer qu'elle est irrecevable, soit parce qu'elle a d'autres ateliers ailleurs qu'à Paris, soit parce qu'elle a connu ou toléré ce délit durant plusieurs années. — Même arrêt.

1278. — Dans la discussion qui précède, nous avons toujours supposé que l'indication mise à l'étranger sur des produits destinés à être importés en France consistait dans un nom de ville déterminé; le plus souvent, dans les espèces rapportées, le nom était celui de la ville où habitait le négociant importateur, de sorte que cette mention pouvait, au besoin, être considérée comme relative au lieu de vente et non comme relative au lieu de fabrication; c'est même, à raison de cette circonstance, qu'en 1887, lors de l'arrêt Labit (V. supra, n. 1273), la Cour de cassation n'a pas cru nécessaire de s'expliquer directement sur l'interprétation donnée par l'administration à son arrêt de 1884; il est fâcheux qu'elle se soit réfugiée dans ce subterfuge pour éviter de préciser nettement la portée de sa décision précédente.

1279. — Quoi qu'il en soit, les négociants établis en France, qui désirent donner à des marchandises étrangères l'apparence de marchandises françaises, ne procèdent pas toujours de la manière qui vient d'être rappelée; parfois, ils ne font pas marquer sur ces marchandises ou sur leurs enveloppes le nom d'un lieu situé en France, mais ils en imaginent un dont la composition rappelle celle des noms employés le plus souvent pour la désignation des localités françaises, ou encore ils usurpent le nom France lui-même, ou enfin ils font figurer sur leurs produits des mentions en langue française de nature à faire croire que ces produits sont de fabrication française. Une telle pratique est-elle licite?

1280. — La jurisprudence paraît avoir toujours condamné une telle pratique; c'est ainsi que la cour de Rouen a fait application de l'art. 19 de la loi de 1857 dans une espèce où il s'agissait de cartes fabriquées à Rotterdam et portant la mention : Cartes fabriquées en France. — Rouen, 23 oct. 1863, Froman, [Ann. propr. ind., 64.66]

1281. — Décidé encore que les mots « Draps d'exposition », apposés sur des pièces de draps fabriqués à l'étranger, peuvent être considérés comme s'il était apposés dans le but de faire croire que les draps ont été fabriqués en France. A cet égard, l'appréciation des juges du fond est souveraine. Par suite ; les draps ainsi marqués de noms supposés sont à bon droit déclarés confisqués. — Cass., 27 févr. 1880, Crocius, [S. 80.1.386, P. 80.915, et le rapport de M. le conseiller Barbier, D. 80.1.434]

1282. — Pour combattre cette jurisprudence, on peut dire qu'il ne semble pas qu'à l'époque de la discussion des lois de 1824 et de 1857, l'idée de protéger contre la concurrence étrangère la production nationale prise en bloc se soit fait jour; on a toujours supposé que l'usurpation portait sur le nom d'une ville ou d'une localité renommée pour la fabrication de certains produits; jamais on n'a songé à mettre directement en opposition d'un côté la fabrication française, envisagée comme une seule et unique entité, et, d'un autre côté, la fabrication étrangère; les lois de 1824 et de 1857 sont des lois de protection de la propriété industrielle, et non des lois de protection de travail na-

tional; il paraît donc que lorsque l'usurpation ne porte que sur un nom ou sur une marque imaginaire, il n'y a pas lieu d'en faire application. — V. Pouillet, Propr. ind., n. 361 ; Maunoury, n. 83.

1283. — Il faut reconnaître cependant que, sur ce point, la doctrine se prononce généralement dans le même sens que la jurisprudence; on s'appuie, à cet effet, sur ce que les lois de 1824 et de 1857, si elles ont eu pour objet principal de garantir la propriété intellectuelle, ont eu aussi pour objet de prémunir les consommateurs contre les fraudes possibles (V. Pouillet, Marq. de fabr., n. 310; Brun, n. 71; Darras, Marq. de fabr., n. 210). Le caractère tout particulier que la fraude revêt dans les hypothèses que nous examinons actuellement, explique la facilité avec laquelle les décisions de la jurisprudence ont été approuvées, mais il peut paraître que cette opinion est difficilement conciliable avec le système intermédiaire qui, sur la question précédente, semble avoir été adopté, jusque dans ces derniers temps, par la jurisprudence et par la doctrine; si un négociant établi en France peut, sur des produits fabriqués à l'étranger, faire indiquer le nom d'une localité française, du moment où celle-ci n'a pas acquis une célébrité particulière pour la fabrication de ces produits, comment peut-on déclarer condamnables les mentions peu précises combinées de manière à faire passer comme françaises certaines marchandises étrangères? — V. Brun, n. 71, p. 184.

1284. — Les lois de 1824 et de 1857 ne sont pas les seuls textes exécutoires en France qui s'occupent de l'introduction dans notre pays de marchandises étrangères portant une marque française ou un nom commercial français; dans cette même catégorie, il y a lieu de comprendre notamment les art. 9 et 10 du traité d'Union de 1883 pour la protection de la propriété industrielle. Ces textes sont ainsi conçus : « Tout produit portant illicitement une marque de fabrique ou de commerce ou un nom commercial, pourra être saisi à l'importation dans ceux des Etats de l'Union dans lesquels cette marque ou ce nom commercial ont droit à la protection légale... » (art. 9). — « Les dispositions de l'article précédent seront applicables à tout produit portant faussement, comme indication de provenance, le nom d'une localité déterminée, lorsque cette indication sera jointe à un nom commercial fictif ou emprunté dans une intention frauduleuse » (art. 10).

1285. — On connaît la campagne ardente qui, à une certaine époque, fut menée de parti-pris contre la convention de 1883 (V. Rép. alph. du dr. fr., v° Brevet d'invention, n. 1949 et 1973; Donzel, Commentaire de la convention internationale signée à Paris, le 20 mars 1883, pour la protection de la propriété industrielle, passim). Aussi ne doit-on pas s'étonner que l'on se soit emparé des termes des art. 9 et 10 de la convention de 1883 pour prétendre que cet accord diplomatique avait restreint les droits que les négociants français tiraient des lois de 1824 et de 1857; c'est ainsi que l'on a affirmé que l'on devait désormais considérer comme licite le transit à travers la France des marchandises étrangères portant des marques ou des noms français, et que, de plus, à supposer que ces marchandises fussent destinées à être consommées en France, il n'y avait pas de fait répréhensible à inscrire sans droit le nom d'une localité française, du moment où ne se trouvait pas jointe à cette usurpation celle d'un nom commercial fictif ou emprunté dans une intention frauduleuse. — Donzel, p. 263 et s.

1286. — Il a été facile de répondre à cette argumentation en faisant observer que la convention de 1883 avait eu pour objet d'améliorer et non d'empirer la condition des industriels et commerçants; ceux-ci peuvent donc se prévaloir du traité de 1883, lorsqu'ils y voient leur avantage, mais ils conservent le droit d'invoquer le bénéfice des lois internes, si tel est leur intérêt : le traité de 1883 a eu pour objet de leur assurer un minimum de protection dans tous les Etats de l'Union; cette stipulation leur a été utile dans les Etats qui, à la différence de la France, ne réprimaient que d'une manière incomplète les usurpations de marques, de nom, etc., mais elle ne peut être retournée contre eux en France, où les lois de 1824 et de 1857 leur donnaient, depuis longtemps déjà, pleine satisfaction. — Pouillet, Marq. de fabr., n. 325; Mack, De la convention internationale du 20 mars 1883 au point de vue des marques de fabrique; Mesnil, p. 270 et s.; Bozérian, La convention internationale du 20 mars 1883 pour la protection de la propriété industrielle; Nicolas, dans les procès-verbaux de la conférence de Madrid de 1890, p. 97; Darras, *Ann. lég. fr.*, 1893, p. 119; Maunoury, n. 84; Dufourmantelle, *Marq. de fabr.*, p. 123, 164 et s.

1287. — Les art. 9 et 10 de la convention de 1883 ne seront donc que bien rarement invoqués, sauf toutefois par les bénéficiaires étrangers de l'Union qui ne sont protégés en France contre l'usurpation de leurs marques ou de leurs noms que parce que leur pays appartient à l'Union pour la protection de la propriété industrielle. On a cependant parfois considéré la convention de 1883 comme améliorant en un certain sens les dispositions des lois françaises elles-mêmes. Comme l'art. 1 du protocole de clôture de cette convention décide expressément que les mots « propriété industrielle » doivent être entendus dans leur acception la plus large, en ce sens qu'ils s'appliquent non seulement aux produits de l'industrie proprement dite, mais également aux produits de l'agriculture (vins, grains, fruits, bestiaux, etc.), et aux produits minéraux livrés au commerce (eaux minérales, etc.), on a conclu que ce texte avait modifié la portée des lois de 1824 et de 1857, en ce sens que les bénéficiaires de l'Union et les négociants français engagés dans le commerce des vins, des grains, des eaux minérales, etc., pourraient toujours faire respecter leurs noms contre les usurpations dont ils seraient l'objet. — Maunoury, n. 64. — V., sur la question de savoir si les négociants français peuvent se prévaloir des dispositions plus favorables du traité de 1883, *Rép. alph. du dr. fr.*, v° *Brevet d'invention*, n. 1963.

1288. — Quoi qu'il en soit de cette amélioration b en minime, il est incontestable que les art. 9 et 10 de la convention de 1883 ne protégeaient, par eux-mêmes, que d'une manière très-incomplète les fausses indications de provenance; cette imperfection se faisait tout spécialement sentir dans les pays dont la législation interne était moins protectrice que la législation française. Aussi a-t-il été signé, en 1891, à Madrid, entre certains des Etats de l'Union de 1883, un arrangement particulier pour la répression des fausses indications de provenance; cet accord lie actuellement les Etats suivants : Espagne, France, Grande-Bretagne, Portugal, Suisse, Tunisie; il est devenu exécutoire en France depuis un décret du 15 juill. 1892 (*J. off.*, 3 août 1892). — V. *Erratum* (note du *Journal officiel* du 23 oct. 1892.

1289. — En vertu du premier article de cet accord, « tout produit portant une fausse indication de provenance dans laquelle un des Etats contractants ou un lieu situé dans l'un d'entre eux serait, directement ou indirectement, indiqué comme pays ou comme lieu d'origine, sera saisi à l'importation dans chacun desdits Etats. La saisie pourra aussi s'effectuer dans l'Etat où la fausse indication de provenance aura été apposée ou dans celui où aura été introduit le produit muni de cette fausse indication. »

1290. — Il semble résulter des termes généraux du 1er alinéa de cet art. 1, « que ce paragraphe s'applique par cela seul qu'il y a apposition d'une fausse indication de provenance et alors même que le commerçant n'aurait pas agi en vue de créer une confusion; que, dont remarquer aussi que toute localité, située dans l'un des pays de l'Union, se trouve ainsi protégée contre l'usurpation de son nom, alors même qu'elle n'aurait encore acquis aucune notoriété dans la fabrication du produit sur lequel son nom a été apposé. En présence de la disposition de notre alinéa qui considère comme devant être saisi tout produit qui, directement ou *indirectement*, porte une fausse indication de provenance, on peut regretter que les commerçants aient été ainsi mis à la discrétion des agents des douanes; on peut se demander, notamment, si le droit de ces agents ne va pas jusqu'à permettre la saisie de marchandises par cela seul que celles-ci portent une étiquette rédigée en une langue autre que celle du lieu d'origine ». — Darras, *Ann. lég. fr.*, 1893, p. 119, note 5.

1291. — Les dispositions qui précèdent ne font pas obstacle, aux termes de l'art. 3 de même arrangement, « à ce que le vendeur indique son nom ou son adresse sur les produits provenant d'un pays différent de celui de la vente; mais, dans ce cas, l'adresse ou le nom doit être accompagné de l'indication précise et en caractères apparents du lieu de fabrication ou de production ». Ce texte, qui, à raison de sa généralité, nous semble être obligatoire dans les rapports des français entre eux (V. *Rép. alph. du dr. fr.*, v° *Brevet d'invention*, n. 1963), enlève une grande partie de son importance à la question si délicate de savoir si un négociant établi en France peut, sur les marchandises qu'il a commandées à l'étranger, faire apposer sa marque ou un nom de lieu français; il ne faudrait pas croire cependant que cette question soit désormais dénuée d'intérêt; c'est qu'en effet la vio-

lation de l'arrangement de Madrid n'a comme sanction que la saisie des produits eux-mêmes, alors que l'inobservation de la loi de 1824 et de 1857 (art. 19) est frappée, indépendamment de la saisie, de peines plus graves; il y aura donc utilité pour un négociant qui aura contrevenu à l'arrangement de Madrid à essayer de se soustraire à l'application des dispositions pénales des lois de 1824 et de 1857.

1292. — Au surplus, l'art. 3 de l'arrangement de Madrid a soulevé, en France notamment, des critiques assez vives; il ne figurait ni dans le projet du bureau international, ni dans celui de l'administration espagnole; « il a été introduit dans le traité à la demande des délégués de la France, de la Suède et de la Norvège; on lui a reproché d'obliger en certaines circonstances le commerçant à apposer sur ses marchandises une marque de provenance; c'est là, a-t-on dit, un retour à l'ancien régime, à l'estampille obligatoire et la pratique imposée constituera une véritable atteinte à la liberté du travail, puisque le commerçant est ainsi contraint de faire connaître à ses clients le lieu d'où proviennent les objets qu'il vend sous son nom et aussi d'ailleurs sous sa responsabilité (*Procès-verbaux*, p. 77, 83). Si l'on ajoute que l'indication du lieu d'origine sera le plus souvent impossible de la part de détaillants qui s'approvisionnent auprès de commissionnaires, on comprend que la commission permanente de la propriété industrielle ait pu déclarer que « les défauts de l'art. 3 sont assez graves pour faire désirer le rejet de l'arrangement tout entier ». M. Poirrier avait repris devant le Sénat les conclusions de la commission permanente, mais la Chambre haute a cru devoir passer outre (Sénat, séance du 11 avr. 1892, *J. off.*, p. 441). — Darras, *Ann. de lég. fr.*, 1893, p. 121, note 1. — V. aussi Brun, n. 303.

1293. — Disons, en terminant sur cette question délicate et complexe, que l'art 15, L. franç., 11 janv. 1892, relative à l'établissement du tarif général des douanes, prohibe à l'entrée, exclut de l'entrepôt, du transit et de la circulation tous produits étrangers qui portent une indication quelconque de nature à faire croire qu'ils ont été fabriqués en France ou qu'ils sont d'origine française. On s'est demandé si cette disposition ne formait pas l'art 15, L. franç., 11 janv. 1892, relative à l'établissement du tarif général des douanes, prohibe à l'entrée, exclut de l'entrepôt, du transit et de la circulation tous produits étrangers qui portent une indication quelconque de nature à faire croire qu'ils ont été fabriqués en France ou qu'ils sont d'origine française. On s'est demandé si cette disposition ne formait pas une *lex imperfecta*, c'est-à-dire si elle n'était pas dénuée de sanction; mais c'est là une difficulté que nous n'avons pas à aborder pour le moment. — V. *Rép. alph. du dr. fr.*, v° *Douane*. — V. d'ailleurs sur l'application de cette disposition, Trib. corr. Bayonne, 27 nov. 1893, Administration des douanes, [Clunet, 94.140] — Trib. corr. Pontarlier, 11 mai 1894, Haas frères, [Clunet, 94.859]

SECTION IV.

De la contrefaçon en matière d'œuvres littéraires et artistiques et des infractions qui y sont assimilées.

§ 1. *De la contrefaçon proprement dite.*

1294. — Ainsi qu'il a été précédemment établi (V. *suprà*, n. 963 et s.), celui qui exécute la contrefaçon n'est pas à considérer légalement comme l'auteur responsable du délit, à moins, d'ailleurs, qu'il n'ait été conscient de la fraude et qu'il se soit trouvé dans une situation assez indépendante pour résister aux ordres qui lui étaient donnés. Décidé, en ce sens, que le contrefacteur d'une œuvre d'art est celui qui a ordonné la reproduction, non celui qui l'a exécutée. — Trib. Seine, 20 mai 1881, Dlle Koch, [*Ann. propr. ind.*, 81.286] — Sic, Pataille, *Ann. propr. ind.*, 1867, p. 226; Gastambide, p. 123; Pouillet, *Propr. litt.*, n. 485.

1295. — ...Au cas de reproduction illicite d'une œuvre littéraire, que les peines de la contrefaçon ne sont pas seulement encourues par l'imprimeur, lequel n'est le plus souvent que l'instrument inconscient du délit, mais aussi par celui qui l'a mis en œuvre, pour le compte duquel l'impression est faite et qui en tire un profit illicite. — Paris, 1er juin 1892, Souvirou, [*Ann. propr. ind.*, 92.217, et la note]

1296. — ... Spécialement, que lorsqu'un gérant chargé de tout ce qui concerne l'administration d'un journal est poursuivi en contrefaçon à raison d'emprunts faits par son journal, sa responsabilité dérive non seulement de son titre de gérant, mais de sa qualité de directeur de l'entreprise commerciale au profit de laquelle a été commis le délit. — Même arrêt. — On avait soutenu, dans l'espèce, que l'art. 425, C. pén., n'était pas applicable à la personne poursuivie, parce que ce délit ne pouvait être commis que, soit matériellement, par l'éditeur ou l'imprimeur, soit intellectuellement, par le rédacteur de l'article incriminé; et que le gérant ne pouvait encourir d'autres responsabilités que celles prévues par la loi du 29 juill. 1881 sur la liberté de la presse.

1297. — ... Que l'ouvrier à gages employé par le contrefacteur n'est pas soumis à l'action en contrefaçon, alors surtout qu'il n'a pas contribué au débit des objets contrefaits. — Dijon, 15 avr. 1847, Susse, [S. 48.2.240, P. 48.2.107, D. 48.2.178]

1298. — Décidé encore que les faits de concurrence et de contrefaçon accomplis par des personnes, en leur qualité de membres d'une société constituée dans le but exclusif d'exploiter les œuvres qui font l'objet de la poursuite, constituent tout au moins une faute lourde et un quasi-délit qui doit entraîner la solidarité entre chacune d'elles. — Paris, 17 nov. 1885, Froin et autres, [Ann. propr. ind., 86.36] — V. suprà, n. 980.

1299. — Ainsi qu'en matière de brevet d'invention (V. suprà, n. 1004 et s.), le délit de contrefaçon peut être relevé, en nos matières, à l'encontre d'une personne qui avait été autorisée à reproduire l'œuvre litigieuse sous certaines conditions et qui ne s'est pas tenue dans les limites sur lesquelles on était tombé d'accord; l'intéressé ne peut, en pareille hypothèse, dire qu'il a simplement manqué aux stipulations du contrat; son acte constitue une véritable contrefaçon. Jugé, en ce sens, que commet une contrefaçon l'éditeur qui fait un tirage de l'œuvre après l'expiration du traité de cession qui lui avait été consenti. — Trib. Seine, 15 mai 1868, Ve Bayard et Dumanoir, [Ann. propr. ind., 68.184] — Sic, Gastambide, p. 120 et 139; Blanc, p. 157. — V. Pouillet, Propr. litt., n. 499.

1300. — ... Que commet un délit de contrefaçon le négociant auquel un artiste s'est engagé par traité à livrer un certain nombre d'exemplaires de modes et qui fait photographier quelques-uns de ces dessins sur des cartes destinées à servir d'annonces pour sa maison de commerce. — Paris, 11 mars 1869, Ladevèze, [Ann. propr. ind., 69.282]

1301. — ... Que celui qui a acquis le droit de reproduire une gravure par la lithographie commet une contrefaçon s'il en fait des reproductions photographiques. — Paris, 21 mars 1865, Liffre, [Ann. propr. ind., 65.250]

1302. — Jugé encore, sans que la question de contrefaçon ait été soulevée, que le droit de reproduire un tableau par la gravure ne confère pas le droit de mise en couleur. — Trib. Seine, 20 nov. 1891, Rudaux, [J. La Loi, 14 févr. 1892]

1303. — Mais on ne saurait considérer comme constituant une contrefaçon le fait de l'éditeur qui, observant d'ailleurs sous tous autres rapports les termes de son traité avec l'auteur ou l'artiste, se permet d'apporter à l'œuvre originale certaines modifications ou additions; dans ce cas, en effet, l'action civile en dommages-intérêts est seule ouverte, mais comme il n'y a pas fabrication faite au mépris des droits reconnus aux auteurs et aux artistes, il n'y a pas, à proprement parler, de contrefaçon. — Pataille, Ann. propr. ind., 1860, p. 67; Pouillet, Propr. litt., n. 546.

1304. — Ce n'est pas seulement dans les rapports entre les auteurs et les artistes, d'une part, et leurs éditeurs, d'autre part, que la violation des droits réservés aux auteurs et aux artistes se double d'une infraction aux conventions particulières intervenues entre les parties : il en est ainsi lorsque l'acquéreur d'une œuvre d'art qui, par hypothèse, n'a pas obtenu le droit de reproduction ou le droit à certains modes de reproduction vient à en faire des reproductions que son titre d'achat lui défendait ou, en tous cas, ne lui reconnaissait pas. Il y a alors une véritable contrefaçon, puisque, quant aux modes de reproduction employés, l'acquéreur de l'œuvre d'art est dans une situation absolument analogue à celle d'un tiers quelconque. — V. Paris, 9 janv. 1891, Loire. [Ann. propr. ind., 92.240] — Trib. corr. Seine, 29 déc. 1883, Goupil, [Gaz. Pal., 84.1.203] — V. aussi, Trib. Seine, 7 mars 1884, Barboza, [Gaz. Pal., 84.1.623]

1305. — Spécialement, l'acheteur de photographies qui, à ce non autorisé, les colorie et les revend, commet une contrefaçon. — Paris, 9 janv. 1891, précité.

1306. — Décidé, cependant, que le fait de l'éditeur copropriétaire d'un ouvrage, qui fait tirer un nombre d'exemplaires plus grand que celui convenu avec l'auteur, ne constitue pas le délit de contrefaçon : ce fait ne peut donner lieu qu'à une action civile en dommages-intérêts. — Paris, 18 oct. 1843,

Bourdin, [S. 44.2.13, P. 44.1.875] — Sic, Morin, Rép. de dr. crim., v° Contrefaçon, n. 22. — V. sur le point de savoir si une telle pratique ne constitue pas parfois un faux en écriture de commerce, Cass., 11 févr. 1893, Letouzey, Amé et Picquoin, [S. et P. 94.1.105]

1307. — En tous cas, on ne saurait dire qu'il y a contrefaçon par cela seul que, dans les magasins de l'éditeur, il est trouvé, contrairement à la convention des parties, un certain nombre d'exemplaires non revêtus de la signature de l'auteur, alors qu'il n'est pas établi que ces exemplaires appartiennent à un tirage supplémentaire fait en fraude des droits de l'auteur. — Paris, 23 mai 1874, Goupy et Guerrier de Haupt, [Ann. propr. ind., 76.366]

1308. — Cette solution particulière s'explique aisément : la suppression du nom d'un auteur ou d'un artiste, si elle constitue une infraction à la loi de 1824 sur le nom des fabricants, ne saurait être, en effet, envisagée comme une véritable contrefaçon, puisqu'on ne peut prétendre qu'en ce cas, il y ait eu une fabrication accomplie sans le consentement du propriétaire de l'ouvrage. — Trib. Seine, 31 déc. 1862, Ferrat, [Ann. propr. ind., 66.43] — Pouillet, Propr. litt., n. 501; Vaunois, Commentaire de la loi du 9 févr. 1895, sur les fraudes en matière artistique, n. 15; Bulletin commentaire des lois nouvelles, décrets, etc., 1894, p. 161.

1309. — Il en est de même, a-t-on pensé, lorsque l'éditeur ne s'est pas borné à supprimer le nom de l'auteur ou de l'artiste véritable, mais que, de plus, il y a substitué un autre nom (Pouillet, Propr. litt., n. 503; Gastambide, p. 137); cette solution est exacte, mais on doit faire observer que l'intéressé, c'est-à-dire celui dont le nom a été supprimé ou celui dont le nom a été ajouté, a toujours pu agir en dommages-intérêts contre la personne responsable. — V. notamment Paris, 14 janv. 1885, Trouillebert, [D. 86.2.21]; — 30 nov. 1888, Paul Huet, [Ann. propr. ind., 190.31] — et que, de plus, une loi récente du 9 févr. 1895 a eu pour objet de frapper pénalement les fraudes en matière artistique.

1310. — Il se peut même que l'auteur devienne le contrefacteur de son œuvre; ce point a été controversé, nous allons revenir sur cette difficulté; mais, ce qui est certain et ce qui est admis par tous, c'est que l'auteur qui a cédé sans réserves à un tiers la propriété d'une édition de son ouvrage n'en peut faire, même sous un titre différent, une nouvelle publication avant l'épuisement de celle qu'il a cédée. — Cass., 19 déc. 1893, Rosen, [S. et P. 94.1.313] — Sic, Renouard, Droits d'auteurs, t. 2, n. 179; Pouillet, Propr. litt., n. 291 et s.; Fliniaux, Légist. et jurispr. concernant la propr. litt. et artist., p. 32; Lardeur, Contrat d'édition, p. 140 et s.

1311. — ... Quel que soit d'ailleurs le temps qui s'est écoulé depuis cette cession. — Cass., 22 févr. 1847, Laurent, [S. 47.1.435, P. 47.1.378, D. 47.4.83]

1312. — On a parfois prétendu, ainsi que nous venons de le rappeler, qu'il n'y avait pas contrefaçon de la part de l'auteur qui, sans droit, reproduit son œuvre, alors qu'il en a cédé à autrui l'usage temporaire ou perpétuel; on a pu argumenter en ce sens de ce fait que les art. 425 et s., C. pén., qui prévoient et punissent la contrefaçon en matière d'œuvres littéraires ou artistiques supposent que cette infraction est commise au mépris des lois et règlements relatifs à la propriété des auteurs, et de ce que, les lois pénales devant être entendues restrictivement ne doivent pas être appliquées alors que c'est précisément l'auteur qui commet l'acte répréhensible. — V. Calmels, n. 314.

1313. — Jugé, en ce sens, qu'il ne peut y avoir contrefaçon de la part d'un auteur puisque ce délit ne consiste, d'après la loi, que dans l'impression faite sans le consentement de l'auteur; une pareille infraction ne peut donner lieu qu'à une action civile. — Paris, 29 janv. 1835, [cité par Gastambide, p. 141, note]

1314. — Cette argumentation n'est réellement pas sérieuse; lorsque le législateur a, dans une phrase incidente d'ailleurs, considéré la contrefaçon comme une infraction à la propriété des auteurs, il a envisagé la situation normale où la propriété littéraire ou artistique repose encore sur la tête des auteurs et des artistes, mais son intention n'a pu être d'exonérer les auteurs et les artistes de la poursuite pénale lorsqu'ils viennent à manquer aux engagements par eux pris; au surplus, l'art. 40, Décr. 3 févr. 1810, déclare expressément que le cessionnaire d'une œuvre littéraire est substitué au lieu et place des auteurs; ils peuvent donc agir en contrefaçon contre quiconque porte atteinte à leurs droits et notamment contre les auteurs qui, par suite de la cession, sont devenus de véritables tiers quant à l'œuvre aliénée. — Gastambide, n. 109, p. 135; Blanc, p. 156; Pouillet, *Propr. litt.*, n. 486 et s.; Lardeur, p. 209; Nion, p. 297.

1315. — Décidé, en ce sens, qu'un auteur, devenu un tiers au regard du cessionnaire quant à la nouvelle édition qu'il fait paraître, peut être considéré comme contrefacteur et l'ouvrage peut être saisi et confisqué dès lors que la nouvelle publication présente, d'après les constatations souveraines des juges du fait, les caractères d'une contrefaçon. — Cass., 19 déc. 1893, précité.
— V. *Rép. alph. du dr. fr.*, v° *Concurrence déloyale*, n. 544 et s.

1316. — Spécialement, se rend coupable de contrefaçon l'auteur qui, ayant cédé une seule édition de son œuvre, en publie ou en fait publier une seconde édition avant le complet épuisement de la première édition, alors même que l'éditeur apporte des entraves à l'écoulement de cette édition. — Paris, 12 juill. 1862, Vermot, [*Ann. propr. ind.*, 62.344] — *Sic*, Pouillet, *Propr. litt.*, n. 488. — V. cep. en sens divers, pour le cas où la publication du second cessionnaire serait entreprise, alors que le premier cessionnaire n'aurait pas encore été mis en possession du manuscrit, Pouillet, *Propr. litt.*, n. 552; Renouard, *Droits d'auteurs*, t. 2, p. 317; Gastambide, p. 146.

1317. — De même, l'auteur qui, ayant cédé à un éditeur la propriété entière et exclusive d'un ouvrage, est ainsi devenu un tiers relativement à cette œuvre se rend coupable de contrefaçon s'il vend le même ouvrage à un autre éditeur, alors même que la seconde reproduction devrait avoir lieu en un format autre que le premier. — Paris, 15 déc. 1894, Roy, [*Gaz. des Trib.*, 31 janv. 1895] — V. Renouard, *Droits d'auteurs*, t. 2, p. 41; Pouillet, *Propr. litt.*, n. 522.

1318. — ... Alors même que l'auteur aurait apporté à son œuvre des changements et améliorations. — Trib. corr. Seine, 16 janv. 1834, Quatremère de Quincy, [*Gaz. des Trib.*, 20 janvier]

1319. — Il en est ainsi, tout au moins, lorsque l'auteur contrevient, en agissant ainsi, aux dispositions du traité passé entre lui et le libraire, cessionnaire de la première édition, quand, par ces dispositions, il s'était interdit de faire une réimpression avant l'épuisement de la première édition. — Paris, 28 nov. 1826, Dentu, [S. et P. chr.]

1320. — L'auteur qui a cédé successivement deux fois les mêmes droits à des personnes différentes, peut être poursuivi pour contrefaçon par le premier cessionnaire, alors que le second cessionnaire n'en a œuvre des droits qui paraissent lui avoir été cédés et qu'il est renvoyé des fins de la poursuite à raison de sa bonne foi. — Paris, 12 avr. 1862, de Gonet, [*Ann. propr. ind.*, 62.228] — *Sic*, Pouillet, *Propr. litt.*, n. 491. — *Contrà*, Patraille, *Ann. propr. ind.*, 1862, p. 228, note 2. — V. Cass., 18 juin 1847, Thilipon, [S. 47.1.682, P. 47.2.322, D. 47.1.253] — Trib. Seine, 4 févr. 1893, [J. *Le Droit*, 11 mars]

1321. — On doit admettre, d'ailleurs, que le second cessionnaire devrait être condamné pour contrefaçon, à supposer qu'il ait agi en connaissance de cause. — Pouillet, *Propr. litt.*, n. 492.

1322. — Mais il est bien évident que l'auteur qui permet à un éditeur de faire une publication populaire d'un ouvrage dont il s'est réservé la propriété avec la faculté d'en publier à nouveau une édition complète, peut toujours user de cette faculté, sans s'exposer à une condamnation en contrefaçon, alors même que l'édition populaire n'est pas encore épuisée. — Lyon, 3 mars 1876, Rotschild, [*Ann. propr. ind.*, 77.70]

1323. — La loi du 19 juill. 1793, qui indique quelles œuvres ont droit à la protection des lois spéciales sur la propriété littéraire et artistique, est conçue dans les termes les plus généraux; jouissent de cet avantage les auteurs d'écrits en tout genre, les compositeurs de musique, ainsi que les peintres et dessinateurs (art. 1). Il ne nous appartient pas de déterminer, en ce moment, la portée exacte de ce texte, puisque ce n'est pas seulement au point de vue de la contrefaçon qu'il est utile de savoir si une œuvre donnée rentre ou non dans les prévisions des lois spéciales (V. *Rép. alph. du dr. fr.*, v° *Propriété littéraire et artistique*). Nous nous contenterons d'indiquer pour le moment les points sur lesquels il y a eu controverse, avec mention de la solution généralement adoptée à l'heure actuelle.

1324. — En présence de la loi de 1793, où il est question d'auteurs d'écrits, on s'est demandé si les peines de la contrefaçon pouvaient frapper celui qui, sans autorisation, publie des œuvres qui peut-être ne sont pas même manuscrites et qui n'ont été révélées au public que par le secours de la voix. Malgré cette

objection, on peut actuellement considérer comme acquis que les discours ou sermons prononcés publiquement dans la chaire par un prêtre catholique, sont pour leur auteur une propriété dont nul ne peut s'emparer sans son assentiment, à peine d'être poursuivi comme contrefacteur. — Lyon, 17 juill. 1845, Masle, [S. 45.2.469, P. 45.2.433, D. 45.2.128] — *Sic*, Blanc, p. 280 et s.; Gastambide, n. 21; Pouillet, *Propr. litt.*, n. 54, 547.

1325. — Les auteurs qui lisent leurs ouvrages en public ne renoncent pas, en effet, par cela seul, au droit de propriété. En conséquence, on ne peut, sans la permission de l'auteur, imprimer et publier des ouvrages ainsi lus. — Paris, 12 vent. an IX, Chénier, [S. et P. chr.]

1326. — La même solution doit être admise à l'égard des cours des professeurs, bien qu'on ce cas on ait élevé contre la reconnaissance à leur profit d'un droit privatif une objection particulière déduite de ce que ces personnes, étant rémunérées par l'État, ne peuvent prétendre conserver un droit sur une œuvre dont elles doivent la communication au public. Cette observation n'est pas fondée et ne repose que sur une confusion : le traitement que reçoit le professeur est destiné uniquement à le payer de ses cours oraux; il en résulte sans doute que chacun peut venir les entendre, peut prendre des notes et en tirer un profit personnel, mais il ne suit pas de là que tout le monde ait le droit de reproduire ces cours et d'en tirer un profit pécuniaire. La jurisprudence s'est prononcée en ce sens. — V. Paris, 27 août 1828, Pouillet, [P. chr.]; — 30 juin 1836, Eberhard, [P. chr.]; — 18 juin 1840, Cuvier, [S. 40.2.254, P. 40.2.147] — Trib. corr. Seine, 2 mars 1841, Andral, [D. *Rép.*, v° *Propr. litt.*, n. 129] — Trib. Seine, 9 déc. 1893, Esmein, Larose et Forcel, [J. *Le Droit*, 15 décembre; J. *La Loi*, 9 janv. 1894; *Gaz. Pal.*, 21 févr.] — *Sic*, Blanc, p. 46; Gastambide, p. 76; Rendu et Delorme, n. 749; Pouillet, *Propr. litt.*, n. 58; Accolas, p. 26; Darras, *Du dr. des auteurs*, etc., n. 81; *Droit d'auteur* (de Berne), 1894, p. 51; Pétiet (R.), *France judiciaire*, 82-83.1. 109 et s.

1327. — L'opinion que nous venons d'admettre à l'égard des productions orales implique que, selon nous, les œuvres encore inédites sont protégées contre la reproduction de la part des tiers et que notamment la publication d'un manuscrit, faite sans l'assentiment de l'auteur, tombe sous l'application de l'art. 425, C. pén. La question, à vrai dire, n'est pas controversée. — Pouillet, *Propr. litt.*, n. 348; Darras, *Droit d'auteur* (de Berne), 1891, p. 139; *Du dr. des auteurs*, etc., n. 368, p. 443, note.

1328. — Décidé, en ce sens, qu'il y a contrefaçon, même quand le nom de l'auteur est cité, dans le cas d'ailleurs l'original n'ait pas encore vu le jour et que les contrefacteurs, au lieu de publier intégralement l'œuvre inédite, se sont bornés à en donner les principaux passages. — Trib. Niort, 17 févr. 1891, Héritiers du général d'Autichamp, [*Gaz. des Trib.*, 26 mars; J. *La Loi*, 30 juin] — V. encore Paris, 18 févr. 1836, Fréd. Lemaître, [P. chr.] — Trib. Seine, 21 mars 1877, Héritiers de Montalembert, [*Gaz. des Trib.*, 22 mars]

1329. — On a prétendu, en matière d'œuvres d'art, que l'énumération de la loi de 1793 devait être entendue restrictivement et que, par suite, la protection des lois spéciales ne devait être accordée qu'aux tableaux et aux dessins proprement dits; cette opinion aboutissait à permettre notamment la libre reproduction des œuvres de sculpture; elle est actuellement abandonnée; pour l'écarter, on a fait observer que la sculpture est un dessin qui, pour être en relief ou en creux, n'en est pas moins un dessin, et la jurisprudence a décidé que la contrefaçon d'un ouvrage de sculpture est un délit, comme la contrefaçon d'un écrit ou d'une gravure. — Cass., 17 nov. 1814, Robin, [S. et P. chr.] — Paris, 22 juin 1848, Fabricants de bronze, [S. chr.] — *Sic*, Gastambide, *Contrefaçon*, p. 356 et s.; Renouard, *Droits d'auteurs*, t. 2, n. 79; Darras, *Du droit des auteurs*, etc., n. 213; Pouillet, *Propr. litt.*, n. 73, n. 564. — V. aussi Merlin, *Rép.*, v° *Contrefaçon*, § 16.

1330. — Une objection de même ordre a été soulevée contre la reconnaissance d'un droit privatif au profit des architectes; elle a été, elle aussi, écartée par la doctrine et par la jurisprudence, comme d'ailleurs, cette déduite de l'impossibilité de la confiscation. — V. Pouillet, *Propr. litt.*, n. 95 et s.; Darras, *Du droit des auteurs*, etc., n. 86, 87 et 213; *Droit d'auteur* (de Berne), 1892, p. 127; de Borchgrave, *Droit d'auteur* (de Berne), 1890, p. 13; Wauwermans, *Droit d'auteur* (de Berne), 1892, p. 15; Ch. Lyon-

Caen, *Rev. crit.*, 1885, p. 414 ; Morillot, *Protection des œuvres d'art*, p. 147 ; Renouard, t. 2, p. 80 ; Accollas, p. 35 et s. — *Contrà*, Blanc, p. 249. — V. *Rép. alph. du dr. fr.*, v° *Architecte*, n. 15 et s.

1331. — Ce droit ainsi consacré au profit des architectes, a pour effet de leur permettre d'agir en contrefaçon contre quiconque reproduirait sans droit les dessins qui leur ont servi pour préparer la construction des édifices qu'ils ont élevés.

1332. — Le droit de l'architecte ne consiste pas seulement en ce qu'il peut interdire que l'on copie par le dessin les plans qui ont pu lui servir pour mener à bien la construction de son œuvre, mais en ce qu'il peut s'opposer aussi à ce qu'un tiers réalise ces mêmes plans dans un édifice qu'il élève. — Trib. Saint-Nazaire, 5 juin 1891, Lafont, [*Jurispr. commerc. et marit. de Nantes*, 92.140]

1333. — La jurisprudence a cependant apporté parfois une restriction notable au droit des sculpteurs et des architectes en décidant que lorsqu'une œuvre de sculpture ou d'architecture a été exécutée pour l'Etat et sous sa direction, en vue d'un service public (tel, par exemple, que le palais de l'Industrie), le droit de reproduction ne peut être revendiqué par l'artiste; chacun peut donc reproduire cette œuvre comme bon lui semble. — Paris, 5 juin 1855, Lesourd, [S. 55.2.431, P. 57.332, D. 67.2.28] — V. aussi Paris, 7 août 1889, Jaluzot, [J. *Le Droit*, du 8 (Tour Eiffel)] — Trib. corr. Seine, 17 mai 1834, (cité par Blanc, p. 259 (Statue de Napoléon sur la colonne Vendôme)] — Trib. comm. Seine, 7 nov. 1867, [*Ann. propr. ind.*, 67.361 (Palais du Champ-de-Mars, Exposition de 1867)] — *Contrà*, Darras, *Droit d'auteur* (de Berne), 1892, p. 128, 2° col. ; Ch. Lyon-Caen, *La propriété artistique d'après les nouveaux projets de loi française, belge et suisse*, p. 12.

1334. — Dans ce système, la reproduction d'un monument public tombe dans le domaine public du moment où celui-ci est terminé ; si a été jugé, en conséquence, que si la basilique de Montmartre qui est un monument public peut, pour ses parties déjà construites, être reproduite par le dessin, la photographie, ou tout autre procédé, chacun devenant propriétaire de l'œuvre ou de l'épreuve due à son initiative propre, on ne saurait étendre ce droit de reproduction jusqu'à la partie de la basilique qui, n'étant pas édifiée, ne se trouve pas tombée dans le domaine public. — Trib. corr. Seine, 14 juin 1892, V° Saudinos-Retouret, [*Ann. propr. ind.*, 94.56]

1335. — Mais il n'y a pas contrefaçon dans le cas où pour la partie du monument non encore construite les dissemblances qui existent entre les estampes incriminées et les dessins et plans de l'architecte sont tellement nombreuses et tellement saillantes qu'il est admissible que le dessinateur auquel les inculpés se sont adressés pour avoir le dessin d'une église du style bizantin, ne se soit inspiré que de sa fantaisie, qu'il ait entendu faire une œuvre personnelle et ne se soit aucunement servi des dessins et plans d'architecture de la basilique. — Même jugement.

1336. — Il nous paraît préférable d'admettre que les œuvres d'art qui se trouvent dans l'intérieur d'une église ne tombent pas, à partir du jour où elles y sont placées, dans le domaine public; celui qui les reproduit, dans les autorisations requises, est un contrefacteur. — Trib. Seine, 16 avr. 1879, D°ˡˡᵉ Méniane Franck, [*Ann. propr. ind.*, 79.302]

1337. — Pour les œuvres photographiques, la discussion a été beaucoup plus vive que pour les œuvres de la sculpture et de l'architecture ; la controverse dure même encore ; nous nous contenterons donc d'indiquer les trois systèmes en présence ; l'un d'eux refuse toute protection des lois spéciales aux œuvres de la photographie, par le motif que celles-ci ne constitueraient jamais des œuvres d'art (Calmels, p. 651 ; Pataille, 1863, p. 405; Morillot, p. 157 et s.; Allezard, *France judiciaire*, 1888, 1ʳᵉ part., p. 312). — D'après un autre système diamétralement opposé, les lois spéciales seraient toujours applicables aux photographies; la majorité de la doctrine se prononce actuellement en ce sens (Pouillet, *Propr. litt.*, n. 100 et s.; Accollas, p. 34; Sauvel, *Des œuvres photographiques*; Vidal, *De l'assimilation des œuvres photographiques aux œuvres des autres arts graphiques*; Darras, *Du dr. des auteurs*, etc., n. 83 et s.; Bastide, *L'Union de Berne*, n. 101 ; Bulloz et Darras, *La propriété photographique*; Bigeon, *La photographie devant la loi et la jurisprudence*). — Enfin la jurisprudence adopte un système intermédiaire d'après lequel les tribunaux doivent, dans chaque cas particulier, s'attacher à rechercher si l'œuvre reproduite constitue ou non une œuvre d'art et ne lui assurer le bénéfice des dispositions légales

sur la contrefaçon que s'ils lui reconnaissent ce caractère. — V. *Rép. alph. du dr. fr.*, v° *Concurrence déloyale*, n. 535 et 536, et *Propriété littéraire et artistique*.

1338. — Pour la détermination du droit des auteurs et des artistes étrangers en France, V. aussi *infrà*, v° *Propriété littéraire et artistique*; le droit pour eux de recourir à l'action en contrefaçon n'est, en effet, qu'une face de la question générale de savoir quelle est, en France, leur condition juridique, et cette étude d'ensemble ne peut être abordée dès maintenant sous peine de tomber dans des obscurités ou des redites; nous dirons simplement qu'en principe, le décret de 1852 assimile les œuvres publiées à l'étranger à celles qui ont vu le jour en France, mais que cette assimilation, corroborée par le traité d'union de 1886 pour la protection des œuvres littéraires et artistiques, a peut-être été détruite en partie par les différents traités particuliers que, depuis 1852, les pays étrangers ont pu signer avec la France. — V. sur ces questions délicates, Darras, *Du droit des auteurs*, etc., n. 195 et s.; Pouillet, n. 850 et s.; Ch. Lyon-Caen, note sous Cass., 23 juill. 1887, Grus et Cⁱᵉ, [S. 88. 1.17, P. 88.1.24]

1339. — Pour déterminer à quelle époque précise il y a véritable contrefaçon, il faut tenir compte, comme en matière de brevets d'invention (V. *suprà*, n. 983 et s.), de cette double idée que la simple tentative n'est pas possible, mais que tout au moins la contrefaçon partielle est répréhensible au même titre que la contrefaçon totale. Jugé, à cet égard, qu'il y a délit de contrefaçon d'une œuvre littéraire lorsque plusieurs feuilles de l'ouvrage contrefait ont été imprimées et saisies : il n'est pas nécessaire que l'ouvrage entier ait été imprimé et mis en vente. — Cass., 2 juill. 1807, Clémendot, [S. et P. chr.] — Paris, 11 mars 1837, Gellée, [*Gaz. des Trib.*, 12 mars] — *Sic*, Pouillet, *Propr. litt.*, n. 523 ; Blanc, p. 169.

1340. — Cette solution découle d'elle-même du rapprochement qu'il est possible de faire entre les dispositions de l'art. 425, C. pén., et celles de l'art. 426; comme ce dernier texte prévoit et punit la vente et la mise en vente des objets contrefaits, il faut bien admettre que le terme *édition*, employé dans l'art. 425, doit s'entendre de la fabrication même des objets contrefaits, indépendamment des usages qu'on peut en faire.

1341. — Il nous paraîtrait d'ailleurs excessif de prétendre qu'il suffit, pour qu'il y eût contrefaçon d'un livre ou autre publication semblable, que la composition fût achevée, alors même d'ailleurs qu'aucune feuille n'aurait été tirée; cette solution nous paraîtrait contraire au texte même de l'art. 425, C. pén., qui, considérant comme fait répréhensible l'*édition* des ouvrages non tombés dans le domaine public, suppose par là même qu'il n'y a de délit que s'il y a mise au jour, production d'exemplaires non autorisée. — Pouillet, *Propr. litt.*, n. 525. — *Contrà*, Rendu et Delorme, n. 804.

1342. — De même, nous admettons que s'il y a contrefaçon dans le fait de reproduire en métal ou en plâtre au moyen du surmoulage les objets de sculpture qui ne sont point tombés dans le domaine public, ce délit n'est consommé qu'à l'instant où la statue elle-même est reconstituée par la coulée du métal ou du plâtre dans le moule ; le surmoulage, c'est-à-dire la fabrication du moule, n'est seulement une opération préparatoire, un procédé pour arriver à la reproduction du modèle. — Paris, 20 juin 1883, Rolland, [*Ann. propr. ind.*, 84.179] — V. Rendu et Delorme, n. 908; Gastambide, p. 107 ; Blanc, p. 284; Pouillet, *Propr. litt.*, n. 584. — *Contrà*, Paris, 17 déc. 1847, Susse, [P. 48.1.352]

1343. — Si blâmable que soit cette opération pratiquée sur un modèle appartenant à autrui, elle ne constitue pas plus la contrefaçon en matière de sculpture que la composition typographique ne constitue la contrefaçon d'un ouvrage de librairie, lequel n'est réputé contrefait, aux termes de l'art. 425, C. pén., que lorsqu'il a été édité, c'est-à-dire reproduit par l'impression sur le papier. — Paris, 20 juin 1883, précité.

1344. — La contrefaçon a comme proche parent le plagiat; l'un et l'autre se ressemblent tant qu'il est parfois difficile de les distinguer; la loi ne saurait poser de règles précises à cet égard; elle doit s'en rapporter à la sagacité des juges; la longueur des citations n'implique pas nécessairement l'idée d'une contrefaçon; le peu d'étendue des emprunts ne prouve pas toujours qu'il n'y a que plagiat; le mieux est, sur ce point, de s'en référer à la sagesse des tribunaux; la seule règle qu'il paraît possible de poser se déduit de ce que si, pour qu'il y ait contrefaçon, il n'est pas nécessaire qu'il y ait dommage actuel, il est tout au moins indispensable qu'il y ait préjudice possible. On en conclut qu'une reproduction non autorisée ne constitue qu'un plagiat, lorsque cet emprunt n'est pas de nature à causer un dommage à l'auteur. — V. Pouillet, *Propr. litt.*, n. 507 et s.; Delalande, *Rev. prat.*, t. 45, p. 479; Darras, *Du droit des auteurs*, etc., n. 67; Jeantel, *De la protection des œuvres de la pensée*, p. 253; Chauveau, F. Hélie et Villey, t. 6, n. 2467 et 2470; Blanc, p. 464. — V. aussi Nodier, *Question de littérature légale, du plagiat, de la supposition d'auteur, des supercheries qui ont rapport aux livres.*

1345. — Il a été décidé, à cet égard, que des emprunts faits à l'ouvrage d'autrui ne constituent le délit de contrefaçon qu'autant qu'ils sont assez considérables pour porter réellement atteinte à la propriété de l'auteur. — Cass., 24 mai 1845, Muller, [S. 45.1.765, P. 45.2.622, D. 45.1.272] — Paris, 30 mai 1857, Lecoffre, [*Ann. propr. ind.*, 57.246] — Trib. corr. Seine, 17 avr. 1857, Quérard, [*Ann. propr. ind.*, 58.243] — *Sic*, Merlin, *Rép. et Quest. de dr.*, v° *Plagiat*; Favard de Langlade, *Rép.*, v° *Propr. litt.*, § 3, n. 6; Renouard, *Droits d'auteurs*, t. 2, p. 25; Blanc, p. 402; Gastambide, n. 42; Chauveau, F. Hélie et Villey, t. 6, n. 2470.

1346. — Il en est surtout ainsi lorsqu'il s'agit de dictionnaires bibliographiques, ouvrages qui ne contiennent que des noms propres et d'arides nomenclatures, nomenclatures qui n'exigent aucun travail de l'esprit et pour lesquelles la ressemblance entre l'une et l'autre est inhérente à la nature même des œuvres. — Trib. corr. Seine, 17 avr. 1857, précité.

1347. — Jugé, encore, que les emprunts faits à un ouvrage ne prennent le caractère de contrefaçon partielle qu'autant qu'ils sont importants et notables, et que la partie empruntée forme une portion essentielle soit de l'ouvrage du plaignant, soit de celui du prévenu. — Cass., 24 mai 1853, Thoisnier-Desplanes, [S. 55.1.392, P. 55.2.271] — Paris, 30 mai 1857, précité.

1348. — ... Et l'appréciation des juges à cet égard est souveraine et ne saurait tomber sous la censure de la Cour de cassation. — Cass., 24 mai 1853, précité.

1349. — ... Que de nombreux emprunts littéraux faits à un ouvrage antérieur, fussent-ils limités à un certain nombre de lignes, n'en constituent pas moins une véritable atteinte à la propriété littéraire de l'auteur du premier ouvrage et une contrefaçon de cet ouvrage, encore bien qu'aucune ressemblance sérieuse ne se rencontre ni dans le caractère de l'œuvre, ni dans le plan général, ni dans les divisions. — Trib. Seine, 21 mars 1889, Duquet, Charpentier et autres, [S. 91.2.143, P. 91.1.718]

1350. — Lorsqu'un écrivain fait à un ouvrage des emprunts trop nombreux sans le consentement de l'auteur, il se rend coupable de contrefaçon. Et l'indication du nom de l'auteur dont on dérobe le travail ne saurait légitimer la spoliation, surtout si cette indication n'est faite qu'exceptionnellement. — Paris, 1er déc. 1853, Huc, [*Ann. propr. ind.*, 57.243]

1351. — Il y a *plagiat* réputé *contrefaçon partielle*, lorsqu'on publie en la forme de *compte-rendu*, dans un journal, une partie notable de l'ouvrage d'autrui, tellement que la publication nouvelle puisse tenir lieu de l'ouvrage primitif, en diminuer considérablement le débit. — Trib. corr. Seine, 8 juin 1830, et Paris, 13 juill. 1830, Darthenay, [S. et P. chr.] — *Sic*, Morin, *Rép.*, v° *Contrefaçon*, n. 20.

1352. — Si, en général, de courtes citations ou des emprunts peu importants qui se perdent dans un ouvrage nouveau ne peuvent constituer le délit de contrefaçon, il en est autrement lorsque la partie de l'ouvrage ancien dont on a fait l'emprunt, forme l'objet unique ou principal de l'œuvre nouvelle. — Trib. corr. Seine, 21 mars 1863, Vieillot, [*Ann. propr. ind.*, 63.198]

1353. — Les différentes décisions qui précèdent peuvent se concilier aisément avec le système que nous avons cru pouvoir indiquer pour la distinction entre le plagiat et la contrefaçon proprement dite; mais il nous semble difficile d'admettre avec un arrêt de la cour de Paris que le plagiat ne peut être réputé contrefaçon, que lorsque les passages copiés sont nombreux, importants et étendus. — Paris, 1er mars 1830, Gosselin, [S. et P. chr.]

1354. — En tous cas, il y a délit de contrefaçon lorsque, sans la permission du propriétaire ou de son cessionnaire, un ouvrage est réimprimé sous le même titre que l'édition originale, encore bien que la réimpression porte des changements, des additions, des corrections et des commentaires. — Cass., 28 flor. an XII,

Bossange, [S. et P. chr.] — Cour de just. crim. Rouen, 12 niv. an XIII, sous Cass., 6 flor. an XIII, Moutardier, [S. et P. chr.]

1355. — De même, il y a contrefaçon lorsqu'un ouvrage est calqué sur un autre, de manière qu'il en résulte, entre les deux ouvrages, une similitude parfaite. Il n'est pas nécessaire que les juges déclarent en termes exprès qu'il y a eu contrefaçon. — Cass., 25 mai 1829, Roucairol, [S. et P. chr.]

1356. — Il faut se garder de penser qu'un emprunt fait à l'œuvre d'autrui constitue nécessairement un plagiat lorsqu'il ne constitue pas une contrefaçon; le plus souvent, sans doute, un tel emprunt donne naissance à un délit ou, tout au moins, à un acte blâmable, mais il est, au contraire, certaines reproductions qui sont entièrement licites, ce sont celles que légitime le droit de citation; l'exercice de ce droit peut parfois donner naissance à des abus, mais l'abus qu'on peut faire d'un droit ne peut servir à en combattre la légitimité; cette légitimité découle, pour le droit de citation, de la liberté même de l'esprit humain; tout auteur qui livre ses pensées à la publicité s'expose de lui-même aux appréciations de tous et il se peut qu'il soit nécessaire de reproduire certains passages de son livre pour mieux faire comprendre les critiques ou les éloges qu'on lui adresse. — Pouillet, *Propr. litt.*, n. 511, 513; Droz, *J. de dr. intern. priv.*, année 1884, p. 451, 1885, p. 65; Darras, *Du dr. des auteurs*, etc..., p. 97, note 1.

1357. — Les raisons mêmes qui nous ont paru de nature à faire reconnaître à la citation le caractère d'un droit véritable servent à en limiter la portée et à déterminer les conditions auxquelles l'exercice en est subordonné. Cela étant, puisque la citation n'est légitime qu'en vue de faciliter la tâche de la critique, on comprend aisément qu'on ait posé comme règle qu'il ne peut être fait usage du droit de citation qu'à la double condition : 1° que le nom de l'auteur cité soit rapproché de la citation; 2° que la citation soit encadrée dans un récit ou une discussion personnelle à l'auteur qui en fait usage. — Trib. Seine, 21 mars 1889, précité. — En un mot, la citation ne doit servir que comme témoignage documentaire.

1358. — Décidé même que l'historien ne peut faire légitimement usage de documents inédits et d'événements ou d'épisodes révélés pour la première fois dans l'ouvrage d'un de ses devanciers qu'à la double condition que cet ouvrage soit cité et que le nom de l'auteur soit rapproché de la citation. — Trib. Seine, 24 févr. 1894, Bastard, [J. *La Loi*, 27 février et les conclusions de M. le substitut Brégeault]

1359. — Quoi qu'il en soit du mérite de cette décision, il ne suffit donc pas d'insérer dans un ouvrage scientifique ou littéraire quelques passages d'un autre ouvrage du même genre, pour que le délit de contrefaçon existe. — Cass., 3 juill. 1812, Dentu, [S. et P. chr.]

1360. — L'emploi des mêmes expressions dans les définitions scientifiques n'est pas même un plagiat. — Même arrêt

1361. — Par suite, l'exposé sommaire, fait dans le courant d'un traité scientifique, d'un système rival publié par un autre auteur, accompagné de tableaux synoptiques empruntés à son ouvrage, mais avec des modifications destinées à faire mieux comprendre la différence entre les deux systèmes, ne constitue pas le délit de contrefaçon. — Rouen, 7 juin 1849, Collot, [S. 50.2.449, P. 50.2.628, D. 52.2.24] — Paris, 26 avr. 1851, Collot, [S. 51.2.231, P. 51.2.626, D. 52.2.178]

1362. — Il n'a même pas le caractère d'un plagiat qui, au civil, puisse donner lieu à des dommages-intérêts..., alors que les deux ouvrages diffèrent essentiellement par leur format, leur étendue et leur objet, que le second n'a eu pour but, dans cet exposé, que de discuter un système qu'il modifiait, et surtout si rien n'établit que la publication du nouvel ouvrage ait causé un préjudice appréciable au premier auteur. — Paris, 26 avr. 1851, précité.

1363. — Mais si cette reproduction est de nature à causer un préjudice à l'auteur, celui-ci peut intenter l'action civile en dommages-intérêts. — Rouen, 7 juin 1849, précité.

1364. — Décidé encore, mais ici le droit de citation a été étendu hors de ses limites naturelles, que les emprunts faits dans un ouvrage scientifique (un traité de pharmacie) de quelques passages ou formules d'un autre ouvrage du même genre (le *Codex médic.*) ne constituent point le délit de contrefaçon, lorsque l'ouvrage nouveau diffère essentiellement du premier par son titre, son format, sa composition et son objet. — Cass., 25 févr. 1820, Hacquart, [S. et P. chr.]

1365. — C'est, en matière de journalisme, qu'il est possible de relever les faits de citation les plus fréquents ; en ce cas, les règles que nous avons précédemment indiquées pour les œuvres littéraires en général conservent tout leur empire, sauf toutefois que la réciprocité des emprunts que se font les journaux sert parfois à justifier, sinon à légitimer, ces sortes d'emprunts, et que la nature particulière de certains articles de journaux les soustrait à la protection des lois sur la propriété littéraire ; nous nous contenterons, à ce dernier point de vue, de signaler pour le moment les télégrammes et les faits divers, lorsque les uns et les autres se bornent à un simple récit de faits de la vie courante ; on comprend aisément que, dans cette étude de la contrefaçon, nous ne puissions pas rechercher quelles parties d'un journal sont ou non susceptibles de donner naissance à un droit privatif. — V. *Rép. alph. du dr. fr.*, v° *Propriété littéraire et artistique.* — V. aussi, *Concurrence déloyale*, n. 537 et s.

1366. — Sous réserve des explications ultérieures, il est vrai de dire que les articles de journaux et feuilles périodiques constituent une propriété littéraire, lorsque d'ailleurs le dépôt en a eu lieu conformément à la loi. La reproduction de tels articles, faite sans le consentement des auteurs, a donc le caractère de contrefaçon. — Cass., 29 oct. 1830, *le Pirate*, [S. 31.1.368, P. chr.] — Rouen, 10 déc. 1839, Pommier, [S. 40.2.76] ; — 13 déc. 1839, Rivoire, [S. 40.2.74, P. 40.542] — Trib. Seine, 2 juill. 1833, *Rev. des Deux-Mondes*, [cité par Gastambide, p. 110] ; — 17 mars 1888, *Revue des cuirs*, [*France judiciaire*, 88.254] ; — 3 juin 1892, La Bataille, [J. *La Loi*, 17 juin] — V. Blanc, p. 316, 417 et s. ; Pouillet, *Propr. litt.*, n. 515 ; Gastambide, p. 63. — *Contrà*, Claretie, *Bull. assoc. litt. intern.*, 1re sér., n. 4, p. 17.

1367. — ... Alors même, d'ailleurs, que la source est indiquée. — Paris, 24 déc. 1859, Charpentier, [*Ann. propr. ind.*, 60.31]

1368. — En tous cas, il est hors de conteste que les journaux quotidiens qui reproduisent des articles appartenant à d'autres journaux, et notamment des articles dits *de fond*, peuvent être condamnés à des dommages-intérêts à raison du préjudice qu'ils leur ont causé. — Paris, 25 nov. 1836, *l'Estafette*, [S. 36.2.529, P. 37.1.344]

1369. — Les revues sont soumises aux mêmes règles que les journaux, sauf toutefois qu'à leur égard la tolérance n'est pas aussi grande qu'au profit des journaux ; cette différence de fait s'explique d'ailleurs aisément par la nature différente de chacune de ces publications. Quoi qu'il en soit, il est incontestable qu'il y a contrefaçon dans la reproduction soit textuelle, soit avec des modifications peu importantes, dans une revue, de nombreux passages d'un ouvrage, quand bien même on aurait indiqué avec éloges l'ouvrage auquel on a fait des emprunts. — Paris, 2 déc. 1859, Merlieux, [*Ann. propr. ind.*, 60.64]

1370. — Si, en effet, l'éditeur d'une revue ou d'un journal périodique peut, sans se rendre coupable de contrefaçon, donner des extraits d'un recueil ou d'un récit publié par un autre, soit pour en faire l'éloge ou la critique, soit pour appeler sur lui l'attention du public, il n'en saurait plus être ainsi lorsque l'éditeur de cette revue ou de ce journal reproduit textuellement, dans l'intérêt exclusif de son œuvre, soit la totalité, soit les parties notables ou essentielles de cet écrit, de manière à porter préjudice à l'éditeur. — Paris, 6 janv. 1849, Leclerc, [cité par Blanc, p. 181] — Trib. Seine, 22 juin 1859, Charpentier, [*Ann. propr. ind.*, 59.271] ; — 3 juin 1892, Plon-Nourrit et Cie, [S. et P. 92.2.262] — V. aussi Paris, 24 mai 1845, Mallet, [cité par Blanc, p. 180]

1371. — Spécialement, il y a contrefaçon de la part de l'éditeur d'une revue ou d'un journal qui, sous le prétexte de donner le compte-rendu d'un ouvrage, en publie un véritable abrégé, reproduisant les principaux épisodes et les passages les plus marquants. — Trib. Seine, 3 juin 1892, précité.

1372. — ... Alors surtout que, de l'aveu même de l'éditeur de la revue ou du journal, cette publication avait pour objet, non de faire la critique du livre, mais de le faire connaître à ceux qui ne l'avaient pas lu. — *Même jugement.*

1373. — Les faits de citation se produisent le plus souvent aux dépens des œuvres littéraires, mais il n'est pas impossible d'en relever qui portent sur des œuvres artistiques. Les mêmes règles sont alors applicables. — V. d'ailleurs *Questions et solutions ratiques : Journ. de dr. intern. priv.*, année 1893, p. 1128.

1374. — L'identité des sujets traités, jointe à leur nature

spéciale, peut amener parfois une similitude d'expression entre certains passages correspondants de deux œuvres données ; il en est ainsi, par exemple, dans les dictionnaires, annuaires et autres ouvrages semblables ; il est bien évident qu'en ce cas, l'auteur dont l'œuvre est postérieure ne peut être poursuivi pour ces ressemblances purement occasionnelles ; mais parfois des ressemblances ne sont dues qu'à des emprunts non autorisés. En pareille hypothèse, la contrefaçon existe certainement. Décidé, en ce sens, que si l'auteur d'un dictionnaire peut s'approprier des éléments qui ne sont la propriété exclusive de personne, et si, traitant les mêmes sujets, il est ainsi amené à se servir des mêmes termes, il ne lui est pas permis cependant de copier ses devanciers et de s'approprier leur travail. — Trib. Seine, 12 janv. 1893, Larousse et Cie, [*Ann. propr. ind.*, 93.207] — *Sic*, Pouillet, *Propr. litt.*, n. 517 ; Renouard, *Droits d'auteurs*, t. 2, p. 35 et 36 ; Gastambide, p. 107.

1375. — En ce cas, des citations, même faites avec l'indication de la source, ont elles-mêmes un caractère abusif, lorsqu'elles comprennent des articles biographiques en entier et ne sont point intercalées par l'auteur dans son propre texte comme un ornement ou un témoignage documentaire. — *Même jugement.*

1376. — De même, l'emploi de quelques phrases identiques, alors que le hasard, l'étude des mêmes modèles, une réminiscence inconsciente peuvent expliquer ces rencontres, ne sauront sans doute donner prise à la critique, mais il ne saurait en être de même alors qu'il s'agit d'une recherche voulue, d'un emprunt habituel, qui constituent le principal et presque le seul procédé littéraire de l'imitateur. — Trib. Seine, 21 mars 1889, Duguet, Charpentier et Société des gens de lettres, [S. 91.2.143, P. 91.1.718]

1377. — De même encore, si, dans certaines matières, notamment lorsqu'il s'agit d'enseignement élémentaire, il est des sujets et même des formes de développements qui sont du domaine de tous, et auxquels il faut inévitablement recourir, et si, en traitant les mêmes choses de la même manière, on est souvent amené à employer les mêmes mots, il ne peut cependant jamais être permis de copier les devanciers et de les imiter de telle manière que, au lieu de se livrer soi-même à ces opérations de l'esprit et de l'intelligence qui auraient été nécessaires pour créer l'œuvre nouvelle, on s'approprie le travail à l'aide duquel a été créée l'œuvre précédente. — Paris, 3 déc. 1867, Jeannel et Delagrave, [*Ann. propr. ind.*, 67.404] — V. Pouillet, *Propr. litt.*, n. 490.

1378. — Quoi qu'il en soit, il est incontestable que si des emprunts faits à une œuvre antérieure constituent de la part de celui qui les a pratiqués une véritable atteinte à la propriété littéraire, lorsque ces emprunts sont habituels et constituent le principal et presque le seul procédé de l'imitateur, il ne saurait en être de même lorsqu'il ne s'agit que de l'emploi de quelques phrases identiques que l'étude des mêmes sujets ou une réminiscence inconsciente peuvent expliquer. — Trib. Seine, 18 nov. 1891, Narjoux, [*Ann. propr. ind.*, 92.210]

1379. — La similitude entre deux œuvres peut encore se produire parce que, l'un comme l'autre, les auteurs ont puisé à une même source ; en ce cas, si ce même fonds commun est le domaine public, il est bien évident qu'il n'y a pas en principe de contrefaçon, mais la solution change si, sur l'élément puisé dans le domaine public, un des auteurs a fourni un travail personnel, suffisamment caractérisé pour donner naissance à une œuvre véritablement nouvelle, et si l'emprunt a porté sur cet élément ainsi transformé et ainsi approprié. Décidé, dans cet ordre d'idées, que s'il est loisible à tous de dresser au moyen d'un travail personnel le plan d'une même ville ou d'un même lieu, il ne saurait être licite de copier, dans une intention de lucre, le travail d'autrui en s'exemptant ainsi de préparations difficiles et onéreuses, et en faisant échec aux droits privatifs, assurés notamment aux auteurs d'écrits en tous genres et de dessins, par la loi du 24 juill. 1793. — Paris, 20 nov. 1883, Frézouls, [*Ann. propr. ind.*, 85.105] — Trib. corr. Seine, 23 avr. 1843, Danlos, [cité par Blanc, p. 255] — Trib. Compiègne, 22 janv. 1879, Guéry, [*Ann. propr. ind.*, 79.89] — V. Pouillet, *Propr. litt.*, n. 585.

1380. — De même, le catalogue des œuvres d'art exposées chaque année au palais de l'industrie constitue, à raison de son importance et des recherches qu'il nécessite, une œuvre littéraire susceptible d'une propriété privée ; il y a donc contrefaçon à le reproduire sans autorisation. — Paris, 5 mai 1882, de Mourgues et Dumas, [*Ann. propr. ind.*, 83.111] — Trib. corr. Seine, 1er août 1892, [J. *La Loi*, 2 août; *Gaz. Pal.*, 4 août; J. *Le Droit*, 10 août]

1381. — D'une manière plus générale, la protection légale ne s'applique pas uniquement aux ouvrages entièrement créés d'un seul jet; elle peut aussi s'étendre aux sujets officiels qui sont du domaine public, lorsque, par un travail intellectuel spécial, on a coordonné ces éléments, afin de les rendre plus compréhensibles. — Trib. Seine, 19 déc. 1893, Roger de Beauvoir, [J. *Le Droit*, 6 janv. 1894; J. *La Loi*, 10 févr. 1894]

1382. — Commet donc une véritable contrefaçon celui qui reproduit en partie un annuaire militaire qui contient des tableaux et résumés présentant les documents officiels classés suivant un plan méthodique, revêtus d'une forme nouvelle et appropriés à un usage spécial. — *Même jugement.*

1383. — Les notes faites sur un ouvrage tombé dans le domaine public constituent, en faveur de leur auteur, une propriété littéraire garantie par la loi du 19 juill. 1793, et cela alors même que ces notes n'ont pas été publiées séparément du texte de l'ouvrage. En conséquence, la reproduction de ces notes par un nouvel éditeur de l'ouvrage a le caractère du délit de contrefaçon prévu par la loi. — Paris, 9 nov. 1831, Foulon, [S. 35.2. 525]; — 7 nov. 1835, Beuchot, [S. 35.2.525. P. chr.]

1384. — Jugé encore que la reproduction ou imitation d'un ouvrage d'art, tel qu'une gravure sur métal, peut constituer le délit de contrefaçon, bien que le sujet principal de cet ouvrage soit dans le domaine public, s'il est accompagné d'ornements particuliers de l'invention d'autrui. Ces ornements, quoique purement accessoires, n'en sont pas moins la propriété exclusive de l'inventeur. — Paris, 3 févr. 1832, Ameling, [S. 32. 2.36]

1385. — Au surplus, il doit être bien entendu que, de simples changements dans les accessoires qui ornent des types tombés dans le domaine public n'ont point pour effet d'attribuer à l'auteur de ces changements la propriété de ces types euxmêmes. — Bordeaux, 26 mai 1838, Minquini, [S. 38.2.485, P. 38.2.581]

1386. — De même, quelques légères additions faites à un ouvrage littéraire devenu une propriété publique, ne suffisent pas pour en acquérir la propriété exclusive à l'auteur de ces additions. En conséquence, celui-ci ne peut poursuivre en contrefaçon ceux qui auraient reproduit l'ouvrage en cet état. — Cass., 23 oct. 1806, Bruysset, [S. et P. chr.]

1387. — Mais, tout au contraire de ce qui se passe lorsqu'un travail personnel est venu transformer un élément du domaine public en un objet de propriété privée, il n'y a pas contrefaçon dans le fait de publier dans un ordre identique des renseignements empruntés au domaine public déjà publiés dans un agenda commercial ou dans un annuaire, alors que la disposition de cet agenda ou de cet annuaire est celle de presque toutes les publications du même genre. — Paris, 2 mai 1857, Rousset-Boucher, [*Ann. propr. ind.*, 57.201] — Aix, 10 févr. 1866, Jacquetty, [*Ann. propr. ind.*, 67.173]

1388. — Il en est ainsi, dans les mêmes circonstances, de la liste des adresses d'une localité. — Lyon, 24 mars 1870, Labaume, [D. 70.2.209] — Rouen, 5 août 1873, Quetier, [*Ann. propr. ind.*, 74.341]

1389. — De même, si les compilations faites avec des ouvrages qui appartiennent au domaine public peuvent être l'objet d'une propriété privée, c'est à la condition qu'elles dénotent une certaine conception de l'esprit et un travail de création. Par suite, un livret d'ouvrier composé d'un certain nombre de lois et d'un tableau des distances n'est pas susceptible d'appropriation privée. — Colmar, 17 août 1858, Garnier, [D. 59.2.13]

1390. — La reproduction d'un livret de ce genre ne saurait donc constituer le délit de contrefaçon, surtout s'il n'est pas établi qu'il y ait eu mauvaise foi de la part des auteurs de cette compilation. — *Même arrêt.*

1391. — Le bulletin du prix courant des marchandises, rédigé et publié par les courtiers de commerce d'une ville, ne peut être considéré comme un écrit susceptible de propriété littéraire : c'est là un document officiel qu'il est libre à chacun de reproduire, sans commettre de contrefaçon. — Cass., 12 août 1843, Leleu, [S. 43.1.813, P. 43.2.398]

1392. — C'est en argumentant de la légitimité du droit de citation et en insistant sur la nécessité d'aider le plus possible au développement de l'instruction publique, que l'on a parfois essayé de faire considérer comme licite la mise au jour des anthologies, chrestomathies, recueils de morceaux choisis et autres publications du même genre, opérée sans que les auteurs intéressés aient donné leur consentement. La jurisprudence s'est même prononcée en ce sens en décidant que la rédaction et distribution, faite par un chef d'école à ses élèves, des éléments d'instruction extraits d'ouvrages publiés sur les matières enseignées dans l'école, ne constitue pas le délit de contrefaçon de ces ouvrages. — Cass., 29 janv. 1829, Muller, [S. et P. chr.] — Il s'agissait, en l'espèce, d'une *Théorie de l'escrime à cheval* qui avait été distribuée aux élèves de Saint-Cyr; l'arrêt de cassation n'est pas, à vrai dire, motivé. — V., à cet égard, Renouard, *Droits d'auteurs*, t. 2, p. 46; Gastambide, p. 122; Blanc, p. 168; Rendu et Delorme, n. 812; Pouillet, *Propr. litt.*, n. 551.

1393. — Bien que cette pratique soit expressément autorisée dans certains pays étrangers, en Allemagne notamment, il nous est impossible de nous rallier à ce système; on sait en effet que, d'après nous, comme d'ailleurs d'après la jurisprudence et d'après la doctrine, les citations ne sont légitimes que dans la mesure où elles sont nécessaires pour l'exercice du droit de critique; quant aux intérêts de l'instruction publique, il ne nous paraissent pas assez puissants pour prévaloir sur les droits des auteurs. — V. Trib. Seine, 15 déc. 1882, Gedalge, [*Gaz. Pal.*, 83.1.172] — Pouillet, *Propr. litt.*, n. 511, p. 497, note 1.

1394. — Au surplus, du moment où on se décide à mettre en opposition certains intérêts avec les droits des auteurs ou des artistes, il est difficile de ne pas apercevoir que ces droits finiraient par disparaître complètement; c'est ainsi que l'on s'est parfois appuyé sur l'intérêt supérieur de la défense nationale, pour prétendre légitimer la spoliation des droits des écrivains militaires, comme on l'a voulu faire d'ailleurs pour innocenter l'usurpation des découvertes touchant à l'armée ou à la marine (V. *suprà*, n. 1036 et s.). La jurisprudence a résisté à une entreprise de cette nature; pour nos tribunaux, la réimpression entière ou partielle d'un ouvrage, sans le consentement de l'auteur ou de ses ayants-droit, constitue le délit de contrefaçon, lors même que cette réimpression aurait été autorisée au nom de l'État, dans un but d'utilité publique (instruction militaire). — Cass., 3 mars 1826, Muller, [S. et P. chr.]

1395. — Décidé, dans le même ordre d'idées, que si dans deux livres d'instruction militaire (manuel du sapeur-pompier) les commandements doivent nécessairement être les mêmes et si les instructions qui les accompagnent ne peuvent différer que dans la forme, il faut admettre que cette forme est la propriété de l'auteur ou de celui auquel ses droits ont été concédés. — Besançon, 10 mars 1886, Roret, [*Ann. propr. ind.*, 87.99]

1396. — L'avis du ministre de la Guerre du 23 oct. 1883, qui a déclaré tombés dans le domaine public les théories ou règlements adoptés par l'administration militaire, n'a pu s'appliquer que pour l'avenir et à des publications faites par les personnes placées sous les ordres du ministre; il n'a pu avoir pour objet ni pour résultat de porter atteinte à des droits acquis par des tiers et garantis par la loi. — *Même arrêt.*

1397. — Une parodie, du moment où elle se tient dans les limites que sa nature comporte, n'est qu'une forme de la critique, plus vivante et d'une portée plus grande que celle qui s'exerce par la voie de la presse et du livre; il ne se peut donc pas, qu'après avoir proclamé la légitimité du droit de critique (V. *suprà*, n. 1356 et s.), on en vienne à condamner les parodies; sans doute, la parodie, plus que l'article de critique ordinaire, se modèle sur la pièce de théâtre dont elle prétend montrer les imperfections en amplifiant ou en transformant certains détails, mais cette circonstance n'enlève pas à la parodie sa légitimité; comment, le plus souvent, en effet, critiquer une œuvre de théâtre, sans adopter la même marche des événements et le même ordre des développements? — V. Constant, *Code du théâtre*, p. 182; Darras, *Du droit des auteurs*, etc., n. 75, p. 143, note 2; Rendu et Delorme, n. 811; Le Senne, *Code du théâtre*, p. 235; Pouillet, *Propr. litt.*, n. 545.

1398. — Décidé, en ce sens, que la critique et la parodie d'œuvres d'art, aussi bien que d'œuvres littéraires, sont du domaine de chacun, et que la loi ne protège pas contre elles ceux qui livrent ces œuvres à l'appréciation du public; spécialement, qu'on ne saurait voir un acte répréhensible dans le fait de celui qui adopte comme décor ou accessoire de théâtre, à titre de critique ou de parodie d'un genre artistique, un dessin qui rappelle le sujet d'un tableau, sans qu'il y ait, toutefois, similitude entière entre l'original et la copie. — Trib. Seine, 12 juin 1879, Duval, [*Ann. propr. ind.*, 79.239]

1399. — Au surplus, si la parodie doit être libre et licite, il faut qu'elle reste une œuvre de critique véritable; si elle perd ce caractère, elle ne mérite réellement plus ce nom et elle devient une véritable contrefaçon. Décidé, en ce sens, qu'un contrefacteur ne peut, pour se soustraire à toute condamnation, prétendre que la publication par lui faite est une parodie de l'œuvre litigieuse, alors qu'il s'est livré à une imitation servile et complète du type musical, du procédé caractéristique de la versification, ainsi que de l'ensemble et des détails essentiels du titre de cette œuvre. — Trib. corr. Seine, 20 mars 1877, Paul Dalloz, [*Ann. propr. ind.*, 77.212] — V. Pouillet, *Propr. litt.*, n. 542, p. 526, note 2. — V. *Rép. alph. du dr. fr.*, vº *Concurrence déloyale*, n. 531.

1400. — Avant d'abandonner cette matière du droit de critique, nous signalerons, comme appartenant à un ordre d'idées voisin, un arrêt aux termes duquel on ne saurait admettre comme fin de non-recevoir contre une action en contrefaçon la circonstance que le demandeur actuel aurait jadis fait de l'ouvrage incriminé un compte-rendu élogieux, alors que le compte-rendu ne suppose qu'une lecture rapide de l'ouvrage et qu'à raison de l'époque éloignée où a eu lieu la première publication, l'auteur avait pu perdre le souvenir précis du texte de son livre. — Trib. Seine, 21 mars 1889, Duguet, Charpentier et Société des gens de lettres, [S. 91.2.143, P. 91.1.748]

1401. — Le plus souvent, la contrefaçon, soit totale, soit même partielle, consiste dans la reproduction littérale de l'œuvre frauduleusement imitée; toutefois comme le droit de propriété littéraire porte, non seulement sur la forme même adoptée par l'auteur, mais sur l'enchaînement des idées qui distingue son œuvre (V. *Rép. alph. du dr. fr.*, vº *Propriété littéraire et artistique*), il faut en conclure que la publication de l'abrégé d'un ouvrage équivaut à une véritable contrefaçon. Spécialement, constituent des contrefaçons les analyses publiées dans les journaux, qui contiennent un résumé des pièces de théâtre, acte par acte, ce qui permet au spectateur de suivre la marche de l'œuvre dramatique et peut le dispenser d'acheter l'œuvre originale. — Trib. corr. Marseille, 28 nov. 1891, Calmann-Lévy, [*Ann. propr. ind.*, 92.220]—Sic, sur le principe, Pouillet, *Propr. litt.*, n. 520; Renouard, *Droits d'auteurs*, t. 2, p. 30. — Sic, sur l'application, Pouillet, *Propr. litt.*, n. 549 et 549 bis.

1402. — De même, la débit à très-bon marché (ou même à titre purement gratuit) de l'analyse d'une pièce de théâtre pouvant avoir pour résultat de nuire au compte-rendu qu'aurait pu en faire le titulaire de tous droits sur la pièce est répréhensible en soi et peut donner lieu à une condamnation à des dommages-intérêts tant contre l'auteur de l'analyse que contre l'imprimeur qui, en connaissance de cause, a prêté son concours au contrefacteur. — Nîmes, 25 févr. 1864, Michel Lévy, [*Ann. propr. ind.*, 64.387] — Sur la distribution gratuite des contrefaçons, V. Pouillet, *Propr. litt.*, n. 473.

1403. — Ce qui vrai des analyses publiées après la mise au jour de l'ouvrage, est vrai, à plus forte raison, des analyses qui sont faites avant l'apparition même de l'ouvrage. Constitue donc une contrefaçon la publication faite avant la première représentation d'un compte-rendu, acte par acte et scène par scène, d'une pièce de théâtre. — Trib. Seine, 20 nov. 1889, Sardou, [*Ann. propr. ind.*, 90.208]; — 9 mai 1890, Bisson, [*Droit d'auteur* (de Berne), 1890, p. 79]

1404. — Cette solution ne se justifie pas seulement par les raisons qui servent à condamner la publication de simples abrégés faite postérieurement à celle de l'ouvrage lui-même; c'est qu'en effet l'œuvre dramatique n'appartient au public que du jour de la première représentation; jusque-là, l'auteur est libre de ne pas la lui communiquer; il faut donc punir ceux qui, par des divulgations, intéressées d'ailleurs, pourraient enlever à l'auteur l'usage d'un droit incontestable; si le plus souvent les journalistes sont convoqués ou admis à la répétition générale qui précède d'un ou plusieurs jours la première représentation, ce n'est-là qu'une mesure de faveur ou de tolérance qui ne saurait créer un droit à l'encontre de l'auteur. — Darras, *Droit d'auteur* (de Berne), 1890, p. 7, p. 76.

1405. — Le droit de propriété littéraire ne portant pas seulement sur la forme extérieure que revêt l'œuvre, mais aussi sur le développement et sur l'enchaînement des idées qui distinguent les œuvres entre elles, on doit admettre qu'il y a contrefaçon de la part de celui qui ne s'est pas contenté de s'approprier la donnée d'un ouvrage, mais en a reproduit identiquement les personnages principaux, les situations, les divers épisodes. — Paris, 20 févr. 1872, Delagrave, [S. 73.2.273, P. 73.1104, D. 72.2.173] — Sic, Fliniaux, *Légist. et jurispr. sur la propr. litt.*, p. 22; Merlin, *Rép.*, vº *Plagiat*, n. 2; Renouard, *Droits d'auteurs*, t. 2, p. 19 et 22; Blanc, p. 152 et 167; Calmels, n. 424; Pouillet, *Propr. litt.*, n. 538.

1406. — Et, en pareil cas, les juges doivent ordonner non seulement la suppression des passages imités, mais la suppression complète du livre. — *Même arrêt.*

1407. — La raison qui nous a permis de considérer comme des contrefaçons les abrégés faits sans l'autorisation de l'auteur, joue un rôle important dans la question de savoir si la traduction faite sans le consentement de l'intéressé forme ou non une contrefaçon; pour nous, comme le droit de propriété littéraire porte non pas seulement sur la forme donnée à l'œuvre, mais sur l'enchaînement même des idées, nous décidons, sans hésitation, que la traduction non autorisée constitue une véritable contrefaçon et est punie des peines indiquées dans l'art. 425, C. pén. — Darras, *Du droit des auteurs*, etc., n. 69; Blanc, p. 416; Pardessus, n. 164; Lacan, n. 703; Pouillet, *Propr. litt.*, n. 533; Calmels, p. 150 et s.; Rendu et Delorme, n. 814 et 809; Gastambide, p. 108; Pataille, *Ann. propr. ind.*, 56.67.

1408. — Jugé, en ce sens, que la publication d'une traduction en langue étrangère d'un ouvrage français constitue le délit de contrefaçon. — Rouen, 7 nov. 1845, Rosa, [S. 46.2.521, P. 46.1.658, D. 46.2.212]; — Paris, 17 juill. 1847, Lecomte, [cité par Blanc, p. 177]

1409. — Cette solution que l'on peut désormais considérer comme acquise en droit français n'a pas été admise sans conteste; des auteurs considérables ont pensé qu'une telle entreprise était entièrement licite; pour cela, on a prétendu que la traduction était susceptible de profiter à l'auteur lui-même, puisqu'il permettait de répandre l'œuvre et de la mettre à la portée de lecteurs qui n'auraient pu en prendre connaissance dans la langue originale; on a dit aussi, mais nous avons répondu par avance à cette argumentation, que le seul objet du droit de propriété littéraire étant la forme nouvelle donnée aux idées puisées par l'auteur dans le fonds commun, la traduction est licite puisqu'elle change seulement le mode d'expression de l'œuvre. — Renouard, t. 2, p. 38; Le Senne, n. 31; Foucher, *Ann. propr. ind.*, 1858, p. 442; Gastambide, n. 58; Kant, cité par Renouard, t. 1, p. 261; Laboulaye, *Rev. de législ.*, 1852, p. 300.

1410. — Le traité de Berne de 1883 pour la protection des œuvres littéraires et artistiques contient une disposition aux termes de laquelle « les auteurs ressortissant à l'un des pays de l'Union jouissent, dans les autres pays, du droit exclusif de faire ou d'autoriser la traduction de leurs ouvrages jusqu'à l'expiration de dix années à partir de la publication de l'œuvre originale dans l'un des pays de l'Union » (art. 5). Comme, sur ce point, la législation française, telle qu'on l'avons interprétée, est plus libérale que le traité de Berne et que l'art. 5 de ce traité constitue un minimum d'unification, le droit de traduction subsiste en France malgré les dispositions de l'art. 5, aussi longtemps que le droit de reproduction, au profit des bénéficiaires de l'Union, c'est-à-dire des auteurs qui, soit par leur nationalité, soit par le lieu de la première apparition de leur œuvre, appartiennent à l'Allemagne, à la Belgique, à l'Espagne ou à ses colonies, à la Grande-Bretagne ou à ses colonies, à la république d'Haïti, à l'Italie, au Luxembourg, à la principauté de Monaco, au Monténégro, à la Suisse ou à la Tunisie. — V. Darras, *Du droit des auteurs*, etc., n. 496.

1411. — On sait d'ailleurs que le décret français du 28 mars 1852 assimile complètement en principe les auteurs dont les œuvres paraissent pour la première fois à l'étranger à ceux qui font la première publication de leurs œuvres en France. Il semble donc que toujours le droit de traduction a, en France, la même durée que le droit de reproduction; il n'en est peut-être pas ainsi cependant; nous ne pouvons d'ailleurs, pour le moment, qu'indiquer la difficulté qui ne touche pas seulement le régime de la contrefaçon, mais qui rayonne sur toute la matière de la propriété littéraire et artistique (V. *Rép. alph. du dr. fr.*, vº *Propriété littér. et artist.*); la question revient, en effet, à se demander si les dispositions du décret de 1852 n'ont pas été modifiées au détriment des auteurs par les traités que leur pays, resté en dehors de l'Union de Berne, a pu conclure avec la

France, postérieurement au décret de 1852, sur les points qui, dans ces traités, font l'objet d'un article particulier. — V. sur cette question très-controversée, Renault, *Bull. lég. comp.*, 1881, p. 249; Darras, *Du droit des auteurs*, etc., n. 196 et s.

1412. — Si la traduction faite par un tiers sans la permission de l'auteur constitue une contrefaçon, cette traduction, au contraire, est protégée contre les entreprises d'autrui lorsqu'elle émane de l'auteur lui-même ou d'une personne que celui-ci a autorisée à cet effet; de même, s'il s'agit d'une œuvre tombée dans le domaine public, chacun peut sans doute en tenter la traduction, mais celui qui a mené à bien un tel travail peut s'opposer à ce que des tiers s'en emparent; la traduction d'un ouvrage étranger constitue, en effet, une propriété littéraire, et, par conséquent, la réimpression de cette traduction sans le consentement du traducteur constitue le délit de contrefaçon. — Cass., 23 juill. 1824, Ladvocat, [S. et P. chr.] — Paris, 1er mars 1830, Dufeaucompret, [S. et P. chr.] — *Sic*, Pouillet, *Propr. litt.*, n. 535; Pataille, *Ann. propr. ind.*, 1862, p. 333.

1413. — Pour qu'une deuxième traduction soit une contrefaçon de la première, il faut d'ailleurs qu'elle présente autre chose que les ressemblances forcées qui sont de l'essence même du sujet auquel ont travaillé les deux traducteurs. — Paris, 17 juill. 1862, Belin, [*Ann. propr. ind.*, 62.330]

1414. — La matière de la traduction nous conduit à l'étude de l'adaptation; c'est là un terme nouveau qui, paraît-il, ne pourrait faire l'objet d'une définition précise; cette expression nous vient de l'anglais; adapter une œuvre, c'est y apporter quelques changements rendus nécessaires par des différences sociales, politiques ou morales qui existent entre le peuple dont on dérobe l'un des produits intellectuels et celui au profit duquel ce délit se commet; cette pratique s'exerce le plus souvent à l'égard des œuvres littéraires; mais il peut y avoir aussi des adaptations artistiques (art. 10 de la convention de Berne). Qu'elle s'applique à l'un ou à l'autre domaine, l'adaptation faite sans l'autorisation de l'intéressé nous paraît également condamnable; elle est aussi préjudiciable à l'auteur que la traduction elle-même; comme l'adaptation emprunte à son modèle ses caractères essentiels et n'en modifie que quelques détails elle constitue une véritable contrefaçon. — Lacan, n. 703; Darras, *Du droit des auteurs* etc., n. 75; Pouillet, *Propr. litt.*, n. 540 et 544.

1415. — La jurisprudence s'est prononcée en ce sens. — V. notamment, Cass., 15 janv. 1867, Bagier, [S. 67.1.09. P. 67. 146, D. 67.1.182] — Paris, 27 janv. 1840, de Musset, [P. 40.1. 244]; — 6 nov. 1841, Victor Hugo, [cité par Blanc, p. 178]; — 30 janv. 1865, Scribe, [*Ann. propr. ind.*, 65.5]

1416. — Il y a lieu d'assimiler à la traduction et à l'adaptation de et de traiter de même le fait de celui qui, sans autorisation, met en vers un ouvrage écrit en prose ou réciproquement. — Décidé, en ce sens, qu'une pièce de théâtre écrite en vers et adaptée à la scène lyrique peut être la contrefaçon d'un drame écrit en prose. — Paris, 6 nov. 1841, précité. — *Sic*, Pouillet, *Propr. litt.*, n. 544. — V. cep. Trib. Seine, 26 juill. 1857, Escudier, [*Ann. propr. ind.*, 57.344] — Ce jugement intervenu à l'occasion de la *Lettre au bon Dieu* considère comme n'étant pas répréhensible la mise en vers d'un récit en prose, lorsque la forme poétique présente de notables différences et que le sujet a assez de notoriété pour pouvoir être considéré comme tombé dans le domaine public.

1417. — Les variations, les arrangements, les orchestrations sont pour les œuvres musicales ce que la traduction ou l'adaptation peut être pour les productions littéraires; elles constituent donc des contrefaçons, si elles sont faites contrairement à la volonté du compositeur. — Darras, *Du droit des auteurs*, etc., n. 76; Pouillet, *Propr. litt.*, n. 556; Renouard, t. 2, p. 68; Blanc, p. 160; Rendu et Delorme, n. 851.

1418. — L'art. 10 de la convention d'Union contient sur nos matières une double disposition dont la seconde vient malheureusement détruire en grande partie l'effet qu'aurait pu produire la première; cet art. 10 n'offre d'ailleurs au point de vue du droit français qu'une utilité bien relative puisque la jurisprudence semble actuellement unanime à considérer comme un délit le fait de se servir sans autorisation de l'œuvre d'autrui comme thème d'adaptation, de variation, etc. Quoi qu'il en soit, cet art. 10 est ainsi conçu : « Sont spécialement comprises parmi les reproductions illicites auxquelles s'applique la présente convention, les appropriations indirectes non autorisées d'un ouvrage littéraire ou artistique, désignées sous des noms divers tels que :

adaptations, arrangements de musique, etc., lorsqu'elles ne sont que la reproduction d'un tel ouvrage, dans la même forme, ou sous une autre forme, avec des changements, additions ou retranchements, non essentiels, sans présenter d'ailleurs le caractère d'une nouvelle œuvre originale ». Si l'art. 10 de la convention de 1886 s'arrêtait là, son influence aurait été considérable puisqu'il eût servi à atteindre dans toute l'étendue de l'Union une pratique dont se plaignent vivement les auteurs et les artistes; mais, ainsi que nous l'avons dit, le second paragraphe de cet article vient enlever en grande partie tout intérêt à cette disposition, puisqu'il déclare que, pour l'application de l'art. 10, les tribunaux de divers pays de l'Union devront tenir compte, s'il y a lieu, des réserves de leurs lois respectives. — V. à ce sujet, Darras, *Droit des auteurs*, etc., n. 511.

1419. — Comme les termes employés dans l'art. 425, C. pén., pour qualifier la contrefaçon des œuvres littéraires semblent supposer que la reproduction est mécanique, on en a parfois conclu que, pour être répréhensible, une reproduction devait avoir été obtenue par des moyens mécaniques. — Allezard, *France judiciaire*, 85-86, 1re partie, p. 391.

1420. — Cette opinion est erronée et contraire au texte même de l'art. 425, C. pén.; il suffit pour s'en convaincre de lire attentivement cet article; il ne dit pas : « toute édition par l'*impression*, *la gravure*... est une contrefaçon », ce qui donnerait au mot édition un sens limitatif, mais : « toute édition d'écrits, de compositions musicales, de dessins, de peintures ou de toute autre production *imprimée ou gravée* en entier ou en partie..., est une contrefaçon », les mots *imprimée ou gravée* reliant simplement ce qui suit à ce qui précède, n'ayant dans la phrase qu'une portée indirecte, exprimant les modes les plus usuels de reproduction alors connus et n'étant qu'énonciatifs dans la pensée du législateur de 1810. — V. Renouard, t. 2, p. 41; Pouillet, *Propr. litt.*, n. 527, 558, 570; Darras, *Du droit des auteurs*, etc., n. 368, p. 443, note 1.

1421. — Par suite, la reproduction manuscrite d'une œuvre littéraire ou artistique (partition d'opéra), faite dans un but commercial, constitue une véritable contrefaçon. — Trib. Seine, 20 avr. 1870, Brandus, Dufour, Gérard et Cie, [*Ann. propr. ind.*, n. 70-71.172] — Trib. Reims, 11 juin 1890, Grus, Donizetti et autres, [J. *Le Droit*, 14 juin] — Trib. corr. Marseille, 23 déc. 1886, Choudens, Brandus, Hegel, [Clunet, 87.72] — Trib. corr. Montpellier, 19 févr. 1889, [*Droit d'auteur* (de Berne), 90.77]

1422. — Le délit est punissable et relève des tribunaux respectifs français alors même que cette sorte d'édition frauduleuse serait destinée à des pays étrangers où la propriété littéraire et artistique n'est pas reconnue, si elle a été débitée à un acheteur en France. — Trib. corr. Marseille, 23 déc. 1886, précité.

1423. — Il y a donc lieu d'ordonner, au profit des éditeurs lésés, la réparation du préjudice causé et la confiscation des copies. — Trib. Seine, 20 avr. 1870, précité.

1424. — Mais, bien que le droit exclusif de vendre, faire vendre et distribuer les ouvrages de compositions musicales s'applique aux copies manuscrites aussi bien qu'à celles imprimées, néanmoins le détenteur de copies manuscrites doit être renvoyé des fins de la poursuite lorsqu'il établit que les copies, trouvées dans son magasin, faisaient partie du fonds de commerce par lui acquis et qu'il n'en a pas fait un usage commercial. — Paris, 7 mars 1872, Brandus, Dufour, Choudens et autres, [*Ann. propr. ind.*, 74.172]

1425. — Mais la solution qui précède se trouve restreinte dans ses effets par cette règle également incontestable que la reproduction de l'œuvre d'autrui ne constitue un délit que quand elle a été faite dans un but commercial; si, en effet, elle n'a été opérée que dans un but purement personnel, il est bien difficile de prétendre qu'il y ait là une édition, c'est-à-dire la confection d'un certain nombre d'exemplaires destinés à voir le jour. — De Folleville, p. 12; Renouard, t. 2, p. 42; Gastambide, p. 115; Pouillet, *Propr. litt.*, n. 529.

1426. — C'est surtout au cas où la reproduction manuscrite est faite pour le compte d'un directeur de théâtre que la jurisprudence a eu l'occasion d'appliquer cette théorie. — Décidé, en ce sens, que le délit de contrefaçon ne peut exister que lorsqu'il y a édition, c'est-à-dire vente ou distribution au public de copies exécutées sans autorisation de l'auteur ou de son cessionnaire, et faisant une concurrence illicite à l'édition originale; il en est autrement des copies dont l'usage n'est que l'exercice du droit de représentation, et qui ne sont pas mises dans le commerce. — Cass., 25 juin 1893, Dupin et Lemoine, [S. et P. 93.1.368] — Besançon, 6 juill. 1892, Naquet et consorts, [*Ann. propr. ind.*, 93.229] — Sic, Ruben de Couder, v° *Propr. litt.*, n. 45; Rendu, n. 866; Vivien et Blanc, p. 711; Lacan, *Législ. des théâtr.*, t. 2, p. 275. — *Contrà*, Pouillet, *Propr. litt.*, n. 558; Darras, *Droit d'auteur* (de Berne), 1892, p. 130; Maillard, note sous Besançon, 6 juill. 1892, précité.

1427. — Ainsi, il n'y a pas délit de contrefaçon dans le fait, par la direction d'un théâtre, de se servir de copies manuscrites de parties d'orchestre d'une œuvre musicale, pour l'usage exclusif des musiciens du théâtre, et pour les besoins des représentations et sans mettre ces copies dans le commerce. — Cass., 25 juin 1893, précité. — *Contrà*, Darras, *loc. cit.*

1428. — Décidé, de même, que le traité passé par un directeur de théâtre avec la société des auteurs, compositeurs et éditeurs de musique, pour la représentation des œuvres faisant partie du répertoire de la société, donne au directeur de théâtre le droit de faire, pour les besoins des artistes et des musiciens de l'orchestre, des copies manuscrites des partitions ou morceaux de partition achetés chez l'éditeur membre de la société. — Paris, 25 janv. 1878, Castellano, [S. 78.2.106, P. 78.466 et les conclusions de M. l'avocat général Fourchy, D. 79.2.51] — Trib. Montpellier, 16 mai 1890, [*Gaz. des Trib.*, 13 nov.]

1429. — Dans ce cas, la juridiction correctionnelle, saisie par l'éditeur d'une action en contrefaçon contre le directeur du théâtre, est compétente pour statuer sur l'étendue des droits cédés au directeur du théâtre par la société. — Paris, 25 janv. 1878, précité.

1430. — Jugé, dans le même sens, que le directeur de théâtre qui a acheté chez l'éditeur propriétaire un exemplaire d'une partition musicale pour l'exécuter sur son théâtre, peut en faire des copies manuscrites pour les besoins de son exploitation théâtrale, sans commettre le délit de contrefaçon. — Angers, 3 juin 1878, Choudens, [S 78.2.198, P. 78.839, D. 79.2.51]

1431. — Bien qu'en principe, nous ayons pensé qu'une reproduction faite dans un but personnel ne constitue pas une contrefaçon, nous ne pouvons admettre que ces directeurs de théâtre soient en droit de faire copier les rôles qu'ils destinent aux acteurs ou les parties d'orchestre qu'ils destinent aux musiciens; c'est qu'en effet, il est difficile de soutenir que ces reproductions (qu'ils emploient pour le succès de leur exploitation commerciale) aient été faites pour un usage personnel; cette application à une espèce particulière d'une théorie d'ailleurs juste en soi est critiquable, surtout lorsque le titulaire du droit de reproduction n'est point titulaire du droit d'exécution ou de représentation. Il semble alors difficilement admissible qu'une autorisation donnée par l'un puisse, au détriment de l'autre, changer la nature des faits incriminés. Si l'on pousse jusqu'au bout le raisonnement qui est à la base de la théorie adverse, ne faudrait-il pas aller, ce qui serait absurde, jusqu'à dire que le directeur de théâtre, autorisé à représenter une pièce donnée, serait en droit de réclamer un exemplaire de la pièce sans rien avoir à débourser et sauf arrangement entre les copropriétaires. Car, pour emprunter les expressions mêmes du jugement de Montpellier précité, n'est-ce pas là le seul moyen de préparer la représentation. — Darras, *Droit d'auteur* (de Berne), 1891, p. 8; Pouillet, *Propr. litt.*, n. 560.

1432. — En tous cas, si on peut, à la rigueur, déclarer non coupable le directeur de théâtre qui fait faire des copies à la main, parce que ce serait là un acte intérieur, un procédé de reproduction dont les conséquences sont bornées, on ne peut évidemment traiter de même le directeur qui s'adresse à des tiers qui, par avance, ont fait des copies manuscrites de partitions et qui, vraisemblablement, les loueraient à quiconque offrirait les garanties de solvabilité suffisantes; ces tiers se livrent alors à un véritable commerce; ils tirent profit des œuvres intellectuelles d'autrui; ils sont de véritables contrefacteurs et les directeurs de théâtre sont leurs complices. — Darras, *Droit d'auteur* (de Berne), 1892, p. 130.

1433. — Ce qui d'ailleurs nous confirme dans notre opinion, c'est qu'on est généralement d'accord pour reconnaître qu'il y a contrefaçon à faire des copies manuscrites d'une œuvre non tombée dans le domaine public, lorsqu'on se propose d'en faire usage pour l'exploitation d'un cabinet de lecture (de Folleville, p. 13; Pouillet, *Propr. litt.*, n. 529) et que la copie de rôles ou de partitions pour le compte des directeurs de théâtre se rap-

proche de cette hypothèse, surtout lorsque ceux-ci s'adressent à des tiers pour se les procurer.

1434. — Décidé, à cet égard, que le musicien qui a cédé à un directeur de théâtre une partition pour piano et chant de l'une de ses œuvres et a autorisé ce directeur à faire une partition d'orchestre pour son théâtre peut poursuivre ce directeur de théâtre qui a cédé ou loué sa partition à d'autres directeurs de théâtre. — Cass., 28 janv. 1888, Bathelot, [D. 88.1.400] — V. cep. Besançon, 6 juill. 1892, précité.

1435. — De même, on ne peut prétendre que la location de copies manuscrites d'une œuvre musicale ne saurait tomber sous l'application des art. 425 et 426, C. pén., par le motif que ces articles ne viseraient que la vente ou la mise en vente; c'est, qu'en effet, l'art. 426, C. pén., déclarant délictueux le débit d'ouvrages contrefaits, cette disposition ne doit pas être entendue dans un sens restrictif, mais doit être appliquée aux divers moyens que peut employer un contrefacteur pour tirer commercialement parti de sa contrefaçon. — Paris, 13 mai 1887, Rohdé, [*Ann. propr. ind.*, 87.311]

1436. — De même encore, on ne saurait considérer comme faites pour un usage personnel les copies manuscrites ou non que le chef d'une institution ferait faire en vue de les distribuer à ses élèves. — Pouillet, *Propr. litt.*, n. 530; Gastambide, p. 422; Renouard, *Droits d'auteurs*, t. 2, p. 46; Blanc, p. 168; Rendu et Delorme, n. 812.

1437. — De tout ce qui précède, il résulte qu'une œuvre est contrefaite, alors que, pour la reproduire, on n'a pas recours au même mode d'expression que lors de l'édition originale; c'est en partant de cette idée que la Cour de cassation avait été amenée à considérer comme une contrefaçon la reproduction d'une œuvre musicale dans les orgues et boîtes à musique; elle avait, en effet, décidé que la reproduction d'une œuvre d'art, au mépris des droits de l'auteur, constitue le délit de contrefaçon, quel que soit le mode de publication ou de mise au jour de l'œuvre par lequel elle est obtenue : les termes de l'art. 425, C. pén., qui punit comme contrefaçon toute édition de production imprimée ou gravée, sont simplement énonciatifs. — Cass., 13 févr. 1863, Debain, [S. 63.1.161, et les conclusions de M. l'avocat général Savary, P. 63.799, D. 63.2.88] — Orléans, 22 avr. 1863, Lépée, [S. 63.2.100, P. 63.799, D. 63.4.202] — Sic, Merlin, *Rép.*, v° *Contrefaçon*, § 16; Gastambide, n. 40, 64 et 262; Renouard, *Droits d'auteurs*, t. 2, p. 30; Nion, p. 76; Blanc, p. 548; Calmels, n. 527.

1438. — Spécialement, constitue le délit de contrefaçon la reproduction d'une composition musicale à l'aide de procédés mécaniques, tels que les cylindres pointés des boîtes à musique. — Mêmes arrêts. — *Contrà*, Rouen, 31 juill. 1862, Debain et autres, [D. 62.2.193]

1439. — Décidé encore que constituent une contrefaçon des planchettes qui, par la disposition de chevilles, reproduisent les morceaux de musique aussi exactement que des feuilles imprimées et en permettent l'exécution sur un piano mécanique, alors que ces morceaux de musique constituent une propriété privée. — Paris, 16 déc. 1859, Escudier et autres, [*Ann. propr. ind.*, 60.230]

1440. — Cependant, vers l'époque où fut rendu l'arrêt de cassation, le gouvernement impérial négociait avec la Suisse la conclusion d'un traité de commerce qui devait contenir des stipulations pour la garantie des œuvres littéraires et artistiques; l'industrie des boîtes à musique était alors très-prospère en Suisse; les plénipotentiaires de cet Etat mirent comme condition à l'adhésion de leur pays le vote d'un texte qui viendrait faire échec à la jurisprudence de la Cour de cassation. C'est dans ces conditions, après des débats très-vifs au Sénat où le gouvernement faillit être en minorité, que fut votée la loi du 16 mai 1866. D'après ce texte, « la fabrication et la vente des instruments servant à reproduire mécaniquement des airs de musique qui sont du domaine privé ne constituent pas le fait de contrefaçon musicale ». Cette disposition a été reproduite dans le traité de Berne (Prot. de clôture, chiffr. 3). — V. Pouillet, *Propr. litt.*, n. 562; de Folleville, p. 14.

1441. — Les circonstances dans lesquelles ce texte a été voté impliquent comme conséquence qu'il doit être entendu restrictivement. Aussi faut-il admettre que, comme la loi de 1866 ne s'occupe que de la fabrication et de la vente des instruments mécaniques, le droit d'exécution est resté en dehors des prévisions du législateur et que par suite il y a contrefaçon à exécuter en public et sans autorisation, sur des boîtes à musique ou autres instruments semblables, des airs du domaine privé. — V. *Rép. alph. du dr. fr.*, v° *Propriété littéraire et artistique.*

1442. — Par application de cette même idée, on aurait dû décider que la loi de 1866 ne concerne que des instruments mécaniques et ne doit pas être étendue à des objets qui, comme les cartons perforés employés dans les pianistas, orchestrions, etc., ne sont pas de véritables instruments mécaniques, bien qu'ils coopèrent à la reproduction mécanique des airs de musique. — Pouillet, *Propr. litt.*, n. 874 ; Darras, *Droit d'auteur* (de Berne), 1887, p. 154.

1443. — Il a été cependant jugé, en sens contraire, que depuis la loi du 16 mai 1866, la reproduction des airs de musique a cessé de constituer une contrefaçon musicale, lorsque cette reproduction est faite par des instruments servant à reproduire mécaniquement des airs de musique. — Paris, 9 janv. 1893, [J. *Le Droit*, 1er févr. 1893 ; J. *La Loi*, 28 mars] — Trib. Seine, 2 août 1893, [J. *Le Droit*, 4 oct.]

1444. — Les cartons perforés qui remplacent aujourd'hui les piquages sur les cylindres doivent donc être considérés non comme une contrefaçon dans les termes de la jurisprudence mais simplement suivant les termes de la loi de 1866, comme une mécanique de reproduction. — *Mêmes décisions.*

1445. — Au surplus, si indifférent que soit, au point de vue de la contrefaçon, le mode d'expression employé pour rendre l'œuvre originale, il ne saurait y avoir contrefaçon si on n'a eu recours à aucun mode de reproduction direct et si c'est simplement par renvoi que l'œuvre d'autrui est rappelée. Ainsi, il faut admettre qu'il n'y a pas contrefaçon à indiquer que certaines romances, dont on est d'ailleurs l'auteur, peuvent se chanter sur tel ou tel air qui n'est pas encore tombé dans le domaine public. — Paris, 26 déc. 1860, Kelmer, [*Ann. propr. ind.*, 61.59] — Quant à la question de savoir si, dans certaines conditions données, une telle pratique n'est pas un acte de concurrence déloyale, V. *Rép. alph. du dr. fr.*, v° *Concurrence déloyale*, n. 547 et 548.

§ 2. *Des délits autres que celui de contrefaçon.*

1446. — La contrefaçon, c'est-à-dire la fabrication même des objets contrefaits n'est pas le seul acte qui soit punissable au cas de reproduction illicite d'une œuvre littéraire ou artistique ; l'art. 426 prévoit en effet le débit d'ouvrages contrefaits et l'introduction sur le territoire français d'ouvrages, et le décret du 28 mars 1852 (art. 2) ajoute à cette énumération l'exportation et l'expédition des ouvrages contrefaisants ; puis d'ailleurs, la théorie de la complicité est applicable, ainsi qu'on l'a vu précédemment, au cas de contrefaçon d'une œuvre littéraire ou artistique. — V. *suprà*, n. 934 et s.

1447. — Observons tout d'abord que les coopérateurs de la contrefaçon peuvent être compris dans la poursuite, quoiqu'ils ne soient pas personnellement dénommés au procès-verbal de saisie. — Cass., 2 juill. 1807, Clémendot, [S. et P. chr.]

1448. — Ainsi donc, les simples débitants d'ouvrages d'objets contrefaits peuvent être poursuivis et condamnés pour contrefaçon, aussi bien que le fabricant lui-même. — Cass., 12 nov. 1839, Duval, [S. 39.1.932, P. 39.2.358]

1449. — L'existence d'un seul exemplaire d'une édition contrefaite dans un magasin de librairie suffit pour faire considérer le libraire détenteur comme coupable du débit de cette édition. — Cass. 2 déc. 1808, Guillaume, [S. et P. chr] — *Sic*, Pouillet, *Propr. litt.*, n. 592.

1450. — Mais il a pu être décidé, par appréciation des circonstances de fait, que la vente d'un exemplaire d'une édition contrefaite ne suffit pas pour constituer le délit de contrefaçon, s'il est établi que le libraire ne s'est procuré cet exemplaire qu'à la demande de l'acheteur, par une démarche purement officieuse, et non pour se livrer à une opération de commerce. — *Même arrêt.* — V. Pouillet, *Propr. litt.*, n. 592 ; Blanc, p. 199.

1451. — Pour qu'il y ait débit, il n'est pas nécessaire qu'il y ait une véritable vente ; il suffit qu'il y ait, moyennant rémunération, mise à la portée du public d'un objet contrefait, comme, par exemple, dans un cabinet de lecture. Il a été décidé, en ce sens, que le mot débit employé par l'art. 426 devant s'entendre de toute diffusion d'une œuvre contrefaite par un mode quelconque de nature à léser les intérêts du propriétaire, et la location à un directeur de théâtre de partitions destinées à être exécutées en public étant un des plus sûrs moyens d'obtenir

ce résultat, on doit prononcer les peines prévues par cet art. 426 contre celui qui, convaincu d'un tel délit, ne parvient pas à établir sa bonne foi. — Trib. Reims, 11 juin 1890, Gras, Donizetti et autres, [J. *Le Droit*, 14 juin] — *Sic*, Renouard, *Droits d'auteurs*, t. 2, p. 56 ; Le Senne, n. 40 ; Rendu et Delorme, n. 822 ; Pouillet, *Propr. litt.*, n. 602. — *Contrà*, Pic, *Code des imprimeurs*, n. 224.

1452. — Le débit d'ouvrages contrefaits constitue un délit, alors même que la livraison des objets vendus doit avoir lieu à l'étranger, du moment où la mise en vente ou le débit des ouvrages contrefaits a eu lieu sur le territoire français. — Paris, 26 janv. 1887, Hugot, [D. 88.2.309]

1453. — Bien que l'art. 426 ne parle que du débit d'ouvrages contrefaits, on est d'accord pour reconnaître qu'il y a lieu de comprendre sous son application le simple fait de l'exposition en vente. Décidé, en ce sens, que le délit de débit d'ouvrages contrefaits résulte suffisamment de ce que des exemplaires de l'édition contrefaite ont été trouvés exposés dans les magasins d'un libraire avec les autres objets de son commerce ; il n'est pas nécessaire de prouver qu'il y a eu vente effective ou actuelle. — Toulouse, 3 juill. 1835, Hacquart, [S. 36.2.39, P. chr.]; — 17 juill. 1835, Maire, [S. 36.2.39, P. chr.] — *Sic*, Renouard, *Droits d'auteurs*, t. 2, p. 55 ; Pouillet, *Propr. litt.*, n. 599 ; Calmels, p. 620 ; Rendu et Delorme, n. 822 ; Blanc, p. 183 ; Gastambide, p. 124. — *Contrà*, Carnot, *Comment. du Cod. pén.*, t. 2, p. 433.

1454. — Il y a d'ailleurs lieu de considérer comme équivalant à une mise en vente d'objets contrefaits l'introduction en France d'un catalogue illustré et d'albums photographiques contenant la reproduction par la gravure ou la photographie de nombreuses contrefaçons, alors que ce catalogue et ces albums sont employés à faire connaître l'existence d'objets contrefaits. — Paris, Seine, 12 janv. 1894, Christofle et Cie, [*Gaz. des Trib.*, 7 juin ; J. *La Loi*, 23 juin]

1455. — Jugé encore que se rend coupable de contrefaçon l'industriel qui exhibe dans une exposition publique une épreuve contrefaite d'une œuvre d'art, alors même que le but principal par lui poursuivi a été de faire connaître et apprécier le mérite et la valeur d'un procédé industriel de métallisation, du moment où le prix de l'objet était indiqué et que cette exhibition a valu à l'intéressé une récompense et des commandes. — Paris, 12 févr. 1868, Garnier, [*Ann. propr. ind.*, 68.74]

1456. — Bien que l'art. 426 ne semble s'appliquer, en apparence, qu'au cas d'introduction d'un ouvrage imprimé à l'étranger, on est d'accord pour admettre que, sur ce point, sa rédaction est vicieuse et que, notamment, on doit considérer comme punissable l'introduction portant sur des œuvres d'art illicitement reproduites à l'étranger. — Lyon-Caen et Delalain, t. 1, p. 28, note 3 ; Pouillet, *Propr. litt.*, n. 604. — V. *suprà*, n. 1166.

1457. — On est aussi généralement d'accord pour reconnaître qu'au point de vue de la répression pénale, l'introduction à titre de transit doit être, en nos matières, traitée de même que l'introduction faite à titre d'importation définitive. Décidé, en ce sens, que laisser les contrefaçons pénétrer impunément en France, sous le couvert du transit, ce serait admettre une exception arbitraire, en présence des termes absolus de l'art. 426, C. pén.; ce serait, en outre, asseoir cette exception sur une base incertaine et pratiquement inapplicable, puisqu'on ne peut jamais être assuré, quand la marchandise se présente, qu'elle ne s'écoulera point à l'intérieur, après le paiement des droits de douane ; ce serait enfin, par une violation manifeste du vœu de la loi, permettre au contrefacteur d'emprunter notre territoire pour aller faire à nos produits, sur les marchés du dehors, une guerre déloyale et funeste. — Paris, 8 mai 1863, Debain et autres, [*Ann. propr. ind.*, 63.165] — *Sic*, Pouillet, *Propr. litt.*, n. 609 ; Rendu et Delorme, n. 820.

1458. — Si, en effet, le principe que les propriétaires d'œuvres contrefaites peuvent saisir en France les contrefaçons qui ne font que transiter à travers le pays a été contesté à l'égard du breveté dont le droit s'arrête aux frontières du pays pour lequel il a été breveté, il n'en saurait être de même quand il s'agit d'œuvres d'art et du droit absolu de propriété reconnu au profit des auteurs et de leurs cessionnaires. — Paris, 7 févr. 1863, Debain et autres, [*Ann. propr. ind.*, 63.64] ; — 28 nov. 1863, Mêmes parties, [*Ann. propr. ind.*, 63.64]

1459. — Mais le délit d'introduction en France ne peut résulter que du fait matériel du prévenu lui-même ou de ses préposés ou représentants ; l'existence en douane des marchandises ou objets argués de contrefaçon ne peut y être légalement assimilée, du moment où le destinataire n'en a pas pris ou fait prendre livraison. — Trib. corr. Seine, 18 mars 1876, Testu et Massin, [*Ann. propr. ind.*, 76.265]

1460. — Mais, en ce cas, les tribunaux doivent prononcer la confiscation des exemplaires incriminés. — Même jugement.

1461. — On a vu précédemment, en matière de brevets d'invention (V. *suprà*, n. 1128 et s.), qu'il y avait introduction tombant sous l'application de la loi pénale, dans le fait d'introduire en France des objets fabriqués, licitement d'ailleurs, à l'étranger, par un cessionnaire du breveté, du moment où cette introduction était de nature à porter atteinte aux droits privatifs que le breveté s'était réservés en France ou qu'il avait accordés à un tiers cessionnaire. Les mêmes motifs qui nous ont fait alors approuver cette décision se retrouvent ici : sans doute, l'art. 426 ne déclare punissable que l'introduction portant sur des ouvrages « qui ont été contrefaits chez l'étranger », mais on admet que ces expressions ne doivent pas être prises au pied de la lettre et que l'ouvrage fabriqué à l'étranger est à considérer comme y ayant été contrefait, du moment où, venant par la suite à être introduit en France, il porte atteinte à des droits privatifs; poussé à l'extrême, le système contraire aboutirait d'ailleurs, ce que personne n'est disposé à admettre, à cette conséquence que l'introduction en France des contrefaçons étrangères échappe toujours à l'application de l'art. 426, C. pén., par cela seul que la fabrication a eu lieu dans un pays qui ne reconnaît pas la propriété littéraire et artistique.

1462. — La jurisprudence s'est cependant prononcée dans un sens contraire lors d'une affaire qu'avait fait naître la réglementation particulière de la propriété littéraire en Italie. On sait que, dans ce pays, les auteurs jouissent d'abord d'un droit privatif de reproduction pendant un délai de quarante ans à partir de l'apparition de l'œuvre, mais que, à l'expiration de ce premier délai, chacun est libre de reproduire cette œuvre, à la condition cependant de payer à l'auteur, pendant une seconde période de quarante ans, une redevance de 5 p. 0/0 sur le prix fort de chaque exemplaire vendu. Cela étant, et étant admis que l'introduction en France d'objets licitement fabriqués à l'étranger devient punissable lorsqu'elle y porte atteinte aux droits privatifs de l'auteur, de l'artiste ou de leurs cessionnaires, on aurait dû décider que l'art. 426, C. pén., s'applique à l'introduction en France d'exemplaires vendus en Italie pendant la seconde période des droits d'auteur, alors même que le paiement des 5 p. 0/0 aurait eu lieu, du moment où cette importation était de nature à porter atteinte aux droits des cessionnaires français de l'auteur. La Cour de cassation a toutefois adopté l'opinion contraire. — Cass., 25 juill. 1887, Grus, [S. 88.1.17, P. 88.1.24, et la note de M. Lyon-Caen, D. 88.1.5] — Cet arrêt a été unanimement critiqué. — V. Ch. Lyon-Caen, *loc. cit.*; X..., *Ann. dr. commerc.*, 1888, 1re part., p. 5 et 333; Pouillet, *Propr. litt.*, n. 852; Darras, *Droit des auteurs, etc.*, n. 489 et 510.

SECTION V.

De la contrefaçon en matière de dessins et de modèles de fabrique et des infractions qui lui sont assimilées.

1463. — La contrefaçon des dessins et des modèles de fabrique n'est punissable que parce que, d'après la jurisprudence, elle est comprise dans les termes des art. 425 et s., C. pén.; cela étant, l'étude de la contrefaçon dans ce cas particulier se confond avec celle de la contrefaçon des œuvres littéraires et artistiques; nous nous contenterons donc d'indiquer quelques applications particulières que les tribunaux ont faites des théories que nous avons étudiées dans la section précédente.

1464. — La violation des conditions d'un marché qui avait autorisé un tiers à fabriquer un dessin ou un modèle de fabrique dans de certaines limites doit être punie comme une véritable contrefaçon (V. pour la justification de cette théorie, *suprà*, n. 1299 et s.). Il a donc été jugé que ne constitue pas seulement l'inexécution d'une obligation, mais bien une contrefaçon, une fabrication d'objets, sciemment effectuée au delà de la quantité et en dehors de la destination pour laquelle l'auteur des modèles l'avait limitativement autorisée. — Cass., 23 mars 1888, Dargouge frères, [*Ann. propr. ind.*, 89.231] — *Sic*, Pouillet, *Dess. de fabr.*, n. 139.

1465. — La détermination du moment où la tentative se transforme en contrefaçon est soumise aux mêmes règles que quand il s'agit de contrefaçon d'œuvres littéraires et artistiques. Il y a donc non pas seulement tentative du délit de contrefaçon, mais contrefaçon véritable d'un modèle de fabrique, aussitôt que les matrices sont fabriquées et que l'on a produit un spécimen de modèle à titre d'essai, alors même que l'on aurait employé à cet effet une substance autre que celle usitée pour les objets destinés au commerce. — Trib. corr. Seine, 16 déc. 1885, Christofle et Cie, [*Ann. propr. ind.*, 86.137] — *Sic*, Pouillet, *Dess. de fabr.*, n. 135; Waelbroeck, n. 145. — V. Philipon, n. 163.

1466. — Comme en matière d'œuvres littéraires et artistiques, une personne peut, en empruntant des éléments au domaine public et en les combinant d'une manière originale, donner naissance à un dessin ou à un modèle que les tiers ne peuvent reproduire qu'en s'exposant aux peines de la contrefaçon (V. *suprà*, n. 1379 et s.). Décidé, en ce sens, qu'un dessin d'étoffes ou de rubans, bien que composé d'éléments pris dans le domaine public, n'en est pas moins susceptible de devenir l'objet d'une propriété exclusive, lorsque ces éléments sont coordonnés et assemblés d'une manière particulière, qui forme de ce dessin une nouveauté. En conséquence, l'imitation d'un tel dessin constitue une contrefaçon, et donne lieu à des dommages-intérêts contre le contrefacteur. — Cass., 29 avr. 1862, Denis, [S. 62.1.982, P. 63.288, D. 62.1.274]

1467. — Et, dans ce cas, la qualification de produit nouveau donnée par l'arrêt au ruban ou tissu doit s'entendre d'un produit nouveau quant au dessin, protégé par la loi du 18 juin 1806, sur les dessins de fabrique, et non d'un produit nouveau quant au procédé de fabrication, protégé seulement par les lois sur les brevets d'invention. — Même arrêt.

1468. — Il y a contrefaçon d'un dessin dans l'imitation de ce dessin, même sur une échelle réduite, et quand même on y aurait fait de légers changements. Il importe peu que ce dessin soit la représentation d'un monument public que chacun peut reproduire, s'il est constant que le prévenu, au lieu de dessiner lui-même ce monument, n'a réellement fait que copier le dessin d'autrui. — Colmar, 27 mars 1844, Lagier, [S. 46.2.27, P. 45.2. 510, D. 45.2.8]

1469. — La reproduction d'un animal pris dans la nature, tel qu'un éléphant, est susceptible d'appropriation privative en tant que modèle de fabrique, lorsque l'artiste par son travail personnel a donné à l'image un caractère original et distinctif. — Trib. corr. Seine, 12 déc. 1894, Keller frères, [*Rev. prat. de dr. ind.*, 95.43]

1470. — Il y a, par suite, contrefaçon du fait d'avoir pris comme modèle de fabrique le même animal en imitant les détails d'ornementation propres à distinguer le modèle du premier fabricant, de telle sorte que la confusion soit possible entre les deux modèles. — Même jugement.

1471. — La reproduction de tout modèle ou dessin destiné à être exécuté en relief constitue une contrefaçon, bien que ce modèle ou dessin s'applique à un objet purement industriel, quelle que soit d'ailleurs la simplicité de la forme, et en l'absence même de toute ornementation, si d'ailleurs cette forme est assez déterminée pour pouvoir donner à l'objet auquel elle s'applique un caractère qui permette d'en reconnaître l'origine et l'individualité. — Cass., 2 août 1854, Vivaux, [S. 54.1.849, P. 55.1.85] — Rouen, 7 déc. 1855, Morel, [S. 56.2.233, P. 57.109]

1472. — Il en est ainsi spécialement du modèle ou du dessin des poêles ovales, lorsque certaines dimensions, lorsque cette forme est appliquée nouvellement et dans certaines conditions qui leur donnent un caractère propre et spécial. — Mêmes arrêts.

TITRE IV.

RÉPRESSION DE LA CONTREFAÇON.

CHAPITRE I.

PEINES.

1473. — La diversité qu'il nous a été permis de relever en étudiant jusqu'à présent les dispositions des différentes lois qui rentrent dans notre examen se retrouve encore dans la détermination des peines dont sont frappés ceux qui commettent une contrefaçon ou des délits qui lui ont été assimilés; en matière de brevets d'invention, la peine est d'une amende de 100 à 200 francs pour la contrefaçon, le recel, l'usage, la vente, l'exposition en vente ou l'introduction d'objets contrefaits.

1474. — Comme l'amende est la peine de la culpabilité personnelle, il faut admettre qu'en cas de saisie d'objets contrefaits dans les magasins d'une maison de commerce exploitée par deux associés, il doit être prononcé contre chacun d'eux une amende distincte. — Rouen, 4 août 1859, Leroy, [S. 60.2.619, P. 61. 484] — Sic, Pouillet, *Brev. d'inv.*, n. 959.

1475. — Outre la peine de l'amende il y a lieu de prononcer, au cas de récidive, un emprisonnement d'un mois à six mois (art. 43). Il a été jugé, à cet égard, que l'ouvrier mécanicien qui, déjà condamné pour contrefaçon d'un objet, confectionne de nouveau cet objet pour le compte d'un autre contrefacteur qui l'emploie, commet en récidive le délit de contrefaçon. — Orléans, 24 avr. 1855, Laurence, [S. 55.2.601, P. 55.1.472, D. 55.2.327] — Il y aurait récidive alors même que la contrefaçon aurait porté en second lieu sur une invention autre que celle usurpée lors de la première infraction. — Pouillet, *Brev. d'inv.*, n. 964.

1476. — Il y a récidive, aux termes exprès de l'art. 43, lorsqu'il a été rendu contre le prévenu, dans les cinq années antérieures, une première condamnation pour un des délits prévus par la loi de 1844. Aussi a-t-il été décidé, avec raison, qu'une déclaration de contrefaçon, contenue dans un jugement émané de la juridiction civile, ne constitue un prévenu en état de récidive, surtout quand les objets argués de contrefaçon et ceux qui ont motivé l'action civile d'un autre breveté, sont absolument les mêmes. — Paris, 13 févr. 1862, Rouget de Lisle, [*Ann. propr. ind.*, 62.358] — Trib. corr. Seine, 31 janv. 1867, Desouche, [*Ann. propr. ind.*, 69.24] — Sic, Pouillet, *Brev. d'inv.*, n. 964.

1477. — L'art. 42 déclare, en termes formels, que les peines établies par la loi de 1844 ne peuvent être cumulées. Décidé, à ce sujet, qu'il n'y a pas lieu à cassation d'un arrêt qui a prononcé deux amendes contre un même prévenu condamné une fois pour être l'auteur de certains faits et une autre pour en être le complice, lorsque les amendes réunies ne dépassent pas le maximum fixé par la loi; et cela quoiqu'aux termes de l'art. 42 de la loi de 1844, conforme sur ce point à l'art. 365, C. instr. crim., les peines ne doivent pas être cumulées, et que la plus forte doive être seule prononcée pour les faits de contrefaçon antérieurs à la première poursuite. — Cass., 14 avr. 1859, Nulliet, [*Ann. propr. ind.*, 59.161] — Sic, Pouillet, *Brev. d'inv.*, n. 961. — V. aussi Paris, 6 mai 1885, Fouillet-Chevance, [*Ann. propr. ind.*, 83.334]

1478. — Enfin l'art. 43 dispose qu'un emprisonnement d'un mois à six mois peut être prononcé si le contrefacteur est un ouvrier ou un employé ayant travaillé dans les ateliers ou dans l'établissement du breveté ou si le contrefacteur s'étant associé avec un ouvrier ou un employé du breveté a eu connaissance, par ce dernier, des procédés décrits au brevet. Décidé, à ce sujet, que l'ouvrier qui travaille à façon, chez lui, pour le compte d'un patron, dans le magasin duquel il vient fréquemment dans les ateliers de ce dernier pour recevoir des matériaux à ouvrer ou pour rendre des objets ouvrés, ne saurait être considéré comme ouvrier dans le sens et pour l'application de l'art. 43 de la loi de 1844. — Paris, 13 avr. 1878, Petit, [*Ann. propr. ind.*, 78.102]

1479. — D'après la loi de 1857 sur les marques, il peut être prononcé une amende de 50 fr. à 3,000 fr. et un emprisonnement de trois mois à trois ans, ou l'une de ces peines seulement, contre ceux qui ont contrefait une marque ou fait usage d'une marque contrefaite, contre ceux qui ont frauduleusement apposé sur leurs produits ou les objets de leur commerce une marque appartenant à autrui, contre ceux qui sciemment vendu ou mis en vente un ou plusieurs produits revêtus d'une marque contrefaite ou frauduleusement apposée (art. 7). Ces pénalités descendent respectivement au taux de 50 fr. et de 2,000 fr. pour l'amende, d'un mois et d'un an pour l'emprisonnement lorsque l'infraction consiste soit à imiter frauduleusement la marque d'autrui, soit à vendre ou à mettre en vente des produits revêtus de marques frauduleusement imitées (art. 8). Comme en matière de brevets, les différentes peines comminées par la loi de 1857 ne peuvent être cumulées (art. 10).

1480. — La récidive, dont la définition est la même dans notre espèce que quand il s'agit de brevet d'invention, peut en-

traîner la condamnation du coupable à des peines doubles de celles qui viennent d'être indiquées. — Pouillet, *Brev. d'inv.*, n. 278; Rendu, n. 232.

1481. — En outre de ces peines, les tribunaux correctionnels peuvent, mais ils usent rarement de cette faculté, déclarer que pendant un temps qui n'excédera pas dix ans, les délinquants seront privés du droit de participer aux élections des tribunaux et des chambres de commerce, des chambres consultatives des arts et manufactures et des conseils de prud'hommes (art. 13). Comme cette disposition constitue une véritable peine, elle ne peut être appliquée que par les tribunaux correctionnels. — Pouillet, *Marq. de fabr.*, n. 279; Bédarride, n. 947.

1482. — Les peines qui viennent d'être énumérées peuvent-elles être prononcées contre celui à la charge de qui on relève des faits d'introduction en France de marques contrefaites ou frauduleusement imitées; le doute vient de ce que l'art. 19 qui prévoit une telle infraction permet la saisie de telles marques, mais ne soumet pas expressément le coupable à l'application de ces peines (V. Bédarride, n. 994). Cette opinion est à repousser: si, en effet, les art. 7 et s., ne prévoient pas expressément le délit d'introduction, le terme *usage*, qui y est employé, est assez large pour comprendre cette infraction, et, d'ailleurs, on sait que la théorie de la complicité peut être invoquée pour combler les lacunes de la loi de 1857, et que les complices sont punis des mêmes peines que les auteurs principaux. — Pouillet, *Marq. de fabr.*, n. 324; Darras, *Marq. de fabr.*, n. 208.

1483. — En vertu de la loi du 26 nov. 1873, relative à l'établissement d'un timbre ou signe spécial destiné à être apposé sur les marques de commerce ou de fabrique, les peines portées en l'art. 140, C. pén., sont applicables à ceux qui ont contrefait ou falsifié les timbres ou poinçons établis par cette loi et à ceux qui ont fait usage de ces timbres ou poinçons falsifiés ou contrefaits; tout autre usage frauduleux de ces timbres ou poinçons et des étiquettes, bandes, enveloppes et estampilles qui en seraient revêtus, est puni des peines portées en l'art. 142, C. pén.

1484. — C'est l'art. 423, C. pén., qui est applicable à toutes les infractions à la loi du 28 juill. 1824, relative aux altérations ou suppositions de noms dans les produits fabriqués.

1485. — Pour ce qui est des œuvres littéraires et artistiques, comme aussi des dessins et modèles de fabrique, la peine est d'une amende de 100 fr. à 2,000 fr. contre les contrefacteurs, les introducteurs, les exportateurs et expéditeurs et d'une amende de 25 fr. à 500 fr. contre les débitants (art. 427, C. pén., et art. 2, Décr. 28 mars 1852). — V. sur le non cumul des peines, Amiens, 11 août 1864, Vieillot, [*Ann. propr. ind.*, 64. 397] — Aix, 27 août 1864, Vieillot, [*Ann. propr. ind.*, 64.401] — Trib. corr. Epernay, 30 janv. 1864, Vieillot, [*Ann. propr. ind.*, 64.40] — Trib. corr. Marseille, 27 juin 1864, Vieillot, [*Ann. propr. ind.*, 64.394] — V. Pouillet, *Propr. litt.*, n. 697.

1486. — Telles sont les pénalités qui peuvent frapper les différentes infractions que nous venons d'énumérer; il est bon de faire observer d'ailleurs en terminant que le juge peut toujours, en accordant des circonstances atténuantes, descendre au-dessous des pénalités indiquées, en ce qui concerne les délits prévus par le Code pénal; mais en ce qui concerne, au contraire, les délits dont s'occupent les lois spéciales, il ne peut être fait application de l'art. 463, C. pén., que si les juges y ont été expressément autorisés par une disposition particulière de la loi (L. 1844, art. 44; L. 1857, art. 12; L. 26 nov. 1873, art. 6, in fine; Décr. 28 mars 1852, art. 3). — V. supra, v° *Circonstances aggravantes et atténuantes*, n. 100 et s.

CHAPITRE II.

CONFISCATION.

Section I.

De la confiscation au cas de contrefaçon d'une invention brevetée.

1487. — Aux termes de l'art. 49 de la loi de 1844, « la confiscation des objets reconnus contrefaits, et, le cas échéant, celle des instruments ou ustensiles destinés spécialement à leur fabrication seront, même en cas d'acquittement, prononcées contre le contrefacteur, le recéleur, l'introducteur ou le débitant; les

objets confisqués seront remis au propriétaire du brevet... ». —
V. *Rép. alph. du dr. fr.*; vº *Confiscation*, n. 76 et s.

1488. —Ce texte a soulevé un certain nombre de difficultés,
mais il est un point sur lequel on semble être d'accord, c'est que,
nonobstant les termes de l'art. 11, C. pén., la confiscation ne
doit pas être considérée, sous l'empire de la loi de 1844, comme
une véritable peine, mais comme une mesure de réparation prise
dans l'intérêt du breveté en même temps qu'une mesure de précaution prise en vue d'empêcher que le contrefacteur, resté en
possession de l'objet litigieux, ne soit porté à s'en servir contrairement aux droits de l'inventeur; les travaux préparatoires
de la loi de 1844 sont formels en ce sens. — V. Pouillet, *Brev.
d'inv.*, n. 966; Allart, n. 688.

1489. — La confiscation revêtant un caractère civil, il en résulte d'importantes conséquences. D'abord, la confiscation des
objets contrefaits constituant moins une peine que la réparation
du dommage causé par la contrefaçon, cette confiscation peut être
prononcée valablement par les tribunaux civils. — Cass., 9 mai
1859, Desse et Ciº, [S. 59.1.295, P. 59.1016, D. 59.1.205]; — 29
juin 1875, Jacquet de May, [S. 77.1.206, P. 77.518, D. 76.1.12]
— Paris, 24 janv. 1845, ..., [S. 60.1.928, *ad notam*, P. 45.1.568]
— Lyon, 25 févr. 1863, Delharpe, [*Ann. propr. ind.*, 64.308] —
Sic, Pouillet, *Brev. d'inv.*, n. 966 et les arrêts cités en note;
Blanc, p. 677; Nouguier, n. 1014; Rendu et Delorme, n. 568;
Schmoll, n. 138; Renouard, *Brev. d'inv.*, n. 257; Bédarride, t. 2,
n. 655; Allart, n. 691; Malapert et Forni, n. 1154. — Sur l'état
de choses antérieur à la loi de 1844, V. Colmar, 30 juin 1828, Zu-
ber, [S. et P. chr.] — Rouen, 4 mars 1841, Péthion, [S. 41.2.365,
P. 42.2.323] — On argumentait alors de ce que l'art. 11, C. pén.,
rangeait la confiscation au nombre des peines, et de ce que la
loi spéciale de 1791 ne s'expliquait pas sur le caractère de la confiscation en matière d'inventions contrefaites.

1490. — Il a été aussi jugé que la confiscation n'étant pas
une peine, mais un complément d'indemnité, peut être prononcée
par la cour, bien qu'il n'y ait appel que de la partie civile et non
du ministère public. — Cass., 22 juin 1860, Juhel, [S. 60.1.428,
P. 60.1122, D. 60.1.202] — Paris, 24 janv. 1845, précité. — Colmar, 13 sept. 1854, Villard, [*Ann. propr. ind.*, 57.406] — Rouen,
28 août 1857, Delaunay, [*Ann. propr. ind.*, 57.329] — *Sic*, Pouillet, *loc. cit.*; Allart, n. 688; Malapert et Forni, n. 1155. — *Contrà*, Paris, 17 mars 1843, Barbet, [P. 44.1.293]

1491. — Décidé encore que comme la confiscation peut être
prononcée contre un prévenu, même au cas d'acquittement, cette
mesure peut être étendue, en appel, à des objets pour lesquels
elle n'avait pas été prononcée en première instance, alors même
que tous les prévenus ne figurent pas dans l'instance d'appel et
que le jugement ait acquis l'autorité de la chose jugée à l'égard
de l'un des prévenus. — Cass., 17 sept. 1858, Périn, [*Ann. propr.
ind.*, 58.312]

1492. — De même, il faut décider, dans la crainte de voir
les faits de contrefaçon se renouveler, que la valeur considérable
des objets contrefaits, alors même qu'elle dépasse l'importance du
préjudice causé au breveté, ne saurait être un obstacle juridique
à la confiscation, le contrefacteur ou le receleur ne pouvant s'en
prendre qu'à lui-même des suites exorbitantes de son délit ou
de son imprudence. — Metz, 14 août 1850, Aïcan, [S. 50.2.604,
P. 50.2.642, D. 51.2.163] — Nancy, 27 janv. 1875, Frézon, [*Ann.
propr. ind.*, 75.12] — *Sic*, Pouillet, *Brev. d'inv.*, n. 969; Blanc,
p. 677; Rendu et Delorme, n. 560; Nouguier, n. 1018; Allart,
n. 699; Renouard, *Brev. d'inv.*, n. 258; Malapert et Forni, n.
1156.

1493. — De même encore, la confiscation ordonnée par l'art.
49, § 2, L. 5 juill. 1844, ayant essentiellement le caractère de
réparation civile, les frais de la remise des objets confisqués sont,
de droit, à la charge du contrefacteur. C'est donc à tort qu'un
arrêt les met à la charge du créancier. — Cass., 5 janv. 1876,
Godin, [S. 76.1.343, P. 76.843, D. 76.1.10] — Amiens, 14 août
1877, Godin, [S. 77.2.259, P. 77.1033] — *Sic*, Pouillet, *Brev.
d'inv.*, n. 983 *bis*; Allart, n. 700. — Sur le point de savoir si la
solution devrait être encore la même au cas où la confiscation
aurait été prononcée contre un détenteur de bonne foi, V. Pouillet, *loc. cit.*

1494. — La confiscation peut porter soit sur les objets contrefaits, soit sur les instruments ou ustensiles destinés spécialement à leur fabrication; quant aux objets contrefaits, la confiscation est nécessaire pour le juge; elle est, au contraire, facultative pour ce qui est des instruments et ustensiles.

1495. — La confiscation qui porte sur les objets contrefaits
ne peut frapper que les objets contrefaits eux-mêmes; telle est
la règle; mais, par la force même des choses, la confiscation doit
s'appliquer aussi à des objets qui cependant ne sont pas contrefaits, lorsqu'ils sont unis d'une façon si intime à des objets contrefaits qu'il est impossible de les en séparer. — Pouillet, *Brev.
d'inv.*, n. 970; Rendu et Delorme, n. 560; Nouguier, n. 1020;
Allart, n. 693.

1496. — Ainsi, lorsqu'un objet n'est entaché de contrefaçon
que dans une de ses parties, la confiscation ne doit porter que
sur cette partie, si elle n'est pas indivisible avec le surplus de
l'objet. Par exemple, au cas de contrefaçon de la forme seulement d'un bateau, la confiscation ne doit point s'étendre aux
machines et chaudières, alors qu'elles peuvent être détachées
du bateau. — Cass., 12 nov. 1858, Gache, [S. 59.1.276, P. 59.
685, D. 59.1.44]

1497. — L'arrêt qui, sur une poursuite en contrefaçon, a
ordonné, en termes absolus, la confiscation de l'objet au sujet
duquel a eu lieu la poursuite, peut d'ailleurs être ultérieurement
interprété par la cour qui l'a rendu, en ce sens que la confiscation
ne s'applique qu'à la portion de cet objet arguée de contrefaçon.
— Même arrêt. — *Sic*, Pouillet, *Brev. d'inv.*, n. 990.

1498. — D'une manière plus générale, si un objet réputé
contrefait a été appliqué sur un autre objet, sans que leur réunion forme un tout indivisible, et que tous deux, bien que séparés l'un de l'autre, conservent leur caractère distinct, leur application et leur valeur industrielle, la confiscation doit porter
seulement sur l'objet contrefait, alors surtout qu'il peut être dé-
taché du second sans altérer l'intégrité de ce dernier. — Paris,
13 déc. 1867, Desouches, [*Ann. propr. ind.*, 69.28]

1499. — Mais lorsque les objets contrefaisants sont réunis à
d'autres objets non contrefaisants desquels ils ne peuvent être
séparés, la confiscation du tout doit être prononcée. — Cass., 2
mai 1822, Chedebois, [S. et P. chr.] — V. Paris, 30 mai 1857,
Lanoa, [*Ann. propr. ind.*, 57.314]

1500. — Spécialement, bien qu'une invention industrielle se
compose de deux parties distinctes, l'*invention principale*, et un
perfectionnement, bien que l'invention principale soit tombée dans
le domaine public, néanmoins, en cas de contrefaçon, il y a lieu
à la confiscation de l'objet contrefait, en entier, au profit de
l'inventeur du *perfectionnement*, lorsque les deux parties sont
inséparables, et ne forment qu'une seule et même chose. —
Cass., 2 mai 1822, précité.

1501. — La peine de la confiscation portant sur un objet
breveté et sur un objet du domaine public est suffisamment motivée lorsque l'arrêt déclare que leurs dispositions constituent un
ensemble d'organes essentiels; une telle déclaration doit être
considérée comme constatant une véritable indivisibilité entre
les deux parties de l'appareil. — Cass., 11 juill. 1857, Fau-
nier, [*Ann. propr. ind.*, 57.321]

1502. — Lorsque la contrefaçon consiste dans l'imitation
d'un appareil, la confiscation doit porter sur l'appareil tout entier, alors même que la contrefaçon ne concerne qu'un certain
nombre des organes de l'appareil; « l'indivisibilité résulte alors
non de la plus ou moins grande facilité qu'il y aurait à désagré-
ger matériellement les organes, mais de la nécessité de leur
fonctionnement simultané ». — Pouillet, *Brev. d'inv.*, n. 973.

1503. — Jugé, à cet égard, que lorsque les divers organes
d'une machine concourent à la contrefaçon, le juge du fait est
autorisé à prononcer la confiscation de la machine entière. Ne
saurait être admise en cette hypothèse, la prétention des défendeurs qui ont demandé qu'en cas de confiscation des machines,
les tribunaux en ordonnent la destruction pour les débris leur
en être remis. — Cass., 5 juin 1863, Mathias, [D. 69.5.39] — V.
aussi Cass., 30 janv. 1863, Jennesson et Richard, [D. 72.5.46]

1504. — Lorsque des objets font partie intégrante et nécessaire des appareils décrits dans un brevet, le fait que ces appareils sont déclarés contrefaits doit entraîner la confiscation de
toutes les parties dont il se compose, sans qu'il soit permis d'en
excepter quelques-unes sous le prétexte que, prises isolément,
elles n'étaient pas brevetables. — Cass., 27 déc. 1851, Dubut,
[D. 53.5.53]

1505. — Lorsque l'objet comme le produit de la contrefaçon
se constitue par la combinaison nouvelle d'organes antérieurement connus comme éléments particuliers, on ne peut séparer
ces organes les uns des autres sans rompre aussitôt la combinaison dont chacun d'eux est un élément essentiel; le fait de

cette séparation devant consommer par lui-même la destruction du produit contrefait et devant rendre impossible de définir l'élément qui porterait le caractère de la contrefaçon, la confiscation doit alors porter sur tout le corps du délit. — Rouen, 1er mai 1862, Richard, [Ann. propr. ind., 62.337]

1506. — Du moment où il est décidé par les juges du fond que des organes qui composent un objet breveté forment un ensemble, la confiscation de cet ensemble doit être ordonnée et il n'est pas nécessaire de donner des motifs spéciaux sur chacun des organes considérés isolément. Il importe peu qu'en fait ces organes puissent être facilement séparés l'un de l'autre, comme un lit de fer et son sommier. — Cass., 26 nov. 1875, Moisset Faye, [D. 76.1.137]

1507. — A plus forte raison, lorsque les machines contrefaites constituent un ensemble indivisible, dont les parties concourent à obtenir le résultat délictueux et ne peuvent être isolées, la confiscation doit porter sur le tout. — Paris, 9 mai 1883, Buro, [Ann. propr. ind., 84.93]

1508. — Dans le cas où l'invention porte sur une machine ou sur un appareil, on est d'accord pour reconnaître que la confiscation ne doit pas porter uniquement sur la machine ou sur l'appareil imité de l'appareil ou de la machine breveté, mais qu'elle doit s'étendre aussi à certains produits fabriqués ou façonnés à l'aide de la machine ou de l'appareil contrefait; la difficulté ne naît entre les auteurs que quand il s'agit de déterminer quels produits il y a lieu de frapper de confiscation; pour les uns, on ne devrait comprendre dans cette mesure que les produits qui, par l'emploi de la machine litigieuse, ont subi une transformation telle, une modification si importante qu'ils doivent être eux-mêmes réputés contrefaits. — Pouillet, Brev. d'inv., n. 978; Nouguier, n. 1024; Calmels, n. 718; Allart, n. 693; Malapert et Forni, n. 1159 et s.; Pataille, note sous Cass., 10 févr. 1880 et 30 mars 1881, [Ann. propr. ind., 81.119]

1509. — Pour d'autres auteurs, au contraire, il y aurait toujours lieu de prononcer la confiscation des objets produits à l'aide d'appareils contrefaits alors même que l'emploi de ces appareils n'aurait pas modifié la nature de ces produits. — Blanc, p. 678.

1510. — Il avait été jugé, avant la loi de 1844, que lorsqu'un procédé industriel garanti par un brevet d'invention a pour effet de donner un apprêt nouveau à un tissu déjà connu, la contrefaçon du procédé donne lieu à la confiscation du tissu apprêté, en ce que l'apprêt étant inhérent au tissu, il est impossible de confisquer l'un sans l'autre. — Cass., 31 déc. 1822, Vermont, [S. et P. chr.]

1511. — Depuis la promulgation de la loi de 1844 jusque dans ces derniers temps la jurisprudence se prononçait dans le même sens que le premier système. Il avait été jugé, en effet, que dans le cas de contrefaçon d'une invention brevetée, il n'y avait lieu à la confiscation des matières premières, marchandises ou autres objets de fabrication qu'autant que les juges reconnaissaient et déclaraient expressément que ces objets avaient dans leur nature, dans leur forme, dans leur apparence ou dans leur valeur, subi des modifications telles qu'ils dussent être considérés réellement comme objets contrefaits. — Cass., 28 mai 1833, Curjolle et Rech, [S. 33.1.792, P. 54.2.54, D. 54.1.43]; — 9 mai 1859, Desse et Cie, [S. 59.1.295, P. 59.1016, D. 59.1.205]; — 5 janv. 1876, Godin, [S. 76.1.343, P. 76.843, D. 76.1.10] — Paris, 19 juin 1858, Villard, [Ann. propr. ind., 58.305] — Rouen, 26 août 1868, Joly, [Ann. propr. ind., 75.289] — V. Nancy, 27 janv. 1875, Frezon, [Ann. propr. ind., 75.12]

1512. — ... Qu'il y avait donc lieu de tenir pour nul, pour défaut de motifs, l'arrêt qui, après avoir prononcé la confiscation d'instruments reconnus contrefaits, refusait de prononcer également celle des produits obtenus à l'aide desdits instruments sans s'expliquer sur le point de savoir si, par l'emploi de ces instruments, ces produits n'avaient pas subi des modifications telles qu'ils dussent être eux-mêmes réputés contrefaits. — Cass., 5 janv. 1876, précité.

1513. — ... Que c'était, en effet, aux juges du fond qu'il appartenait de rechercher, d'après ces principes, si les marchandises ou objets fabriqués avaient, par suite de l'application qui y avait été faite du procédé breveté, subi dans leur nature, dans leur forme ou dans leur valeur, des modifications telles qu'ils dussent être considérés comme objets contrefaits. — Nancy, 27 janv. 1875, précité.

1514. — ... Que, particulièrement, il y avait lieu de pro-

noncer la confiscation des tissus chimiquement époutillés d'après un procédé breveté, quand il était constant, d'une part, que l'époutillage avait eu pour effet d'en faire des produits complets et marchands, ce qu'ils n'étaient pas avant l'application du procédé, à raison des impuretés ou époutils qu'ils contenaient, et, d'autre part, que le tissu ainsi époutillé acquérait une souplesse, un fini, un éclat qu'il ne saurait avoir sans cela. — Même arrêt.

1515. — A ce point de vue, il avait été jugé également qu'il n'y avait pas à distinguer entre les draps encore en cours d'époutillage et ceux débarrassés par le lavage de toute trace d'acide; que ceux-ci, comme ceux-là, devaient être compris dans la confiscation : que l'application aux draps fabriqués du procédé nouveau leur faisait acquérir des propriétés nouvelles et désormais indélébiles qu'un lavage ne pouvait faire disparaître. — Même arrêt. — Sic, la consultation de Pataille, eod. loc., p. 26. — Contrà, Trib. Sedan, 27 juin 1873, Mêmes affaires, sous Nancy, 27 janv. 1875 (2 jugements), loc. cit.

1516. — ... Qu'on devait réputer objets contrefaits ou tout au moins instruments de contrefaçon, et soumis comme tels à la confiscation, des laines ou tissus auxquels on avait appliqué un procédé breveté pour les graisser ou dégraisser. — Cass., 20 août 1851, Cunin-Gridaine et autres, [S. 51.1.648, P. 52.1.279, D. 54.5.77] — Metz, 14 août 1830, Alcan, [S. 50.2.642, P. 50.2.642, D. 51.2.163]

1517. — ... Qu'il y avait donc lieu également d'autoriser la confiscation de produits qui, tels que les alcools, avaient été fabriqués à l'aide de procédés ou appareils brevetés lorsque ceux-ci, tout en ne différant point par leur nature des produits similaires du commerce, provenaient de matières premières obtenues à l'aide d'appareils contrefaits qui avaient fait subir à ces matières une transformation plus prompte que si on s'était servi de tout autre instrument connu. — Cass., 9 mai 1859, précité.

1518. — ... Que, particulièrement, celui qui avait obtenu un brevet pour des procédés et appareils de distillation donnant des alcools plus vivement et avec plus d'économie que les procédés et appareils précédemment employés, avait droit à confiscation, non pas seulement des appareils reconnus contrefaits, mais des alcools obtenus à l'aide de ces appareils et qui avaient par cela même une valeur relative supérieure. — Paris, 19 juin 1858, précité.

1519. — Jugé aussi qu'il y avait lieu d'ordonner la confiscation des objets en entier, et cela même vis-à-vis des débitants, quand le procédé breveté avait pour résultat d'ajouter une ornementation à un objet du domaine public et que cette ornementation faisait corps avec lui. — Paris, 26 mars 1861, Dutertre, [Ann. propr. ind., 61.369]

1520. — ... Que pour être à l'abri de la confiscation, il fallait et il suffisait que les juges reconnussent et déclarassent également d'une manière expresse que les objets de fabrication n'avaient pas subi de modifications suffisantes pour pouvoir être considérés comme des objets contrefaits. — Cass., 13 mai 1833, Labbez, [S. 53.1.792, P. 54.2.54, D. 54.1.43]; — 28 mai 1833, Caujolle et Rech, [ibid.]

1521. — ... Que les objets fabriqués à l'aide d'un appareil contrefait ne devaient donc pas être confisqués, si l'emploi de l'appareil contrefait n'avait procuré au fabricant qu'une simple économie dans la main-d'œuvre, sans apporter aucune modification dans la forme et la valeur intrinsèque des objets, et si le même résultat aurait pu être obtenu au moyen des procédés dont on se servait antérieurement. — Amiens, 14 août 1877, Godin, [S. 77.2.259, P. 77.1033]

1522. — ... Qu'à défaut d'une déclaration par les juges du fond sur le caractère des modifications subies par les produits fabriqués à l'aide d'appareils contrefaits, il y avait vice de la loi dans la décision qui prononçait et dans celle qui refusait de prononcer la confiscation. — Cass., 13 et 28 mai 1833, précités.

1523. — Mais la Cour de cassation a fini par modifier sa jurisprudence précédente. Elle a décidé, en effet, que, si l'ensemble des motifs d'un arrêt, il résulte que les marchandises dont la confiscation est prononcée ne sont autre chose que des objets façonnés à l'aide de la contrefaçon et qu'aucune contestation sur ce point n'a été soulevée devant la cour d'appel, il n'est nullement nécessaire que l'arrêt fournisse d'office des explications spéciales soit sur la nature de ces produits décrits au procès-verbal de saisie, soit sur les raisons qui l'ont déterminé à prononcer, conformément à la loi, la confiscation de ces objets de la contrefaçon. — Cass., 10 févr. 1880, Grandry et fils, [*Ann. propr. ind.*, 81.1.13]; — 30 mars 1881, Boucher et Cⁱᵉ, [*Ann. propr. ind.*, 81.1.14]

1524. — ... Qu'en tous cas, il n'y a pas lieu à confiscation des matières premières non encore utilisées ni préparées en vue de la contrefaçon. — Amiens, 2 juin 1883, Barreau-Pinchon, [*Ann. propr. ind.*, 85.258] — C'est qu'en effet on ne saurait prétendre alors qu'elles aient, en quoi que ce soit, servi à la contrefaçon.

1525. — Elle a jugé encore que, quand un perfectionnement breveté a été adapté à des métiers du domaine public et qu'il y a incorporation de manière à faire un tout indivisible, la confiscation ne doit pas porter sur les métiers qui étaient en voie de transformation, mais simplement sur les métiers qui sont déjà perfectionnés. — Lyon, 25 févr. 1863, Delharpe, [*Ann. propr. ind.*, 64.308]

1526. — Tout au contraire, comme la contrefaçon partielle est elle-même un délit, il faut admettre que la confiscation des objets contrefaits, prononcée au profit de l'inventeur breveté, doit être étendue même aux parties inachevées de ces objets, si elles étaient fabriquées en vue de la contrefaçon, et cela encore qu'elles ne présenteraient pas en elles-mêmes les caractères de la contrefaçon. — Cass., 21 août 1858, Gautrot, [S. 59.1.93, P. 59.219] — Paris, 13 juin 1860, Sax, [*Ann. propr. ind.*, 60.241] — *Sic*, Pouillet, *Brev. d'inv.*, n. 976.

1527. — Nous avons dit (*suprà*, n. 1494) qu'en dehors des objets contrefaits, les tribunaux peuvent prononcer la confiscation des instruments et outils spécialement employés à la fabrication de l'objet contrefait : les termes de l'art. 49 nous paraissent devoir être, à cet égard, entendus d'une manière restrictive, car, si la confiscation n'est pas une véritable peine, il faut admettre cependant qu'elle est de nature à léser gravement les intérêts de la personne poursuivie et qu'en tous cas elle constitue une mesure exceptionnelle. Il a donc été jugé que lorsqu'il n'est pas établi que les outils saisis ne puissent servir qu'à la fabrication des objets contrefaits, leur confiscation ne doit pas être prononcée. — Paris, 5 juill. 1884, Fernand Martin, [*Ann. propr. ind.*, 85. 289] — V. Pouillet, *Brev. d'inv.*, n. 978. — Cass., 14 avr. 1859, Stolz, [D. 59.5.47] — V. aussi Paris, 30 mai 1857, Milliet, [*Ann. propr. ind.*, 57.187]

1528. — Par application de la même idée, il a été décidé que la distillation de jus de betterave étant une opération complexe, si la contrefaçon porte seulement sur l'opération relative à la macération des betteraves et à l'obtention du jus, on ne peut ordonner que la confiscation des appareils mêmes destinés à l'emploi des procédés brevetés, non celle de l'appareil de distillation servant à une opération distincte qui est du domaine public. — Cass., 8 juin 1869, Champonnois et autres, [*Ann. propr. ind.*, 69.267]

1529. — On se rappelle d'ailleurs que la confiscation portant sur des outils ou ustensiles est absolument facultative pour le juge (V. *suprà*, n. 1494). Aussi a-t-il pu être décidé que la confiscation d'appareils appartenant au domaine public et ayant servi à la contrefaçon n'ont pu être pas ordonnée, surtout si ces appareils ont été employés dans des conditions différentes de celles indiquées au brevet. — Amiens, 2 juin 1883, précité.

1530. — C'est à ce point de vue du caractère obligatoire ou facultatif de la confiscation qu'il est important de remarquer que les matières premières susceptibles d'être utilisées par un appareil contrefait rentrent, suivant qu'elles ont été ou non travaillées, dans la première ou dans la seconde catégorie des objets qui peuvent être confisqués. Quoi qu'il en soit, la confiscation des matières premières est licite s'il est constaté en fait qu'elles sont entièrement destinées à la confection des objets contrefaits; dans ce cas, elles ont pu, dans les termes de l'art. 19 de la loi de 1844, être regardées comme les ustensiles et instruments particulièrement employés pour la contrefaçon. — Cass., 14 avr. 1859, précité.

1531. — La confiscation des matières premières et des instruments n'étant que facultative et subordonnée aux circonstances de la cause, il est nécessaire de déclarer expressément que ces objets doivent être considérés comme des instruments destinés spécialement à la perpétration du délit. — Cass., 2 déc. 1859, Bard et Coudere, [D. 61.5.46]

1532. — C'était autrefois une question controversée de savoir si la confiscation des objets contrefaits pouvait être prononcée, bien qu'ils n'eussent pas été préalablement saisis. Aujourd'hui,

on décide assez généralement que la confiscation peut être prononcée, même en l'absence d'une saisie préalable; on s'appuie sur ce que l'art. 49 parle comme pouvant être confisqués d'objets contrefaits, sans dire qu'ils doivent préalablement avoir été saisis. — V. Cass., 20 août 1851, Cunin-Gridaine, [S. 51.1.648, P. 52.1.279, D. 54.5.77] — et la note sous Bourges, 28 déc. 1869, Champonnois, [S. 70.2.111, P. 70.568] — V. aussi Cass., 14 août 1871, Champonnois, [S. 71.1.116, P. 71.374, D. 71.1.282]; — 4 juin 1877, Bruère et Cⁱᵉ, [S. 77.1.444, P. 77.1190] — *Sic*, Dutruc, *Dictionn. du contentieux comm. et industr.*, vᵒ *Brevet d'invention*, n. 122; Rendu, n. 237; Allart, *Brev. d'inv.*, n. 296; Pouillet, *Brev. d'inv.*, n. 979. — *Contrà*, Paris, 27 janv. 1865, Sax, [*Ann. propr. ind.*, 69.289]; — 7 févr. 1868, Ledot, [*Ann. propr. ind.*, 68.63] (il s'agissait en l'espèce de la contrefaçon d'une œuvre artistique). — Blanc, p. 681; Le Senne, *Le livre des nations*, n. 352; Malapert et Forni, n. 1187.

1533. — Mais une autre question reste encore controversée. A défaut de saisie, ne faut-il pas au moins un procès-verbal de description des objets contrefaits pour que la confiscation puisse être prononcée? Plusieurs auteurs décident que la confiscation ne peut être prononcée, en l'absence de saisie préalable, qu'à la condition qu'il y ait eu un procès-verbal de description. — Blanc, p. 680. — V. aussi Rouen, 1ᵉʳ mai 1862, Richard et Héritiers Grassal, [*Ann. propr. ind.*, 62.337] — Mais la Cour de cassation paraît admettre que la confiscation peut être prononcée, alors même que les objets n'ont été ni saisis ni décrits. — Cass., 14 août 1871, précité. — Dutruc, *loc. cit.;* Pouillet, *loc. cit.;* Allart, *loc. cit.*

1534. — Si, d'ailleurs la confiscation des objets reconnus contrefaits peut être prononcée, même alors que ces objets n'ont été ni saisis ni décrits, ce n'est toutefois qu'autant qu'ils sont encore existants, la confiscation ne pouvant s'exercer qu'en nature. — Cass., 14 août 1871, précité. — Bourges, 28 déc. 1869, précité.

1535. — Si la saisie ou la description des objets contrefaits n'est pas la condition préalable et nécessaire de la confiscation, il s'ensuit que, lorsqu'une saisie ou une description est annulée pour vice de forme, on ne saurait en induire l'inadmissibilité de la confiscation.

1536. — Jugé cependant que la nullité de la saisie pratiquée en vertu d'une ordonnance du président empêche de prononcer la confiscation des objets saisis et leur attribution au propriétaire du brevet. — Trib. corr. Seine, 15 janv. 1862, Massé, [*Ann. propr. ind.*, 64.97]

1537. — En tous cas, lorsque les détenteurs ont posé devant la cour d'appel des conclusions par lesquelles ils prétendent qu'à raison de la nullité de la saisie-description pratiquée à leur domicile, le tribunal a prononcé à tort la confiscation des objets contrefaits, la cour d'appel est tenue de statuer sur ces conclusions formulant d'une manière précise un moyen de droit, et elle ne peut se borner à adopter les motifs des premiers juges, dont la décision ne contient aucune réponse explicite ou implicite sur une exception présentée pour la première fois en appel. — Cass., 12 mai 1888, Guillon et autres et Samain, [S. 89.1. 441, P. 89.1.1076]; — 5 avr. 1889, Samain, [*Ibid.*]

1538. — Il a surgi, pour le cas où la confiscation est demandée dans un procès intenté après l'expiration du brevet pour des faits antérieurs à cette époque, une question analogue à celle précédemment indiquée pour ce qui est de la saisie. On a prétendu que l'ancien breveté avait perdu cette action réelle qu'il avait sur l'objet contrefait et qui l'autorisait à en demander l'attribution, même en cas d'acquittement des détenteurs. L'objet qui jadis avait été fabriqué en violation des brevets étant devenu licite *ex post facto*, on n'a plus à craindre, ce qui justifie dans les cas ordinaires, la nécessité de la confiscation, qu'en laissant l'objet aux mains de la personne poursuivie, on autorise par cela même le renouvellement du délit. — Pataille, *Ann. propr. ind.*, 1872, p. 398.

1539. — Cette opinion ne doit pas être acceptée; c'est qu'en effet le droit des parties doit s'apprécier au moment où il a pris naissance; les lenteurs de la justice ne peuvent préjudicier au demandeur. Décidé, en conséquence, que la confiscation des objets contrefaits doit être prononcée, alors même que depuis l'introduction de l'instance en contrefaçon le brevet a pris fin, et que l'invention est tombée dans le domaine public. — Cass., 20 août 1851, précité. — *Sic*, Picard et Olin, n. 715; Pouillet, *Brev. d'inv.*, n. 988; Allart, n. 701; Malapert et Forni, n. 1185 et s.

1540. — Il n'importe pas que la personne poursuivie prouve qu'elle n'a acquis que peu de temps seulement avant l'expiration de ce brevet son établissement actuel, et qu'elle y a trouvé installé déjà l'appareil saisi; elle aurait dû, au lieu de l'utiliser immédiatement pour l'exploitation de son industrie, rechercher d'abord s'il avait été établi par l'inventeur breveté ou de son consentement. — Colmar, 17 juill. 1867, Gougy, [*Ann. propr. ind.*, 83.16]

1541. — Tels sont les objets sur lesquels la confiscation peut porter et telles sont les conditions requises pour que la confiscation puisse être prononcée; il ne nous reste plus comme question générale sur la confiscation en matière d'inventions brevetées qu'à rechercher contre quelles personnes cette mesure peut être ordonnée. Remarquons tout d'abord que l'art. 49, L. 5 juill. 1844, sur les brevets d'invention, en édictant la confiscation des objets contrefaits et leur remise au propriétaire du brevet, a formulé une règle générale qui s'applique à l'Etat contrefacteur comme aux particuliers. — Cass., 1er févr. 1892, Sourbé, [S. et P. 92.1.437, D. 92.1.417]

1542. — Cette question est nouvelle et n'est pas sans offrir quelque difficulté : on disait en faveur de l'Etat, devant la Cour de cassation : tout ce qui appartient au domaine de l'Etat, qu'il s'agisse du domaine immobilier ou du domaine mobilier, n'en peut sortir que dans les conditions et avec l'accomplissement des formalités prescrites par la loi. Si cela est certain pour ce qui concerne le domaine immobilier de l'Etat, cela ne l'est pas moins en ce qui a trait au domaine mobilier. Tous les meubles appartenant à l'Etat sont inventoriés chaque année, et dès l'instant qu'un meuble a été porté sur l'inventaire dressé par les agents de l'Etat, il doit être représenté lors de l'inventaire suivant, à moins qu'il ne se soit produit une des éventualités prévues par les lois spéciales qui ont réglementé l'acquisition et la conservation des différentes parties du mobilier de l'Etat. Or, parmi ces éventualités, ne se rencontrent pas la saisie et la confiscation; dès lors, on en doit conclure que les meubles appartenant à l'Etat sont insaisissables, que sont insaisissables ses immeubles, et partant que les objets prétendus contrefaits, qui sont bien, en définitive, des meubles appartenant à l'Etat, ne sauraient être soumis à la règle écrite dans l'art. 49, L. 5 juill. 1844, c'est-à-dire, être déclarés confisqués, avec ordre de les remettre au propriétaire du brevet.

1543. — Ces considérations sont très-graves; la Cour de cassation a eu cependant raison de se prononcer dans le sens de l'application à l'Etat des dispositions de l'art. 49. « On soutient d'abord que les objets contrefaits sont la propriété du breveté (V. Blanc, *Tr. de la contrefaçon*, p. 677). Cette opinion n'est pas très-sûre; mais, ce qui ne saurait être contesté, c'est que, quoi qu'on en ait dit, aucun principe d'ordre public ne s'oppose à la confiscation des objets illicitement détenus par l'Etat, et que, par suite, à raison de la généralité de l'art. 49, celle-ci doit être prononcée dans cette hypothèse comme dans toutes les autres (Malapert et Forni, n. 856 et 857). On a peine à comprendre qu'en faveur de l'Etat, on ait cru devoir insister sur les difficultés que pourrait présenter l'exécution du jugement prononçant la confiscation, à supposer que l'Etat ne s'incline pas devant la décision judiciaire rendue contre lui. Comme l'a fait remarquer M. Demangeat, devant la chambre des requêtes, le juge n'a pas à se préoccuper des difficultés d'exécution; on ne doit pas prévoir que l'Etat se refuse à exécuter un ordre de justice; en définitive, le propriétaire d'un brevet, avec la décision ordonnant la confiscation et la remise des objets saisis, sera dans la situation d'une partie ayant contre l'Etat une créance que l'on classe généralement parmi les meilleures, et dont elle ne peut assurer le paiement par aucune voie de contrainte ». — Darras, note sous Cass., 1er févr. 1892, [*Ann. dr. comm.*, 92.2.63]

1544. — En résumé, il n'y a pas lieu de consacrer une exception au profit de l'Etat; la confiscation peut donc, même en cas d'acquittement, frapper tout contrefacteur, receleur, introducteur ou débitant. A plus forte raison, doit-il en être ainsi lorsque le défendeur est de mauvaise foi. Décidé, en ce sens, que celui qui, au cours d'une poursuite en contrefaçon, achète de l'inculpé des machines arguées de contrefaçon doit subir les effets de la confiscation, lorsqu'au moment de son acquisition, il ne pouvait ignorer ni le procès, ni son issue probable et qu'il s'est ainsi rendu complice de la contrefaçon; il importe peu que cette instance, pendante entre le breveté et le vendeur, se soit

terminée par une transaction dans laquelle ce vendeur a reconnu avoir imité et contrefait la machine brevetée, si cette transaction n'a conféré à celui-ci, ni directement ni indirectement, le droit de disposer des machines, objet de la poursuite. — Rouen, 26 nov. 1866, Vo Beck et Guidet, [*Ann. propr. ind.*, 68.260]

1545. — La confiscation des objets vendus, exposés en vente ou introduits en France doit être prononcée, encore bien que le vendeur ou l'introducteur soit relaxé des poursuites comme ayant agi de bonne foi. — Douai, 13 mai 1885, Kolb, [S. 87.2.85, P. 87.1.465] — Sic, Le Senne, *Code des brev. d'inv.*, n. 165; Nouguier, n. 1026; Bédarride, t. 2, n. 670; Huard, *Rép. en mat. de brev. d'inv.*, p. 578; Allart, *Brev. d'inv.*, n. 292; A. Rendu, t. 2, n. 336; Ruben de Couder, vo *Contrefaçon*, n. 339; Pataille, *Ann. propr. ind.*, 1858, p. 140. — V. aussi Trib. Lyon, 17 févr. 1872, Train et Cie, [*Ann. propr. ind.*, 73.297]

1546. — L'art. 49 s'applique nécessairement à tous marchands ou commissionnaires reconnus détenteurs d'objets contrefaits, bien qu'ils aient été acquittés à raison de leur bonne foi. — Cass., 9 déc. 1848, Duchesne, [P. 50.1.376, D. 51.5.55]

1547. — L'acquittement d'une personne poursuivie comme détentrice d'objets contrefaits, ne saurait dispenser le juge de prononcer la confiscation de l'objet contrefait, quelque notoire que soit la solvabilité du prévenu. — Angers, 29 juin 1870, Gougy, [S. 71.2.37, P. 71.117, D. 70.2.210]

1548. — Au surplus, lorsqu'une personne est convaincue d'avoir recélé des objets contrefaits, la confiscation doit être prononcée sans qu'il y ait lieu de rechercher à qui ces objets appartiennent. — Cass., 12 mars 1863, Sax, [*Ann. propr. ind.*, 63.126] — Paris, 19 juin 1862, Même affaire, [*Ann. propr. ind.*, 63.113]

1549. — Celui qui, de mauvaise foi, achète pour son usage personnel des objets qu'il sait contrefaits étant un véritable receleur ne peut se plaindre s'il se voit confisquer ses objets. La solution n'est pas la même qu'après la jurisprudence, lorsque cet acheteur est de bonne foi. Il est décidé, en effet, que l'art. 49, L. 5 juill. 1844, qui, se référant à l'art. 41, ordonne, même en cas d'acquittement, la confiscation des objets ou appareils contrefaits, notamment contre les receleurs, a entendu ne désigner sous le nom de receleurs, que les détenteurs connaissant l'origine délictueuse des objets contrefaits, et non les détenteurs de bonne foi, tels que le simple particulier qui, de bonne foi, a fait établir chez lui un appareil contrefait (notamment un ascenseur) pour son usage personnel. En conséquence, le particulier ne doit pas soumis à la confiscation édictée contre les receleurs. — Cass., 23 mars 1848, Christofle, [S. 48.1.379, P. 49.1.436, D. 49.1.24]; — 12 juill. 1851, Vachon, [S. 52.1.143, P. 52.2. 543, D. 51.5.56]; — 5 févr. 1876, Belin, [S. 77.1.327, P. 77.817 D. 77.1.90]; — 12 mai 1888, Guillon et autres et Samain, [S. 89.1.441, P. 89.1.1076]; — 5 avr. 1889, Samain, [*Ibid.*] — Douai, 3 août 1851, Jérosme, [S. 52.2.516, P. 53.2.412, D. 54.2. 72] — Sic, Malapert et Forni, n. 1168; Rendu, n. 238; Blanc, *Code des inv.*, p. 612; Duvergier, sur l'art. 41; Renouard, *Brev. d'inv.*, n. 23; Rendu et Delorme, n. 549. — Contra, Pouillet, *Brev. d'inv.*, n. 987; Plé, *Ann. propr. ind.*, 1888, p. 193. — V. supra, n. 646.

1550. — Jugé encore que, comme il n'y a pas de délit dans l'achat d'objets contrefaits, non dans le but d'en faire un trafic, mais seulement pour s'en servir à son usage personnel, ou même pour les employer dans l'exercice d'une profession étrangère à l'industrie du breveté, il n'y a pas lieu de prononcer la confiscation des objets contrefaits. — Cass., 25 mars 1848, précité.

1551. — ... Que, quand un industriel, qui a pris à tort un brevet d'invention pour des appareils constituant une contrefaçon, a vendu plusieurs de ces appareils à des agriculteurs ou propriétaires, il n'y a pas lieu de prononcer la confiscation, mais qu'on peut autoriser le demandeur à faire état de ces diverses ventes dans la fixation des dommages-intérêts. — Montpellier, 7 janv. 1874, Mabille, [*Ann. propr. ind.*, 74.107]

1552. — Décidé cependant, contrairement à la jurisprudence qui vient d'être rapportée, que celui qui possède, même de bonne foi, des objets contrefaits, est passible de la saisie et de la confiscation de ces objets, en vertu de l'art. 49, L. 5 juill. 1844, la qualification de *receleur* employée dans cet article ne devant pas être prise ici dans son sens grammatical et naturel, mais dans un sens large qui permette de saisir des objets contrefaits en quelques mains qu'ils se trouvent. — Poitiers, 17 févr. 1855, Demory, [S. 55.2.539, P. 55.1.266, D. 55.2.110]

1553. — Les tribunaux peuvent, en même temps qu'ils pro-noncent la confiscation de certains objets contrefaits, décider que, faute de livraison dans un certain délai, les personnes poursuivies devront verser une certaine somme déterminée ou à déterminer. — Lyon, 28 juin 1870, Gougy, [*Ann. propr. ind.*, 72.377] — Poitiers, 16 juin 1870, Même partie, [*Ann. propr. ind.*, 72.382] — Sic, Pouillet, *Brev. d'inv.*, n. 983.

1554. — La confiscation d'objets contrefaits prononcée par les tribunaux, a pour effet de placer ces objets hors du commerce. — Trib. Seine, 3 avr. 1861, Visseau, [*Ann. propr. ind.*, 61.380] — Sic, Pouillet, *Brev. d'inv.*, n. 989; *Propr. litt.*, n. 720; *Marq. de fabr.*, n. 288; Bédarride, n. 963; Rendu, n. 255.

1555. — Ces objets ne peuvent, par suite, être le gage du propriétaire pour le paiement des loyers. — Même jugement. — V. sur une autre conséquence déduite de ce que l'objet confis-qué est hors du commerce, Paris, 5 juill. 1859, Liskenne, [*Ann. propr. ind.*, 60.205] — Il s'agissait en l'espèce d'une con-trefaçon d'une œuvre littéraire, mais les principes sont les mêmes alors qu'il s'agit d'une invention brevetée.

SECTION II.

De la confiscation au cas de contrefaçon de marques de fabrique ou de commerce et de noms commerciaux.

1556. — L'art. 14 de la loi de 1857 est ainsi conçu : « la confiscation des produits dont la marque serait reconnue con-traire aux dispositions des art. 7 et 8 peut, même au cas d'ac-quittement, être prononcée par le tribunal, ainsi que celle des instruments et ustensiles ayant spécialement servi à commettre le délit. Le tribunal peut ordonner que les produits confisqués seront remis au propriétaire de la marque contrefaite ou frau-duleusement apposée, indépendamment de plus amples domma-ges-intérêts, s'il y a lieu. Il prescrit, dans tous les cas, la des-truction des marques reconnues contraires aux dispositions des art. 7 et 8. »

1557. — La simple lecture de ce texte prouve que la confis-cation au cas d'usurpation de marques est, en principe, régie par les mêmes règles que la confiscation dans le cas de contre-façon d'inventions brevetées. Il faut en conclure que les tribu-naux civils sont compétents pour, en cette matière, prononcer la confiscation; de même, la confiscation peut s'étendre à des marques qui n'ont fait l'objet ni d'un procès-verbal de saisie, ni d'un procès-verbal de description. — V. note sous Trib. Châ-lon-sur-Saône, 27 déc. 1880, [*Ann. propr. ind.*, 83.152] — V. *supra*, n. 1489, 1532 et s.

1558. — Il a été cependant jugé que comme l'art. 14 de la loi de 1857 porte que la confiscation des produits dont la marque serait reconnue frauduleusement imitée peut être prononcée, cette disposition, par son esprit comme par sa lettre, exige, pour les produits dont elle autorise la confiscation, qu'il y ait eu con-naissance préalable de l'imitation frauduleuse de la marque; il suit de là que les tribunaux ne peuvent prononcer la confisca-tion des objets argués de contrefaçon qui ne sont pas expres-sément compris dans le procès-verbal de saisie. — Trib. Châ-lon-sur-Saône, 27 déc. 1880, précité.

1559. — D'ailleurs, l'art. 14 de la loi de 1857 ne prévoit la confiscation qu'à l'égard des objets reconnus contrefaits et sur lesquels il a été appelé à statuer; il est donc inapplicable au cas où, par suite de la mort du prévenu, l'action publique et, par voie de conséquence, l'action civile sont éteintes. — Trib. corr. Seine, 14 nov. 1873, Bardou, [*Ann. propr. ind.*, 73.383]

1560. — De même que dans le cas d'invention brevetée, la confiscation du produit dont la marque est reconnue contrefaite peut être, même en cas d'acquittement, prononcée par le tri-bunal, qui peut aussi ordonner que les produits ainsi confisqués soient remis au propriétaire de la marque contrefaite. — 28 juin 1873, Grézier, [*Ann. propr. ind.*, 73.228] — V. *supra*, n. 1545 et s.

1561. — Comme au cas d'usurpation d'invention brevetée, la confiscation peut porter, indépendamment des produits, sur les ustensiles et outils ayant spécialement servi à commettre les délits de contrefaçon ou autres (V. *supra*, n. 1494); cette dis-position de la loi de 1857 a, *mutatis mutandis*, le même sens que la disposition correspondante de la loi de 1844. — V. sur les applications qui en ont été faites, Trib. Seine, 2 janv. 1869,

Sargent, [*Ann. propr. ind.*, 70.27]; — 5 déc. 1884, Biernatski, [*Ann. propr. ind.*, 85.152] — Pouillet, *Marq. de fabr.*, n. 284; Rendu, n. 257. — V. *supra*, n. 1527 et s.

1562. — Mais il faut tenir grand compte d'une différence entre la loi de 1844 et celle de 1857; la confiscation est toujours facultative au cas d'usurpation de marque. Aussi, lorsqu'un tiers acquéreur de produits revêtus de marques contrefaites est ac-quitté à raison de sa bonne foi, le tribunal, saisi de l'affaire, a toute faculté pour apprécier s'il convient d'ordonner la confisca-tion. — Trib. corr. Epernay, 30 avr. 1872, de Milly, [*Ann. propr. ind.*, 72.338] — Sic, Pouillet, *Marq. de fabr.*, n. 282. — V. *supra*, n. 1494.

1563. — Le plus souvent, c'est au profit de la partie lésée que la confiscation est prononcée; mais sous ce rapport encore, les juges jouissent d'une véritable faculté; après avoir ordonné la confiscation, ils peuvent s'abstenir de décider que la remise des objets ainsi confisqués sera faite au propriétaire de la mar-que. — Pouillet, *Marq. de fabr.*, n. 281.

1564. — Cela étant, on comprend que la confiscation puisse être ordonnée dans un cas où il n'existe pas, à vrai dire, de partie lésée à laquelle la remise puisse être consentie; c'est ce qui se passe dans le cas d'introduction en France d'objets por-tant une marque qui, bien que d'apparence française et de na-ture à faire croire que les produits revêtus de ce signe ont été fabriqués en France, ne se rapproche cependant d'aucune mar-que française au point que l'on puisse dire qu'elle en est la con-trefaçon; la situation est la même lorsque l'usurpation porte sur un nom imaginaire de localité à consonnance française. — Pouil-let, *Marq. de fabr.*, n. 316. — V. Rouen, 25 févr. 1859, Klein, [D. 59.2.204] — *Contrà*, Pouillet, *Propr. ind.*, n. 361.

1565. — Si la confiscation et la remise sont facultatives, il n'en est pas de même de la destruction des marques; la loi fait aux juges un devoir de la prononcer ; que si, cependant, la des-truction n'a pas été demandée, la partie ne peut, pour la première fois, la réclamer devant la Cour de cassation ; c'est ce qui ré-sulte d'un arrêt d'après lequel la destruction des marques con-trefaites constitue une peine accessoire lorsqu'elle est demandée par le ministère public, et une réparation civile quand elle est réclamée par la partie lésée. — Cass., 13 avr. 1877, Raithel, [S. 78.1.439, P. 78.1119, D. 77.1.401] — Sic, Pouillet, *Marq. de fabr.*, n. 289 bis.

1566. — Par suite, la partie civile qui, devant les juges du fond, n'a pas réclamé, même en cas d'acquittement, la destruc-tion des marques contrefaites, ne peut demander la cassation de l'arrêt qui aurait omis de prononcer d'office cette destruction. — Même arrêt.

1567. — L'usurpation des noms commerciaux est punie, ainsi qu'on l'a vu précédemment, des peines portées dans l'art. 423, C. pén.; en ce cas, « les objets du délit, ou leur valeur, s'ils ap-partiennent encore au vendeur (lisez au contrefacteur), seront confisqués. »

1568. — Comme cette disposition fait partie intégrante du Code pénal, il est difficile d'admettre que la confiscation qu'elle prescrit ne soit pas celle de l'art. 11, C. pén., et il faut en con-clure, semble-t-il, qu'elle ne peut pas être prononcée au cas d'acquittement des prévenus. — V. cep. Bédarride, n. 727; Pouillet, *Marq. de fabr.*, n. 446. — V. *infra*, n. 1576.

1569. — Mais, il est bien évident que l'admission des cir-constances atténuantes ne fait pas que les tribunaux ne puis-sent prononcer la confiscation. — Montpellier, 3 juin 1844, Au-dier, [*Gaz. des Trib.*, 28 juillet]

1570. — De même, et pour le même motif, nous aurions peine à penser que le produit de la confiscation puisse être at-tribué au plaignant. — Rendu, n. 458; Mayer, n. 42. — *Contrà*, Pouillet, *Marq. de fabr.*, n. 448; Bédarride, n. 728.

SECTION III.

De la confiscation au cas de contrefaçon d'œuvres littéraires ou artistiques et de dessins ou de modèles de fabrique.

1571. — Aux termes de l'art. 427, C. pén., « la confiscation de l'édition contrefaite sera prononcée tant contre le contrefac-teur que contre l'introducteur et le débitant ; les planches, moules et matrices des objets contrefaits seront aussi confisqués ; dans ce cas, « le produit des confiscations sera remis au propriétaire pour l'indemniser d'autant du préjudice qu'il aura souffert; le surplus de son indemnité, ou l'entière indemnité, s'il n'y a pas eu de vente d'objets confisqués, sera réglé par les voies ordinaires » (art. 429).

1572. — Il résulte de la lecture de ces textes qu'en édictant la confiscation dans les art. 427 et 429, C. pén., le but du législateur était double : il a voulu frapper le coupable et en même temps assurer à sa victime réparation du préjudice par elle subi; le second de ces motifs subsiste, quelle que soit d'ailleurs la juridiction saisie; aussi pensons-nous, et uniquement pour cette raison, que la juridiction civile peut prononcer la confiscation au même titre que la juridiction répressive; la confiscation suivie de la remise au plaignant des objets contrefaits, n'est autre chose qu'une véritable indemnité qui, pour être en nature, n'en est pas moins une indemnité; pourquoi les tribunaux civils ne pourraient-ils pas la prononcer, alors qu'il n'existe aucun texte exigeant que les dommages-intérêts soient payés en argent?

1573. — Décidé, en ce sens, mais pour des motifs critiquables, que si, dans certains cas, la confiscation a un caractère pénal et ne peut être ordonnée que par les tribunaux répressifs, il ne saurait en être de même en matière de contrefaçon; dans ce cas, en effet, la confiscation a un caractère certain de réparation civile, puisque les objets confisqués doivent être remis au propriétaire pour l'indemniser d'autant du préjudice qu'il a souffert. — Aix, 23 janv. 1867, Rochette, [*Ann. propr. ind.*, 68.107] — *Sic*, Pouillet, *Propr. litt.*, n. 699; *Dess. de fabr.*, n. 179; Blanc, p. 305. — *Contrà*, Calmels, n. 647.

1574. — En pareille hypothèse, la confiscation peut être ordonnée par les tribunaux civils comme tout autre mode de dommages-intérêts. — Même arrêt.

1575. — Jugé cependant que les tribunaux de commerce, saisis d'une action en contrefaçon de dessins de fabrique, ne peuvent prononcer que des dommages-intérêts à titre de réparations civiles; ils ne peuvent prononcer la confiscation des objets saisis. — Douai, 29 juin 1867, Dubar-Delespaul, [*Ann. propr. ind.*, 68.77]

1576. — Pour les motifs qui, au cas d'usurpation d'un nom commercial (V. *suprà*, n. 1568), nous ont fait penser que la confiscation ne pouvait être prononcée contre les personnes acquittées, nous estimons que la confiscation devient impossible lorsque le prévenu vient, en nos matières, à être renvoyé des fins de la poursuite; ce point est très-vivement controversé; mais la jurisprudence la plus récente est fixée en ce sens. Décidé, à cet égard, qu'à la différence de ce qui a lieu en matière de brevets d'invention, la confiscation, constituant en matière de contrefaçon artistique et littéraire, une véritable peine, ne saurait être ordonnée en cas de renvoi des poursuites. — Cass., 5 juin 1847, Belin, [*Ann. propr. ind.*, 68.316]; — 29 déc. 1882, Sicard, [S. 85.1.396, P. 85.1.943, D. 84.1.369]; — 23 juin 1893, Maquet et Consorts, [*Ann. propr. ind.*, 93.229] — Paris, 12 avr. 1862, de Gouet, [*Ann. propr. ind.*, 62.228]; — 12 juill. 1862, Vermot, [*Ann. propr. ind.*, 62.314] — Besançon, 20 nov. 1890, Meullenot, [*Pand. pér.*, 91.2.136] — Trib. Seine, 16 mai 1893, [*Gaz. Pal.*, 17 mai] — Sic, Gastambide, n. 175; Calmels, n. 647; Ruben de Couder, v° *Propr. litt.*, n. 458; Darras, *Droit d'auteur* (de Berne), 1891, p. 140, 1893, p. 84 et 109.

1577. — Il importe peu que l'art. 429, C. pén., ordonne que le produit de la confiscation sera remis au propriétaire des objets contrefaits, cette destination ultérieure donnée aux objets confisqués ne changeant pas la nature de la confiscation. — Paris, 27 mars 1868, Ledot, [*Ann. propr. ind.*, 68.325]

1578. — Cette opinion n'a pas été d'ailleurs sans rencontrer une assez vive résistance; certains tribunaux et certaines cours se sont même prononcés en sens contraire, en décidant que la confiscation des objets contrefaits prescrite par l'art. 427, C. pén., dans le but d'empêcher que les produits de la contrefaçon ne restent dans le commerce, doit être prononcée même en cas d'acquittement. — Paris, 12 juill. 1867, Mène et Caïn, [*Ann. propr. ind.*, 67.407]; — 21 nov. 1867, Dussacq, [*Ann. propr. ind.*, 67.359]; — 25 juin 1870 (2 arrêts), Ledot, [*Ann. propr. ind.*, 70-71, 264 et 269] — Angers, 26 janv. 1880, Raffl, [*Ann. propr. ind.*, 80.204] — Trib. corr. Seine, 13 nov. 1867, Dussacq, [*Ann. propr. ind.*, 68.31] — *Sic*, Pouillet, *Propr. litt.*, n. 699; *Dess. de fabr.*, n. 177; Blanc, p. 194.

1579. — Il est bien évident que l'art. 427 semble imposer au juge la nécessité de prononcer intégralement la confiscation de l'objet qui comprend la contrefaçon, ce n'est en principe que sur la partie contrefaite que doit porter la confiscation. Décidé, en ce sens, que lorsqu'un livre renferme un grand nombre de passages dont l'originalité n'a pas été contestée, les juges peuvent bien ordonner la suppression des passages incriminés, mais qu'ils ne peuvent prescrire la destruction ou confiscation du livre entier. — Paris, 1er déc. 1855, Huc, [*Ann. propr. ind.*, 57.243]; — 23 janv. 1862, Chevé, [*Ann. propr. ind.*, 62.28] — Trib. Seine, 15 déc. 1869, Delagrave, [*Ann. propr. ind.*, 69.418] — Sic, Renouard, t. 2, p. 431; Pouillet, *Propr. litt.*, n. 709 et s.

1580. — Mais il est bien évident que cette atténuation à la rigueur de la confiscation n'est plus recevable lorsque la séparation entre les parties contrefaites et celles qui ne le sont pas est impossible. Décidé, en ce sens, qu'au cas de contrefaçon d'un livre contenant tout à la fois un ouvrage tombé dans le domaine public et des additions ou modifications à cet ouvrage, la confiscation du livre entier peut être prononcée par les juges, sans distinction entre les parties appartenant au domaine public et les additions ou modifications, si ces additions ou modifications se trouvent répandues dans tout le corps de l'ouvrage, de sorte qu'il est impossible ou du moins fort difficile de les séparer. — Cass., 27 févr. 1845, Richault, [S. 45.1.177, P. 48.1.586, D. 45.1.130]

1581. — Bien plus, il faut admettre, qu'il y ait contrefaçon totale ou partielle, que quand il y a indivisibilité entre les dessins contrefaits et les objets (des vases) sur lesquels ils ont été reproduits, la confiscation s'étend à ces objets, alors même qu'il y aurait offre d'en faire disparaître les dessins. — Cass., 19 mars 1858, Hache, [S. 38.1.631, P. 59.188, D. 58.1.190] — Sic, Pouillet, *Dessins de fabr.*, n. 180; Calmels, n. 660; Waelbroeck, n. 128.

CHAPITRE III.

SANCTIONS AUTRES QUE LES PEINES PROPREMENT DITES ET QUE LA CONFISCATION.

1582. — Indépendamment de la confiscation, la partie lésée peut obtenir des dommages-intérêts; comme, en ce cas, les principes du droit commun n'ont reçu aucune dérogation, nous n'avons pas à nous en occuper spécialement. — V. *Rép. alph. du dr. fr.*, v° *Action civile*, n. 694 et s., et *Dommages-intérêts*.

1583. — Faisons toutefois observer que les juges peuvent avoir égard aux circonstances pour déterminer le montant de l'indemnité due à l'auteur ou propriétaire de l'ouvrage contrefait. A cet égard, les dispositions de la loi du 19 juill. 1793, qui fixaient dans tous les cas le montant de cette indemnité à la valeur d'un certain nombre d'exemplaires de l'édition originale (3,000 exemplaires), ont été abrogées par l'art. 429, C. pén., portant que l'indemnité sera réglée par les voies ordinaires. — Toulouse, 3 juill. 1835, Hacquart, [S. 36.2.39, P. chr.]; — 17 juill. 1835, Maire-Nyon, [S. 36.2.39, P. chr.] — V., sur l'application de l'art. 55, C. pén., Cass., 27 juill. 1850, Rouget de Lisle, [S. 51.1.78, P. 52.2.333, D. 51.5.284]; — 10 nov. 1853, Thiers, [*Ann. propr. ind.*, 56.38]; — 14 avr. 1859, Milliet, [*Ann. propr. ind.*, 59.161]; — 16 août 1861, Bigot et Foureau, [S. 61.1.1015, P. 62.206, D. 62.1.55]; — 12 juin 1875, Drugé et autres, [D. 76.1.137]; — 12 mai 1888, Guillon et autres, [S. 89.1.444, P. 89.1.1076]; — 21 déc. 1888, Etlinger, [S. 90.1.362, P. 90.1.845] — Rouen, 4 août 1859, Leroy, [S. 60.2.619, P. 61.484] — Paris, 16 févr. 1843, Bulla, [S. 43.2.129] — 27 nov. 1889, Lump, [*Gaz. Pal.*, 90.1.315] — Trib. Lyon, 17 févr. 1872, Train et Cie, [*Ann. propr. ind.*, 73.297] — V. *infrà*, v° *Solidarité*.

1584. — Cette indemnité doit être uniquement fixée d'après le préjudice éprouvé. — Cass., 26 juin 1835, Hacquart, [S. 46.2.27, à la note, P. chr.] — Rouen, 25 oct. 1842, Didot, [S. 43.2.85, P. 43.1.176] — Colmar, 27 mars 1844, Lagier, [S. 46.2.27, P. 44.2.510, D. 45.2.8]

1585. — Au cas où plusieurs personnes ont participé à la même infraction, la solidarité peut être prononcée contre elles; mais en ce cas encore, ce sont les principes du droit commun qui régissent la matière; il n'y a donc pas lieu d'insister à cet égard. — V. cep. sur l'application aux poursuites en contrefaçon de l'art. 55, C. pén., Cass., 27 juill. 1850, Rouget de Lisle, [S. 51.4.78, P. 52.2.333, D. 51.5.284]; — 10 nov. 1853, Thiers, [*Ann. propr. ind.*, 56.38]; — 14 avr. 1859, Milliet, [*Ann. propr. ind.*, 59.161]; — 16 août 1861, Bigot et Foureau, [S. 61.1.1015, P. 62.206, D. 62.1.55]; — 12 juin 1875, Drugé et autres, [D. 76.1.137]; — 12 mai 1888, Guillon et autres, [S. 89.1.444, P. 89.1.1076]; — 21 déc. 1888, Etlinger, [S. 90.1.362, P. 90.1.845] — Rouen, 4 août 1859, Leroy, [S. 60.2.619, P. 61.484] — Paris, 16 févr. 1843, Bulla, [S. 43.2.129] — 27 nov. 1889, Lump, [*Gaz. Pal.*, 90.1.315] — Trib. Lyon, 17 févr. 1872, Train et Cie, [*Ann. propr. ind.*, 73.297] — V. *infrà*, v° *Solidarité*.

1586. — Comme complément des dommages-intérêts, les

tribunaux peuvent ordonner la publication par voie d'affiches ou d'annonces de la décision intervenue; la loi de 1844 (art. 49) et la loi de 1857 (art. 13) prévoient même expressément l'affichage du jugement; de plus, l'insertion intégrale ou par extrait du jugement dans les journaux que le tribunal désigne est formellement autorisée au cas de contrefaçon de marque (L. de 1857, art. 13). Ces dispositions n'étaient pas nécessaires, la faculté ainsi reconnue aux tribunaux découlant des règles générales du droit français; nous n'avons donc pas à nous occuper spécialement de ce point (V. art. 1036, C. proc. civ.). — V. aussi Pataille, *Ann. propr. ind.*, 1873, p. 273; Allart, n. 713 et s. — V. *Rép. alph. du dr. fr.*, vº *Affiche*, n. 293 et s.

CHAPITRE IV.

PRESCRIPTION.

1587. — S'il est vrai que le délit de contrefaçon d'invention breveté constitue, d'après les textes qui le régissent et les principes qui lui servent de base, une infraction *sui generis* dont la poursuite est réglée par les dispositions spéciales de la loi du 5 juill. 1844, il est également vrai que, pour la prescription, il reste soumis aux règles du droit commun. — Colmar, 17 juill. 1867, Gougy, [*Ann. propr. ind.*, 83.16]

1588. — Nous donnerons cependant quelques développements sur la prescription de l'action en contrefaçon prise en général; la nature spéciale du délit de contrefaçon donne en effet à cette étude un intérêt particulier et fait naître parfois des questions que l'on ne rencontre guère dans les autres domaines du droit. Quoi qu'il en soit, c'est par une application pure et simple des règles du droit commun qu'il a été décidé que l'action civile, portée, soit en même temps devant les mêmes juges que l'action publique, soit séparément devant la juridiction civile, s'éteint, comme l'action publique, par l'expiration d'un délai de trois ans à compter du jour où le délit a été commis; si, dans cet intervalle, il a été fait quelque acte d'instruction ou de poursuite, la prescription est acquise par l'expiration d'un nouveau délai de trois années à partir du dernier acte. — Paris, 24 nov. 1853, Fournier, [*Ann. propr. ind.*, 55.187]; — 27 mai 1891, Venèque et Société de Commentry et Fourchambault, [*Ann. propr. ind.*, 92.181 et la note Vaunois] — Trib. Seine, 12 mars 1892, Junker, [J. *Le Droit*, 18-20 avril] — Sic, Pouillet, *Brev. d'inv.*, n. 1017. — V. *supra*, vº *Action civile*, n. 894 et s.

1589. — La constitution d'un avoué, aux lieu et place de son prédécesseur, ne rentre pas dans la catégorie des actes visés par les art. 637 et 638, C. instr. crim.; elle n'a pour objet ni de préparer l'instruction de la cause, ni d'en hâter la solution; elle ne saurait donc avoir pour conséquence d'interrompre la prescription. — Trib. Seine, 12 mars 1892, précité.

1590. — Mais un procès-verbal de saisie est un acte de poursuite interruptif de la prescription tant en matière criminelle qu'en matière civile. — Paris, 24 avr. 1856, Vieillot, [*Ann. propr. ind.*, 57.163]

1591. — Le rejet du moyen tiré de la prescription de l'action est suffisamment motivé par cela même que l'arrêt constate que la détention et l'usage commercial des objets contrefaits se sont prolongés jusqu'à la date où les procès-verbaux de saisie ont été dressés, et que, depuis cette époque jusqu'à celle des premières poursuites, trois années ne se sont pas écoulées. — Cass., 5 févr. 1876, Belin, [S. 77.1.327, P. 77.817, D. 77.1.96]

1592. — Il résulte de cette règle générale, absolue et d'ordre public, que si la prescription de l'action civile est interrompue par l'introduction de la demande portée devant la juridiction ordinaire, elle reprend son cours à partir de l'exploit introductif d'instance et s'accomplit de plein droit dans un nouveau délai de trois années, à supposer qu'à partir de l'acte introductif il n'a été fait aucun acte de poursuite. — Paris, 27 mai 1891, précité.

1593. — Des bulletins de remise, étrangers aux parties, ne constituent pas des actes interruptifs de prescription, alors qu'il en est différemment de la signification d'un acte de conclusions ou d'un simple avenir. — Même arrêt.

1594. — A supposer que le contrefacteur soit l'Etat, il ne suffira pas à l'intéressé, pour conserver ses droits, de faire des actes interruptifs de prescription, puisque la déchéance quinquennale édictée par l'art. 9, L. 29 janv. 1831, est d'ordre public,

et peut être opposée par le ministre compétent en tout état de cause; elle s'applique à toutes les créances contre l'Etat, et elle est notamment opposable à une demande d'indemnité formée contre l'Etat à raison de la contrefaçon d'un brevet d'invention. — Cons. d'Et., 27 déc. 1889, Barthe, [S. et P. 92.3.35, D. 91.3.49]

1595. — De simples réserves insérées dans une commandement, alors qu'il n'y a été donné aucune suite auprès du ministre, ne peuvent être considérées comme une demande en paiement. — Même arrêt.

1596. — La demande formée en son nom personnel par un tiers (dans l'espèce, un contrefacteur de brevet) ne peut être invoquée par le propriétaire du brevet comme faisant obstacle à l'application de la déchéance. — Même arrêt.

1597. — Par application de deux règles du droit commun, il faut admettre que la charge de la preuve de la prescription incombe à celui qui veut en invoquer le bénéfice et que, de plus, le point de départ de la prescription est, en principe, le moment où le délit de contrefaçon a été commis; cependant, au cas de contrefaçon d'œuvres littéraires et artistiques, il est permis de constater une tendance à ne faire courir le délai de prescription que du moment où la partie lésée a pu en avoir connaissance ou est censée légalement en avoir eu connaissance; cette opinion est inadmissible; de droit commun, l'ignorance dans laquelle peut se trouver la victime du délit dont elle a été l'objet ne fait pas que la prescription ne commence pas à courir; dans le silence de la loi spéciale, il faut donc penser que la prescription court du moment où il y a délit, c'est-à-dire tout au moins du moment où il y a eu fabrication d'un exemplaire complet. Il a été décidé, à ce sujet, que lorsque le prévenu invoque la prescription, c'est à lui à en établir le point de départ, soit par un acte prouvant que le demandeur a pu avoir connaissance de la publication, soit par la preuve du dépôt légal de l'ouvrage. — Trib. corr. Marseille, 21 août 1857, Vieillot, [*Ann. propr. ind.*, 57.303] — V. Renouard, *Droits d'auteurs*, t. 2, p. 443; Rendu et Delorme, n. 842; Pouillet, *Propr. litt.*, n. 737; *Brev. d'inv.*, n. 1020 et 1028; *Marq. de fabr.*, n. 305; Bédarride, n. 978.

1598. — En ce qui concerne la contrefaçon, la prescription court du jour où l'achèvement de cette fabrication est constaté par un fait destiné à en être la manifestation. — Trib. corr. Douai, 17 nov. 1883, Bathlot et autres, [*Ann. propr. ind.*, 85.179]

1599. — Spécialement, le dépôt de l'œuvre contrefaite est le point de départ de la prescription pour le contrefacteur, à moins qu'il soit prouvé que le délit de contrefaçon s'est continué, notamment dans le cas où l'édition première tirée ayant été clichée, de nouveaux tirages auraient suivi le premier. — Même jugement.

1600. — Le délit de contrefaçon en matière d'œuvres littéraires se prescrit à partir du jour de la publication, alors même que le contrefacteur n'a pas effectué la déclaration et le dépôt préalables exigés par les lois sur la police de l'imprimerie et de la librairie. — Cass., 12 mars 1858, Vieillot, [S. 58.1.632, P. 59.55, D. 58.1.339]

1601. — Quoi qu'il en soit, dans le cas où le délit résulte de la vente de l'objet contrefait, la prescription court au profit du vendeur, à partir du jour de la vente. — Cass., 28 juin 1844, Mausson, [S. 44.1.794, P. 44.2.261] — V. aussi Rouen, 22 mai 1846, Legrand, [P. 46.2.479]

1602. — Nous avons supposé jusqu'ici que le délit de contrefaçon et ceux qui lui sont assimilés s'étaient accomplis en un seul trait de temps; mais les choses ne se passent pas ordinairement ainsi; quand on est contrefacteur, c'est une véritable industrie qu'on exerce et qu'on peut continuer à exercer un assez long temps avant qu'elle soit découverte; quelles sont en ce cas les règles à suivre pour décider s'il y a ou non prescription? Deux opinions se sont fait jour, pour déterminer la nature du délit au cas de continuité de fabrication ou d'usage. D'après certains auteurs, il y aurait alors délit successif, ce qui autoriserait, dès lors, à comprendre dans la réparation et dans l'appréciation des dommages-intérêts tous les faits de contrefaçon, même ceux remontant à plus de trois ans, du moment où l'on d'eux s'est produit depuis moins de trois ans. — Nouguier, n. 1081; Blanc, p. 673; Waelbroeck, n. 103.

1603. — D'autres, au contraire, ont vu dans ces infractions des faits intermittents, se renouvelant d'une manière plus ou moins continue, mais en réalité distincts et se prescrivant dès lors séparément. Au surplus, même dans cette opinion, qui nous paraît la meilleure, on reconnaît que la continuité de la fabrication, de l'usage ou de la détention profitera à la partie lésée, en ce sens que la prescription ne courra, pour le dernier fait délictueux, que du jour où il aura cessé, sans que le délinquant puisse prétendre que le délit s'est consommé antérieurement par l'achat, l'établissement de l'appareil ou autre fait servant de point de départ à la fabrication ou à l'usage postérieur. — Pataille, *Ann. propr. ind.*, 1872, p. 397; Renouard, *Brev. d'inv.*, n. 266; Bédarride, n. 693 et s.; Brun de Villeret, *Tr. de la prescript.*, n. 507 et s.; Pouillet, *Brev. d'inv.*, n. 1021 et s.; *Dess. de fabr.*, n. 190; *Marq. de fabr.*, n. 303; Allart, n. 699; Malapert et Forni, n. 1179.

1604. — Il a été décidé, en ce sens, que chaque fabrication d'objets, en contrefaçon d'un brevet, forme un délit à part, qui a son existence propre et sa prescription particulière, et qu'il existe alors plusieurs délits qui se succèdent, mais non un délit successif. En conséquence, la fabrication de plusieurs objets contrefaits ne peut être prise en bloc pour arriver à n'en faire qu'un seul et même délit, soumis seulement dans son ensemble à la prescription de trois ans à dater des derniers actes de contrefaçon; dans ce cas, les actes de contrefaçon remontant à plus de trois ans sont couverts par la prescription et ne peuvent être pris en considération pour la fixation des dommages-intérêts auxquels doit être condamné le contrefacteur. — Cass., 8 août 1857, Gautrot, [S. 57.1.625, P. 58.236, D. 57.1.408]; — 6 déc. 1861, de Bergne, [*Ann. propr. ind.*, 62.209] — Aix, 5 nov. 1857, Vieillot, [*Ann. propr. ind.*, 58.129] — Trib. Seine, 28 janv. 1857, Victor Hugo, [*Ann. propr. ind.*, 57.337]; — 15 mai 1868, Vᵉ Bayard et Dumanoir, [*Ann. propr. ind.*, 68.184] — Trib. corr. Seine, 16 déc. 1857, Chabal, [*Ann. propr. ind.*, 57.463] — Trib. corr. Sables d'Olonne, 8 juin 1870, Gentil, [*Ann. propr. ind.*, 72.209]

1605. — Spécialement, les fabrications de marchandises contrefaites (des alcools), même à l'aide d'appareils brevetés et ayant une organisation permanente, sont des faits indépendants les uns des autres qui constituent des délits distincts et consommés à l'expiration de chaque campagne annuelle (on sait que l'extraction du jus de betteraves ne peut se faire qu'à une certaine époque de l'année). En conséquence, c'est à partir de ce moment que court, pour chacune d'elles, la prescription de l'action publique et, par suite, de l'action civile en dommages-intérêts. — Cass., 14 août 1871, Champonnois, [S. 71.1.116, P. 71. 374, D. 74.1.282] — Bourges. 28 déc. 1869, Même affaire, [S. 70.2.121, P. 70.568, D. 70.2.153]

1606. — Mais il a été jugé que l'usage illicite d'une pompe à bière établie à demeure est un délit continu, qui ne commence à se prescrire qu'à partir du jour où cet usage a cessé. — Metz, 11 févr. 1869, Gougy, [S. 69.2.204, P. 69.855]

1607. — Enfin dans un système intermédiaire basé sur la distinction entre les différentes actions en contrefaçon, il a été jugé que, bien différent de la contrefaçon d'une œuvre littéraire qui est un acte unique et complet à partir du jour de sa publication, est le fait du contrefacteur d'objets brevetés; son fait complexe, composé d'une série d'actes qui se reproduisent et s'enchaînent l'un à l'autre, constitue évidemment un délit successif, puisqu'il permet de remonter, sans solution de continuité, du jour où il a été constaté jusqu'au jour où il a commencé à se produire, quel que soit le temps qui s'est écoulé. Dans ces conditions, la prescription ne court contre ce délit que du jour où la fabrication a cessé ou de celui où elle est devenue légale par l'expiration du brevet. — Paris, 28 févr. 1857, Sax, [*Ann. propr. ind.*, 57.228]

1608. — Il s'agissait plus particulièrement dans les espèces qui précèdent de faits de fabrication ou d'usage d'objets contrefaits; la solution que nous avons adoptée serait exacte s'il s'agissait d'une poursuite par exposition en vente; en ce cas, les différents faits qu'il est possible de relever contre le délinquant sont des faits distincts, indépendants les uns des autres, pour chacun desquels un fait de volonté active est nécessaire; la solution changerait toutefois si le délit imputé au prévenu était celui de recel; en ce cas, le délit se perpétue de lui-même, sans qu'il soit nécessaire d'un acte de volonté active; il constitue donc un délit successif dont l'origine, point de départ des dommages-intérêts, peut remonter loin dans le passé. — Pouillet, *Brev. d'inv.*, n. 1025 et s.; Allart, n. 670.

1609. — La jurisprudence a montré quelque hésitation lorsqu'elle a eu à déterminer l'effet de la prescription acquise à celui qui avait commis le délit principal de contrefaçon; cette hésitation vient de ce que, lorsqu'il s'agit d'un fait illicite de prise de possession d'un objet mobilier, comme cette possession forme un titre complet de propriété, le délinquant qui a prescrit la peine devient, par le fait même, propriétaire à la place de celui qui a été victime du délit et, par suite, investi de tous les droits que donne la propriété; mais pour déterminer l'effet d'une prescription, il faut tenir compte de la nature particulière de l'objet sur lequel porte la prescription et aussi de la règle *tantum possessum*, *tantum prescriptum*; cela étant, comme chaque fait de contrefaçon n'empêche pas le titulaire du droit privatif de continuer à jouir pour le surplus des avantages qui découlent de l'existence de ce droit privatif, il faut admettre que la prescription acquise à un contrefacteur rend impossible les poursuites contre lui, mais que là se bornent les effets de la prescription; en ce cas, à la différence de ce qui se passe au cas de vol, par exemple, le prévenu ne peut pas invoquer à côté de la prescription libératoire de l'action civile, une autre prescription, acquisitive celle-là, qui le rend propriétaire de l'objet volé. — V. Renouard, *Brev. d'inv.*, p. 866; *Droits d'auteurs*, t. 2, p. 442; Blanc, p. 477, p. 673; Rendu et Delorme, n. 571, 842 et s.; Nouguier, n. 1087; Calmels, n. 518; Gastambide, n. 194; Pouillet, *Propr. litt.*, n. 732; Darras, *Droit des auteurs*, etc., n. 392.

1610. — Jugé, en ce sens, que celui qui, par impression, copie, traduction ou tout autre moyen, a porté atteinte aux droits de l'auteur, peut prescrire, par l'expiration d'un délai déterminé, la peine et l'action en indemnité, mais que cette impunité légale du fait accompli ne rend pas celui qui l'a commis propriétaire de l'œuvre originale, au préjudice de celui qui l'a créée, ni concurremment avec lui. — Paris, 30 janv. 1864, Dame Scribe, [*Ann. propr. ind.*, 65.5]

1611. — Le droit qui appartient à l'auteur d'un ouvrage dramatique d'empêcher la représentation d'une imitation en langue étrangère de cet ouvrage, est distinct et indépendant du droit de poursuivre la contrefaçon qui aurait été faite de son œuvre par le moyen de l'impression. Par suite, la prescription de l'action contre le contrefacteur ne saurait couvrir celle du droit d'interdire la représentation. — Cass., 15 janv. 1867, Bagier, [S. 67.1.69, P. 67.146, D. 67.1.182]

1612. — La prescription du délit de contrefaçon ne couvre pas définitivement et absolument la légitimité des objets contrefaits; et, dès lors, le délit spécial de recélé, vente et mise en vente de ces objets peut être poursuivi et réprimé, quoique l'acte de fabrication soit lui-même protégé par la prescription. La saisie desdits objets dans les magasins du contrefacteur, où ils sont exposés en vente, est donc valable, nonobstant cette prescription. — Cass., 21 août 1858, Gautrot, [S. 59.1.93, P. 59.219]; — 11 août 1862, Rosa, [S. 63.1.36, P. 63.138, D. 62.1.453] — Paris, 26 juill. 1828, Saint-Hilaire, [S. et P. chr.] — Rouen, 24 juin 1858, Sax, [*Ann. propr. ind.*, 59.33]; — 1ᵉʳ mai 1862, Richard et héritiers Grassal, [*Ann. propr. ind.*, 62.337] — Trib. Seine, 13 mai 1882, Brousset, [*Ann. propr. ind.*, 83.74] — Sic, Pouillet, *Propr. litt.*, n. 733; Pataille, *Ann. propr. ind.*, 1864, p. 167; Blanc, Bozérian, Huard et Pouillet, *Propr. ind.*, n. 333.

1613. — Il a été jugé, au contraire, que, du moment que l'action civile résultant de la contrefaçon d'une œuvre dramatique se trouve prescrite, faute d'avoir été exercée dans les trois ans à partir de la publication ou représentation de l'œuvre contrefaite, l'auteur de la contrefaçon prétendue peut valablement céder à un directeur de théâtre le droit de représenter cette œuvre sur la scène. — Paris, 13 nov. 1855, Hugo, [S. 56.2.158, P. 55.2.610] — V. aussi Paris, 24 févr. 1855, Ragani, [S. 55. 2.409, P. 55.610, D. 56.1.71] — Trib. Seine, 20 avr. 1864, Dame Scribe, [*Ann. propr. ind.*, 64.153] — Trib. corr. Seine, 16 déc. 1857.

1614. — Et dans le cas où celui-ci aurait consenti à payer des droits d'auteur à l'auteur de l'œuvre originale, ce consentement ne saurait être considéré comme une reconnaissance du droit de propriété littéraire de ce dernier et comme une renonciation de la part du cessionnaire au bénéfice de la prescription acquise, lorsqu'il a été donné dans l'ignorance de l'accomplissement de la prescription. — Paris, 13 nov. 1855, précité.

CHAPITRE V.

RECOURS ACCORDÉ A LA PERSONNE POURSUIVIE EN CONTREFAÇON.

1615. — L'effet des condamnations prononcées soit au civil, soit au correctionnel, doit, en principe, être supporté par ceux-là contre lesquels ces condamnations sont intervenues. Il est, en effet, de jurisprudence et de doctrine que les coauteurs ou complices d'un délit ne peuvent exercer l'un contre l'autre une action en garantie; cette règle s'applique en matière de contrefaçon comme en toute autre matière. — Nancy, 27 janv. 1875, Frézon-Bourguignon et Colette, [*Ann. propr. ind.*, 75.31] — Trib. Seine, 24 avr. 1861, Mauprivez, [*Ann. propr. ind.*, 61.335] — Sic, Pouillet, *Propr. litt.*, n. 690; *Marq. de fabr.*, n. 269; *Br d'inv.*, n. 905.

1616. — Plus spécialement, la contrefaçon étant un délit, la partie condamnée pour ce fait par la juridiction civile à des dommages-intérêts ne peut exercer aucun recours en garantie, pas plus que si la condamnation avait été prononcée par la juridiction correctionnelle. — Limoges, 4 mai 1888, Pellet, [*Propr. ind.* (de Berne), 89.56] — V. *supra*, n. 491 et s.

1617. — Cependant, cette règle souffre exception au profit de ceux qui, malgré leur bonne foi, ont été condamnés pour contrefaçon. C'est qu'en effet la stipulation par laquelle le fabricant d'un appareil s'engage à garantir l'acheteur contre les conséquences de tous procès en contrefaçon est valable et obligatoire, si d'ailleurs l'acheteur n'est personnellement ni auteur ni complice de la contrefaçon. — Cass., 21 févr. 1870, Aubert et Gérard, [S. 71.1.92, P. 71.231, D. 70.1.111] — V. Paris, 29 nov. 1888, Cie des moteurs à gaz, [*Ann. propr. ind.*, 90.277]; — 12 févr. 1889, [*Gaz. des Trib.*, 27 avr.] — Trib. Lyon, 17 févr. 1872, Train et Cie, [*Ann. propr. ind.*, 73.297] — Sic, Pouillet, *Dess. de fabr.*, n. 147; *Brev. d'inv.*, n. 909.

1618. — Spécialement, est licite et obligatoire la convention par laquelle un industriel, en fournissant à une compagnie de chemin de fer des locomotives pourvues de tampons faisant l'objet d'un procédé breveté, s'engage à assumer sur lui la responsabilité de toutes réclamations appuyées sur des brevets antérieurs et de tous procès en contrefaçon. — Cass., 25 juill. 1866, Aubert, [S. 66.1.348, P. 66.966, D. 66.1.309]

1619. — Mais comme la preuve de la bonne foi est une condition de l'action en garantie, il faut admettre que celui qui pour en faire usage dans son commerce a acheté un objet contrefait et qui, poursuivi devant le tribunal correctionnel a, au lieu de soutenir sa bonne foi, transigé avec le breveté, est, par suite, non recevable à réclamer le bénéfice de la garantie que son vendeur lui a promise. — Trib. comm. Strasbourg, 10 juill. 1867, Voeltzel, [*Ann. propr. ind.*, 67.395] — V. cep. Trib. Seine, 29 janv. 1873, Verlojeux, [*Ann. propr. ind.*, 73.59]

1620. — Le recours de la part de l'acheteur n'est donc pas recevable si l'acheteur a été déclaré lui-même coupable du délit de contrefaçon, par exemple, pour avoir fait usage de l'appareil, sachant qu'il était contrefait. — Cass., 21 févr. 1870, précité. — Paris, 27 avr. 1872, Cie des chemins de fer d'Orléans et de Lyon, [*Ann. propr. ind.*, 74.117] — Trib. comm. Strasbourg, 10 juill. 1867, précité. — Trib. Melun, 8 févr. 1884, Coste Falcher, [*Ann. propr. ind.*, 85.34] — Sic, Pouillet, *Propr. litt.*, n. 690.

1621. — L'acheteur ne peut pas alors agir en garantie pour se faire indemniser par son vendeur des condamnations prononcées contre lui au profit de l'inventeur de l'appareil breveté. — Cass., 21 févr. 1870, précité; — 1er juin 1874, Loir, [S. 74.1. 640, P. 74.1190, D. 74.1.388] — V. aussi Rouen, 30 janv. 1857, Gache, [*Ann. propr. ind.*, 57.81] — Lyon, 20 mai 1859, Grange, [S. 59.2.422, P. 59.1036, D. 59.2.161] — Colmar, 28 janv. 1869, Bléger, [S. 69.2.208, P. 59.857]

1622. — Celui qui, ayant acheté des objets contrefaits et en ayant fait sciemment usage, a été condamné comme contrefacteur, n'est pas recevable à réclamer de son vendeur, soit en vertu de la garantie de droit commun, soit même en exécution d'une clause spéciale de garantie stipulée lors du marché, la restitution du prix des objets vendus et frappés depuis de confiscation : coupable d'un délit, cet acheteur ne saurait être admis, par l'effet de l'action en garantie, à s'exonérer des conséquences de la confiscation par lui encourue. — Cass., 5 mars 1872, Chemins de fer de Lyon et d'Orléans, [S. 72.1.134, P. 72. 303, D. 72.1.318] — Colmar, 27 mars 1844, Lagier, [S. 46.2.27, P. 44.2.510, D. 45.2.8] — Sic, Pataille, *Ann. propr. ind.*, 1873, p. 52.

1623. — La stipulation, en pareil cas, reste sans effet à l'égard des réparations civiles, comme à l'égard des peines proprement dites. — Cass., 21 févr. 1870, précité.

1624. — De même, l'acheteur d'un fonds de commerce, dans lequel se trouve compris un appareil contrefait, ne peut, s'il vient à être condamné pour avoir fait usage de l'appareil, sur la poursuite de l'inventeur breveté, agir en garantie contre son vendeur, à l'effet de se faire indemniser des condamnations prononcées contre lui. — Cass., 22 déc. 1880, Turlure, [S. 81.1.216, P. 81.1.519, D. 81.1.83]

1625. — Il ne peut pas davantage, sous prétexte d'éviction résultant pour lui de la confiscation prononcée par le jugement de condamnation, réclamer une réduction sur le prix de vente du fonds de commerce. — Même arrêt.

1626. — On a vu précédemment (V. *Rép. alph. du dr. fr.*, vo *Citation directe*, n. 28 et s.) que des dommages-intérêts pouvaient être prononcés à la charge de celui qui, outrepassant ses droits, abuse du droit de citation directe et impute de mauvaise foi à un tiers un délit que celui-ci n'a pas commis ou dont tout au moins le plaignant ne peut le convaincre. Cette pratique de l'abus de la citation directe est surtout fréquente en matière de contrefaçon; sa répression est d'ailleurs soumise aux règles du droit commun; aussi nous contenterons-nous d'indiquer quelques espèces d'un intérêt particulier. — V. Cass., 3 avr. 1858, Popard, [*Ann. propr. ind.*, 58.373]; — 24 déc. 1875, Dame Mac Nish, [*Ann. propr. ind.*, 76.298] — Rouen, 1er mai 1862, Richard et héritiers Grassal, [*Ann. propr. ind.*, 62.337] — Lyon, 13 juin 1866, Raffard et Cie, [*Ann. propr. ind.*, 72.184] — Paris, 30 avr. 1868, Chevellon, [*Ann. propr. ind.*, 68.179]; — 8 mai 1868, Vve Meunier, [*Ibid.*]; — 12 févr. 1870, Schneider, [*Ann. propr. ind.*, 70-71.165] — Montpellier, 20 mai 1872, Raynaud et Larmanjat, [*Ann. propr. ind.*, 73.348] — Paris, 27 juin 1872, Stevens et Mailhes, [*Ann. propr. ind.*, 78.327]; — 8 mars 1882, Durand, [*Ann. propr. ind.*, 82.67] — Lyon, 17 juill. 1884, Descours, [*Ann. propr. ind.*, 84.257] — Dijon, 2 déc. 1885, Alain-Chartier, [*Ann. propr. ind.*, 87.24] — Amiens, 25 janv. 1890, [*Rec. Amiens*, 90.42] — Paris, 19 févr. 1891, Cie des téléphones, [*J. Le Droit* des 16-17 mars]; — 13 mai 1893, Bela Koho, [*Rev. prat. dr. indust.*, 93.381] — Trib. Seine, 15 juin 1864, Louchet, [*Ann. propr. ind.*, 64.338 et la note Perrot des Chamineux]; — 10 avr. 1866, Gilbert, [*Ann. propr. ind.*, 67.126] — Trib. Troyes, 16 févr. 1870, Tarin, [*Ann. propr. ind.*, 70-71.197] — Trib. Seine, 8 avr. 1870, Stévens, [*Ann. propr. ind.*, 78.327]; — 28 mai 1870, Proust, [*Ann. propr. ind.*, 70-71.298]; — 27 janv. 1881, Mathieu et consorts, [*Ann. propr. ind.*, 83.253] — Trib. corr. Seine, 9 mars 1882, Guilleux, [*Ann. propr. ind.*, 82.141]

www.ingramcontent.com/pod-product-compliance
Lightning Source LLC
Chambersburg PA
CBHW071203200326
41519CB00018B/5344